노성훈 교수의

경찰학

경찰관을 위한 법과 실무 시리즈 1

노성훈 교수의
경찰학

노성훈 (경찰대 행정학과)

PUBLIUS
PUBLISHING
VERITAS VINCIT

책을 내며

경찰학을 개괄적으로 소개하는 책을 집필하는 일은 적어도 내게는 대단한 용기와 결단을 요구했다. 도대체 경찰학이 어떤 학문인가에 대해서는 아직까지도 학자들 사이에 견해가 분분하다. 경찰학의 학문적 정체성을 주제로 다룬 논문이 여전히 심심치 않게 학술지에 등장하고 같은 주제로 학술대회가 열리기도 한다. 가장 핵심적인 쟁점은 경찰학의 범위를 어디까지로 볼 것인지의 문제로 정리될 수 있다. 좋게 말하면 경찰학은 다양한 분야의 타 학문들이 자유롭게 넘나들면서 활발한 교류와 융합이 이루어지는 개방적인 학술영역이다. 행정학, 법학, 범죄학, 사회학, 심리학, 정치학, 철학에 최근 들어서는 법과학, 데이터 사이언스까지 합류하는 추세다. 그런데 이러한 학문적 개방성으로 인한 장점은 동시에 경찰학의 학문적 정체성을 불안하게 만드는 요인으로 작용한다. 상호 이질적인 학문들이 경찰학이라는 한 울타리 안으로 모여 들다보니 단일 학문으로서의 체계를 정립하는 게 여간 어려운 일이 아니다. 이로 인해 학문 분야들 간에 유기적 또는 화학적 결합이 제대로 이루어지지 않은 채 명목상으로만 다학제적 학문일 뿐 실제적으로는 백과사전식 학문에 불과하다는 비판을 면하지 못하고 있다.

사실 학술연구의 분야로서의 경찰학은 그나마 문제의 심각성이 덜 한 편이라고 할 수 있다. 비교적 신생학문이기 때문에 인접 학문들 속으로 확장하려는 원심력이 작동하는 것은 어쩌면 자연스러운 경향으로도 이해할 수 있다. 하지만 경찰학이 강의실에서 다루어질 때에는 또 다른 이야기가 될 수 있다. 학습할 내용이 체계적으로 정리되지 않고 학습범위가 방만하기 때문에 경찰학을 공부하는 학생들의 부담이 가중된다. 경찰조직이나 경찰활동과 조금이라도 관련된 내용이라면 일단 학습범위 안으로 포섭되기 때문에 학생들이 배워야 할 내용의 범위가 자꾸만 팽창하고 있다. 부담스럽기는 경찰학을 가르치는 측도 마찬가지다. 특히 경찰학개론은 경찰관 채용시험의 필수과목 또는 선택과목이기 때문에 시험을 대비하는 차원에서 내용적으로 하나라도 빠트리지 않아야 한다는 부담이 교수들에게 있다. 그러는 사이 경찰학개론은 경찰을 지망하는 사람은 반드시 이수해야 할 필수과목이라는 인식과 동시에 학생과 교수 모두에게 큰 부담처럼 느껴지는 과목이 되어버렸다.

대략 6년 전쯤으로 기억한다. 주변으로부터 경찰공무원이 되고자하는 사람들과 경찰 분야의 학문을 시작하려는 사람들이 좀 더 쉽게 경찰학에 다가설 수 있도록 길라잡이 역할을 하는 기본서를 집필해 보는 게 어떠냐는 요청이 있었다. 필요성에도 공감하고 집필에 대한 의욕도 있었으나 당시에는 솔직히 혼자 모든 걸 감당할 자신이 없었다. 그래서 경찰대학의 여러 뜻 있는 교수님들과 함께 공동 집필진을 구성하는 방식을 택했다. 여러 차례의 만남과 장시간의 논의를 거쳐 저서의 목차 구성과 포함될 내용의 범위 등을 결정한 뒤 각 교수들마다의 전문분야에 따라 집필할 파트를 나누었다. 나중에 모든 원고가 모아지고 이를 묶어 가제본까지 완성을 하였으나 아쉽게도 최종 출판 단계에 이르지는 못했다. 일차적으로 저자들마다 학문분야가 다르다보니 글의 스타일이 크게 달랐다. 또한 다루는 내용의 폭과 깊이도 저자마다 제 각각이었다. 마치 경찰학이 제대로 된 내적체계를 갖추지 못한 옴니버스 학문이라고 비판을 받아온 바로 그 모습이 저서 안에 재현된 듯했다. 결국 다수의 저자가 참여하는 방식으로는 추구하는 집필의 목적을 이루기가 어렵다는 결론에 도달했고 야심차게 추진되었던 저술 프로젝트는 거기에서 멈추고 말았다.

작년 이른 봄 즈음 과거 경찰학 기본서 공동저술에 참여했던 경찰대학 이동희 교수님이 문득 한 가지 제안을 해 오셨다. 미완에 그쳤던 예전의 작업을 혼자서라도 마무리해보는 게 어떻겠냐는 의견이었다. 그러면서 당시 경찰학 기본서 출판을 기획 중이던 도서출판 푸블리우스를 연결해 주셨다. 한번 실패를 경험한터라 선뜻 용기가 나지 않았지만 늘 마음 한 구석을 차지하고 있던 해묵은 숙제를 마무리 짓고 싶다는 열망이 좀 더 컸다. 얼마 후 전민형 대표와 미팅을 갖게 되었는데 집필 방향에 대한 일치된 견해를 확인하면서 집필에 대한 의욕과 자신감이 커졌다.

1998년 미국에 처음으로 유학을 갔을 때 점심을 먹기 위해 한 샌드위치 가게를 들른 적이 있다. 그런데 샌드위치 안에 들어갈 야채, 고기, 소스를 고객이 직접 골라야 한다는 사실을 알고 적지 않게 당황했었다. 낯선 주문방식 그리고 맛 본 적이 없는 스타일의 샌드위치를 앞에 두고 할 수 없이 "그냥 다 넣어주세요"라고 말할 수밖에 없었다. 어쨌든 주문한 샌드위치를 배부르게 먹기는 했지만 이것저것 섞이다보니 제대로 맛을 음미할 수 없었다. 경찰학에 입문하는 사람이 처음으로 맛보게 될 경찰학이란 학문도 이와 같다는 생각이 든다. 이런 저런 내용을 마구잡이식으로 배우다보면 나중에 가서 각종 지식들로 머릿속이 가득 찰 뿐 정작 핵심적인 이해에는 도달하지 못할 우려가 있다. 처음으로 샌드위치를 먹으려는 손님을 위해 가장 기본적인 재료들로만 구성된 메뉴가 필요한 것처럼 경찰학 입문자들을 위해 경찰학의 가장 핵심적인 내용들만 담은 입문서가 필요하다. 그래서 처음부터 본 저서의 집필 목적을 경찰학을 처음 접하는 사람이 경찰조직과 경찰활동을 쉽게 이해할 수 있도록 안내하는 데 두었다. 조금 더 욕심을 내자면 본 저서를 통해서 경찰과 경찰학에 대한 흥미가 높아지길 기대하는 마음도 있었다. 그렇기 때문에 기존의 타 경찰학개론서에서 다루는 내용들을 모두 담아내려는 욕심은 애초부터 버렸다. 중요하다고 여겨지는 주제들만 간추린 후 각 주제별로 세세한 내용을 다루기보다는 전반적인 맥락과 흐름을 놓치지 않는데 집중하였다. 한 마디로 독자들이 나무보다는 숲을 볼 수 있는 관점을 갖게 되길 희망했다.

그런데 이제 집필을 마치고 막상 독자들에게 책을 내놓으려하니 걱정부터 앞선다. 꼭 들어갔어야 했는데 빠진 부분, 과감하게 제외했으면 더 좋았을 뻔한 군더더기들, 특정 참고문헌에 지나치게 의존한 부분, 그리고 군데군데 쓸데없이 장황한 기술들이 자꾸 눈에 밟힌다. 충분한 자료수집과 집필을 위한 시간이 부족했다는 식의 상투적인 변명 대신에 가급적 조속히 개정판을 준비에 착수하겠다는 약속을 하는 편이 덜 부끄러울 것 같다.

끝으로 수년전 미완으로 끝난 경찰학 기본서 집필 프로젝트에 참여해주었던 모든 교수님들께 본 지면을 빌어 감사의 마음을 전하고자 한다. 본 저서의 기획부터 출판의 전 과정에 걸쳐 도움을 아끼지 않으셨던 전민형 대표께도 진심으로 감사드린다. 가장 가까운 곳에서 한결같이 내 삶에 버팀목이 되어주는 아내와 두 아이에게 감사의 마음을 표하고 싶다. 마지막으로 내가 마음으로 계획할지라도 그 걸음을 인도하시는 유일한 분이신 하나님께 감사드린다.

2020년 7월 15일

아산 경찰대학에서

노성훈

차례

제**1**편 경찰학의 기초

제2편 경찰의 권한

제3편 경찰조직과 인사관리

제4편 경찰활동

제1장 사전적 예방활동 ·· 336

제3장 공공질서유지

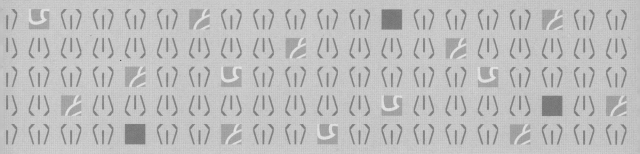

제1편

경찰학의 기초

[I - 1]　제1장 경찰학의 이해

핵심질문

● 경찰학은 무엇을 연구하는 학문인가?

● 경찰학과 경찰실무는 어떤 관계인가?

● 경찰학은 과학의 분야에 속하는가?

● 경찰학과 다른 인접 학문들은 어떤 관계인가?

제1절 경찰학의 탄생과 발전

1. 독일의 관방학 [I - 2]

경찰학은 17세부터 18세기 사이 독일에서 형성된 관방학(Kammeralwis-senschaft)에서 시작되었다. 관방학은 당시 유럽지역의 절대군주국가들의 통치를 지원하고 뒷받침하는 역할을 수행했던 이론체계로서 국가 경영에 관한 학문이다. 관방학의 주된 학문적 목적은 국가의 재정을 늘리고 사회 전반적인 복지수준을 향상시키는 최선의 방법을 도출하는데 있었다. 경찰학(Polizeiwissenschaft)은 이러한 관방학의 하위분야로서 탄생했다. 독일의 관방학자 유스티(Joann Heinrich Gottlob von Justi)는 국가의 기능을 크게 두 가지로 구분하였는데 첫째는 국가자원을 생산하고 유지하는 기능이고 둘째는 국가자원을 유용하게 사용하는 기능이었다. 그리고 전자를 경찰학의 영역으로, 후자를 재정학의 영역으로 나누었다. 1756년 출간된「경찰학의 원리」에서 유스티는 경찰학을 기존의 다른 학문들과 구분되는 학문영역으로 체계화하기에 이르렀다.[1] 또한 경찰학을 관방학의 한 분야로서 대학과정에 포함하기도 하였다.

그런데 관방학의 하위학문으로서의 경찰학은 지금의 경찰학과는 상당한 차이가 있었다. 당시의 경찰학은 질서의 본질이 무엇인지를 밝히고 국가통치자가 질서를 확립하기 위해 필요한 방법과 활동이 무엇인지를 제시하는데 목적이 있었기 때문에 매우 넓은 범위의 정부활동을 포함하고 있었다. 그 당시 정부의 가장 핵심적인 기능은 질서를 유지하고 사회 내 분쟁을 예

---

1) 김창윤, 한국 경찰학의 성립과 기원에 관한 연구, 한국공안행정학회보, 21(2), 2012, p. 99.

방하는 것이었기 때문에 '경찰'은 정부 혹은 정부의 행정 그 자체를 의미할 만큼 광의의 개념으로 이해되었다. 또한 경찰이라는 용어는 오늘날처럼 질 서유지기능을 수행하기 위해 법을 집행하는 하나의 기관만이 아니라 '질서' 라는 용어와 동의어처럼 사용되었다. 더 나아가 이러한 질서유지의 궁극적 목적이 국가 전반의 복지를 증진하는데 있었던 것처럼 경찰학에 있어서도 동일한 차원의 학문적 유용성이 강조되었던 것이다.

[I - 3]   2. 미국의 경찰학

1950년대에 이르러 미국에서는 경험적 연구 중심의 경찰학이 본격적으로 태동하기 시작했다. 경찰에 대한 학문적 관심이 증가하게 된 원인은 기본적으로 당시 미국경찰에 대한 문제의식에서 찾을 수 있다. 경찰에 대한 비판적 접근이 서로 다른 두 학문 분야에 속한 학자들에 의해 상이한 방향에서 전개되었다. 첫 번째 방향은 행정학자들을 중심으로 경찰의 전문성 강화라는 차원에서 진행되었고, 두 번째 방향은 사회학자들을 중심으로 경찰활동에 있어서의 원칙과 현실 사이의 괴리를 드러내는데 초점을 맞추었다.

행정학 분야의 학자들은 미국 경찰학의 시작을 1950년 윌슨(O. W. Wil-son)이 저술한 「경찰행정학」에서 찾고 있다.[2] 윌슨은 캘리포니아대학교 버클리 캠퍼스에서 '미국 경찰 프로페셔널리즘의 아버지'라고 일컬어지는 오거스트 볼머(August Voller)로부터 교육을 받았다. 이후 캔자스 주, 위치타 경찰서의 서장으로 부임하면서 경찰부패의 원인을 경찰의 비전문성, 비효율성, 정치화 등에 있다고 분석하였다. 그는 경찰교육, 과학적 업무관리, 계층제와 규율에 기반을 둔 조직관리, 과학기술의 활용 등을 통해 경찰업무의 전문성과 효율성을 향상시키고자 하였다. 경찰학 태동기에 있었던 윌슨의

---

2) 자세한 논의는 Hoover, L.T. From Police Administration to Police Science: The Development of a Police Academic Establishment in the United States, Police Quarterly, 8(1), 2005, pp.8-22. 를 참조할 것.

기여로 인해 이후 오랫동안 효율적인 경찰행정에 관한 연구를 경찰학 연구
와 동일시하게 되었고 경찰행정학이 바로 경찰학인 것으로 이해되었다.

1960년대 후반부터는 경찰의 전문성 향상을 위한 미국 연방정부차
원의 노력이 추진되었다. 1967년 '범죄와 법집행에 대한 대통령위원
회'(President's Commission on Crime and Law Enforcement)가 출간한 「자
유사회에서 범죄의 도전」(The Challenge of Crime in a Free Society)은 당시
급증하고 있던 범죄율에 대해 미국경찰이 효과적으로 대응하지 못하고 있
는 점을 비판하였다. 이에 대응하여 당시 존슨행정부는 법무부 산하에 경찰
관 교육지원기관인 '법집행지원청'(Law Enforcement Assistance Adminis-
tration)을 설립하였다. 법집행지원청은 현직경찰관들의 대학 학비를 지원
하고 일반대학에 경찰관련 학과와 강좌의 개설을 지원하였는데 이를 위해
1970년부터 10년 동안 약 60억 달러의 예산을 투입하였다.[3]

미국 경찰학의 원류를 사회학 분야의 연구에서 찾으려는 학자들은 1951
년 윌리엄 웨슬리(William A. Westley)가 발표한 경찰폭력에 관한 연구를
경찰학 연구의 시작점으로 여긴다.[4] 시카고 대학교 사회학과의 박사논문으
로 발표된 이 연구에서 웨슬리는 '어떻게 문화가 행동에 영향을 미치는가'
라는 관점에서 시민에 대한 경찰 폭력을 설명하고자 하였다.[5] 웨슬리는 논
문에서 경찰은 스스로를 국가 공권력의 상징이라고 여기는 경향이 있으며
이러한 공권력이 무시당하거나 그럴만한 위협이 있다고 여길 때 폭력을 사
용한다고 주장하였다. 그의 연구는 그 동안 법과 원칙에 따라서 이루어지는
것으로만 여겨졌던 경찰활동의 숨겨진 이면을 드러냈다는 점에서 중요한
의미가 있다.

웨슬리의 선구적 연구를 필두로 이후 경찰활동이 사회 속에서 실제로 어

---

3) 이황우, 경찰학의 학문적 발전방향, 한국공안행정학회보, 12, 2001, pp. 269-270.

4) Sherman, L. W., Scandal and reform: Controlling police corruption, Berkley, CA: California University Press, 1974, p. 256.

5) Westley, W. A., The police: A sociological study of law, custom and morality, Dissertation, Chicago: University of Chicago, 1951(웨슬리의 박사논문은 1970년에 '폭력과 경찰: 법, 관습 그리고 도덕의 사회학적 연구'라는 제목의 책으로 출간되었다).

떻게 이루어지고 있는가에 초점을 맞춘 사회학자들의 관찰연구들이 대거
쏟아져 나왔다. 대표적인 연구들로는 제롬 스콜니크(Jerome H. Skolnick)
의「재판 없는 정의」(1966), 에곤 비트너(Egon Bittneer)의「우범지역의 경
찰」(1968), 제임스 윌슨(James Q. Wilson)의「경찰행동의 다양성」(1968),
앨버트 라이스(Albert J. Reiss Jr.)의「경찰과 대중」(1971) 등이 있다.[6] 이러
한 연구들의 등장은 당시 미국의 사회적 상황과 무관하지 않다. 1960년대
미국은 사회 각 분야로부터 다양한 요구와 권리주장이 한꺼번에 봇물처럼
터져 나오던 시기였다. 시민권 운동의 물결 속에서 소수인종이나 여성 등
전통적 사회적 약자계층에 대한 차별금지, 베트남전쟁 반대 등과 같은 요구
들이 그 어느때보다 거셌다. 이러한 와중에 미국경찰은 시위대를 진압하는
과정에 과도한 폭력과 인종차별적 법집행으로 인해 시민들로부터 거센 비
난을 받았다. 정부에 대한 시민들의 정당한 요구를 폭력으로 억압하고 인종
차별을 서슴지 않는 경찰의 모습을 목격하게 되자 사람들은 현실의 경찰이
민주주의 사회의 근간인 법치주의를 준수하는 이상적인 경찰의 모습과는
사뭇 동떨어져 있다는 사실을 깨닫게 되었다. 경찰활동에 실제로 영향을 미
치는 다양한 요인들을 분석하고 그 속에 담겨진 역동성을 파악하려는 학문
적 노력들이 이 시기에 집중된 것은 바로 이러한 시대적 상황으로 인해 경
찰에 대한 비판적 인식과 태도가 증가한데에 원인이 있다고 하겠다.

[I-4]   3. 유럽의 경찰학[7]

독일에서는 1970년대에 이르러 현대적 의미의 경찰학이 시작되었는데,

---

6) Skolnick, J. H., Justice without trial: Law enforcement in democratic society, The Free Press, 1966.;
Bittner, E., The police on skid row: A study of peace keeping. American Sociological Review, 32,
1967, pp. 699-715.; Wilson, J. Q., Varieties of police behavior: The management of law and order
in eight communities, Harvard University Press, 1968.; Reiss, A. J., Jr., The police and the public,
Yale University Press, 1971.

7) Jaschke, H., et al., Perspective of police science in Europe: Final report, European Police College,
2007, pp. 56-64.

당시 비판학자들은 경찰의 재량권 남용과 하위계층에 대한 차별적 법집행에 관한 연구들을 출판하기 시작했다. 그런데 관방학의 학문적 전통 아래에서 정부활동에 대한 학문적 유용성을 강조해 온 독일에서는 이러한 비판적 성격의 경찰학 연구들이 경찰의 반발을 불러 일으켰다. 독일경찰은 1970년대부터 1980년대 사이에 경찰조직 내에 자체적으로 연구기구를 다수 설립하는 방법으로 대응하였다. 이러한 연구기구들은 구체적인 범죄유형에 대한 분석과 경찰업무와 절차의 개선과 같은 실무중심의 연구들에 주력함으로써 경찰학 연구의 실용성을 확보하고자 노력했다.

영국 경찰학에서 최초의 경험적 연구는 영국 사회학자 마이클 밴튼(Michael Banton)의 「지역사회 속의 경찰관」(1964)이다.[8] 이 연구에서 밴튼은 경찰의 근무조건과 문화 등의 차원에서 스코틀랜드 경찰과 미국 경찰을 비교하였다. 또한 그는 영국경찰이 질서를 유지하고 범죄를 통제하는 경찰활동을 수행하는데 어려움을 겪고 있는 이유를 지역사회로부터의 소외에서 찾으려고 하였다. 미국과 마찬가지로 영국에서도 1960년대와 1970년대에는 경찰학 분야의 연구들이 주로 경찰에 의한 인종차별, 재량권 남용과 같은 주제를 다루었다. 그러다가 1980년대 이후부터는 비판적 연구들이 감소하고 그 대신 경찰업무의 효과성과 관련된 연구들이 증가하였다. 범죄예방의 효과성 평가, 문제지향적 경찰활동, 정보중심 경찰활동 등이 경찰학 연구의 중요한 주제로 등장하였다.

4. 한국의 경찰학   [I - 5]

한국에서 경찰학 연구가 본격적으로 시작된 시기에 관해서는 1963년 월슨(O. W. Wilson)의 「경찰행정학」이 번역 소개된 때로 보는 의견이 많다. 같은 해에 동국대학교 경찰행정학과에 신입생이 입학함으로써 대학수준의

---

8) Banton, M., The policeman in the community, New York: Basic Books, 1964.

경찰교육이 제공되기 시작되기도 했다.[9] 이후 동국대학교에 대학원 과정이 신설되면서 경찰 분야의 학위논문이 양적으로 증가하게 되었다. 그러다가 1981년에 경찰초급간부를 양성할 목적으로 4년제 특수대학인 경찰대학이 개교하였다. 경찰대학을 중심으로 경찰실무교육을 위한 대학교재가 만들어지는 과정에 경찰실무 경험이 있는 교수들이 참여함으로 인해 비로소 경찰이론과 실무가 본격적으로 접목되는 계기가 마련되었다.

　그런데 한국 경찰학의 기원을 이보다 훨씬 이전으로 보는 견해도 있다. 조선 말기 유길준이 미국, 일본, 유럽을 체험한 뒤 서양문물을 소개하고 개화사상을 피력한 「서유견문」을 한국 경찰학의 기원으로 삼아야 한다는 주장이 그러하다.[10] 서유견문의 제10편 '순찰의 규제'에서는 영국의 근대적 경찰제도를 소개하고 있는데 근대 경찰의 아버지라고 일컬어지는 로버트 필(Robert Peel)을 함께 소개하면서 영국 경찰제도의 우수성을 알리고 있다. 이후 일제강점기에도 경찰 관련된 연구물들이 다수 출판되었다. 대부분 일본의 서적을 번역한 경찰학 교과서들로서 경찰관들을 교육하는데 활용되었다.[11]

---

9)　이황우, 2001, 앞의 논문.

10)　김창윤, 2012, 앞의 논문.

11)　조성구의 '경찰학'(1909), 유문환의 '경찰학'(1909) 등의 최초 경찰학 교과서 외에 내부 경무국에서 출판한 '한국경찰통계'(1909), '입직명심'(1910), '경찰유전'(1910), '경찰사무개요'(1910), '고문경찰소지'(1910), '한국경찰일반'(1910) 등의 교재가 있었다(김창윤, 2012, 앞의 논문).

제2절 경찰학의 개념과 구성

1. 경찰학의 개념

[Ⅰ-6]

경찰학을 어떻게 정의할 것인가에 관해서 학자들 간에 일치된 견해는 없
다. 경찰학의 영어 표기에 있어서조차 과학적 성격을 강조하는 'Police Sci-
ence'와 학문적 독립성을 나타내는 'Police Studies'가 혼재되어 사용되고 있
다. 〈표 Ⅰ-1〉는 국내 학자들이 제시한 경찰학의 개념적 정의를 정리해 놓은
것이다.

〈표 Ⅰ-1〉 경찰학의 정의[1]

학자	정의
이운주(1988)	경찰에 관한 학문의 총체
임재강(2000)	경찰현상을 기술하고, 설명하며, 예언, 통제하기 위하여 경찰 활동과 관련된 이념, 이론, 법칙, 원리 등을 탐구해 가는 종합 학문
이상안(2001)	경찰행정학은 경찰작용이 형성, 전개되는 경찰목적의 현상을 체계적으로 구조화하는 현실의 실용과학

---

1) 김창윤, 한국경찰학의 성립과 기원에 관한 연구, 한국공안행정학회보, 21(2), 2012, p.93.
　　김충남, 경찰학개론, 박영사, 2008, p.9.
　　김상호 외 8인, 경찰행정학, 법문사, 2005, pp.18-19.
　　이황우, 경찰행정학, 법문사, 2003, pp.21-22.
　　이황우·조병인·최응렬, 경찰학개론, 형사정책연구원, 2001, p.46.
　　이상안, 신경찰행정학, 대명출판사, 2001, p.164.
　　임재강, 한국경찰학 연구: 주제별 동향분석과 발전과제, 한국공안행정학회보, 10, 2000, p.194.
　　이운주, 경찰학개론, 경찰대학, 1988, p.57.

이황우, 조병인, 최응렬(2001)	경찰이라고 불리우는 국가제도(지방제도 포함) 혹은 공권력의 행사에 관련된 제반 관념이나 현상 혹은 원리들을 체계적으로 규명한 지식의 총체를 일컫는 개념
이황우(2003)	경찰행정학은 경찰철학, 경찰체제, 경찰정책에 관한 과학적 법칙과 논리를 규명하고 합리적인 수단과 과학적인 기술 및 그 응용을 탐구하는 종합과학
김상호 외 8인(2005)	경찰이라는 기관적 측면 뿐만이 아니라 치안재(safety good)라는 규범적 측면의 고려를 통해 그와 관련을 맺고 있는 치안환경을 포괄적으로 연구하는 학문
김충남(2007)	경찰의 기원, 경찰의 목표, 체제 및 수단 등을 연구하는 학문
김창윤(2012)	공공의 안전과 질서유지, 시민의 생명과 재산보호 그리고 범죄의 예방과 진압에 관한 제반 분야를 연구대상으로 하며, 이에 관련되는 연구방법과 이론체계를 갖춘 학문

유럽경찰대학(European Police College)은 경찰학을 '기관으로서의 경찰(police)과 과정으로서의 경찰활동(policing)에 대한 과학적 연구'라고 정의하고 있다.[2] 아울러 경찰학의 정의와 관련된 몇 가지 특징을 덧붙이고 있다. 첫째, 경찰학은 다양한 인접학문들의 연구주제와 연구방법을 포함한다. 이는 응용학문이자 복합학문으로서 주로 경찰과 경찰활동을 연구 대상으로 하되 범죄학, 법학, 심리학 등 관련학문들의 연구주제들까지 경찰학의 연구영역에 속한다는 것을 의미한다. 둘째, 경찰학은 경찰이 수행하는 모든 활동뿐만 아니라 이러한 활동에 영향을 미치는 모든 외적 요인들까지 연구 대상에 포함된다. 국가마다 경찰의 기능과 역할에 있어서의 차이가 있지만 경찰학의 영역은 이러한 차이를 모두 포괄한다는 점을 의미한다. 또한 경찰학연구의 주제가 경찰 및 경찰활동과 관련된 정치적·경제적·사회적 요인들

---

2) "경찰학은 기관으로서의 경찰과 과정으로서의 경찰활동에 대한 과학적 연구를 의미한다. 응용학문으로서 경찰학은 경찰활동 분야의 인접학문들의 연구방법과 연구주제들을 통합한다. 경찰학은 경찰이 수행하는 모든 활동과 경찰활동 및 공공질서에 영향을 미치는 외부요인들의 모든 측면을 포함한다. 현재 경찰학은 경찰연구들을 동의되고 정립된 학문분야로 만드는 과정에서 사용하는 용어이다. 경찰학은 사실을 설명하고 경찰활동의 실재에 대한 지식을 습득하기 위해 노력하고 이를 통해 가능한 시나리오를 일반화하고 예측할 수 있도록 하려한다."(Jaschke, H., et al., Perspective of police science in Europe, European Police College, 2007, pp.23-24.)

까지도 포함하는 것으로 이해해야 한다. 셋째, 경찰학은 하나의 정립된 학문분야로 만들어 가는 과정에서 사용하는 용어이다. 경찰학은 비교적 신생 학문으로서 학문적 정체성을 둘러싼 학계의 논의는 아직까지 진행 중에 있다. 그렇기 때문에 경찰학은 그 의미가 완성된 고정 개념이 아니라 여전히 본질과 범위가 탄력적이고 신축적인 유동적 개념으로 봐야 한다. 마지막으로 경찰학은 실질적 경찰활동에 대한 설명 · 지식의 축적 · 일반화 · 예측의 역할을 수행해야 한다. 경찰학과 경찰실무는 밀접한 관련성이 있어야 하며 이는 연구의 결과가 궁극적으로 경찰업무 수행과정에 발생하는 문제들의 해결에 기여함을 의미한다.

2. 경찰학의 내용과 구성 [I - 7]

경찰학은 무엇을 연구하는 학문인가? 이 질문에 대한 해답은 경찰학이 독자적인 학문으로 인정받고 경찰학의 개념을 구체적으로 정립하기 위한 필요조건이라고 할 수 있다. 경찰학의 구체적인 연구 분야에 대해서는 다양한 견해가 존재한다. 유럽연합 산하의 유럽경찰대학에서 발간한 보고서, '유럽에서의 경찰학에 대한 관점'에서는 경찰학의 연구 분야를 다음과 같이 총 11개 영역으로 구분하고 있다.[3]

① 경찰과 경찰활동의 역사적 기원 및 발전

주로 역사적 관점에서 공식적 사회통제기관으로서의 경찰이 사회의 변화와 어떠한 관련성을 맺으면서 발전해 왔는지를 연구한다. 또한 비교학적 관점에서 국가와 사회에 따른 경찰과 경찰활동의 발전과정에 있어서의 차이에 대한 연구도 포함된다.

---

3) Jaschke, Hans-Gerd, et al., Perspectives of police science in Europe, European Police College, 2007.

② 정치와 경찰활동

경찰은 국가 공권력의 가장 구체적인 형태이며 그 효과성은 공권력 행사 주체와 방법의 합법성에 의해 결정된다. 주로 경찰의 규범적 영역과 관련된 주제들이 연구되며 여기에는 경찰활동의 적법성, 경찰에 대한 민주적 통제 등이 포함된다. 또한 정치적 요인 및 미디어에 의해 형성된 아젠다가 경찰 활동에 미치는 영향 등도 중요한 연구주제이다.

③ 경찰의 역할과 기능

경찰의 대표적인 기능은 질서유지, 범죄통제, 갈등관리, 일반적 서비스 제공 등이다. 경찰 조직적 측면에서 본다면 이러한 역할과 기능은 부서의 분할과 업무의 분장에 의해서 구체화된다. 예를 들어, 경찰서의 순찰부서에 서는 범죄예방 기능을, 수사부서에서는 범죄수사 기능을 담당한다. 이러한 경찰의 역할과 기능이 어떻게 수행되는지에 관한 연구이다.

④ 경찰활동의 전략과 방법

경찰활동의 전략은 시대에 따라 변천해 왔다. 전통적인 경찰활동이 프로 페셔널리즘에 입각하여 범죄통제에 치중하였다면 이후에 등장한 지역사회 경찰활동은 지역사회와의 협력을 강조한다. 보다 근래에는 문제지향적 경 찰활동과 깨어진 유리창 경찰활동 등이 소개되어 활발히 연구되고 있다.

⑤ 경찰조직과 관리

주로 경찰행정학 분야에서 다루는 연구주제들로서 경찰조직의 구조, 효 율적 업무관리, 의사소통, 인적자원 관리, 리더쉽, 조직간 갈등, 조직만족도 등의 다양한 행정학 분야의 주제들이 포함된다.

⑥ 경찰문화

경찰업무의 특성, 경찰에 입직하는 사람들의 사회적 배경, 조직 내에서의 사회화 과정 등으로 인해 경찰관들 사이에 통용되는 행동의 규칙이나 업무처리에서의 원칙이 있는데 이를 경찰하위문화라고 부른다. 경찰하위문화는 경찰관들이 시민들을 대하는 태도에 영향을 미치고 이로 인해 경찰에 대한 시민의 신뢰감 형성과 관련이 있다.

⑦ 차별과 재량권 행사와 같은 경찰활동의 복합성

경찰활동은 단순히 주어진 법조항을 특정 사안에 적용하는 것만을 의미하지 않는다. 법률적 요인 외에 경찰관 개인적 요인, 경찰조직의 정책 등 조직적 요인, 그리고 다양한 상황적 요인들이 경찰관의 법집행에 영향을 미친다. 특히 소수인종에 대한 경찰관의 태도나 인식, 그리고 고정관념이 법집행에 미치는 영향이 주요한 연구주제이다.

⑧ 경찰책무, 윤리, 그리고 부패

사회 내의 보편적 가치와 사회규범을 수호하는 기관으로서 경찰에게는 고도의 직업적 윤리기준이 적용된다. 이 분야의 연구들은 경찰비위, 부패, 권한남용의 원인과 유형, 민원제기 시스템과 외부통제와 같이 경찰의 책무성을 강화시키는 방안, 교육·훈련을 통한 윤리의식 제고 등을 포함한다.

⑨ 경찰활동의 평가와 범죄예방

다양한 경찰활동의 결과를 평가하는 연구들로서 주로 범죄예방활동의 효과성 평가연구들을 의미한다. 도보순찰, CCTV 증설, 취약지역 집중순찰 등의 범죄예방효과에 관한 연구들이 여기에 포함된다. 특히 문제지향적 경찰활동 패러다임에 의하면 경찰활동은 지역사회 내의 구체적인 문제의 탐지(scanning), 문제의 원인 분석(analysis), 해결책 적용(response), 그리고 사후평가(assessment)의 과정으로 이루진다. 여기에서 평가단계는 경찰활동이 효과적이었는지를 판단하고 개선된 해결책을 마련하기 위한 중요한 의미를 갖고 있다.

⑩ 특정 유형의 범죄통제

마약범죄, 성범죄, 학교폭력, 가정폭력 등과 같이 특정 유형의 범죄를 통제하기 위한 방안을 제시하는 연구들이다. 범죄학, 법학, 심리학 등 다양한 관련분야의 전문지식들이 적용된다.

⑪ 경찰활동의 미래

미래의 치안환경을 예측하고 변화하는 환경 속에서 경찰의 기능과 역할을 모색하는 연구들이 여기에 포함된다. 스마트기기와 SNS의 확산, 빅데이터 시대의 도래와 같은 정보통신기술 환경의 변화는 신종범죄의 출현과 동시에 테크놀로지 기반의 범죄통제를 가속화하고 있다. 또한 세계화된 사회속에서 인터폴, 유로폴과 같은 국제경찰기구를 통한 수사공조 구축 및 평화유지기능과 같은 새로운 경찰의 역할이 요구되고 있다.

그동안 한국 경찰학 분야에서 수행된 연구들은 상당부분 학문적 편중성을 드러내고 있다. 경찰학 연구 분야별 경향을 파악하기 위해 수행된 한 연구에서 1991년부터 2006년까지 경찰학 분야의 두 학술지에 게재된 총 220편의 학술논문을 분석한 바 있다. 경찰학 연구 분야를 경찰일반론, 경찰철학, 경찰사학, 비교경찰, 경찰법학, 경찰행정학, 경찰개혁론, 기타 경찰실무의 8개 영역으로 분류하여 분석한 결과 경찰행정학 분야 논문이 약 28%를 차지하였고 이중 경찰인사와 관련된 연구가 70%가량을 차지한 것으로 나타났다.[4] 또 다른 연구에서는 총 334편의 논문을 분석한 결과 절반에 가까운 47.5%가 경찰행정 분야에 집중된 것으로 나타났다.[5] 이와 같이 기존의 우리나라 경찰학 연구 분야는 경찰행정에 치우쳐져 있는데 앞에서 설명했듯이 일찌감치 경찰행정학이 소개되어 오랜 기간 경찰학과 동일 시 되어온데에서 원인을 찾을 수 있다고 하겠다.

---

4) 김상호, 경찰학 학술논문 분석, 한국공안행정학회, 16(3), 2007.
5) 이승철, 한국경찰학 연구의 경향분석: 한국공안행정학회보를 중심으로, 한국공안행정학회보, 16(3), 2007.

제3절 경찰학의 특성

1. 경찰학과 경찰실무

[Ⅰ-8]

많은 학문분야는 실무영역과의 사이에 일정한 긴장관계를 가지고 있는데 경찰학의 경우도 예외가 아니다. 이러한 긴장관계는 학계와 실무영역이 근본적으로 서로 다른 원리에 의해 지배받고 있다는 점, 그리고 두 영역에 속한 구성원들의 성향 차이에 기인한다고 볼 수 있다. 학계는 근원적이고 보편적인 문제를 중시하는 반면 실무영역은 개별적·구체적인 당면 문제에 주로 관심을 갖고 있다. 학자들은 충분한 시간을 들여 깊이 사고하고 비판하는 성향을 보이며 학문적 원칙을 중시한다. 이에 반해 실무자들은 시간적 압박 속에서 행동하고 명령을 수행하는데 몰입하고 개인적 경험을 중시하며 법률과 규정을 벗어나지 않으려고 노력한다. 이로 인해 학자들은 경찰관들을 근시안적이고 맹목적이라고 비판하고 반대로 경찰관들은 학자들을 현실을 모르는 이상주의자들로 치부하는 경향이 있다.

그동안 경찰학과 경찰실무 사이의 근본적인 단절을 지적하는 목소리들이 있어 왔다. 경찰학 연구들이 지나치게 경험적 실증주의에 입각해서 관찰, 면접, 설문지 등에 의한 계량적 연구방법에만 의존할 뿐 이론과 실무를 연결하려는 노력이 부족하다는 지적이 있었다.[1] 또한 경찰실무에 바탕을 두지 않은 연구들은 경찰활동과 관련된 다양하고 중요한 요인들을 고려하지 못해서 결과적으로 경찰활동에서 나타나는 역동적 측면을 제대로 설명하는데 한계가 있다는 점이 문제로 지적되었다. 경찰 실무자들은 대개 경찰

---

1)　Manning, P., The study of policing, Police Quarterly, 8, 2005.

학을 경찰실무의 중요한 부분으로 인식하지 않고 있으며, 종종 명백한 과학적 연구결과조차 무시하는 경향을 보인다. 경찰 실무자들의 주된 관심은 새로운 기술의 도입을 통해 업무를 향상시키는 것인데 반해 이러한 기술의 도입으로 발생한 효과를 과학적으로 평가하는 데에는 그다지 관심을 두지 않고 있다.

경찰학과 경찰실무 간의 관계에 대하여 학자들마다 서로 대립되는 주장을 하고 있다. 한편에서는 학문적 독립성을 유지하기 위하여 경찰실무와 일정한 거리를 유지할 필요가 있다고 주장한다. 경찰학 연구의 주된 대상이 경찰기관이기 때문에 독립적으로 연구가 수행되기 위해서는 가급적 경찰의 외부에서 연구대상을 비판적으로 바라보는 관점을 견지해야 한다는 입장이다. 경찰의 실무적 필요에 의해 추진되는 대부분의 연구들은 경찰의 기대와 요구로부터 자유로울 수 없다. 따라서 현상에 대한 객관적이고 가치중립적인 설명을 제공하는 학문의 본래 목적이 아니라 경찰의 현실적인 목적에 치중하게 되고 결과적으로 학문성이 훼손될 위험성이 높다는 주장이다. 이에 반해 다른 편에서는 경찰에 대한 연구가 바로 그 대상인 경찰의 내부에서 수행될수록 연구내용이 실제현상을 더욱 정확히 반영할 수 있다는 점에서 경찰학 연구는 경찰실무와 밀접한 관계 속에서 수행되어야 한다고 주장한다. 경찰학은 응용학문이기 때문에 현실의 경찰업무를 반영하고 연구 결과가 경찰의 실제적인 문제의 해결에 기여하는 것이 중요하다고 말한다.

근래 들어 경찰학과 경찰실무 간의 공조체제를 강화하는 방향으로 패러다임의 전환을 추구하는 학자들이 늘고 있다. 심지어 이들은 경찰학의 중심이 대학이나 연구소가 아닌 경찰기관으로 이동해야 한다는 의견을 제시하기도 한다.[2] 경찰학 연구가 경찰의 기능과 관련된 핵심적인 문제들을 다루어야 하며, 특히 경찰의 일상적인 업무활동과 관련된 이슈들에 초점을 맞추어야 한다는 것이다. 또한 학문적 성과가 경찰의 정책결정에 반영되기 위해

---

[2] Weisburd, D. & Neyroud, P. Police Science: Toward a New Paradigm, Harvard Kennedy School Program in Criminal Justice Policy and Management, 2011.

서는 경찰이 당면한 문제에 대하여 시의 적절하게 연구결과들이 제공되어
야 할 필요도 있다고 한다. 대학교육에 있어서도 경찰학 교육과 경찰관 채
용 사이에 밀접한 연결고리가 형성되어야 한다는 입장이다. 이를 위해서는
경찰학 관련 학과에서 커리큘럼을 구성할 때 장래에 경찰분야에 종사할 실
무자를 교육한다는 점을 염두에 두어야 한다는 것이다.[3] 아울러 경찰 측에
도 근본적인 인식의 변화가 요구된다. 경찰학을 경찰업무 수행에 있어서 중
요한 일부분으로 인식해야 한다. 경찰학 연구의 결과가 실무상의 문제에 대
한 해결책을 제공할 수 있고 조직과 업무에 있어서 혁신적인 변화를 가능하
게 한다는 공감대가 경찰조직 내에 형성될 필요가 있다는 것이다. 특히 앞
으로의 경찰활동은 과학에 기반을 두어야 함을 강조하고 있다. 과학을 공통
분모로 하여 학계와 실무분야가 양자 간에 존재하는 단절의 문제를 극복할
수 있게 된다. 〈표 I -2〉는 기존의 경찰활동 패러다임과 과학기반의 경찰활
동 패러다임을 비교한 것이다.

〈표 I -2〉 과학기반의 경찰활동 패러다임으로의 변화

	구 패러다임	신 패러다임
교육과 훈련	법적 지식과 업무기반의 학습	과학에 기반을 두고 과학적 지식과 실무를 연계하여 지속적으로 전문성을 개발함.
리더십	관리자들은 과학이 현재 진행 중인 정책을 지원하면 유용하게 여기지만 그렇지 않은 경우 불편한 진실로 인식.	관리자들은 과학의 가치를 인정하고 자신·직원·기관의 발전을 위해 중요하다고 인식하며, 경찰기관의 효과성·효율성·합법성을 확보하기 위해서도 필수적인 요소라고 여김.

---

3) Manning, P., 2005, 앞의 논문, pp.23-43.

학계-경찰 관계	상호 괴리가 크고 기관 차원, 전문성 차원의 서로 다른 구조를 가지고 있음.	기관 간의 강한 연계 및 지역 경찰 기관과의 직원교류 등을 통해 대학과 경찰이 강의와 연구를 결합시킴.
실무상의 개발	특정 개인이 주도.	실무자와 기관은 지속적이고 체계적인 연구와 실무에 대한 평가에 전념함.
연구 투자	특정 정책을 평가함에 있어서 국가, 지자체, 개인의 기여가 제한적.	경찰 예산의 상당부분이 연구 및 평가와 과학연구 기반 조성에 투입되며, 중장기적으로 지식기반을 구축하기 위한 국가적(또는 국제적) 전략 안에서 구조화됨.

출처: Weisburd, D. & Neyroud, P., Police Science: Toward a New Paradigm, Harvard Kennedy School Program in Criminal Justice Policy and Management, 2011, p.16.

[I-9] 2. 과학으로서의 경찰학

경찰학을 사회과학의 한 분야로 보는 시각에서는 경찰학의 과학성을 중요시한다. 경찰과 경찰활동에 관해 축적된 과학적 지식이 바로 경찰학의 핵심을 이루게 된다. 과학적 지식이란 주로 학자들과 연구자들로 구성된 과학 커뮤니티 내에서 합의된 일련의 기준을 충족하면서 도출된 사실을 일컫는다. 미국의 과학철학자 토마스 쿤(Thomas Kuhn)은 과학을 동의되고 유효한 방법에 의해 문제를 해결하는 것이라고 정의하면서 과학적 연구는 정립된 과학적 원칙들을 준수해야 한다고 말하고 있다.[4] 이런 점에서 볼 때 과학은 연구주제의 문제라기 보다 연구방법의 문제라고 할 수 있다. 무엇에 관한 지식인지가 아니라 어떤 방법으로 습득된 지식인지가 과학의 본질에 해당한다. 이러한 특성으로 인해 과학적 지식은 관습, 추측, 직감, 전통 등

---

4) Kuhn, T. S., The structure of scientific revolution. The University of Chicago Press, 1962.

에 의해 습득된 지식과 구별된다. 과학 커뮤니티에서 합의된 방법상의 기준에 따라 실증주의에 바탕을 두어야 하고, 관찰 또는 측정 가능한 대상에 대한 연구이어야 하며, 연구결과에 대하여 입증과 반증이 가능해야 한다.

이에 반해 경찰학 분야 연구에 있어서 지나치게 과학적 연구방법만을 강조함으로 인해 발생하는 문제점들을 지적하는 견해도 적지 않다. 양적 연구와 실험 연구와 같은 실증주의적 연구방법에만 치중하게 되어 현상학적이고 질적인 연구가 약화된다는 것이다. 경찰학이 다루는 중요한 연구주제들 중에는 규범적이거나 가치판단적 이슈들이 많다. 예를 들어, 경찰활동의 효과성과 재량권 남용 간의 갈등, 바람직한 경찰활동의 의미, 절차적 정의, 법치주의 등이 여기에 해당한다. 이러한 연구주제들을 객관적이고 가치중립적 검증을 중시하는 실증주의적 연구방법에만 의존해서 다루기에는 한계가 있다. 또한 경찰활동을 보다 정확히 이해하기 위해서는 경찰조직과 구성원 등 내적 요인들과 함께 정치적, 경제적, 사회적 환경과 지역사회와의 관계 등 다양한 외적 요인들의 영향을 복합적으로 고려해야 한다. 그런데 엄격한 과학적 방법의 틀 안에서 수행되는 경험적 연구는 단일한 연구모형 안에 경찰활동의 이러한 역동적 측면을 모두 담아내기가 매우 어렵다. 설령 복잡한 이론적 모형을 도출한다고 하더라도 이를 경험적으로 검증할만한 객관적 자료를 확보하는 일은 쉽지 않은 일이다. 그러다보니 처음부터 현실적으로 연구실행이 가능한지 여부부터 따져본 후 연구주제를 선정하거나 데이터 확보 등 실증적 분석의 가능성을 고려하여 분석모형에 투입할 변수를 제한하는 일들이 종종 발생한다. 현상에 대한 정확한 기술, 설명, 예측이라는 학문의 본래적 목적보다는 오히려 연구방법상의 엄격성만을 중시하다보니 발생하는 문제이다.[5]

그런데 경험적 연구에 대한 지나친 편중현상은 실증주의 전통이 강한 미국과 영국 학계에서 주로 발생하는 문제라고 볼 수 있다. 오히려 우리나라

---

5) Greene, J. R., New directions in policing: Balancing prediction and meaning in police research, Justice Quarterly, 31(2), 2014.

의 경찰학 분야에서는 과학적 방법에 의해 수행된 경험적 연구의 부족이 문제되고 있다. 1999년부터 2010년까지 「한국경찰학회보」에 게재된 논문을 분석한 한 연구결과에 의하면 경험적 연구는 전체의 26%에 불과한 것으로 나타났다.[6] 경찰학 분야에서 경험적 연구의 부족현상은 비단 한국뿐만 아니라 다른 아시아 국가들에서도 흔히 발견되는 현상이다. 주된 원인으로는 경찰조직의 보수성과 비밀주의와 이로 인한 정보의 통제 그리고 이론에 기반을 두지 않은 지나친 실무중심적 경향 등을 들 수 있다. 특히 정보의 통제와 관련해서 우리나라의 경우에도 범죄통계 원자료와 같이 경찰이 수집하는 자료가 제대로 공개되지 않는 문제가 계속적으로 지적되어 왔다. 경찰활동과 관련한 자료들을 적극적으로 공개하여 연구자들로 하여금 과학적인 분석을 하도록 하고 그 결과를 경찰업무에 적극적으로 활용하고 있는 미국, 영국 등의 선진국 사례와 상당한 대조를 보이는 부분이다.[7]

학문의 성격, 연구대상, 습득하고자 하는 지식의 유형에 따라 최적의 연구방법을 선택하는 것이 바람직하다. 응용학문으로서 경찰학은 여러 인접학문들로부터 연구의 주제와 대상뿐만 아니라 다양한 연구방법도 차용할 수 있다. 다양한 연구방법을 복합적으로 사용하여 경찰학이 궁극적으로 설명하고자 하는 현상을 보다 현실에 부합되게 연구하는 것이 바람직하다고 하겠다.

[I - 10] ## 3. 경찰학의 복합학문성

경찰학은 단일 학문이라기보다는 다른 학문들의 지식을 기반으로 하여 형성된 복합학문이자 응용학문으로 분류된다. 행정학, 범죄학, 사회학, 법학, 철학, 심리학, 자연과학 등 여러 관련분야들로부터 지식과 연구방법을

---

6) 곽영길, 경찰학의 연구특성에 관한 분석: KCI에 등재된 한국경찰학회보를 중심으로, 한국경찰학회보, 15(6), 2013, pp. 15-16.
7) 노성훈·탁종연, 자료공개와 법제도적 개선을 통한 범죄통계 활용 활성화 방안, 한국범죄학, 7(2), 2013.

차용하여 발전해온 학문이다. 경찰학의 학문적 총체는 여러 인접학문으로부터 영향을 받아 다양한 학문적 관점에 의해 수행된 연구들이 습득한 지식에 의해 형성된다는 점에서 '종합적'(holistic) 성격을 가진 학문이다. 예를 들어, 행정학적 관점에서 수행되는 연구들은 경찰의 조직과 인적자원의 관리 등과 같은 주제를 주로 다룬다. 범죄학적 관점에서는 '합리적 선택이론'과 '상황적 범죄예방이론'을 적용하여 효과적 범죄예방전략에 대한 연구 성과들을 제공한다. 법학은 경찰권 행사의 근거와 한계와 같은 주제를, 심리학은 경찰관이 겪는 외상 후 스트레스장애에 대한 이론과 연구결과를 제공한다. 경찰장비와 관련해서는 물리학과 공학이, 경찰수사와 관련해서는 생물학, 의학, 컴퓨터공학 등이 자연과학적 관점에 입각하여 경찰학 발전에 기여한다.

그런데 이러한 복합학문적 성격은 경찰학의 학문적 정체성을 확립하는 데 장애요소로 작용한다. 이러한 문제점은 학문분류체계 속에 경찰학의 위치를 확인해보면 보다 확연히 드러난다. 한국연구재단은 모든 학문을 대분류 8개, 중분류 152개, 1,5소분류 1,551개, 세분류 2,468개로 나누고 있다. 이러한 학문분류체계 속에 '경찰학'이라는 학문분야는 존재하지 않는다. 대신에 구체적인 연구 분야가 경찰학의 관련학문 속에 소분류 또는 세분류 항목으로 분산되어 있다. 행정학(중분류) 내의 세분류로서 '경찰행정'이 포함되어 있고 사회학(중분류) 내의 소분류로서 '사회심리/일탈과 범죄사회학'이 있으며 심리과학(중분류) 내의 세분류로서 '범죄/법심리'가 있는 정도이다. 이 때문에 경찰학이 독립된 학문분야로 인정받기 위해서는 사회과학 내에 중분류로서 경찰학이 포함되어야 하며 현재 타 학문분야의 하위분야로 존재하는 항목들을 경찰학의 하위분야로 옮겨야 한다는 주장이 제기되고 있다.[8]

---

8) 최선우, 경찰학의 정체성과 학문분류체계에 관한 연구, 한국경찰학회보, 16(2호), 2014, p.164.

[I - 11]   제2장 경찰의 역사

핵심질문

● 최초의 근대경찰은 어떻게 탄생했는가?

● 근대경찰과 이전의 경찰을 구분하는 기준은 무엇인가?

● 한국의 근대경찰은 어떻게 탄생하고 발전해왔는가?

● 어쩌다가 한국경찰은 민주주의 역사에서 악역을
  맡았는가?

● 민주화 이후 한국경찰은 어떻게 변해왔는가?

● 앞으로 한국경찰은 어떠한 모습으로 국민 앞에 설 것인가?

제1절 근대경찰의 역사

1. 근대경찰 이전의 경찰 [I - 12]

　대체적으로 학자들은 근대경찰의 시작을 1829년에 창설된 영국 런던의 수도경찰청에서 찾고 있다. 다만 흥미로운 점은 유럽대륙의 여러 나라들은 영국보다 먼저 조직적인 형태의 경찰을 운영하고 있었던데 반해 영국은 상당 기간 동안 경찰조직의 창설을 주저했었다. 그런데 아이러니하게도 최초의 근대적 형태의 경찰이 바로 영국에서 탄생했고 가장 모범적인 경찰의 전형으로서 간주되어 왔다. 그렇다면 왜 영국에서는 오랜 기간 경찰을 만들지 않았으며, 어떤 이유로 19세기 들어서야 비로소 경찰을 창설하게 된 것일까? 근대경찰이 탄생하게 된 역사적 · 사회적 맥락을 이해하기 위해서는 수도경찰청 창설 이전의 시대로 잠시 거슬러 올라가 그 당시의 경찰활동을 살펴볼 필요가 있다.

　영국은 정치적으로는 국왕 중심의 중앙집권체제를 이루었으나 법집행과 질서유지에 있어서는 오랜 기간 지방자치 전통을 고수해왔다. 중세시대에는 '프랭크플레지'(frankpledge)라는 지역사회 연대책임 시스템이 이러한 자치치안 전통의 중심에 있었다. 친족관계 기반의 소규모 공동사회에서 범죄와 무질서의 문제는 기본적으로 피해자와 그들의 친족 및 이웃들이 자치적으로 해결하는 것을 원칙으로 하고 있었으며, 범죄자에 대한 피해자의 사적처벌이 허용되었다. 프랭크클레지의 핵심은 지역주민들이 상호 연대하여 각종 위험으로부터 서로를 보호하는 책임을 부담하는 데에 있다. 만약 어떤 이웃이 범죄피해를 당해서 소리를 질러 도움을 요청하면 이웃들은 피해를 당한 사람을 대신하여 범죄자를 추적할 의무를 졌다.

　　이러한 연대책임을 보다 강화하고 지역사회 내 문제에 조직적으로 대응하기 위해 '십호반'(tithing), '백호반'(hundred), 그리고 '민병대'(possee comiatus) 등을 조직·운영하였다. 모든 가구의 12세 이상 남자들은 의무적으로 성인 남자 10명으로 구성된 십호반에 가입해야 했으며, 이러한 십호반 10개를 묶어서 백호반이라고 불렀다. 십호반의 장(tithingman)은 자신의 십호반에 속한 사람이 범죄를 저지르면 그가 법원의 소환에 응하도록 만들 책임을 지고 있었다. 만일 그 사람이 소환에 불응하고 도주하면 십호반 구성원들은 자신이 도주행위와 무관하다는 것을 법원에 출석하여 선서해야 하며 그렇지 않으면 벌금을 내야 했다.[1] 십호반과 백호반을 조직하고 운영하는 책임은 국왕의 명령을 받은 '치안관'(shire reeve)[2]에게 있었다. 치안관은 범죄자를 추적하기 위해 15세 이상의 남자로 구성되는 민병대를 조직하여 운영하였다.

　　1285년에 '윈체스터 법령'(the Statute of Winchester)이 만들어져 이러한 지역별 자치치안에 법적인 정당성이 부여되기에 이른다. 윈체스터 법령은 지역사회의 법과 질서에 대한 책임이 모든 시민에게 있다는 점을 명시하고 있다. 시민들은 마을 출입구 단속과 야간순찰활동을 해야 했으며 낯선 사람이 보이면 정체를 알아내고 법위반자는 검거해서 십호반의 장에게 인계해야 했다. 또한 모든 성인남자들은 도주한 범죄자를 추적할 의무를 졌으며 이러한 의무를 위반하는 행위는 범죄로 다루어졌다. 기본적으로 당시 시민들은 범죄자를 검거할 권한과 의무를 동시에 가지고 있었다.

　　13세기 후반부터 기존의 프랭크플레지 제도를 중심으로 한 공동사회 치안(communal policing)과 친족 치안(kin policing)이 한계를 드러내기 시작

---

1)　십호반 구성원들은 가입할 때 "나는 도둑이 되지도, 도둑의 친구가 되지도 않을 것이며 도둑질이나 도둑을 숨기지도 않을 것이며 그러한 자를 신고할 것입니다"라고 맹세해야 했다.(Baidon, W. P. & Maitland, F. W., The Court Baron, 1891, p.76; Rawlings, P., Policing: A short history, Devon: UK, Willan Publishing, 2008, p.48에서 재인용).

2)　shire는 현재 영국의 주(州)에 해당하는 지방단위이고 reeve는 왕이 임명한 공무원을 의미한다. shire reeve는 나중에 sheriff으로 변하며 이후 미국에서 비도시지역의 치안을 담당하는 보안관을 의미하게 된다.

하였다. 전통적 방식의 치안은 인구의 유동성이 적고 내재적으로 결속력이 강한 봉건시대의 소규모 지역사회를 전제로 하였다. 그런데 중세 봉건제도가 점차 약화되기 시작했고, 보다 결정적으로 14세기 중반에 유럽 전역을 휩쓴 흑사병으로 인해 도시의 인구가 급감하자 부족해진 노동력을 메우기 위해 지방에서 도시로 인구가 대거 이동하게 되었다. 이로 인해 기존의 안정적 인구구조를 바탕으로 형성된 전통적 커뮤니티에서 피해자와 지역주민 중심의 자치적 치안활동이 축소될 수밖에 없었다. 대부분 지역에서는 중앙정부의 감독을 받는 '컨스터블'(constable)이 지역치안 유지업무를 대신하게 되었다. 컨스터블은 대개 십호반의 장 출신이었고 1년 임기의 무보수직이었다. 주요 임무는 범죄자의 체포 및 구금뿐만 아니라 군대조직의 관리, 세금징수, 술집영업규제, 공공질서유지, 부랑자 단속, 환경오염 단속 등 다양한 영역을 포함하였다. 이들은 한편으로는 중앙정부가 임명한 '치안판사'(justices of peace)의 감독을 받으면서 다른 한편으로는 지역주민들과 원만한 관계를 유지해야 하는 위치에 있었다. 그러나 컨스터블 제도의 근본적 한계는 이들의 직위가 무보수 봉사직이라는 점에 있었다. 점차 사람들은 자신의 생업과 병행하여 컨스터블로 봉사하는데 대해 부담을 느끼기 시작했다. 이로 인해 18세기에 들어서는 돈을 주고 대리인을 고용하여 자신의 봉사의무를 대신하는 일이 빈번했고, 급기야 1756년에는 웨스트민스터에서 이러한 대리봉사를 아예 법률로 규정하기에 이르렀다.

앞에서 설명한바와 같이 1285년 윈체스터 법령은 지역사회의 모든 가구에 대해 야경의무를 부과하였다. 마을 주민들은 야간에 순찰을 돌며 주취자와 성매매자들을 단속하는 등 질서유지 활동을 담당하였다. 그런데 18세기에 들어서면서 전통적 방식의 야경제도에도 변화가 나타나는데 가장 큰 원인은 컨스터블 제도와 마찬가지로 무보수 봉사라는 특징에 있었다. 이 시기에 이르러 런던에서는 야간에 순찰봉사를 하려는 가구가 거의 없어졌고 그 자리를 유급대리가 차지하게 되었다. 또한 유흥업이 급성장하면서 시민들의 야간활동이 활발해졌는데 야간통행금지라는 개념에 바탕을 두고 있었던 야경제도가 더 이상 변화된 사회적 상황에 부합되지 않는 측면도 있었다. 이러한 요인들로 인해 야경제도가 점차 전문화되는 방향으로 변화되었다. 먼저 시민들이 자신에게 부과된 야경봉사의무를 '야경료'(watch rate)를 지불하고 면제를 받을 수 있도록 법제화하였다. 19세기 초까지 각 지역별로 야경위원회가 야경제도의 전문성을 높이기 위해 노력하였고 전문 '야경인'(night watch)을 고용하기 위한 자격조건, 임금, 근무방법 등이 마련되었다. 그러나 야경제도가 가진 결정적인 한계는 대규모 폭동이나 소요사태를 통제할 역량이 없다는 점이었다.[3] 그렇다고 이러한 대규모 혼란상황이 발생할 때마다 군대의 물리력으로 민간인을 제압하는 일도 간단한 문제가 아니었다. 민간인을 상대로 무력을 사용하는데 대한 시민들의 반감뿐만 아니라 원거리에 있는 군대가 도시까지 도착하는데 소요되는 시간의 문제, 발포명령 등 군대 지휘권의 문제, 군대투입으로 인해 오히려 상황이 악화될 가능성에 이르기까지 중요한 고려사항이 한두 가지가 아니었다.

18세기에 이르러 또 하나의 눈에 띄는 변화는 치안판사가 직접 주도하는 경찰활동이 강화된 점이다. 대표적인 예가 런던의 치안판사 헨리 필딩(Henry Fielding)과 그의 동생 존 필딩(John Fielding)이 조직한 '보우가 순찰대'(Bow Street Runners)이다. 순찰대는 12명으로 구성되었고 주로 거리에서 강도를 저지르는 범죄자를 추격하여 검거하는 임무를 담당했다. 야경인이나 컨스터블과 달리 지역사회의 통제로부터 벗어나 치안판사 및 예산을 지원하는 중앙정부의 직접적인 통제 받는다는 점에서 이후 탄생하게 될 런던수도경찰의 전신에 해당한다고 할 수 있다.

---

3) 이러한 한계를 드러낸 대표적인 사건이 1780년에 발생한 '고든 폭동'(Gordon Riots)이다. 영국의회가 가톨릭교도들에 대한 차별을 줄이기 위해 제정한 '가톨릭 차별법'(Papist Act of 1778)에 항의하여 당시 하원의원이었던 조지 고든이 조직한 신교도 연합회가 주도하여 일으킨 폭동이었다. 6만여명이 참여한 이 폭동은 일주일동안 계속되었고 런던의 주요지역이 폭도들에 의해 점거 당했으며 결국 군대가 투입된 후에야 진압되었다. 그 과정에 약 285명이 사망하고 200여명이 부상을 당했으며 450여명이 체포되었다.

2. 근대경찰의 탄생과 특징 [Ⅰ - 13]

1829년 근대경찰의 효시인 런던수도경찰청이 창설되었고 초대 경찰청장으로 군인 출신인 찰스 로완(Charles Rowan)과 변호사 출신인 리차드 메인(Richard Mayne) 두 사람이 임명되었다. 내무부장관이었던 로버트 필(Robert Peel)의 정치적 역량, 헌신적인 노력과 더불어 그 당시 영국의 정치적·사회적·경제적 상황으로 인해 새로운 형태의 경찰을 맞아들일 조건이 형성된 결과였다. 그러나 수도경찰청이 탄생하기까지의 과정은 그리 순탄하지만은 않았다. 경찰 창설에 대한 반대 여론이 만만치 않았기 때문이다. 근대경찰의 특징을 이해하기 위해서는 당시 경찰 창설에 대해 런던시민이 가졌던 반감의 이유와 어떻게 이를 극복하고 경찰이 만들어졌는지 살펴볼 필요가 있다.

가. 런던수도경찰의 탄생과정과 배경 [Ⅰ - 14]

영국에서는 오래 전부터 지역별로 산재했던 여러 형태의 자치적 치안기능들을 통합하기 위한 노력이 꾸준히 있어왔다. 1785년 당시 영국의 수상이었던 윌리엄 피트(William Pitt)는 런던의 여러 경찰활동을 통합하여 경찰청장의 지휘 아래에 두는 법안을 제시하였다. 미국독립전쟁에 참전했다가 귀국한 대규모의 군인들이 제대하고 사회로 복귀하게 되면서 범죄와 무질서가 증가했기 때문이었다. 범죄자에 대해 교수형 집행을 늘리고 이들을 추방하기에 적합한 국가를 물색하는 등의 정책으로 대응했지만 범죄와 무질서를 줄이는데 한계가 있었다. 하지만 최종적으로 피트 수상의 법안은 부결되고 말았다. 주된 이유는 지역사회가 기존에 자치적으로 보유하고 있던 치안활동에 대한 통제권 상실을 꺼려했기 때문이었다. 특히 치안자원이 풍부한 지역의 입장에서는 중앙정부가 상대적으로 치안이 열악한 지역을 위해 자신들의 치안자원을 사용할지 모른다는 점이 우려스러웠다. 하지만 무엇보다도 중앙정부의 권한이 지나치게 강화되어 시민들의 자유를 제약할지 모른다는 의견이 전반적으로 팽배했다. 심지어 1811년 런던에서 두 가족을 공격하여 총 7명을 끔찍한 방법으로 살해한 사건이 발생하여 런던시민들이 충격과 공포에 빠졌을 때에도 마찬가지였다.[4] 영국 의회는 살인 등 강력범죄에 대한 대책을 마련하기 위해 1812년부터 10여년에 걸쳐 여러 차례 위원회를 구성하면서 논의를 거듭하였다. 1822년 최종 결정에서 영국의회는 경찰기능을 통합하는 것이 범죄에 대한 통제력을 향상시키겠지만 "온전히 행동의 자유를 누릴 수 있고 간섭받지 않을 수 있는 이 나라의 위대한 특권과 축복이 효과적인 경찰제도와 조화를 이루는 것은 어렵다"는 이유로 경찰조직을 창설하는데 부정적 입장을 견지했다.[5]

　런던시민들의 이러한 우려는 오래전부터 경찰제도를 마련하고 유지해 온 유럽대륙의 여러 국가들의 모습과 무관하지 않다. 예를 들어, 프랑스의 경우 루이 14세가 통치하던 시기인 1667년과 1669년에 각각 파리와 지방에 중앙집권적인 경찰조직을 만들었다. 이러한 경찰조직은 국왕이 자신의 권력을 유지하고 반대세력을 색출하기 위한 수단으로 활용되었다. 도시와 지방 곳곳에 감시망을 구축하여 반란의 조짐이 조금이라도 발견되면 경찰과 군대를 투입하여 무력으로 진압하였다. 프랑스대혁명 이후 혼란기를 지나 권력을 잡은 나폴레옹은 경찰장관을 임명하고 정보수집과 보안 위주의 경찰활동을 통해 저항세력에 대한 억압의 도구로서 경찰조직을 사용하였다. 당시 프랑스 경찰은 체포와 수사에 있어서 광범위한 재량권을 행사하여 마치 중세시대의 종교재판처럼 자의적이고 강압적인 방법으로 법을 집행하였다. 영국에서 중앙정부가 직접 지휘하는 경찰조직에 대한 논의가 있을 때마다 런던시민들의 머릿속에는 자연스럽게 이웃 나라의 이러한 군국주의적이

---

4)　1811년 12월 7일부터 12일 동안 런던의 동쪽 외곽지역에서 평범한 두 가정집을 공격한 사건으로 당시 피해 가정이 위치한 도로의 이름을 따서 '랫클리프 고속도로 살인사건'(Ratcliff Highway murders)이라고 불리었다. 범죄자가 길거리가 아닌 일반 가정집에 침입해서 특별한 동기 없이 저지른 범죄라는 점 때문에 런던 시민들을 더욱 충격에 빠뜨렸다.

5)　Select Committee, 1822, p.9.

고 강압적인 경찰의 모습이 떠올랐을 것임에 분명하다.

이러한 우려와 부정적 여론에도 불구하고 수도경찰청의 필요성에 대한 분위기가 형성될 수 있었던 것은 당시 영국의 정치적·경제적·사회적 상황 속에서 그 이유를 찾을 수 있다. 첫째, 정치적으로 영국은 당시 유럽대륙의 국가들과 달리 의회정치를 중심으로 하는 민주주의의 기초가 확립된 상태였다. 역사적으로 지속되어 왔던 국왕과 의회간의 힘겨루기는 명예혁명(1688년)과 그 결과물인 권리장전(1689년)의 공포를 통해 의회의 승리로 끝났고 마침내 영국에서 절대왕권은 종식되었다. 따라서 당시 영국에는 법과 이성에 기반을 둔 정치적 환경이 조성되어 있었기 때문에 경찰이 중앙정부의 지휘를 받는다고 하여도 대륙국가와 같이 절대군주의 통치수단으로 전락할 가능성이 희박했다.

둘째, 경제적 측면에서 18세기 중반부터 영국에서 시작된 산업혁명은 영국의 경제구조를 크게 바꾸어 놓았다. 인클로저 운동으로 인해 농촌을 떠난 농민들은 급속도의 공업화로 노동력이 부족했던 도시로 대거 몰려들었다. 도시의 인구가 폭발적으로 증가했고 산업화 또한 빠르게 진행되었다. 하지만 이러한 급격한 경제 성장의 이면에는 초기 자본주의의 구조적 모순으로 인해 부를 축적한 소수의 자본가 계층과 대다수의 가난한 노동자 계층 사이에 갈등이 유발되었고 사회의 불안요소로 작용하였다.

셋째, 런던과 같은 대도시를 중심으로 범죄가 급증하고 성매매와 같은 무질서행위가 점차 확산되고 있었다. 아울러 계층 간의 갈등, 불안한 정치적 상황 등으로 인해 폭력적 집회와 소요사태가 빈번하게 발생하였다. 특히 1819년에는 의회개혁을 주장하던 시위대를 진압하는 과정에 투입된 군대에 의해 수백 명이 죽고 다치는 사건이 발생했고 군대의 과잉진압을 비판하는 목소리와 함께 경찰조직의 필요성에 대한 여론도 커져갔다.[6]

---

6) '피터루 학살'(Peterloo Massacre)라고 불리는 이 사건은 영국 맨체스터의 세인트 피터스 필드(St. Peter's Field)에서 발생했다. 의회개혁을 주장하며 6~8명의 대규모 시위대가 운집하였는데 이들의 대부분은 급진적 정치인 헨리 헌트(Henry Hunt)의 연설을 듣기 위해서 모인 것이었다. 정부는 군대를 투입하여 헨리 헌트와 시위 주동자를 체포하려 하였고 그 와중에 15명이 사망하고 수백 명이 부

그런데 런던수도경찰청의 탄생배경에 대해서는 두 가지 대비되는 관점이 공존하고 있다. 먼저 정통주의 관점(orthodox view)에서 보면 근대경찰의 탄생은 19세기 초 영국 사회에서 급증하던 범죄와 무질서 문제를 해결하기 위한 적절하고도 합리적인 대응이었다. 전통적 형태의 경찰활동인 컨스터블이나 야경제도에만 의존해서는 이러한 범죄와 무질서 문제를 해결할 수 없었기 때문이다. 이에 반해 수정주의 관점(revisionist view)에 의하면 근대경찰의 탄생은 산업혁명으로 부를 축적한 중산계층이 자신의 재산을 보호할 목적으로 요구한 결과이다. 때문에 경찰의 본연의 역할은 중산계층의 재산을 위협하는 노동자계층을 통제하는데 있다. 이러한 주장을 뒷받침하는 근거로 경찰의 창설 과정에 노동자 계층의 반감과 저항이 심했으며 이후에도 경찰과 하층계급 사이에는 갈등과 불협화음이 지속되었다는 점을 들고 있다.[7]

상반된 두 관점은 근대경찰의 탄생을 서로 다른 각도에서 바라볼 수 있도록 하여 이해의 폭을 넓혀 준다는 장점이 있다. 다만 정통주의 관점은 당시 경찰력의 강화에 대해 서로 다른 이해관계와 정치이념에 근거한 반대의 입장에 대해 충분한 이해를 결여하고 있다는 단점이 있다. 수정주의 관점 역시 경찰 창설에 대한 노동자 계층의 반대와 경찰에 의한 하층계급 통제를 과장되게 해석한 측면이 단점으로 지적되고 있다.[8]

[Ⅰ-15]   나. 근대경찰의 특징

초창기 수도경찰은 경찰 창설에 반대했던 여론을 누그러뜨리기 위해 각별히 신경을 쓸 수밖에 없었다. 경찰을 보고 시민들이 군대를 떠올리지 않도록 하려고 푸른색의 경찰제복을 채택하였다. 또한 나무로 만든 경찰봉만

상을 입었다.

7) Wright, A., Policing: An introduction to concepts and practice, Devon, UK: Willan Publishing, 2003, p. 9

8) Reiner, R., The politics of the police, London: Harvester Wheatsheaf, 1992, pp. 55-56.

을 착용하고 총기는 휴대하지 않았다. 경찰관들은 시민들을 정중하고 조심스러운 태도로 대하도록 교육을 받았다. 무엇보다도 순찰활동의 목적이 범죄예방을 통해 시민의 안전을 지키는 데에 있다는 사실을 강조하였다. 그만큼 경찰력의 증가에 대한 런던시민들의 비판이 만만치 않았던 것이다. 반대여론은 경찰이 만들어진 이후에도 한동안 지속되었다. 순찰활동의 가시성 결여, 경찰관들의 규율부족 등이 지적되었고 시민에 의한 경찰관 폭행도 빈번히 발생하였다. 1830년대에 들어서면서 점차 경찰을 반대하는 여론이 감소했는데 시민에 의한 경찰관 사망사건이 이러한 변화에 영향을 미친 것이 사실이지만 순찰활동이 실질적인 범죄 감소로 이어진 점도 주요한 이유였다. 그러나 무엇보다도 새로 탄생한 경찰이 정치권과 분명한 거리를 두고 오로지 국민이 부여한 권한의 한도 내에서 범죄예방과 질서유지라는 본연의 임무에만 충실하려고 노력했던 결과라고 봐야한다. 이러한 영국경찰의 정신은 로버트 필이 경찰의 정치적 개입, 권한 남용, 시민의 자유권 침해 등을 우려하는 의회를 설득시키기 위해 제시한 9가지의 경찰원칙에 잘 나타나있다.[9]

① 군대에 의한 진압, 엄격한 법적처벌을 대신하여 범죄와 무질서를 예방한다.
② 경찰의 기능 및 임무 완수를 위한 경찰력은 경찰의 존재 · 활동 · 행동에 대한 시민의 동의와 경찰이 시민으로부터 신망을 확보하고 유지하는 능력에 달려 있다는 사실을 항상 인식해야 한다.
③ 시민의 신망과 동의를 확보 · 유지함은 법질서 유지의 임무를 수행함에 있어서 시민들의 자발적 협조를 얻는 것을 의미한다는 사실을 항상 인식해야 한다.

---

9) Mayhall, P. D. Police-Community Relations and the Administrative of Justice, New York: John Wiley and Sons, 1985. pp.425-426.(경찰학 저서에 따라 로버트 필의 경찰원칙 숫자가 9개, 10개, 12개 등으로 다르고 내용에 있어서도 다소 차이를 보인다, Emsley, C. Peel's Principles, Police Principles, in Jennifer M. Brown (ed.) The Future of Policing, Oxon: Routledge, 2014)

④ 경찰목적을 이루기 위한 물리력과 강제적 수단의 필요성은 시민의 협조와 비례해서 감소한다는 점을 항상 인식해야 한다.

⑤ 경찰에 대한 시민의 호감을 얻고 유지하기 위해서 단순히 대중의 뜻에 영합하는 것이 아니라, 온전히 독립적인 정책 하에 법률에 입각하여 완전히 공평한 서비스를 제공하고, 시민들을 공손함과 유머로 대하며, 생명을 보호하고 보전하는데 기꺼이 희생을 감수해야 한다.

⑥ 물리력의 사용은 설득·조언·경고 등의 방법으로 상대방의 협조를 얻을 수 없는 경우 법규준수와 질서회복 등 경찰 목적을 달성하기 위해 필요한 최소한에 그쳐야 한다.

⑦ 경찰이 시민이고 시민이 경찰인데, 다시 말해 경찰은 지역사회의 안녕과 복지에 상시적으로 관심을 기울일 의무를 지도록 특별히 고용된 시민 중의 일부이다.

⑧ 경찰은 법률을 집행하는 기능만을 수행하며 유죄를 판단하거나 유죄인 자를 처벌하는 행위, 또는 법원의 권한을 침해하는 것처럼 보이는 어떠한 행위도 삼가야한다는 사실을 항상 인식해야 한다.

⑨ 경찰효율성에 대한 평가는 결과적으로 범죄와 무질서가 얼마나 감소했는지에 달려 있으며 단지 눈에 보여지는 경찰행위에 있지 않다는 점을 항상 인식해야 한다.

이러한 원칙들은 당시 유럽 대륙의 국가경찰들이 추구했던 가치들과 확연한 차이를 보인다. 영국경찰은 자신들의 정체성에 대하여 스스로를 시민의 일부로 보고 봉사의 궁극적 대상 역시 시민과 그들로 구성된 지역사회라는 점을 분명히 하고 있다. 이러한 인식은 지역사회 단위의 자치경찰을 고수해 온 영국의 전통에서 비롯되었다고 봐야 한다. 간단히 말해서 과거에는 자신들이 사는 지역의 치안을 유지하기 위해 스스로 직접 하던 일인데, 사회가 변하면서 직업적으로 이러한 일을 전적으로 맡아서 할 사람을 선발할 필요성이 생긴 것에 불과하다는 인식이다. 그렇기 때문에 경찰에게 부여된 모든 권한이 시민의 동의에 기반을 두어야 하며 경찰활동도 기본적으로 시민의 협조를 확보하는 데에서 출발한다는 것이다. 그때까지도 중앙정부로부터 권한을 위임받아 왕권을 유지하기 위한 수단으로서의 역할에 머무르고 있던 당시 대륙 국가들의 경찰들과 비교할 때 런던수도경찰은 새로운 유형의 경찰이었으며 법과 이성이 지배하는 근대시대의 정신과 부합되는 경찰이었다.

　　근대경찰을 판단하는 기준으로 미국의 경찰학자 데이비드 베일리(David H. Bayley)는 크게 세 가지를 제시하고 있다.[10] 첫 번째 근대경찰의 기준은 '공공경찰'(public police)이다. 정부 또는 경찰권한을 부여하는 공동체에 의해 고용되어 보수를 받고 그 지휘 아래에서 활동하는 경찰을 의미한다. 기존에 범죄나 무질서 등의 사회문제를 민간경찰(private police)이 담당하여 왔지만 더 이상 이러한 문제에 효과적으로 대처할 수 없게 될 때 민간경찰이 공공경찰에 의해 대체된다. 영국의 치안관(shire reeves)은 국왕의 명령과 지휘를 받았으나 국왕으로부터 직접 보수를 받은 것이 아니라 범죄자들이나 의무를 이행하지 않은 백호반으로부터 벌금을 징수하여 자신의 보수에 충당했다는 점에서 온전한 공공경찰이라고 보기 힘들다. 컨스터블 역시 국왕에 의해 임명된 치안판사의 지휘를 받았지만 보수는 주로 자신에게 부과된 봉사의무를 면제 받고자 하는 사람들로부터 받았다는 점에서 역시 공공경찰이라고 할 수 없다. 대륙국가의 경찰들은 대부분 공공경찰에 속했다. 예를 들어, 프랑스 파리에는 13세기에 이미 공공경찰이 존재했으며 16세기경에는 지방에도 지방행정관이 임명되어 질서유지의 임무를 담당했다. 러시아의 경우도 1564년에 '오프리치니크'(Oprichnik)라는 이름의 비밀경찰이 만들어졌는데 국왕의 직접적인 지휘를 받는 공공경찰 특징을 가지고 있었다.[11]

---

10)　Bayley, D. H., Patterns of policing, New Brunswick, NJ: Rutgers University Press, 1985.

11)　폭정으로 악명을 떨친 러시아의 황제 이반4세가 반역자들을 제거하고 공포정치를 펼치기 위해 조직한 비밀경찰이었다. 자신의 개인 영지인 '오프리치아'를 기반으로 일종의 친위대를 창설하였으며 오프리치니크란 이름도 여기에서 유래한다. 수많은 사람들을 학살하여 러시아 사회 전체를 공

근대경찰의 두 번째 기준은 '분화된 경찰'(specialized police)이다. 근대 이전의 경찰이 다양한 분야의 직무를 담당했다면 근대경찰은 주로 범죄자나 위반자에 대해 물리적 강제력을 사용하는 제한된 직무만을 수행한다는 점에서 구분된다. 사실 영국경찰의 경우 근대경찰 탄생 이전의 경찰활동 주체들도 대체적으로 범죄나 무질서 등의 제한된 문제만을 다루었다. 이에 반해 대륙국가의 경찰들은 매우 다양한 기능을 담당하였다. 예를 들어, 18세기 파리의 경찰은 범죄나 무질서와 관련된 기능뿐만 아니라 여권발급, 주민등록, 신분증발급, 공중위생, 소방, 정부물품조달 등의 업무까지 담당하였다. 특히 경찰의 분화성(specialization)과 관련해서 국내 치안의 영역에 군대가 배제되는지 여부가 중요하다. 대륙 국가의 경우 군대가 경찰의 기능까지 담당하는 것이 보편적이었다. 예를 들어, 프랑스의 '군인경찰'(gendamarie)은 군대가 주둔하고 있는 지역사회에서 법집행과 질서유지 등 일반경찰작용을 담당하는 형태의 경찰이다. 이러한 경찰과 군대의 혼합형태는 대규모의 폭동이나 소요사태를 진압할 필요성 때문에 만들어졌는데 프러시아, 네덜란드, 스페인, 오스트리아와 같은 주변의 국가들에 전파되어 경찰조직 구조의 표준으로 자리 잡았다. 이에 반해 영국에서는 일찍부터 치안문제에 군대가 개입함으로 인해 발생하는 부작용과 한계를 인식하고 전문적 경찰을 창설하는 방식으로 이를 해결하고자 했다는 점에서 대륙 국가들과 중요한 차이점을 보인다.

마지막으로 근대경찰은 '전문화된 경찰'(professional police)일 것을 요구한다. 전문화는 일정한 자격조건을 갖춘 사람만이 경찰업무를 담당하며 체계적인 업무관리를 통해 업무수행에 있어서 일정 수준의 품질을 유지하는 특성을 의미한다. 구체적으로는 실적주의에 입각한 채용과 체계적인 교육·훈련, 지속적인 경력개발, 제도화된 규율과 감독 등이 전문화의 기본적 요건에 해당한다. 런던수도경찰은 전문성에 있어서 획기적인 발전을 이루

포에 몰아넣었다.

었다. 경찰관 채용에 있어서 신장, 몸무게, 성별, 성격, 읽고 쓰는 능력 등 객
관적 기준을 고려하였고 채용된 경찰관들에게는 교육·훈련이 필수적으로
부과되었다. 이와는 대조적으로 초창기 미국경찰의 경우 영국경찰을 모델
삼아 만들어졌지만 19세기말까지 엽관주의 영향에 따라 경찰관을 지역 정
치인들이 정치적 계산에 따라 선발하였다. 20세기에 들어서야 비로소 미국
경찰은 전문성을 갖춘 근대경찰로 탈바꿈하기 시작했다.[12]

---

12) 미국에서는 1828년 필라델피아 경찰서, 1838년 보스톤 경찰서, 1845년 뉴욕 경찰서가 만들어졌다.
　　하지만 초창기 미국 경찰은 정치권과 밀접한 관계를 맺고 있었으며 이 때문에 정치인들은 자신을
　　도와준 사람에게 보답하는 의미로 경찰직을 선물하였다. 이러한 방식의 공무원 채용을 엽관주의
　　라고 부른다. 심지어 뇌물을 제공하고 경찰직을 사는 행위들도 빈번하게 발생하는 등 부패가 만연
　　했다. 그러다가 20세기 들어서 '미국 근대경찰의 아버지'라고 일컬어지는 '오거스트 발머'(August
　　Vollmer)가 캘리포니아 주 버클리 경찰서를 중심으로 경찰 전문화 운동(police professionalization
　　movement)을 주도하였다.

제2절 한국경찰의 역사

[I - 16]   ### 1. 한국 근대경찰의 탄생

한국 최초의 근대경찰은 1894년 갑오개혁의 주체세력인 개화파에 의해
창설된 '경무청(警務廳)'이라고 할 수 있다. 조선에서는 15세기경부터 '포도
청(浦盜廳)'이 경찰기능을 담당해왔으나 경무청이라는 근대적 형태의 경찰
기구가 만들어지면서 자연스럽게 폐지되었다.[1] 경무청은 조선이 근대적인
국가로의 개혁을 추진하는 과정에 포도청 제도가 내포하고 있었던 한계와
폐단을 극복하고 사회질서를 확립하기 위해 마련한 경찰기구였다. 초창기
개화파들은 서구와 일본의 근대적 경찰제도를 시찰한 경험을 바탕으로 경
찰제도 개혁을 추진하였다. 갑오개혁으로 마련된 경찰제도는 이후 대한제
국기를 거쳐 1910년 한일병합조약에 의해 일본이 경찰권을 완전히 박탈하
기까지 변화과정을 겪게 된다.

그런데 최초의 근대경찰인 경무청의 의미와 중요성에 대하여 학자들마
다 엇갈리는 입장이 존재한다. 일부는 근대사회로 발전하기 위한 자주적인
노력의 일환으로 근대경찰의 창설을 바라보지만 다른 쪽에서는 서구와 일
본의 영향에 의해 진행된 타율적이고 종속적인 경찰근대화 과정이었다고
평가한다. 또한 경찰개혁의 궁극적 목적에 대해서도 사회질서유지와 민생
안정을 강조하는 입장과 황권강화라는 지배세력의 정치적 목적에 주목하는
입장이 존재한다. 한국경찰의 근대성을 이해하기 위해서는 경무청의 창설

---

1) 포도청은 경무청 창설 전까지 경찰기능을 담당했던 대표적 기관이었다. 조선 성종시대(1469~1494)
에 도둑질이 성행하자 이를 해결하고자 처음으로 '포도장제(浦盜將制)'를 도입하게 된다. 초창기에
는 도적 떼를 체포할 목적으로 임시로 운영하는 비상설적 성격의 제도였으나 이후 영조시대에 이르
러 법전에 상설기환으로 명문화되었다.

을 둘러싼 역사적·사회적 배경과 창설이념, 그리고 대한제국이 일본의 식민지가 되기까지 경찰제도의 변화과정을 살펴보아야 한다.

가. 경무청 창설배경과 근대적 성격   [Ⅰ - 17]

1880년대 초부터 조선에서는 주요 정치세력으로 급부상한 개화파에 의한 개화정책이 적극적으로 추진되고 있었다. 조선 최초의 근대적 행정기구인 '통리기무아문(統理機務衙門)'이 만들어지고 일본의 후원으로 신식군대가 창설되는 등 행정기구의 개혁이 진행되던 시기였다. 개화파는 조선 말기에 이르러 기강이 해이해지고 민간에 대한 수탈행위 등 민폐가 심각한 수준이었던 포도청을 개혁대상으로 인식하였다. 포도청은 좌·우포도청 각각에 포도대장을 두고 그 아래 종사관, 포교, 포졸로 구성되었다. 그런데 포교와 포교의 절반 이상이 품계가 없거나 급여를 제대로 받지 못하였다.[2] 또한 포도청은 도둑 검거와 같은 경찰기능 외에 행정, 사법, 군사 기능까지 담당하는 등 전근대적 형태의 경찰제도였다.

1883년 개화파에 의해 순경부(巡警部)가 구상되었고 1884년 갑신정변으로 정권을 장악한 개화파는 '순사제도'를 도입하고자 하였다.[3] 이후 1894년 갑오개혁으로 좌·우 포도청이 폐지되고 내무아문 아래에 경무청을 설립하게 된다. 여러 기관에 흩어져 있던 경찰기능을 경무청 관할로 단일화하였고 경무청의 장인 경무사에게 정2품의 품계를 부여하여 종전의 포도대장(종2품)의 지위에서 격상시켰다. 경무사는 당시 국정 전반의 심의·의결 기구였던 군국기무처에 회원을 겸임하였고 품계는 낮았지만 다른 아문대신들과 함께 직접 국정운영에 참여하였다.[4] 또한 중요사안에 대해서는 내무아문을

---

2) 손영상, 갑오개혁 이후 근대적 경찰제도의 정립과 운영, 한국사론, 53, 2007, pp. 305-402.
3) 일본에서 귀국한 개화파 박영효가 한성부에 기존의 포도청과 별도로 순경부를 설치하려고 하였으나 얼마 후 광주유수로 옮겨 가게 되어 계획이 무산되었다. 갑신정변의 개혁안에도 순사제도가 포함되어 있었지만 정변이 '3일천하'로 실패하여 실현되지는 못했다(손영상, 2007, 앞의 논문, pp. 316-18)
4) 손영상, 2007, 앞의 논문, p. 327.

거치지 않고 직접 총리대신에게 보고할 수 있도록 하는 등 역할을 중요시하였다. 최초의 경무청 업무관할은 수도에만 한정되었지만 1895년에 지방제도 개혁의 일환으로 경찰행정의 범위도 지방까지 확대되었다.

그런데 과연 경무청은 근대경찰로서의 요건을 충족했을까? 경무청의 근대성을 평가하기 위해서는 제도적 근대성과 이념적 근대성을 모두 살펴보아야 한다.[5] 제도적 근대성은 앞에서 소개했던 데이비드 베일리의 세 가지 근대경찰 판단기준을 적용하여 검토할 수 있다. 경찰이 정부에 의해 조직되고 운영되는 공공경찰(public police), 주로 물리적 강제력을 사용하여 치안 업무와 관련하여 독점적인 권한을 갖는 분화된 경찰(specialized police), 그리고 경찰관의 채용·훈련 등 인사부문과 규율·지휘·감독 등 조직운영에 있어서 체계적인 관리를 유지하는 전문화된 경찰(professional police)을 의미한다.

첫째, 경무청은 군국기무처가 법령에 근거하여 설치한 공공경찰이었다. 1984년 7월 14일 경무청 설치를 골자로 하는 '경무청관제·직장'(警務廳官制·職掌)과 구체적인 직무를 규정한 '행정경찰장정'(行政警察章程)을 반포하였다. 둘째, 경무청은 기능적으로 분화된 형태의 경찰기구였다. 종전에 포도청, 한성부, 의금부 등에 분산되어 있던 경찰기능을 경무청으로 일원화시켰다. 또한 경찰의 주요 업무를 위험 방지와 공공질서 유지 등으로 규정하여 사법경찰과 행정경찰을 분리하였다. 무엇보다도 경무청을 내무아문 아래에 두고 내무대신의 지휘를 받도록 했으며 경무사도 문관 중에서 임명하고 실무자인 순검도 채용시험을 통해 민간인 중에서 선발하였다. 이러한 조치를 통해 경찰기능과 군대기능을 분리하여 종전의 무관경찰제에서 문관경찰제로 변화하게 되었다.[6] 마지막으로 경무청은 비록 충분치는 않더라도 일정 수준 전문화된 경찰기구였다. 조직적으로는 경무청 책임자인 경무사를 정점으로 하여 경무관, 서기관, 총순, 순검에 이르는 지휘·감독체계를

---

5) 최선우, 한국경찰의 근대성에 관한 연구, 한국공안행정학회보, 23, 2006, pp. 407-439.
6) 갑오개혁 이전까지 경찰기능을 담당했던 포도청은 병조 소관이었고 포도대장과 포졸도 무관이었다.

마련하고 한성 5부에 경찰지서를 설치하여 각 부를 담당토록 하였다. 순검 선발 기준과 자격요건을 마련하여 신체, 품행, 범죄경력 등 9개 항의 채용조건을 제시하였고 선발시험과목, 의무복무기간, 정년 등에 대한 규정도 정비하였다. 신임경찰로 선발된 자들에 대해서는 소정의 경찰교육과 사격훈련을 이수하도록 하였다. 이 외에도 업무처리 방식이나 절차, 복제와 직제 및 계급 등을 명문화하였다.[7] 이와 같이 제도적 측면에서 볼 때 경무청은 분명히 근대적 성격을 띠고 있는 경찰기구였다.

다음으로 이념적 근대성은 경찰이 궁극적으로 누구를 위해 존재하는지와 관련되어 있다. 즉 다수의 사회 구성원들을 위한 것인지 아니면 소수의 권력층을 위한 것인지에 관한 문제이다. 서구 사회에서 근대화는 민주주의 발전과 맞물려 진행되었다. 즉 소수의 전제군주와 귀족들에 의해 독점되었던 권력이 다수의 민중에게 이양되는 과정이 근대화의 중요한 특징이다. 이러한 점을 고려할 때 근대경찰을 이전 시대의 경찰과 구분 짓는 특징은 경찰활동을 통해 추구하는 가치의 최종적 지향점이 다수의 사회구성원에 있다는 점이다. 영국이 주변의 유럽 국가들에 비해 공적 경찰제도의 탄생은 늦었지만 런던수도경찰의 창경이념 속에 시민과 지역사회에 대한 봉사를 핵심적 가치로 삼고 있었다는 점 때문에 근대경찰의 출발점으로 보고 있다.

경무청의 이념적 근대성을 평가하기 위해서는 애초에 경찰개혁을 주도했던 개화파들이 구상했던 경찰의 기능과 역할이 어떠했는지를 검토해야 한다. 김옥균, 박영효, 유길준 등이 주도한 개화파는 서구와 일본의 근대적 경찰제도를 시찰하면서 포도청의 전근대성과 문제점을 인식하게 되었고 경찰제도의 개혁을 통해 근대화를 향한 기반을 다지고자 하였다. 이와 같은 인식은 유길준의 「서유견문」(1890)에서 경찰제도를 두는 목적을 "나라의 치안을 유지하는 데 힘써, 개명(開明)한 사회로 진보하는 것을 지키는 데에 있다"라는 말 속에 잘 반영되어 있다. 또한 그의 책 속에는 영국의 런던

---

7) 손영상, 2007, 앞의 논문, p. 334.

수도경찰에 관한 내용을 상세히 소개하고 있는데 특히 런던수도경찰 창경 이념이라고 할 수 있는 경찰권의 제한적 행사와 국민에 대한 봉사를 강조하고 있다.[8] 경찰의 권한 남용을 방지하고 직무태만을 감독하기 위한 제도들을 소개하고 있다. 아울러 위급한 상황에 빠지거나 어려움을 겪는 국민들에게 도움을 제공하여 궁극적으로 "국민들이 안심하고 태평스러운 즐거움을 누리며, 불시의 환난을 예비하고, 뜻밖의 걱정을 없앨 수" 있도록 하는 것이 경찰의 임무라고 설명하고 있다.[9] 따라서 경찰개혁을 이끌었던 개화파는 영국경찰의 영향을 받아 사회의 진보, 민생의 안녕과 복지를 이념으로 삼았다고 볼 수 있다.[10]

그런데 다른 한 편으로 경무청은 법제도적인 측면에서 상당 부분 일본의 경시청을 모방하였다. 일본경찰은 프랑스 경찰제도의 영향을 받아 경찰의 정보수집과 대국민 감시기능을 중요시하며 강력한 물리력에 의존하여 강압적으로 사회질서를 유지하는 역할을 강조하였다. 하지만 일본경찰의 이러한 억압적 특성이 개화파가 설정한 경무청의 역할과 기능에는 매우 제한적으로만 반영되었다는 점에 주목할 필요가 있다. 예를 들어, 조선과 일본 양국의 경찰실무규정을 비교해 보면 경찰의 대국민 감시기능에 대한 규정들이 경무청의 '순검직무장정'(巡檢職務章程)에는 대거 삭제 또는 축소되어 있다. 또한 일본 경시청과 비교할 때 경무청의 규정은 민간생활의 영역 중 경찰이 개입해야 할 범위도 훨씬 좁게 설정하고 있다.[11] 종합해 볼 때, 경무청은 창설 당시 법제도적으로는 일본경찰을 모형으로 하였지만 경찰의 역할과 활동 등 내용적으로 영국경찰을 표방했다고 볼 수 있다. 따라서 유럽

---

8) "옛날 영국에서 국민들이 자잘한 죄를 자주 저지르고 또 도둑질이 끊이지 않았기 때문에 대신 로버트 필이 경찰제도를 두자고 처음으로 건의했는데, 조야에서 여론이 물 끓듯하여 국민들을 시끄럽게 하는 제도라고들 하였다. 그런데도 정부에서는 여론을 듣지 않고 그 주장을 채택하여 경찰제도를 설립했는데, 시행한 지 10년도 못되어 국민들이 과연 크게 편리해졌다"(유길준, 서유견문, 서해문집, 1890, p. 295).

9) 유길준, 1890, 앞의 책, p. 296.

10) 김창윤, 한국 근대경찰의 창설배경과 조직에 관한 연구, 한국경찰연구, 11(2), 2012, pp. 117-149.

11) 손영상, 2007, 앞의 논문, pp. 338-345.

대륙 경찰의 영향을 받은 일본에서는 경찰의 주된 역할을 국가 체제를 유지하기 위한 '감시와 억압'으로 보았다면 영국 근대경찰의 영향을 받은 경무청은 국민과 지역사회의 안전을 유지하기 위한 '보호와 봉사'로 파악했던 것이다.[12]

경찰근대성에 관한 또 다른 쟁점은 근대화의 과정이 얼마만큼 내적 동력에 의해 자율적으로 추진되었는가에 대한 것이다. '내재적 근대화' 관점은 경찰근대화의 과정이 조선에 의해 자주적으로 전개되었다고 보는 반면 '종속적 근대화' 관점은 경찰근대화가 일본의 압력에 의해 타율적으로 진행된 측면에 주목한다.[13] 간단히 말해 근대화 과정을 주도한 주체가 누구인가의 문제인 것이다. 최초의 근대경찰인 경무청의 의미에 대해서 조선의 근대화를 추진했던 개화파가 주도한 결과로 보는 입장과 일본이 자국의 이익을 위해 조선을 근대화시키는 과정의 일부로 해석하는 입장으로 나뉜다.[14] 물론 갑오개혁이 일본의 압력에 못 이겨 이루어진 측면이 있지만 이미 그전부터 내부적으로 임오군란, 갑신정변, 동학혁명 등을 통해 조선사회의 변혁에 대한 강렬한 요구가 존재하였다. 따라서 갑오개혁은 세력기반이 약했던 개화파가 일본의 힘을 빌려 개혁을 이루려했던 사건이었고 경무청의 탄생 과정 또한 종래의 부패하고 무기력했던 전근대적 경찰제도를 혁신하려했던 개화파의 역할이 보다 중요했다고 보는 것이 타당하다.

나. 근대경찰의 변천과정과 의미 [I - 18]

대한제국기에 접어들면서 경찰기구가 일련의 변화를 겪게 되는데 이 시기에 변화를 주도했던 주체는 바로 고종이었다. 1899년 대한제국의 수립부

---

12) 하지만 1895년에 일본의 영향을 많이 받은 박영효가 경찰개혁을 주도하면서 최초 개혁단계에서 축소되었던 행정경찰기능과 반정부활동에 대한 감시기능이 대거 추가되었다.(손영상, 2007, 앞의 논문, p.347)

13) 최선우, 2006, 앞의 논문, p. 415.

14) 일본공사는 갑오개혁 이전부터 조선에 근대적 경찰제도가 필요하다는 의견을 강력히 제기해 왔다.

터 1904년 러일전쟁 후 조선에 대한 일본의 침략이 본격화되기 전까지 고종의 주도 아래 경찰제도가 확대·강화된다. 을미사변과 아관파천 등 주변 열강들의 세력다툼 속에 국가의 위신이 거듭하여 추락하게 되자 고종은 국가의 자주성을 높이고 군주권을 회복하려는 목적으로 '대한국국제'(大韓國國制)를 선포하고 스스로 황제의 자리에 올랐다. 그리고 나서 경찰권을 황제에게 복속시켜 황권을 강화하기 위해 경찰제도를 정비하였다. 먼저 경무청을 경부(警部)로 승격시키고 조직·인력·예산을 확대하였다. 또한 한성의 경찰행정은 경무청, 지방은 상급기관인 내부에서 담당하던 기존의 이원적 체제를 경부 중심의 일원적 체제로 바꾸었다. 그 결과 전국적으로 경찰지휘체계가 일원화되었고 경찰 업무에 대한 감독과 인사도 경부가 담당하게 되어 보다 독립적인 경찰기구로 발전하게 되었다.

그러나 1902년에 고종은 경부를 다시 경무청으로 격하시킨다. 이렇게 된 주된 이유는 경찰제도를 확대시켜 친정체제를 강화하려고 했던 황제의 의도를 경부가 충족시켜주지 못했기 때문이었다. 고종은 경부를 없애고 대신에 궁내부 산하에 있던 궁내경무서를 경위원(警衛院)으로 승격시켰다. 이때부터 경찰 조직이 황제 직속의 경위원과 내부 산하의 경무청의 이원적 체제로 운영되었다. 경위원은 황궁수비, 각종 사찰 및 정보수집, 반체제 인사에 대한 수사 및 체포 등을 담당하는 일종의 특수경찰기관으로 황제권력을 강화하고 유지시키는 역할을 맡았다.[15]

대한제국기는 광무정권이 자주적으로 근대사회로의 개혁을 추진하던 시기였다. 경찰제도가 확대·강화되는 과정 역시 내적 필요성에 의해 자율적으로 진행된 '내재적 근대화' 과정의 일부라고 볼 수 있다. 물론 이러한 변화의 핵심에는 황권 강화라는 목적이 자리 잡고 있었다. 하지만 대한제국기를 거치며 더욱 근대화된 경찰은 당시 급변하는 사회가 요구했던 역할을 수행했다. 예를 들어, 경찰의 정원이 대폭 증가하게 되어 범죄 예방을 위한 순찰

---

15) 차선혜, 대한제국기 경찰제도의 변화와 성격, 역사와 현실, 19, 1996, pp. 73-99.

업무를 제대로 실시할 수 있게 되었다.

 그러나 1904년부터 한국에 대한 일본의 지배가 본격화되자 경찰제도의 개편은 대한제국 정부가 아닌 일본 정부에 의해 주도된다. 1902년 영일동맹을 통해 한국에서의 기득권을 인정받은 일본은 1904년 한반도와 만주에 대한 주도권을 둘러싸고 러시아와 충돌하였다. 러일전쟁에서 승리한 일본은 포츠머스 조약을 통해 한국에 대한 지배권을 확보하기에 이르렀다. 이때부터 1910년 한일병합조약에 의해 대한제국이 국권을 상실할 때까지는 일본이 경찰권을 침탈하는 과정 속에 경찰제도가 개편되었던 시기였다. 일본의 경찰권 침탈과정은 고문정치, 통감정치, 차관정치 시기로 구분할 수 있다. 이와 같은 보통경찰의 경찰권 침탈과 더불어 헌병경찰을 통한 경찰권 침탈이 함께 전개되었으며, 최종적으로는 헌병경찰을 중심으로 경찰권 침탈이 완성되기에 이른다.

<그림 I -1> 일본에 의한 대한제국 경찰권 침탈과정

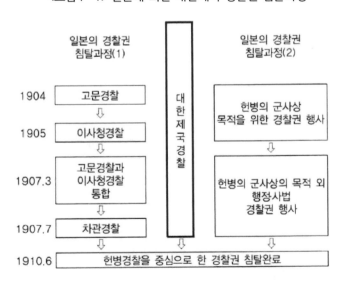

출처: 최선우, 대한제국 좌절기의 경찰: 러일전쟁(1904) 이후 일제강점(1910) 전까지를 중심으로, 한국콘텐츠학회논문집, 8(8), 2008, p. 312.

1904년 제1차 한일협약이 체결되고 일본은 대한제국정부로 하여금 정부 내각에 일본인 고문(顧問)을 고용하도록 강요하여 이른바 '고문정치'가 시작되었다. 일본은 대한제국의 경찰권을 장악하기 위해 '경무고문'을 두도록 하였고 '모든 경무사무'에 있어서 경무고문의 동의를 거치도록 하였다. 고용계약서에 의하면 경무고문은 범죄사건의 처리와 범죄자의 처분 등 주요 경찰업무뿐만 아니라 경찰관의 인사·상벌에 대해서조차 직접적으로 개입할 수 있었다.

1905년 제2차 한일협약(이른바 '을사보호조약')을 통해 대한제국의 외교권을 장악한 일본은 통감부를 설치하고 통감으로 하여금 대한제국의 외교권을 지휘하도록 하여 '통감정치'가 시작되었다. 이 시기에 일본은 지방에까지 경무고문 지부를 설치하고 일본인 고문을 배치하였다. 이렇게 고문경찰을 확대하여 지방경찰에 대한 지배력을 강화해 나아갔다. 아울러 종래에 한국에 거류하는 일본인들의 경찰사무를 집행하던 영사관 내의 경찰서를 이사청(理事廳)으로 확대·변경하였다. 여기에 550명의 이사청경찰을 배치하였는데 일본인들의 치외법권을 보장하기 위한 한국 내의 일본경찰기관이었다.

1907년 헤이그 밀사 사건을 빌미로 고종황제를 강제로 퇴위시킨 일본은 '한일신협약'(정미7조약)을 체결하여 일본인이 한국정부의 관리로 임용될 수 있도록 하였다. 이에 따라 다수의 일본인이 각 부의 차관으로 임명되어 소위 '차관정치'가 시작되었다. 경무청은 경시청(警視廳)으로 변경되었고 일본인 경무고문이 경시총감이 임명되었다. 경무고문부 소속의 일본인들은 전원 경시청의 경찰관으로 임명되었으며 이들이 주요 간부직을 차지하였다. 또한 이사청경찰이 폐지되어 이들이 모두 대한제국 경찰로 임명되었다. 결국 외형상으로는 기존의 대한제국경찰, 고문경찰, 이사청경찰이 모두 한국경찰로 통합되었지만 실질적으로는 일본인이 경찰지휘권을 장악하

게 되어 '일본경찰에 흡수'된 것이나 다름없었다.[16]

일본은 갑오개혁 이후부터 일본군의 군사시설 경비를 목적으로 헌병대를 배치하여 왔다. 그러다가 러일전쟁 이후부터는 헌병의 권한이 강화되어 군사업무와 관련된 경찰활동 외에 행정·사법경찰권까지 행사하기에 이른다. 헌병경찰의 역할이 강화된 배경은 당시 일본에 대한 민족적 저항이 확산되었던 점과 무관하지 않다. 군조직인 헌병대가 경찰과 협력하여 의병을 진압하였고 그 과정 속에서 헌병경찰의 권한이 확대된 것이다.[17] 1910년 한일병합조약이 조인되기 2개월 전 일본은 대한제국의 경찰권을 박탈하기에 이른다. 침략 이후 한반도에서의 치안문제를 효과적으로 대응하기 위해 기존에 헌병경찰과 보통경찰로 이원화되어 있던 경찰권을 헌병 위주로 통합하였다. 이를 위해 통감부에 경무총감을 두고 헌병사령관이 겸직하도록 하였으며 헌병을 대폭 증원하였다. 이렇게 만들어진 헌병경찰제는 일제강점기 내내 한국에 대한 억압과 수탈의 선봉에 서서 주도적인 역할을 맡게 된다.

갑오개혁을 통해 근대경찰을 탄생시키고 이후 대한제국기를 거치면서 경찰행정이 전국적으로 일원화되고 경찰조직도 확대·정비되는 등 경찰제도의 근대화가 꾸준히 추진되어 왔다. 비록 이 과정에 한국에서의 지배권을 확대하려는 일본이 영향력을 행사하긴 했지만 사회의 변화와 개혁의 필요성에 대한 인식을 바탕으로 개화파와 한국 정부가 주도해 온 경찰근대화 과정이라고 평가할 수 있다. 그러나 러일전쟁 이후 일본에 의한 경찰권 침탈이 본격화되면서 근대화를 향한 꿈은 좌절될 수밖에 없었다. 더욱이 한국에 대한 일본의 지배력이 강화될수록 일본의 일방적인 의지에 의해 경찰제도가 정비되었다. 그런데 안타깝게도 일본에 의해 주도된 변화는 제도적으로나 이념적으로나 경찰근대화에 역행하는 결과를 낳고 말았다. 제도적인 측면에서는 한국에서의 경찰제도가 결국 헌병경찰제로 마무리되면서 조선시대의 포도청과 같이 군과 경찰의 기능이 통합된 형태로 다시 돌아간 꼴이

---

16) 손영상, 2007, 앞의 논문, p. 382.
17) 최선우, 2008, 앞의 논문, p. 318.

되었다. 이념적으로는 영국경찰을 모델로 하여 보호와 봉사 이념에 입각하여 경무청이 창설되었지만 일본 침략기를 거치면서 경찰은 민중을 억압하고 감시하는 지배세력의 도구로 전락해버리고 말았다.

2. 한국 건국 이후 경찰역사

[I - 19]   가. 해방전후 역사의 경찰유산

1910년 한일병합조약으로 대한제국은 일본에 편입되었고 일제강점기가 시작되었다. 통감부는 폐지되고 이를 대신하여 조선총독부가 설치되었다. 중앙에는 조선총독부 내의 경무총감부가, 지방에는 경무부 및 경찰서가 경찰행정을 담당하였다. 헌병경찰대는 의병활동을 탄압하고 병합에 저항하는 한국사회 내의 질서를 유지하기 위한 가장 중요한 물리적 수단이었다. 의병활동이 거의 진압된 이후에도 일본은 헌병경찰의 규모를 확대해 나갔으며 이 과정에 한국인을 헌병보조원으로 대거 편입시켰다. 이들은 주로 불량배, 의병활동을 하다가 탈락하거나 귀순한 자, 전직군인 등이었다.

1919년 3·1운동을 겪은 일본은 무단통치의 한계를 인식하고 문화통치로 전환하게 되었고 그 일환으로 헌병경찰제도를 폐지하고 보통경찰제를 도입한다. 경무총감부를 경무국으로 바꾸어 중앙의 경찰행정을 담당하도록 하였으며 지방은 도지사가 경찰권을 행사하도록 하였다. 그러나 헌병경찰에서 보통경찰로 전환되었다고 하더라도 경찰의 기본적인 역할이 조선을 억압하고 일본의 통치를 수행하는 강압적인 수단이라는 점에는 변함이 없었다. 또한 경찰은 여전히 경찰권뿐만 아니라 즉결처분을 포함한 사법권과 행정전반에 걸쳐 광범위한 권한을 행사하였다. 특히 주목할 부분은 종래에 헌병보조원으로 근무하던 한국인들이 일본 보통경찰로 임용되었는데, 후술하겠지만 이렇게 시작된 친일경찰의 불행한 유산은 광복 이후 청산되지 못한 채 오랜 기간에 걸쳐 한국경찰이 해결해야할 과제로 남게 된다.

1919년 9월 11일 각지에 흩어져 있던 임시정부들이 통합되어 중국 상해에 대한민국임시정부가 수립되었다. 대한민국임시관제가 제정되어 정부기구를 조직하게 되는데 내무부 안에 경찰행정과 치안활동을 담당하기 위해 경무국을 두었다. 하지만 국토가 없는 망명정부였기 때문에 경무국의 임무는 일반적인 경찰활동이 아니라 독립운동을 지원하기 위한 정보·감찰기능으로 제한되었다.[18] 당시 한반도에는 일본에 의해 조직되고 운영되던 경찰기구가 존재하였지만 임시정부 내에 만들어진 경무국이 한국경찰역사에서 차지하는 의미가 적지 않다. 대한민국 헌법 전문에는 "대한민국은 3·1운동으로 건립된 대한민국임시정부의 법통과 불의에 항거한 4·19 민주이념을 계승하고.."라고 명시되어 있다. 따라서 현재의 한국경찰 또한 상해임시정부 내에 설치되었던 경무국의 정통성을 계승한 것으로 보는 것이 마땅하다.[19]

1945년 8월 15일 전쟁에서 패한 일본이 연합국에 항복을 하게 되고 한국은 갑작스럽게 광복을 맞이한다. 이때부터 1948년 대한민국이 건국될 때까지 임시로 미국이 38도선 이남의 한반도 지역을 다스리게 된다. 1945년 10월 21일 미군정청은 중앙경찰기구로 경무국을 창설하여 경찰업무를 담당하도록 하였다.[20] 다음해에는 중앙의 경무국을 경무부로 승격시키고 각 지방의 경찰조직을 관구경찰청으로 개편하였다. 미군정기에 정비된 경찰기구는 이후 대한민국 정부 수립과 더불어 국립경찰을 창설하는데 발판이 되었다는 점에서 의미를 찾을 수 있다. 또한 부분적으로나마 영미식 경찰제도의 영향을 받는 계기가 되었다. 기존의 경찰업무 범위에서 위생, 출판물 간

---

18) "경무국의 임무는 기성국가에서 하는 보통 경찰행정이 아니요 왜의 정탐의 활동을 방지하고 독립운동자가 왜에게 투항하는 것을 감시하며 왜의 마수가 어느 방면으로 들어오는가를 감시하는데 있다"- 초대 경무국장 김구 (내무부 치안국, 한국경찰사, 1972, pp. 657-660; 김상호, 경찰학, 청록출판사, 2015, p. 75에서 재인용).

19) 이런 이유 때문에 임시정부 내에 경무국이 설치된 날짜인 1919년 11월 5일을 경찰의 날로 지정해야 한다는 주장이 존재한다.(김상호, 2015, 앞의 책, p. 75).

20) 이 날을 기념하여 매년 10월 21일을 경찰의 날로 정하였다. 그러나 경무국은 일제강점기부터 조선총독부 내에 설치되어 있던 기구였으며 미군정기에 새로운 경찰기구가 창설되었다는 기록이 없다는 주장도 존재한다.(김성수 외, 2009, 한국 경찰사, 경찰대학)

행 허가, 활동사진 검열 등을 제외하여 경찰기능의 분화(specialization)가 이루어졌다. 또한 중앙경찰위원회와 공보실을 설치하고 감찰조직을 강화하는 등 민주적 요소가 일부 가미 되었다.

하지만 당시의 시대적 상황으로 인해 일본강점기의 경찰제도가 상당부분 그대로 유지되고 말았다. 미군정청은 한국에 도입할 경찰제도와 관련하여 처음에는 영미식 자치경찰제를 검토하였으나 좌우익의 이념대립이 극심하고 사회적 혼란이 가중되고 있어 국가안보와 질서유지라는 목적을 보다 효과적으로 달성할 수 있는 중앙집권적 경찰체제를 그대로 유지하기로 결정하였다.[21] 전쟁에서 패한 일본에서는 미군정기를 거치면서 미국의 지방자치경찰제도가 이식된 것과 대조를 이루는 대목이다. 보다 중요한 문제는 친일경찰이 경찰조직의 요직을 장악하게 된 점이다. 미군정기에 한국인 경찰관을 신규로 채용하는 과정에 조선총독부 경찰관과 일본군인 출신이 많이 포함되었다. 경찰, 군 등 여러 영역에 친일파가 대거 등용되었는데 이는 미군정청의 입장에서는 행정경험과 기술능력을 갖춘 친일파를 활용해야 할 필요성이 있었기 때문이었다.[22]

19세기 말 개화파에 의해 탄생한 한국의 근대경찰은 일제강점기 35년 동안 근대적 성격이 이념적으로 퇴보하고 경찰이 권력자들의 강압적 통치수단이라는 왜곡된 인식이 형성되고 말았다. 광복은 이처럼 외세에 의해 굴절되어 버린 한국경찰의 역사를 다시 바로 잡기 위한 자주적인 노력이 시작되어야 할 중요한 시점이었다. 하지만 경찰개혁은 또 다른 외세에 의해 주도되었고, 무엇보다 당시의 시대적 상황으로 인해 굴절된 과거 역사 속 주역들이 다시 경찰로 복귀하는 불행한 사태를 맞이하고 말았다.

---

21) 그 밖에 영토가 협소하고 국가재정상태가 빈약하여 자치단체의 재정자립을 기대하기 어렵다는 이유를 들고 있다.(김보환, 한국경찰의 패러다임 변화와 역사기록의 쟁점 및 과제, 한국경찰학회보, 11, 2006, p. 5.)

22) 1946년 10월까지 서울시내 10개 경찰서장 모두 일제강점기에 경찰이나 군수로 복무한 자들이었고 경기도 내의 경찰서장 21명 중 13명이 일본경찰로 복무한 자들이었다. 1946년 말에 이르면 전국 140명의 경찰서장 중 110명과 경위 이상 경찰 중 82%가 일본경찰 출신이었다.(브루스 커밍스, 한국전쟁의 기원, 일월서각, 1986, p. 222.; 이강수, 일제식민지 유산과 경찰: 반민특위 와해과정을 중심으로, 한국경찰 60년사의 쟁점과 과제 세미나 자료집, 2005, p. 73)

나. 권위주의 정권기의 경찰 패러다임   [I - 20]

　한국의 권위주의 정권기는 1948년 8월 15일 수립된 제1공화국 정부부
터 1987년 6월 항쟁을 통해 군사적 독재주의가 종식될 때까지의 시기이다.
1948년 8월 15일 정부가 수립되고 미군정으로부터 경찰권을 이양 받아 내
무국 안에 치안국을 설립하여 대한민국 국립경찰제도가 확립되었다. 2년
후 6 · 25전쟁이 발발하고 경찰은 국군과 함께 전투를 수행하였다. 1960년
4월 19일, 부정선거 무효와 독재정권 종식을 요구하는 국민들에 의해 혁명
이 발발하자 이승만의 자유당 정권은 몰락하였다. 4 · 19 민주혁명의 결과
로 민주적 정부가 출범하지만 이듬 해 5월 16일 군사정변이 발생하고 군사
정권이 들어서면서 미완의 혁명에 그치고 말았다. 이후 제3공화국, 삼선개
헌, 유신헌법의 과정을 통해 박정희 정권은 장기집권체제를 마련하였다.
1974년 8월 15일 광복절 기념식장에서 영부인 피격사건이 발생하자 이를
계기로 경찰력을 강화할 필요성에 따라 내무부 치안국이 치안본부로 승격
되었다. 1979년 10 · 26사건으로 유신정권은 막을 내리게 되지만 곧 이어
12 · 12 군사반란으로 인해 신군부가 등장하였다. 군사독재시대가 끝나고
민주화를 이룩할 것이라는 기대 속에 전국적으로 민주화운동이 벌어졌지만
1980년 5 · 18광주민주화운동이 수천 명의 사상자를 남긴 채 신군부에 의해
무력으로 진압되면서 '서울의 봄'은 막을 내렸다. 정통성을 인정받지 못한
채 제5공화국이 출범하고 이후 대학가를 중심으로 격렬한 반정부투쟁이 이
어졌다. 1987년에 이르러 전두환 정권의 4 · 13 호헌조치, 박종철 고문치사
사건, 이한열 사망사건 등으로 인해 6월 10일부터 전국적에 걸쳐 대통령 직
선제 개헌을 요구하는 반독재 · 민주화운동이 대대적으로 벌어졌다. 결국
같은 해 6월 29일 민주정의당 대통령 후보였던 노태우는 국민들의 요구를
수용한다고 하는 6 · 29선언을 발표하였다.
　권위주의 정권기의 한국경찰을 지배했던 첫 번째 패러다임은 '준군사
화'(para-militarization)였다. 한국전쟁 중에 태백산과 지리산에 전투경찰대

가 설립되었고, 전쟁 후에도 빨치산을 소탕하기 위해 계속적으로 운영되었다. 제3공화국 시기에도 전투경찰대는 대간첩작전업무를 담당하였고 이를 지원하는 치안국의 경비과 기능이 강화되었다. 이러한 추세는 4공화국을 거쳐 5공화국 말기까지 지속되었다.[23] 한국경찰 속에 군대 요소가 강화된 데에는 남·북한의 군사적 대치에 따른 긴장상태가 가장 중요한 요인으로 작용했다. 대한민국 정부가 수립될 당시부터 한국사회는 좌우익의 물리적 대립이 갈수록 격화되고 있었고 이념적 갈등으로 인한 사회 혼란이 극심한 상태였다. 이러한 상황 속에서 경찰은 남한 내의 공산세력을 척결하고 북한의 도발을 경계하는 임무를 담당하게 되었다. 6·25 전쟁 중에는 구국경찰의 역할을 담당하여 전투에 직접 참가해야 했고 전쟁 직후에는 공비토벌에 투입되면서 작전경찰의 성격이 강조되었다. 박정희 정권 시기에도 북한에 의한 무력도발, 무장공비 남파, 비행기와 선박 납치 등이 반복적으로 발생하면서 한반도의 군사적 긴장상태는 지속될 수밖에 없었다. 특히 1968년 북한 124부대 청와대습격사건을 계기로 '경찰서 5분 타격대'와 향토예비군이 창설되고 경찰이 그 운영을 담당하게 되는 등 경찰의 기능 중 대공관련 업무의 비중이 커져갔다.

한국경찰의 준군사화의 또 다른 이유는 이승만 정권부터 이후 군부정권 시기까지 이어져 온 반공정책이다. 사실 이승만 정권 하에서 강력한 반공정책을 추진한데에는 친일경찰의 영향이 주요했다. 1공화국 초기에 일제강점기 동안 일본의 앞잡이 노릇을 한 친일파들을 색출하는 과정에 친일경찰들은 도리어 반공을 앞세워 일제잔재 청산작업을 와해시켜 버렸다. 과거청산 세력을 공산주의자로 매도하고 이들에 대한 암살과 테러를 자행했던 것이다.[24] 한국전쟁을 거치면서 이승만 정권의 반공정책은 더욱 강화되었고 경

---

23) 4공화국 말기까지 1개과에 불과하던 대공 및 정보관련 부서가 5공화국 말기에 이르면 5부 11과로 확대되었다.(이송호·김석범, 정부수립 후 한국경찰의 업무변화 분석, 경찰학연구, 9(1), 2009.).

24) 제헌국회에서 친일파를 청산하기 위해 설치한 '반민족행위특별조사위원회'가 본격적으로 활동을 하면서 친일파들을 대거 색출하여 재판에 회부하기 시작했다. 그런데 재판에 회부된 친일파 중에는 이승만 정권의 친위세력인 친일경찰 출신들이 대거 포함되어 있었다. 아직까지 세력기반이 약했던 이승만은 친일경찰들을 비호하였고 경찰들은 반민족특위요인에 대한 테러와 암살을 음모하

찰을 앞세워 좌익척결에 힘을 쏟았다. 마지막으로 경찰의 군사적 특성은 오랜 기간 군부세력이 정권을 잡은 영향에서 비롯되었다. 3공화국 초기에는 군장교들이 대거 경찰간부로 특채되어 경찰조직에 들어왔다. 이러한 과정을 통해 경찰조직 속에 군사문화가 깊숙이 뿌리내리게 되었다.

경찰의 준군사화로 인한 가장 큰 문제점은 경찰업무와 시민과의 관계에 대한 가치관이 왜곡될 수 있다는 점이다. 본질적으로 일반적인 경찰업무는 군사작전과 다르며 경찰이 상대하는 시민도 군대가 상대하는 적과 다르다. 그러나 준군사화의 영향으로 경찰은 시민과의 관계에 있어서 '우리 대 그들', '아군 대 적군'의 이분법적 도식에 빠지게 되고 이는 법집행 과정에 발생하는 공권력 남용, 권위적 태도 등의 문제들을 유발하는 원인으로 작용하게 된다.

두 번째 경찰 패러다임은 '정치경찰'이다. 정치경찰은 정치권력을 가진 자나 집단을 위해 반대세력을 감시, 색출, 탄압하며 이러한 목적을 위해 불법도청이나 구금, 때로는 고문을 자행하기도 한다. 권위정권 아래에서 경찰은 정치적 중립성을 보장받지 못한 채 정권에 의해 그들의 권력을 유지하고 보호하기 위한 수단으로 동원되었다. 이로 인해 정보수집과 사찰기능의 중요성이 강조되었다. 정보수집의 범위 속에는 국내외 간첩활동뿐만 아니라 정치, 경제, 사회, 문화, 종교 등 모든 분야가 포함되었다. 제1공화국의 치안국 내에는 이러한 기능을 담당하도록 사찰과와 특수정보과를 두었는데 당시 특수정보과의 업무분장을 보면 "국회, 정당, 사회, 종교단체, 관공소 기타 일반 민정의 동태사찰, 선거상황조사, 불량출판물단속 및 기타 반국가적 불법행위의 정보수집에 관한 사항"을 다루도록 규정하고 있다.[25] 부정선거를 계기로 국민들이 이승만정권의 독재에 항거하자 이미 집권당의 사병으로 전락한 경찰은 시위대를 향해 총격을 가하였다. 제4공화국에 이르러 삼

고 반민특위사무실을 습격하는 등 물리력을 동원하여 일제잔재를 청산하기 위한 노력을 조직적으로 방해하였다.

25) 내무부 치안국, 한국경찰사 II, 1973, p. 601.

선개헌과 유신헌법 등으로 인해 시위가 급증하자 유신정권은 경찰을 동원하여 국민의 정치적 권리를 억압하였다. 집권세력을 위해 정치적 반대세력을 내사하고 탄압하는 모습이 국민들 사이에 경찰에 대한 이미지로 각인되었고 정치경찰, 사찰경찰이라는 오명을 입게 되었다.

무고한 시민들을 살상하고 무력으로 정권을 잡은 제5공화국의 신군부 역시 정보기관과 사법기관을 동원하여 공안통치를 실시하였다. 치안본부 내에 제4부를 신설하고 그 아래에 세 개의 정보과와 한 개의 공안과를 두었다. 이후 반정부시위가 격화되자 대공경찰의 기능을 강화하기 위해 대공1부, 대공2부, 대공3부를 신설하였다.[26] 특히 원래 간첩행위를 한 자를 조사하기 위해 만든 대공분실이 민주화운동을 한 반정부인사들을 고문하여 허위자백을 받아내는 장소로 사용되었다. 1987년 6월항쟁을 촉발시킨 서울대생 박종철 고문치사사건이 발생한 장소도 바로 치안본부 대공분실이었다. 이와 같이 권위정권 아래에서 경찰은 권력의 시녀 역할을 담당해야 했고 민생치안보다는 시국치안에 주력할 수밖에 없었다. 그 과정에 경찰은 한국의 민주주의 발전에 역행하고 국민의 인권을 유린하는 부끄러운 과거를 남기고 말았다.

[I - 21] 다. 민주화 이후의 경찰 패러다임

1987년 6월 민주항쟁은 한국사회에서 민주주의가 제도적으로, 또한 이념적으로 정착하는 계기를 마련한 중요한 사건이었다. 물론 4·19 민주혁명과 5·18 광주민주화운동도 한국 민주주의 발전을 이끈 중요한 사건이었지만, 오늘날 양자 모두 미완의 민주화 운동으로 평가받고 있다. 전자는 국민의 힘으로 독재정권을 무너뜨리는 쾌거를 거두었지만 뒤이어 발생한 군사정변으로 인해 민주화의 결실을 맺지 못했다. 후자 역시 독재에 항거하

---

26) 이송호·김석범, 2009, 앞의 논문, p. 16.

고 민주주의를 열망하는 국민의 의지를 대내외에 드러낸 사건이었지만 전
국 단위로 확산되지 못한 한계가 있었고 결국 계엄군에 의한 광주시민 학살
로 막을 내리면서 민주화의 꿈은 또 다시 유보되고 말았다. 이에 반해 6월
민주항쟁은 군사독재주의를 종식시켰을 뿐만 아니라 이후 사회 전반에 걸
쳐 시민운동이 확산되는 계기를 마련했다. 한마디로 국가권력의 중심축이
집권세력으로부터 일반시민에게로 이동하게 된 기점이 되는 역사적 사건이
바로 6월 민주항쟁운동이라고 말할 수 있다.

　직선제로 치러진 대통령 선거에서 민주정의당의 노태우 후보가 대통령
으로 당선되고 제6공화국이 출범하였다. 6공화국 기간 중에는 경찰제도에
있어서 중요한 변화가 생기게 되는데 바로 경찰청으로의 승격과 경찰위원
회의 탄생이다. 1991년 8월 1일 기존의 치안본부는 내무부의 외청인 경찰
청으로 승격하게 되어 독립행정관청으로서의 지위를 획득하게 된다. 이에
따라 경찰조직 내부의 실질적인 지휘체계가 경찰청장을 정점으로 하여 각
시도의 경찰청장 그리고 각 경찰서장의 순서로 일원화되었다. 경찰청 개청
한달 전인 1991년 7월에는 경찰위원회가 발족되었다. 경찰위원회는 민간
으로만 구성된 심의 · 의결기관으로서 경찰의 인사, 예산, 장비, 통신 등 중
요정책과 경찰업무발전에 관한 사항을 다룬다. 6공화국이 출범한 직후부
터 경찰의 정치적 중립성 보장과 경찰의 독립관청화의 문제가 논의되어 왔
으며, 그 결과 1991년 5월에 경찰위원회와 경찰청에 관한 내용을 담은 '경
찰법'이 제정되게 되었다.[27] 이를 계기로 종래의 권위적이고 억압적인 경찰
에서 민주적이고 봉사중심의 경찰로 변화하기 시작했고, 이후 김영삼 정부,
김대중 정부, 노무현 정부를 거쳐 현재까지 이러한 변화의 방향성은 지속되
고 있다.

　민주화 이후부터 현재까지 경찰활동을 지배하는 첫 번째 패러다임은 '민
생치안'이다. 권위정부 아래에서 확대 · 강화되었던 대공 · 정보기능이 점차

---

27)　경찰법 제1조(목적) 이 법은 국가경찰의 민주적인 관리 · 운영과 효율적인 임무수행을 위하여 국
　　가경찰의 기본조직 및 직무 범위와 그 밖에 필요한 사항을 규정함을 목적으로 한다.

축소되고 경찰의 범죄예방·진압활동이 대폭 확대되었다. 5공화국 시기에는 대공·정보부서가 5부 14과로 대폭 확대되고 대공 업무를 담당하는 인력도 3배 이상 증가하였다. 그런데 6공화국에 들어서는 정보국 4개과, 보안국 5개과로 대공·정보기능이 축소되었다. 이에 반해 형사부 2개과를 강력부 3개과로 확대하는 등 범죄 진압을 담당하는 기구를 강화하였다.[28] 1990년 10월 13일 노태우 대통령은 특별선언을 통해 '범죄와의 전쟁'을 선포하고 치안본부 내에 '민생치안 대책반'을 신설하였다. 대대적인 폭력범죄자 검거와 처벌의 결과로 사회 전반적으로 범죄율이 감소하고 폭력조직의 활동이 위축되었다. 김대중 정부에서도 사이버테러대응센터, 마약수사과, 지능범죄수사과가 신설되는 등 전문화되는 범죄에 대한 경찰의 대응력을 강화하였다. 노무현 정부는 성폭력, 가정폭력 등 대여성범죄에 대한 대처가 강조되면서 경찰청 방범국 내에 여성청소년과가 신설되었다.

두 번째 경찰 패러다임으로는 경찰활동의 '서비스 지향성'을 들 수 있다. 경찰활동의 본질을 시민들이 요구하는 다양한 치안서비스를 제공하는 것으로 인식하기 시작했다. 1999년 이무영 청장은 '경찰대개혁 100일 작전'을 추진하면서 전국의 경찰관들에게 제2의 창경정신을 주문하였다. 과거 권위정권 아래에서의 친일경찰, 정치경찰, 사찰경찰 이미지를 불식시키고 국민으로부터 신뢰받는 경찰로 거듭나기 위해 서비스 중심의 경찰활동을 강화하였다. 치안서비스 개념의 도입은 그 대상이 되는 국민과 경찰활동의 성격에 대한 재해석을 요구하였다. 더 이상 국민은 법집행과 단속의 대상만이 아니라 경찰에게 서비스를 요구하고 누릴 권리를 지닌 주체, 즉 '고객'과 같은 존재가 되었다. 경찰활동 역시 범죄와 무질서의 통제라는 협의의 개념을 넘어서 각종 문제해결과 일반서비스 제공이라는 광의의 개념까지 포함하게 되었다. 이러한 변화는 노무현 정부 시절 범죄예방을 의미하는 '방범'이라는 용어를 '생활안전'으로 변경한 점에서도 잘 드러난다. 파출소 경찰관의 직

---

28) 이송호·김석범, 2009, 앞의 논문, pp. 17-18.

무가 범죄 문제에만 국한될 것이 아니라 지역주민들이 안전한 삶을 영위하기 위한 다양한 활동까지 확대되어야 한다는 것을 의미한다.

아울러 경찰활동의 서비스 지향성이 강조됨에 따라 '고객'과의 긴밀한 관계 구축을 통해 그들의 필요에 부합되는 '맞춤형 서비스'(customized service)를 제공하는 것이 중요해졌다. '경찰대개혁 100일 작전' 추진 당시 서구의 '지역사회 경찰활동'(community policing)의 개념이 도입된 것은 이러한 필요성을 반영한다. 지역주민과의 협력관계를 구축하고 지역사회가 당면한 문제에 대해 경찰과 주민이 공동 대응하는 것을 핵심 전략으로 삼는 지역사회 경찰활동은 경찰에 의해 일방적으로 치안서비스의 양과 종류가 결정되어서는 안 되고 지역사회의 상황과 필요성이 반영되어야 하며 더 나아가 지역주민이 치안서비스의 공동생산자로 참여할 것을 요구한다. 노무현 정부에 들어서는 지역사회 내에서의 예방과 서비스 중심의 경찰활동이 더욱 강조되었다. 그 일환으로 각 경찰서 생활안전과 산하의 3개 정도의 파출소를 묶어 순찰지구대로 편성하여 예방경찰의 역량을 강화하고자 하였다.

라. 한국경찰 현대사에 대한 평가　　　　　　　　　　　　　　[I - 22]

한국경찰은 권위주의 정권을 거치면서 국민으로부터 친일경찰, 고문경찰, 정치경찰, 공안경찰 등의 오명과 권력자의 하수인이라는 비난을 받아야만 했다. 6월 민주항쟁을 기점으로 한국사회에 실질적 민주화가 시작되었고 경찰의 패러다임도 민생치안 중심, 서비스 중심으로 전환되었지만 여전히 얼룩진 과거사의 그림자로부터 자유롭지 못하다. 그런데 이러한 굴절된 한국경찰의 과거사에 대한 모든 책임을 과연 경찰에게만 돌릴 수 있을까? 일제강점기에 일본에 의해 친일경찰의 역사가 시작되었고 광복 이후에도 친일세력이 경찰조직에 남아 요직을 차지할 수 있었던 것도 미군정과 이승만 정부에 의해서였다. 이후 강력한 군사정권의 힘에 눌려 경찰은 정권의 하수인으로 전락할 수밖에 없었다. 정치적 중립성이 보장되지 않은 상황에서 경찰은 시국치안으로 내몰려 한국 민주화의 역사 속에서 악역을 맡아야 했다. 이렇듯 오욕으로 점철된 한국경찰의 현대사에 대해 경찰조직 자체의 책임이 없다고 할 수는 없지만 모든 책임을 경찰에게만 돌릴 수 없는 것 역시 분명해 보인다. 한국경찰의 역사는 일제 식민통치, 한반도 분단, 전쟁, 독재정권, 군사정변, 그리고 이어지는 권위주의 시대 등 질곡의 한국 근현대사와 분리해서 평가할 수도 없다. 한국보다 훨씬 더 오래 전에 민주주의가 뿌리내린 영국경찰의 역사와 단순 비교가 불가능한 이유도 여기에 있다. 경찰역사에 대한 정당한 평가는 그 나라 역사의 특수성과 시대적 상황을 객관적으로 고려할 때 비로소 가능하다고 하겠다.

현재의 한국경찰을 정치경찰이나 공안경찰로 지칭하는 것은 더 이상 유효하지 않게 되었다. 우리는 더 이상 과거의 정치적, 군사적 경찰패러다임 속에 살고 있지 않기 때문이다. 그런데 이러한 패러다임의 전환을 주도한 주체가 사실 경찰은 아니었다. 민주주의 발전의 역사 속에서 권력의 중심축이 소수 집권세력에서 다수의 국민으로 이동하면서 발생한 현상이다. 그렇다면 앞으로의 경찰역사에서 경찰의 변혁과 패러다임의 전환은 누가 주도해야 할 것인가? 분명한 것은 더 이상 과거에 그랬듯이 정치적 집권세력에 의해 그들의 목적을 위해서 이러한 문제가 결정되어서는 안 된다. 헌법에 명시되어 있듯이 대한민국은 민주공화국이고 모든 권력은 국민으로부터 나온다. 따라서 미래의 한국경찰의 모습 역시 국민의 기대와 부합될 것이 요구된다. 민주주의 하에서 한 사회가 필요로 하고 원하는 경찰의 모습에 대해서는 결국 국민에게 그 결정권이 있기 때문이다.

제3장 경찰의 의의 [I - 23]

핵심질문

- 경찰의 형식적 의미와 실질적 의미는 무엇인가?

- 어떻게 경찰은 국민을 상대로 강제력을 사용하는 권한을 부여 받게 되었는가?

- 경찰의 역할에 있어서 대륙법계 경찰과 영미법계 경찰 간의 차이는 무엇인가?

- 경찰은 어떻게 범죄를 통제하며 얼마나 효과적인가?

- 경찰의 질서유지 기능과 재량의 한계 사이에서 어떻게 균형을 유지할 수 있을까?

- 각국의 경찰제도는 어떻게 분류되며 장·단점은 무엇인가?

제1절 경찰의 개념

[I - 24]   1. 경찰의 의미

우리나라에 '경찰'(警察)이라는 용어가 처음 등장한 것은 1894년 갑오개혁으로 최초의 근대경찰인 경무청이 설치되고 경찰작용법에 해당하는 '행정경찰장정'(行政警察章程)이 제정되면서부터이다. 경찰이라는 용어 자체는 '일본경찰의 아버지'라고 불리는 가와지 도시요시가 유럽 국가를 방문하고 돌아온 뒤 작성한 시찰보고서에 프랑스와 독일의 치안행정을 소개하면서 처음으로 사용된 것으로 알려져 있다.[1] 어원적으로 보면 경찰은 국가 및 정치와 밀접한 관련성이 있다는 것을 알 수 있다. 그리스어로 도시국가에 해당하는 polis, 정치를 의미하는 politics, 그리고 경찰의 영어표현인 police가 모두 동일한 어원을 갖고 있다. police는 그리스어로 politeia에서 유래했는데 '국가(polis)의 존립과 복지에 영향을 미치는 모든 일'을 의미하였다.

14세기 프랑스에서는 '국가의 질서 있는 상태'를 의미하는 la police라는 용어가 만들어졌고 이는 유럽의 여러 나라에 전파되었다. 15세기에 독일에서도 '공동체의 질서 있는 상태 또는 이러한 상태를 유지하기 위한 활동'을 의미하는 경찰 개념이 등장하였다. 17~18세기 절대국가시대를 거치면서 경찰의 개념은 더욱 확대·강화되었고 공공복리를 포함한 내무행정의 전 영역을 아우르게 되었다. 당시 경찰은 절대 권력을 가진 군주를 위해 봉사하는 막강한 행정수단의 역할을 담당하였다. 영국에서는 17세기 앤 여왕의 집권 시기에 이르러 police라는 용어가 처음으로 사용되었는데 스코틀랜드에

---

1)   이황우·조병인·최응렬, 경찰학개론, 한국형사정책연구원, 2004, p. 3.

일반 행정을 관장할 목적으로 귀족으로 구성된 위원회를 파견할 때 이들을 'Commissioners of Police'라고 지칭하였다. 18세기에 이르러서는 경찰의 의미 속에 지역사회와의 보다 밀접한 관계가 담기게 되었고 이는 런던도시경찰 탄생의 바탕이 되었다.[2] 이후 유럽에 법치주의를 근간으로 하는 근대국가가 성립됨에 따라 경찰 개념의 축소화 과정을 겪게 되고 경찰기능이 주로 소극적인 질서유지와 위해방지에 국한되기에 이르렀다.

경찰은 조직으로서의 의미(police)와 작용으로서의 의미(policing)를 모두 갖는다. 학문적으로 경찰조직으로서의 경찰을 연구하는 분야는 경찰행정학이며 경찰의 행정작용을 법적인 측면에서 연구한다면 경찰법(행정법학)에 해당하게 된다. 그런데 경찰조직이 수행하는 활동만을 경찰(policing)로 할 것인지 아니면 활동주체를 불문하고 활동 자체의 본질을 기준으로 경찰을 이해할 것인지에 따라 '형식적 의미의 경찰'과 '실질적 의미의 경찰'로 구분된다.

형식적 의미의 경찰에 의하면 경찰기관이 담당하는 작용이라면 그 성질이나 내용에 상관없이 모두 경찰에 해당하게 된다. 예를 들어, 우리나라 경찰법 제3조에는 경찰의 임무가 열거되어 있는데 생명·신체 및 재산의 보호, 범죄의 예방·진압 및 수사 등 8가지 항목이 포함된다. 여기에 '외국 정부기관 및 국제기구와의 국제협력'이 포함되어 있는데 형식적 의미의 경찰에 의하면 경찰이 이러한 임무를 수행하는 경우 작용으로서의 경찰에 해당이 된다. 하지만 만약 동일한 활동을 국가의 다른 기관이 수행하면 경찰에 해당하지 않는다.

이에 반해 실질적 의미의 경찰은 대부분의 경찰활동을 경찰조직이 수행하지만 국가의 다른 기관에 의한 작용도 경찰에 해당할 수 있다는 입장이다. 다시 말해 담당기관의 유형이 아닌 작용의 성질에 의해 경찰의 개념이 정의된다는 것이다. 독일에서 형성된 실질적 경찰 개념에 의하면 "공공의

---

2) 서정범, 경찰개념의 역사적 발전에 관한 고찰, 중앙법학, 9(3), 2007, pp. 131-134; 최영규, 경찰의 개념과 경찰법의 범위: 실질적 경찰개념의 유용성 검토, 행정법연구, 25호, 2009, p. 353.

안녕과 질서를 유지하기 위하여 일반통치권에 근거하여 국민에게 권력적으로 명령·강제하는 작용"이 바로 경찰이다.[3] 우리나라의 경찰법과 경찰관직무집행법에도 경찰의 임무에 공공의 안녕과 질서유지를 포함하고 있다. 그런데 이러한 실질적 의미의 경찰은 담당기관에 따라 일반경찰(또는 보안경찰)과 특별경찰(협의의 행정경찰)로 구분된다. 일반경찰은 경찰기관이 공공의 안녕과 질서를 유지하기 위해 위험방지활동을 담당하는 경우이고 특별경찰은 본래의 행정임무가 있는 행정기관이 임무와 관련하여 위험방지활동을 하는 경우를 말한다. 산림경찰, 철도경찰, 위생경찰, 건축경찰 등이 대표적인 특별경찰에 해당한다.[4]

실질적 경찰이 아닌 형식적 경찰에 해당하면서 가장 널리 알려진 경찰활동이 바로 범죄수사이다. 공공의 안녕과 질서 유지를 위해 위험방지활동은 행정작용에 속하는 행정경찰인 반면 범죄자를 발견하고 증거를 수집하는 등의 활동은 사법경찰의 영역이다. 행정경찰은 장차 발생할 위험을 방지하는 사전예방 경찰작용인데 반해 사법경찰은 이미 발생한 범죄를 규명하는 사후진압 경찰작용이다.[5]

<표Ⅰ-3> 행정경찰과 사법경찰의 구별

	위험방지활동 (사전예방 경찰활동)	범죄수사활동 (사후진압 경찰작용)
일반법	경찰관직무집행법	형사소송법
일반원칙	편의주의원칙	합법주의원칙
경찰작용의 요건	구체적 위험의 존재	충분한 범죄혐의의 존재
권리구제절차	행정소송	형사소송

출처: 손재영, 경찰법, 박영사, 2018, p.11.(일부 내용 변경)

---

3) 최영규, 2009, 앞의 논문, p. 355.
4) 강용길 외, 경찰학개론, 경찰공제회, 2010, pp. 20-21.
5) 손재영, 경찰법, 박영사, 2018, pp. 9-11.

2. 경찰의 강제력 [I - 25]

경찰이 무엇인지 이해하는 방법 중의 하나는 다른 기관이나 작용들과 구별되는 특징을 확인하는 것이다. 강제력의 독점은 다수의 경찰학자들이 지목하는 경찰의 대표적 특징이다. 일찍이 미국 경찰학자 에곤 비트너(Ego Bittner)는 경찰을 "상황적 긴급성에 대한 직권적 판단이 명령하는 바에 따라 적용되는 비타협적 강제력을 분배하는 기제"라고 표현하였다.[6] 다른 미국의 경찰학자 데이비드 베일리(David Bayley)도 경찰을 "집단내부에 발생하는 인간상호관계를 강제력을 적용하여 규율하도록 그 집단에 의해 권한이 부여된 사람들"라고 설명하였다.[7] 여기서 강제력은 실질적 사용만을 의미하는 것이 아니라 강제력을 사용할 잠재성이 포함된 개념이다. 실질적이든지 잠재적이든지 강제력은 사람들의 행동에 영향을 미칠 수 있는 경찰만의 독특한 역량이라고 하겠다. 이러한 강제력은 내부적으로만 사용된다는 점에서 외부의 적에 적용되는 군대의 물리력과 구별된다. 그런데 만약 계엄령 상황처럼 국내의 질서유지를 목적으로 군대가 투입되면 이는 실질적으로 경찰에 해당한다고 봐야 한다. 마지막으로 경찰의 강제력은 '집단적 승인'(collective authorization)을 바탕으로 한다는 특징을 갖는다. 즉 국가, 도시, 부족, 지역사회, 기타 사회적 단위로 부터 경찰에게 강제력 사용에 대한 정당성이 부여되어 있다. 어떤 면에서 보면 경찰의 가장 독특한 성격은 실질적으로 강제력을 사용하거나 할 수 있다는 점에 있다기보다는 이러한 강제력 사용이 경찰에게 허용되어 있다는 점에서 찾을 수 있다. 사회 속에는 강제력을 사용하거나 그럴만한 잠재성을 가진 개인 또는 집단들이 존재하지만 오직 경찰만이 사회에 의해 강제력 사용이 용인되기 때문이다.

---

6) Bittner, E., The functions of the police in modern society,' National Institute of Mental Health, Crime and Delinquency Issues Series, Rockville, MD: Center for Studies of Crime and Delinquency, 1970.

7) Bayley, D., Patterns of policing: A comparative international analysis, New Brunswick, N.J.: Rutgers University Press, 1985, p. 7.

그렇다면 경찰은 어떻게 시민을 향해 강제력을 사용하는 권한을 부여받게 된 것일까? 영국의 철학자 토마스 홉스(Thomas Hobbes)는 그의 저서 「리바이어던」(Leviathan, 1651)에서 국가의 탄생이 사회계약에 기원을 두고 있다고 주장한다. 국가 탄생 이전의 '자연 상태'는 폭력과 무질서가 난무한 상태였고 그 속에서 인간의 삶이란 "외롭고, 비참하고, 잔인하고, 거칠고, 짧은"것이었다.[8] 인간은 생명을 보존하고 안전을 보장받기 위해 국가를 만들고 자신의 자연권을 양도하는 계약에 참여하였다. 국가에게는 범죄와 무질서로부터 국민을 보호할 의무와 동시에 이러한 목적을 달성하기 위해 강제력을 사용할 권한이 부여되었다. 이러한 권한이 구체적인 형태로 구현된 것이 바로 경찰의 강제력이라고 할 수 있다. 홉스에 의하면 공권력의 정당성은 오직 인간의 생명권을 보장해주는데 있다. 거꾸로 말하면 국가는 개인의 생명을 보호해주는 의무를 다하면 거의 무제한의 공권력을 행사한다는 의미가 된다. 공권력에 대한 이와 같은 이해는 자칫 정치적으로 악용될 위험성이 높다. 사회질서나 국가안보라는 명목으로 개인의 기본권이 과도하게 침해되거나 때론 독재정치가 정당화되는 일이 발생할 수 있다.[9] 홉스의 사회계약론의 문제점은 영국의 정치사상가 존 로크(John Locke)에 의해 수정된다. 그는 「시민정부론」(1690)에서 인간이 사회계약을 통해 공동사회를 형성했지만 개인이 포기한 자연권은 소수의 절대 권력자가 아닌 다수의 국민 대표로 구성된 의회에게 양도되었다고 주장하였다.[10] 보다 중요한 점은 국가의 공권력은 자의적으로 행사되어서는 안 되며 공권력의 범위와 구체적인 행사의 방법은 의회에서 만든 법률에 의해 정해진다는 사실이다. 경찰의 강제력 역시 법률이 경찰에게 위임한 권한의 범위를 넘어서는 안 된다는 법치주의 원칙에 구속된다. 따라서 만약 경찰이 법률이 정한 한계를 넘어서 강제력을 행사하면 정당성을 상실하게 되는 것이다.

---

8)   토마스 홉스(진석용 옮김), 리바이어던, 나남, 2008, pp. 232-234.
9)   조효제, 인권의 문법, 후마니타스, 2009, pp. 54-54.
10) 존 로크(강정인 · 문지영 옮김), 통치론: 시민정부의 참된 기원, 범위 및 그 목적에 관한 시론, 까치, 1996.

3. 경찰의 기능과 역할 [I - 26]

기능주의(functionalism)에 의하면 경찰의 개념은 경찰의 기능과 역할에
의해 정의될 수 있다. 사회라는 유기체 속에서 경찰이 담당하는 기능은 무
엇인지, 어떤 역할을 수행하도록 임무를 부여 받았는지를 확인하여 경찰을
이해하는 접근방법이다. 그런데 경찰의 기능과 역할은 시대에 따라 변화해
왔고 지역에 따라 차이를 보인다. 대체적으로 유럽대륙의 국가들의 경우 경
찰의 역할을 점차 축소시켜온 반면 영미의 경찰은 역할이 확대되는 경향을
보인다. 프랑스, 독일 등의 유럽 국가들은 절대왕정과 경찰국가를 거치면서
무소불위의 권력을 지닌 경찰의 폐해를 목격했기 때문에 경찰의 역할을 축
소하는 방향으로 변화해왔다. 과거 경찰국가체제 하에서 공공복리 전반을
아우르던 경찰의 역할이 법치주의에 입각한 국가체제로 변모하면서 그 기
능이 소극적 위험방지에 국한되었다.

독일경찰의 경우 이러한 변천과정을 '탈경찰화'라는 용어로 표현한다.[11]
18세기 계몽주의 사상가들의 영향과 시민적 권리의 강화로 인해 독일에서
는 경찰의 역할에서 공공복리증진이 배제되고 소극적 위험방지만 남게 되
는데 이를 '1차 탈경찰화'라고 한다.[12] 이러한 경찰의 역할 변화는 판례를 통
해서 더욱 분명해졌는데 대표적으로 1882년 프로이센 상급행정법원의 '크
로이쯔베르크'(Kreuzberg)판결이 있다. 당시 경찰이 도시의 조망과 전망 등
의 이유로 건축물의 건축허가 발급을 거절하였다. 법원은 판결문에서 "경
찰은 위험방지의 권한만을 가지며 미적인 이익을 추구할 권한은 없기 때문
에....경찰명령은 무효이다"라고 판시하였다.[13] 이 판결은 경찰의 개념이 공
공의 안녕과 질서유지를 위한 위험방지에 국한된다는 점을 확인하였다는

---

11) 이성용, 경찰윤리: 경찰학의 윤리적 접근, 박영사, 2014, p. 71.
12) 1794년 프로이센 일반란트법(PR.ALR) 제2장 제17절 제10조에 "공공의 평온, 안녕과 질서를 유지
하고 공중 혹은 개개의 구성원에 대한 현존하는 위험을 방지하기에 적합한 조직이 경찰이다"라고
규정하여 경찰의 임무에서 복리증진을 배제하였다(서정범, 2007, 앞의 논문, p. 135.)
13) 서정범, 2007, 앞의 논문, p. 138.

점에서 중요한 의의를 갖는다. 제2차 세계대전에서 패전한 독일은 연합군에 의해 탈나찌화와 민주화가 진행되었으며 그 일환으로 경찰의 역할도 더욱 축소되었다. 위험방지라는 경찰의 영역에서 생명·신체 및 재산의 보호, 범죄예방과 진압 등과 같은 직접적인 위험방지의 성격을 가지지 않는 사무들은 '질서행정'이라는 이름으로 구분하여 일반 행정기관이 담당하도록 하였다.[14] 결과적으로 경찰의 역할 범위가 '소극적 위험방지'에서 '공공의 안녕과 질서유지'로 축소되었는데 이를 '2차 탈경찰화'라고 부른다.

　유럽대륙 국가들의 경찰들과 달리 영국에서는 근대경찰이 만들어질 때부터 '범죄예방'이라는 제한적 역할만을 담당하도록 하였다. 이는 경찰이 군주의 통치수단으로 전락하여 시민들을 억압할지 모른다는 우려가 팽배했고 경찰의 창설에 대한 반대 여론이 높았기 때문이었다. 미국 경찰의 경우에도 20세기 초부터 프로페셔널리즘 운동의 영향으로 경찰의 역할을 '범죄통제'로 간소화하고 경찰의 정체성을 '범죄투사'(crime fighter)와 '법집행자'(law enforcer)로 규정지었다. 하지만 영미권에서는 점차적으로 경찰에게 범죄를 예방하고 범죄자를 검거하는 역할을 넘어 시민과 지역사회의 다양한 욕구를 충족시켜 줄 것을 요구하게 되었다. 아래의 글은 이러한 경찰 역할의 확대가 가지는 의미를 잘 표현하고 있다.

　　만약 우리가 경찰을 형사사법제도의 첫 단계로만 인식한다면, 우리는 범죄통제, 법집행, 그리고 체포 등과 같은 기능의 틀 밖에서 경찰이 기여하는 부분을 쉽게 놓치는 꼴이 된다. 반면에 경찰을 다른 기관들과 함께 도시생활의 질을 강화하는 폭넓은 책임을 담당하는 지방자치정부의 기관으로 인식하게 되면 우리는 경찰이 범죄감소라는 단순한 목적보다 훨씬 더 많은 기여를 하고 있다는 사실을 더 잘 인식하게 된다... 간단히 말해, 검거를 통해 범죄를 감소시킨다는 좁은 관점이 아닌 도시생활을 견고히 한다는 관점으로 바라볼 때 경찰은 더욱 가

---

14)　이성용, 2014, 앞의 책, pp. 71-72.

치 있는 자산이 된다.[15]

경찰의 폭 넓은 활동에 대한 요구는 1970년대 이후 등장한 경찰 패러
다임인 지역사회 경찰활동(community policing)과 문제지향적 경찰활동
(problem oriented policing)에서 공통적으로 강조되었다. 경찰의 범죄통제
중심 활동이 초래한 부작용과 한계에 대한 인식에서 출발해 경찰이 사회 속
에서 담당해야 할 근본적인 역할의 변화에 대한 필요성이 부각되었다. 새로
운 경찰 패러다임 하에서 경찰은 지역사회가 당면한 다양한 문제들에 대해
지역주민들과 공동으로 대응할 것이 요구되었다. 지역사회 내에 존재하는
다양한 갈등의 조정과 도움이 필요한 이웃에 대한 봉사뿐만 아니라 지역사
회 전반적인 삶의 질의 향상 문제까지 경찰의 역할과 기능은 더욱 광범위해
졌고 다양해졌다. 문제지향적 경찰활동의 이론적 창시자인 허먼 골드스타
인(Herman Goldstein)은 그의 저서에서 다음과 같은 8가지 경찰의 기능을
제시하고 있다.[16]

① 생명과 재산을 위협하는 행위의 예방과 통제
② 범죄피해자와 같이 신체적 위해의 위험에 처한 개인 구조
③ 표현·집회결사의 자유에 대한 권리 등 기본권의 보호
④ 보행자와 차량의 통행 촉진
⑤ 주취자, 중독자, 정신병자, 장애인, 노약자 등 스스로를 돌볼 수 없는
　자 조력
⑥ 개인 간, 집단 간, 또는 개인과 정부 사이의 갈등 해결
⑦ 시민 개인, 경찰 또는 정부에게 잠재적으로 심각한 문제의 확인

---

15)　Moore, M. H. & Poethig, M., The police as an agency of municipal government: Implications
　　for measuring police effectiveness, in 'Measuring what matters' (Proceedings From the Policing
　　Research Institute Meetings), edited by R.H. Langworthy, Research Report, Washington, D.C.: U.S
　　Department of Justice, National Institute of Justice. 1999, p. 153.
16)　Goldstein, H., Policing a free society, Cambridge, Massachusetts: Ballinger, 1977, p. 35.

⑧ 지역사회 내 안전감 형성 및 유지

대륙법계 경찰과 영미법계 경찰 간의 경찰역할에 있어서의 이러한 차이는 근본적으로 경찰에 대한 국민들의 인식의 차이와 무관하지 않다. 유럽대륙은 경찰국가를 경험했기 때문에 경찰을 권력자의 통치수단으로 인식하는 경향이 많다. 경찰국가에서 법치국가로의 이행과정에 경찰의 권한이 제한되고 역할이 축소된 것은 과거 강력한 경찰로 인해 초래되었던 부작용에 대한 자연스러운 결과였다. 이에 반해 영미의 경찰은 기본적으로 시민의 동의를 기반으로 하여 만들어졌으며 시민들에 대한 봉사자로서의 성격을 갖추고 있었다. 이는 대륙 국가들에 비해 일찍이 민주주의 체제가 형성되었으며 경찰제도 역시 이러한 토대 위에 만들어졌다는 점과 관련성이 있다.

또한 경찰체제가 중앙집권형 또는 지방분권형인지 여부 역시 경찰의 역할을 규정하는데 영향을 미친다. 중앙집권형인 대륙법계 경찰은 중앙정부에 의해 임명된 자가 지역의 치안책임을 담당한다. 반면에 지방분권형인 영미법계 경찰의 경우에는 지역 내에서 치안책임자가 선출 또는 임명된다. 이러한 차이로 인해 대륙법계에서는 경찰활동을 명령과 강제에 기반을 둔 권력적 작용으로 이해하는 반면 영미법계에서는 지역사회에 대한 서비스 작용이 중심이 된다. 따라서 경찰의 역할을 제한하는데 무게 중심을 둔 대륙법계 국가들과는 달리 영미법계 경찰은 지역사회와의 보다 긴밀한 관계 속에서 지역사회 내에서의 역할의 범위가 확대되는 경향을 보이고 있다.[17]

---

17) 이성용, 2014, 앞의 책, pp. 77-78.

제2절 경찰활동

1. 경찰과 범죄통제

가. 범죄통제의 원리들   [I - 27]

경찰에 의한 범죄통제는 크게 사전적 범죄예방과 사후적 범죄수사로 구분할 수 있다. 경찰의 범죄예방은 범죄의 위험을 예상·평가하고 범죄발생 가능성을 줄이기 위한 일련의 경찰활동을 의미한다. 경찰의 범죄수사는 이미 발생한 범죄사건의 진상을 규명하는 수사기관의 활동으로 정의할 수 있다.[1] 범죄예방과 범죄수사가 범죄행위를 억제하여 범죄발생을 감소시키는 역할을 하는데 이는 주로 고전주의 범죄학에 바탕을 둔 억제이론 (deterrence theory)에 의해 설명된다. 이탈리아 범죄학자인 체사레 베카리아(Cesare Beccaria)는 근대 형벌이론을 제시하면서 형벌의 목적이 일반억제와 특별억제에 있다고 주장하였다. 일반억제란 아직까지 범죄를 저지르지 않은 잠재적 범죄자들로 하여금 범죄행위를 억제하도록 만드는 효과를 의미하며, 특별억제란 이미 범죄를 저질러서 처벌을 받은 사람으로 하여금 또 다시 범죄를 저지르지 못하도록 하는 효과를 의미한다. 범죄억제효과를 기대하기 위해서 형벌제도는 세 가지 요건을 갖추어야 하는데 엄격성, 확실성, 신속성이 여기에 해당한다. 효과적인 경찰활동은 처벌의 확실성 및 신속성을 높여 범죄행위를 억제할 수 있다. 예를 들어, 경찰이 범죄다발지역에 대한 집중순찰을 실시하게 되면 잠재적 범죄자는 자신의 범죄행위에 대

---

1) 박노섭 외, 범죄수사학, 경찰대학출판부, 2013, p.55.

해 경찰이 즉각적으로 대응할 것이고 경찰에 의해 검거될 개연성이 높다고 인식하게 되어 범행계획을 포기할 가능성이 높아지게 된다. 또한 경찰이 효과적인 범죄수사를 통해 범죄자 검거율이 증가하고 검거된 피의자가 실제로 범죄를 저지른 경우 수사를 통해 그러한 혐의가 입증된다면 범죄행위로 인한 처벌의 확실성이 증가하여 범죄행위가 억제되는 것을 기대할 수 있다.

이러한 범죄예방효과는 영국의 정치철학자 제레미 벤덤(Jeremy Bentham)의 공리주의에 영향을 받은 합리적 선택이론(rational choice theory)에 의해서도 설명된다. 인간이 본성적으로 행복을 최대화하고 고통을 최소하려는 욕구를 가졌듯이 어떤 행동을 위해 일련의 선택을 하는 과정에도 최소의 비용을 들여 최대의 이익을 추구하는 경향이 있다. 합리적 선택이론에 의하면 잠재적 범죄자의 범죄행위 실행과정에서 행위로 인해 기대할 수 있는 이익을 감소시키는 반면 목적을 위해 치러야할 비용을 증가시켜서 범죄를 예방할 수 있다. 순찰활동, 거점근무, 신속한 신고출동, 우범자 관리 등 경찰이 실시하고 있는 예방활동들이 잠재적 범죄자의 입장에서는 범행에 수반되는 위험과 비용에 해당이 된다. 그렇기 때문에 효과적인 경찰활동이란 결국 범죄행위를 고비용행위로 만드는 활동이라고도 말할 수 있다.

[I - 28]   나. 범죄통제의 실제 또는 신화

경찰이 효율적이며 탈정치적이고 전문적인 법집행을 통해 범죄를 통제하는 것은 경찰에게 부여된 '직업적 명령'(professional mandate)이다. 이를 위해 경찰은 기능별로 분화된 조직구조, 표준화되고 체계적인 업무절차, 전문적인 훈련과 교육을 받은 경찰관, 각종 첨단 장비와 시스템을 갖추고 있다. 언론이나 대중매체를 통해 보이는 경찰은 종종 범죄와 무질서라는 공공의 적과 최전선에서 맞서 싸우고 있는 범죄투사(crime fighters)의 모습을 하고 있다. 일반 대중들도 경찰이라는 단어를 들으면 자연스럽게 '범죄', '싸이코패스', '프로파일링' 등 범죄 관련 용어들을 연상한다.

그런데 이러한 '경찰 = 범죄통제' 라는 등식에 대해 비판적 관점들이 존재해 왔다. 요약하면 경찰이 사회에서 발생하는 범죄를 통제할 수 있는 부분은 실제로 매우 제한적이며, 따라서 경찰의 범죄통제역량에 대한 일반 대중의 기대는 근거 없는 통념 또는 '신화'(myth)에 불과하다는 것이다. 피터 매닝(Peter Manning)과 같은 경찰학자는 경찰이 법집행을 통해 범죄에 효율적으로 대응한다는 것 자체가 실현 불가능한 임무라고 말한다. 경찰의 범죄투사 모습은 일반 대중의 오해, 대중매체의 편향보도, 경찰관 스스로의 그릇된 관념, 경찰조직 차원에서 이루어지는 이미지 관리의 결과일 뿐이라고 분석한다. 경찰은 범죄의 근본적 원인을 해결할 수 없는데 이러한 원천적 한계로 인해 프로페셔널리즘에 더욱 몰입하게 된다고 한다. 예를 들어, 순찰방식의 변화, 범죄발생율과 검거율 분석 등과 같은 활동은 범죄의 본질적 원인이 되는 문제에 대한 것이 아니라 단지 문제가 겉으로 드러난 징후를 다루는 것에 불과하다는 것이다.[2]

데이비드 베일리(David Bayley) 역시 그의 저서 첫 머리를 "경찰은 범죄를 예방하지 못한다" 라는 도발적인 문장으로 시작하고 있다.[3] 이러한 사실을 전문가도, 경찰도 다 알지만 오직 일반 대중들만 모르는 신화라고 덧붙인다. 그는 자신의 주장에 대한 몇 가지 근거를 제시하고 있는데 우선 경찰관 숫자의 많고 적음이 범죄율과 상관관계가 없다는 점을 들고 있다. 또한 경찰의 대표적인 예방활동인 순찰이 범죄율에 미치는 효과가 없다는 사실이 실증연구들을 통해 입증되었다는 점도 들고 있다.[4] 대부분의 경찰활동이 범죄예방과는 무관한데 실제 순찰활동은 사전적 · 예방적 성격보다는 수

---

2) Manning, P., Police: Mandate, strategies, and appearances in V. E. Kappeler, (ed.), Police and Society: Touchstone Readings, pp. 97-125, Long Grove, IL: Waveland Press, 1995.

3) "The police do not prevent crime. This is one of the best kept secrets of modern life. Experts know it, the police know it, but the public does not know it. Yet the police pretend that they are society's best defense against crime and continually argue that if they are given more resources, especially personnel, they will be able to protect communities against crime. This is a myth."(Bayley, D., Police for the Future, New York: Oxford University Press, 1994, p. 3.)

4) 여기에는 캔사스시티 순찰실험연구(1972), 뉴와크 도보순찰실험연구(1981)이 포함되는데 본서의 제4편 경찰활동에서 자세히 다루고 있다.

동적·대응적 성격이 강하며, 순찰업무는 대부분 반복적이고 일상적이며 대개 지루하다고 특징짓고 있다. 신고출동 역시 대부분의 신고사건이 범죄와는 무관하며 범죄와 관련이 있더라도 경미한 위반행위에 불과하다고 분석하고 있다.

현실의 범죄수사 역시 일반인들의 기대와는 상당히 다르다는 점을 지적한다. 영화나 드라마에서 보는 것과 같이 특별한 역량을 가진 수사관이 증거를 수집하고 추리하여 어렵게 용의자 신원을 확인하고 추격하여 검거하는 활동은 매우 드물다. 대부분의 범죄수사에 있어서 용의자의 신상이 수사 초기에 확인이 되고 나머지 활동은 용의자의 유죄를 입증할 증거를 수집하고 자백을 받는데 소요된다. 용의자의 신원이 즉시 확인이 되지 않는 경우 미제사건이 될 확률이 매우 높아진다. 베일리는 경찰의 범죄수사에 대한 대중들의 비현실적인 기대가 결국에는 경찰에게 부담으로 돌아올 수밖에 없다고 지적하고 있다.

그렇다면 경찰은 실제로 범죄를 예방할 수 없는 것일까? 미국 범죄학자 로렌스 셔먼(Lawrence Sherman)은 1997년 미국 의회에 제출한 보고서를 통해 미국 연방정부가 지원하고 있는 다양한 범죄예방 프로그램에 대한 효과성 평가결과를 발표한 바 있다.[5] 이 보고서의 내용 중 경찰활동과 범죄예방 간의 관계에 대해서 아래와 같이 총 8개의 가설을 제시하고 그동안 실시된 실증연구들의 결과를 바탕으로 범죄예방 효과성을 분석하고 있다.

① 경찰관의 수가 더 많을수록 범죄가 줄어든다.
② 경찰의 출동시간이 줄어들면 범죄 발생이 억제된다.
③ 임의순찰을 늘리면 경찰의 편재성(偏在性)이 높아져 범죄 발생이 억제된다.
④ 취약지역과 취약시간대에 순찰을 집중하면 범죄가 그 지역과 시간대

---

5) Sherman, L. et al. Preventing Crime: What Works, What Doesn't, What's Promising: A Report to the United States Congress, Washington, D.C.: U.S. Department of Justice, 1997.

에 줄어든다.

⑤ 신고 되거나 인지된 사건에 대해서 경찰이 체포를 통해 강력대응하면 범죄가 줄어든다.

⑥ 우범자나 다발성 범죄에 대해 법집행을 집중적으로 하면 범죄가 예방된다.

⑦ 경찰과 시민의 관계를 개선하면 범죄가 감소한다.

⑧ 각각의 특정 범죄가 발생하게 되는 근본적 원인을 찾아내어 해결하면 범죄가 줄어든다.

각 가설에 해당하는 경찰의 개별적인 범죄예방 프로그램들을 분석한 결과, 확실하게 범죄예방효과가 있다고 확인된 방법은 범죄다발지점(hot spot)에 대한 집중순찰, 재범위험이 높은 고위험 우범자에 대한 단속강화, 음주운전 단속 등이었다. 반면에 자율방범대 운용, 구체적 목적성이 결여된 지역사회 경찰활동 프로그램, 경미범죄에 대한 청소년 검거 등은 예방효과가 없는 것으로 나타났다. 이러한 분석 결과를 통해 알 수 있는 점은 경찰의 모든 예방활동이 범죄예방효과를 나타내는 것은 아니지만 그렇다고 경찰이 범죄를 예방할 수 없다고 단정할 수도 없다는 것이다. 경찰활동의 범죄예방 효과는 구체적인 활동 내용과 실행방법에 따라 다르게 나타날 수 있다.

보다 중요한 점은 경찰활동에 대한 정확한 평가와 이러한 평가를 바탕으로 한 예방정책의 수립이다. 이와 관련하여 셔먼 교수가 제시하고 있는 '증거기반 경찰활동'(evidence-based policing)은 경찰의 정책결정이 통계적 분석 및 실증적 연구결과를 기반으로 이루어져야 함을 강조하고 있다. 범죄예방활동의 효율성을 높이기 위해서는 정책결정자의 의지나 일반상식에 의존하는 정책이 아닌 엄격한 과학적 증거에 기반을 둔 정책이 필요하다고 하겠다.

2. 질서유지와 경찰재량

[I - 29]   가. 질서유지 경찰활동

경찰활동의 본질이 범죄통제가 아닌 질서유지에 있다고 보는 견해가 있다. 데이비드 베일리(David Bayley)는 '경찰은 무엇을 하는가?'라는 질문을 던진 뒤 결론적으로 두 가지 경찰역할을 제시한다. 첫째, '권위적 개입'(authoritative intervention)으로 주로 순찰과 신고출동을 통해서 이루어진다. 사인들 간에 발생하는 각종 갈등을 법적 권위를 통해 해결하는 역할을 의미하는데, 예를 들어 이웃 간의 갈등, 가정 내에 발생하는 갈등, 차량사고로 인한 갈등 등 다양한 유형의 갈등이 포함된다. 이러한 활동의 궁극적인 목적은 갈등으로 인해 약해진 사회질서를 다시 회복시키는데 있다. 둘째, '상징적 치안'(symbolic justice)으로 법위반자 또는 일반대중으로 하여금 사회 내에 법이 실제로 작동하고 있다는 사실을 인식하도록 만드는 활동이다. 위반업소 단속, 교통단속 등 경찰의 단속활동이 여기에 속한다. 그런데 제한된 경찰자원으로 인해 현실적으로 모든 위반행위를 적발할 수는 없어서 선별적 법집행(selective enforcement)에 만족해야 한다. 따라서 이러한 경찰활동의 궁극적 목적은 법집행 자체에 있다기보다는 법집행을 통해 사회구성원들이 법질서를 준수하도록 하는데 있다고 할 수 있다. 예를 들어, 간헐적으로 실시하는 경찰의 음주단속은 음주운전 행위자를 검거하여 처벌하는 법집행 목적과 잠재적 음주 운전자에 대한 예방적 목적 이외에 사회 전체의 법질서 유지라는 보다 궁극적인 목적을 추구한다고 봐야 한다.[6]

허먼 골드스타인(Herman Goldstein) 역시 법집행은 궁극적 목적을 달성하기 위한 수단에 불과하다고 주장한다. 통상 경찰은 어떻게 하면 조직 및 관리방법을 향상시켜 효율적으로 법집행을 할지 고심하지만 이는 '목적과

---

6)   Bayley, D., 1994, 앞의 책, pp. 34-35.

수단 도치 증후군'(means over ends syndrome)에 해당한다는 게 골드스타인의 생각이다. 법집행이란 궁극적으로 지역사회 내의 광범위한 문제들을 해소하기 위해 사용되는 하나의 방편에 불과하기 때문이다.[7] 예를 들어, 이웃 간의 소음문제로 인해 신고가 자주 접수되면 경찰은 소음이 발생하는 원인을 분석하고 이를 해결하기 위한 다양한 대안들을 검토한 후 최적의 방법을 적용하고 평가하는 일련의 과정을 통해 문제를 해결해야 한다. 이때 소음행위에 대한 처벌과 같은 법집행은 경찰이 취할 수 있는 여러 가지 대책 중의 하나로서 의미가 있을 뿐이다.

가장 성공적인 질서유지 경찰활동(Order-Maintenance Policing) 사례로 손꼽히는 것이 1990년대 뉴욕경찰의 깨어진 유리창 경찰활동(Broken Windows Policing) 또는 무관용 경찰활동(Zero-Tolerance Policing)이다. 미국의 범죄학자 제임스 윌슨(James Q. Wilson)과 조지 켈링(George Kelling)에 의해 제시된 깨어진 유리창 이론은 지역사회의 무질서 문제를 다루고 있다. 공공장소의 무질서 상태를 그대로 방치하면 결국 범죄의 확산으로 이어진다는 것이 이론의 주된 주장이다.[8] 1994년 뉴욕시장으로 취임한 루돌프 줄리아니(Rudolph Giluliani)는 이미 무질서 단속을 통해 지하철 내의 범죄를 성공적으로 감소시킨 경험이 있는 윌리엄 브래튼(William Bratton)을 뉴욕시경의 국장으로 임명하였다. 그때부터 뉴욕경찰은 공공장소에서의 과도한 행상, 주취행위, 오물 투기, 배회행위 등 그동안 경찰이 중요하게 다루지 않았던 무질서행위들을 집중적으로 단속하였고 그 결과 중요범죄 발생률이 현격히 감소하였다.[9]

그런데 이러한 질서유지 경찰활동의 작동원리는 '구성주의'(constructionism)에 바탕을 두고 있다. 구성주의에 의하면 사회적 현상에 대한 공통

---

7) Goldstein, H., Improving policing: A problem_oriented approach, Crime and Delinquency, 25(2), 1979, pp. 236-258.

8) Kelling, G.L. & Wilson, J.Q. Broken Windows: The Police and Neighborhood Safety, March, The Atlantic, 1982.

9) Kelling, G.L. & Coles, C.M. Fixing Broken Windows: Restoring Order and Reducing Crime in Our Communities. New York: Touchstone, 1997.

의 해석은 사회적으로 만들어지는 가변적 성격을 띠고 있다. 더 나아가 이
러한 공통의 해석은 사회구성원들로 하여금 특정한 방식으로 행동하도록
영향을 미친다. 미국의 비판이론가 버나드 하코트(Bernard Harcout)는 질
서유지 경찰활동 역시 이러한 구성주의에 바탕을 두고 질서와 무질서에 부
여된 사회적 의미(social meaning)와 이로 인해 발생하는 사회적 영향(so-
cial influence)과 사회규범(social norms)의 순환적 관계로 해석될 수 있다
고 한다.[10]

깨어진 유리창 이론은 지역사회의 무질서 또는 질서에 대해 특별한 의미
를 부여한다. 깨어져 방치되어 있는 유리창으로 상징되는 지역사회의 무질
서 상태는 그 지역에서 어떤 행위를 하더라도 "아무도 신경 쓰지 않는다"는
것을 의미한다. 더 나아가 지역사회에서 발생하는 위법행위가 용인되고 있
으며 장차 범죄자들과 범법자들에 의해 그 지역이 장악될 가능성이 높다는
것을 의미하기도 한다. 반면에 질서는 그 지역사회가 주민들에 의해 잘 관리
되고 있으며 범법행위를 결코 간과하지 않기 때문에 그 지역을 찾는 사람들
은 함부로 행동해서는 안 된다는 것을 의미한다. 이러한 무질서와 질서에 대
한 사회적 의미는 사람들의 행동에 영향을 미치게 된다. 무질서한 지역에서
잠재적 범죄자는 쉽게 범죄를 저지르게 되고 선량한 주민들은 범죄에 대한
두려움 때문에 이웃들과의 관계를 회피하거나 아예 그 지역을 떠나가게 된
다. 이에 반해 질서가 잡힌 지역에서는 잠재적 범죄자가 스스로 자신의 범죄
적 성향을 억제하고 선량한 주민들은 범죄의 두려움 없이 안심하고 생활할
수 있게 된다. 이러한 사회적 영향은 점차적으로 사람들의 내면에 질서상태
가 더욱 증진되어야 한다는 믿음을 형성하고 궁극적으로 사회규범화된다.

질서유지 경찰활동은 사소한 무질서 행위와 이러한 무질서를 단속하는
경찰활동의 의미를 재해석하여 사람들의 행동에 영향을 미치고 궁극적으로
지역사회의 안전과 전반적인 삶의 질을 향상시키려는 접근방법이라고 할

---

10) Harcourt, B., Illusion of Order: The False Promise of Broken Windows Policing, Cambridge,
    Mass: Harvard Univesity Press, 2001.

수 있다. 질서유지 경찰활동의 프레임워크 안에서 질서위반행위는 지역사회의 안전을 위협하는 행위가 되고, 위반행위를 통제하는 경찰활동은 중대한 범죄가 발생하는 것을 예방하고 지역사회가 쇠락하는 것을 방지하는 주요활동이 된다.

〈그림 I -2〉 질서유지 경찰활동에 대한 구성주의적 해석

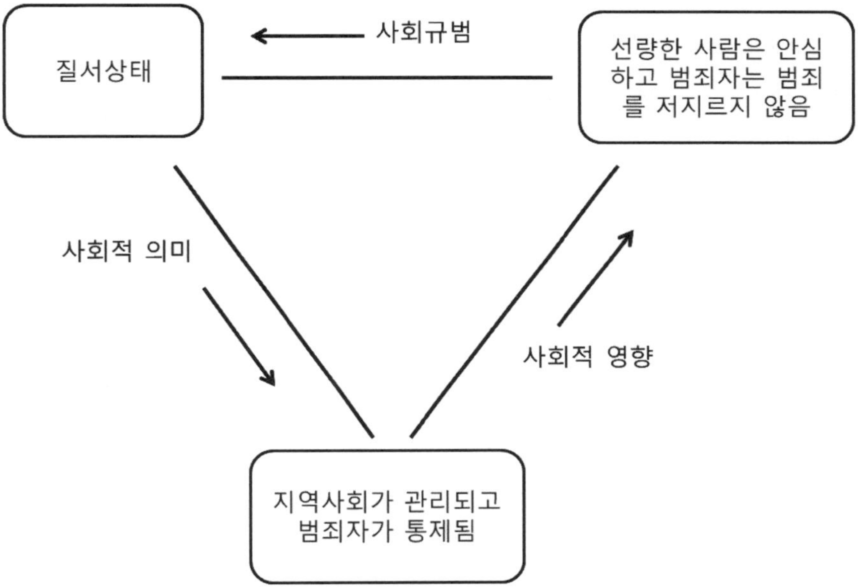

출처: Bernard Harcourt, Illusion of Order: The False Promise of Broken Windows Policing, Cambridge, Mass: Harvard University Press, 2001, p.45.

나. 질서의 의미와 재량의 한계   [I - 30]

질서는 공공의 안녕과 평온이 유지된 상태를 의미한다. 그런데 질서의 의미는 상황에 따라 가변적이라는 특성이 있다. 군대 내에서의 질서와 대학 내에서의 질서의 의미가 다르다. 평온한 상태에서의 질서와 계엄령이 선포된 상태에서의 질서의 의미가 다를 것이다. 또한 17세기 독일 경찰국가 아

래에서의 질서의 의미와 21세기 한국 사회에서의 질서 의미가 사뭇 다를 수
밖에 없다. 권위주의 정권 아래에서 정권을 유지하기 위한 방편으로 질서유
지활동을 전개될 때에는 사회 전 영역에 걸쳐 광범위한 의미의 질서가 적용
된다. 이에 반해 법치주의 아래에서 질서란 법률에 근거한 제한된 제약인
'법질서'를 의미한다. 질서유지활동을 담당하는 경찰 역시 조직의 성격에
따라 다른 기준에서 질서를 이해하게 된다. 경찰조직이 중앙집권적이거나
군대 구조를 가지고 있으면 질서의 개념을 지나치게 일률적이거나 경직되
게 해석할 위험성이 높다. 또한 경찰에게 너무 많은 재량이 부여되어 있는
반면 책임성을 담보할 수 있는 수단이 약한 경우 질서를 지나치게 자의적으
로 해석할 위험성이 존재한다.

　뉴욕시에서 실시되었던 무관용 경찰활동은 범죄율을 떨어뜨리는데 성공
적이었다고 평가받았지만 지나치게 과도한 단속과 법집행에 대한 비판도
만만치 않았다. 지하철과 길거리에서의 적극적 구걸행위를 금지하거나 도
시의 특정지역(주로 상가지역)을 노숙인들이 배회하는 행위를 금지한 조치
는 시민의 기본권을 침해했다는 비판을 받았고 결국 소송까지 이어져 뉴욕
시가 패소하였다. 또한 경미범죄 위반자에 대한 체포가 급증하면서 경찰에
대한 시민들의 민원도 함께 증가했다. 특히 법집행 과정에서의 권한남용과
차별적 집행을 비판하는 민원이 집중적으로 증가했다.

　경찰의 질서유지활동과 관련해서는 항상 재량권 남용의 문제가 제기되
어 왔다. 예를 들어, 미국에서는 오래 전에 공중보건, 사회도덕, 안전 등의
이유로 부랑자들을 단속하는 법이 존재했었다.[11] 그런데 부랑행위를 금지
한 원래 목적은 남북전쟁 후 해방된 노예들을 계속적으로 예속상태에 붙들
어 두기 위한 것이었는데 이후 공민권운동 시위참여자들을 검거하기 위한
수단으로 악용되기도 하였다. 그러다가 경찰에 의한 자의적이고 차별적인

---

11)　우리나라에도 1988년 경범죄처벌법 개정을 통해 삭제되기 전까지 '떠돌이'(일할 능력은 있으나 다
　　른 생계의 길도 없으면서 취업할 의사가 없이 여기저기 떠돌아다니며 사는 곳이 일정하지 아니한
　　사람)에 대한 처벌규정이 존재했다.

법집행이 문제가 되자 1972년 미국 대법원의 판결에 의해 폐지되었다.[12]

시민들의 자유라는 측면에서 바라볼 때 질서유지 경찰활동은 동전의 양면과 같다. 한편으로 질서유지 경찰활동은 시민들의 자유와 권리를 제한하지만 다른 한편으로는 시민들이 자유와 권리를 향유할 수 있는 조건을 형성한다. 전자는 '소극적 자유'의 영역이고 후자는 '적극적 자유'의 영역에 해당한다.[13] 예를 들면, 1992년 미국 시카고 시에서 공원 등과 같은 공공장소에 조직폭력배들이 모이는 행위를 금지하는 조례를 통과시켰다. 시민들이 조직폭력배들로 인해 불안감을 갖게 되어 공공장소 이용을 꺼리게 되고 이러한 지역에서 조직폭력배들의 활동이 증가하는 문제에 대한 대응조치였다. 시카고 조례는 미국 대법원에 의해 위헌성 심사를 받게 되었는데 법적 구성요건이 지나치게 모호하여 재량권 남용의 위험이 높다는 이유로 위헌판결을 받았다.[14] 그런데 당시 시카고 시민들 사이에는 조례를 반대하는 입장과 지지하는 입장이 서로 대립하였다. 반대하는 입장은 시카고 시의 조례로 인해 국가의 부당한 간섭과 강제로부터 자유로울 권리, 즉 소극적 자유가 침해되었다고 주장하였다. 이에 반해 조례를 지지하는 측에서는 시카고 시가 시민들이 조직폭력배들로 인한 두려움 없이 공공장소를 자유롭게 이용할 수 있는 권리, 즉 적극적 자유를 보장해 줘야 한다고 주장하였다. 질서유지 경찰활동을 실시할 때에는 두 가지 측면의 자유 사이에서 적절한 균형을 유지하는 것이 중요하다. 왜냐하면 공공의 안녕과 평온한 상태를 유지하여 국민들이 자유와 권리를 충분히 누릴 수 있는 조건을 만드는 것과 개개인의 자유권이 부당하게 제약되거나 침해되지 않도록 하는 것 모두 포기할 수 없는 가치이기 때문이다.

---

12) Parachristou v. Jacksonville (1972)
13) Berlin, I., Four essays of liberty, London: Oxford University Press, 1969.
14) City of Chicago v. Morales (1999)

제3절 경찰제도

1. 경찰제도의 의의

[I - 31]   가. 국가경찰제 vs. 자치경찰제

경찰제도의 유형은 경찰을 유지할 권한과 책임이 어떤 주체에게 부여되었는가에 따라 결정된다. 보다 구체적으로는 경찰조직을 설립·운영하고, 경찰조직 구성원에 대한 인사권을 행사하고 경찰조직 운영에 소요되는 재정을 부담하는 문제에 관한 것이다. 크게 보면 이러한 권한과 책임을 중앙정부가 가지고 있는 경우와 지방자치정부가 가지는 경우로 나누고 전자를 국가경찰제, 후자를 자치경찰제라고 부른다.[1] 대부분의 나라들은 역사적·사회적·문화적 특성에 따라 국가경찰제와 자치경찰제라는 양 극단의 중간 어느 지점에 각 나라마다의 경찰제도를 위치시켜왔다. 일반적으로 대륙법계 국가들은 국가경찰제의 전통이 강한 반면 영미법계 국가들은 자치경찰제의 형태를 갖추고 있다. 하지만 같은 국가경찰제 또는 자치경찰제에 속한다고 하더라도 나라마다 구체적인 경찰제도의 모습은 다양하다. 예를 들어, 미국은 연방정부, 주정부, 지방정부가 각각 독립적으로 운영하는 수많은 경찰조직이 혼재되어 있는 가장 원형에 가까운 자치경찰제를 유지하고 있는데 반해 영국은 형식적으로는 경찰조직이 지방정부 중심으로 분권화되어 있지만 실질적으로는 중앙정부에 의한 조정·통제를 가미하고 있다.

국가경찰제와 자치경찰제는 각각 장점과 단점을 지니고 있다. 먼저 국가

---

1)   이황우, 경찰행정학, 법지사, 2007, p. 47.

경찰제의 장점으로 국가권력을 배경으로 공공의 안전에 위협이 되는 행위에 대해 보다 강력한 법집행력을 확보할 수 있다. 또한 경찰조직의 운영에 있어서 통일성을 기할 수 있고 서로 다른 기관들 사이의 조정·협력이 원활해진다. 특히 광역적으로 발생하는 범죄에 대처할 때 지역 간 공조체제가 효과적으로 유지될 수 있다. 단점으로는 지방행정과 치안행정이 분리되어 지역문제에 대한 보다 종합적인 대응과 해결이 어렵다는 점, 지역사회의 치안수요에 맞춤형 서비스를 제공하기 어렵고 때로는 지역 실정에 맞지 않는 행정으로 불필요한 행정낭비가 초래된다는 점 등이 있다.

　자치경찰제의 장점으로는 지역주민의 요구에 부응하는 치안서비스를 제공하고 경찰권에 대한 주민의 감시와 통제가 용이하다는 점을 들 수 있다. 일반행정과 치안행정이 유기적으로 결합되어 지방자치의 발전에 기여할 수 있다. 또한 중앙정부의 필요에 따라 경찰력이 동원되어 지역치안에 공백이 발생하는 문제를 방지할 수 있다. 반면 단점으로는 경찰에 대한 지방정치세력의 영향력이 확대되어 정치적 중립성이 약화될 수 있고 경찰부패로 이어질 수도 있다. 대규모 집회·시위 등 국가적 치안수요나 광역적 범죄발생 등에 대해 효율적으로 대응하기가 곤란해진다. 남북이 분단되어 있는 우리의 현실에서 경찰력의 분산은 유사시 위기대처역량을 저하시킬 수 있다. 지자체 간 재정적 격차로 인해 치안서비스에 있어서 지역불균형이 발생할 수 있다.

　오늘날 많은 국가들이 순수한 형태의 국가경찰제 또는 자치경찰제를 채택하기보다는 각각의 장점을 살린 형태를 취하고 있다. 국가경찰제를 기본 골격으로 하면서도 정도의 차이는 있지만 자치경찰제적 요소를 가미한 국가들이 있다. 반대로 자치경찰제의 바탕 위에 중앙정부의 조정·통제 기능을 추가하기도 하고 광역적 사무를 담당하기 위한 별도의 국가경찰조직을 운영하기도 한다.

[I - 32]   나. 경찰제도의 분류

　　데이비드 베일리(David Bayley)는 각국의 경찰제도를 '지휘명령의 분산'(dispersal of command)과 '경찰조직의 수'(number of forces)를 기준으로 분류하고 있다. 지휘명령이 분산되어 있다는 것은 경찰제도가 분권화되어 있음을 말한다. 즉 단일한 명령계통이 존재하지 않고 그 대신 지휘명령 권한이 여러 경찰기관에 분산되어 있다는 의미이다. 이에 반해 지휘명령이 집중화되어 있는 중앙집권적 경찰제도 하에서는 전국의 말단 경찰관까지 단일한 명령계통에 따라 지휘를 받는다. 전자는 자치경찰제도가 발달한 나라의, 후자는 국가경찰제도 중심 나라의 특징이다. 다음으로 경찰조직의 수에 따라 단일한 경찰조직을 가진 나라와 복수의 경찰조직을 가진 나라로 구분된다. 우리나라는 단일 국가경찰 조직으로 경찰청을 두고 있지만 프랑스는 국가경찰이 국립경찰(Police nationale)와 군경찰(Gendamarie nationale)의 두 개 조직으로 이원화되어 있다.[2] 복수의 경찰조직을 가진 나라는 관할권 조정 여부에 따라 두 가지 유형으로 구분된다. 복수의 경찰조직 간에 관할권의 중첩이 없는 경우와 그렇지 않은 경우이다. 각 경찰조직의 경찰권한이 미치는 범위를 관할권이라고 한다. 한 경찰조직은 도시지역을, 다른 경찰조직은 농촌지역을 각각 담당한다면 복수의 경찰조직 간에 관할권이 조정된 경우에 해당한다. 반면 동일한 지역에서 두 개 이상의 경찰조직이 경찰권한을 공유하고 있다면 관할권이 조정되지 않은 경우이다.

　　지휘명령이 중앙집권적인 경찰제도 하에 단 하나의 경찰조직을 두는 경우도 있고 복수의 경찰조직을 두는 경우도 있다. 분권화된 경찰제도 아래에서는 복수의 경찰조직이 있는 경우가 일반적인데, 다만 일본은 예외적으로 지휘명령이 국가경찰과 자치경찰로 분산되어 있지만 구조적으로는 단일한 경찰조직에 가깝다. 이와 같은 세 가지 요인을 고려할 때 〈표 I -4〉처럼

---

2)　사실 우리나라도 행정안전부 산하의 경찰청과 별도로 해양수산부 산하의 해양경찰청을 두고 있다. 하지만 논의의 편의상 육상에서의 경찰활동을 담당하는 조직에 한정하기로 한다.

6가지 유형의 경찰제도로 분류할 수 있다. 그러나 이러한 분류가 절대적인 것은 아니며 대부분의 국가들이 특정 항목에 정확히 속한다고 보기는 어렵고 각 분류요인별 정도의 차이를 나타낸다고 보는 것이 타당하다. 예를 들어, 프랑스나 스페인처럼 중앙집권적 경찰제도로 분류된 나라들 중에도 일부 자치경찰제를 가미하고 있는 경우가 있다. 일본경찰은 국가경찰과 자치경찰의 이원적 경찰제도를 기본으로 하고 자치경찰로 47개 도도부현에 각각 경시청 및 경찰본부를 두고 있어 복수의 경찰조직을 가진 것으로 볼 수도 있다. 그러나 자치경찰의 고위직을 국가공무원으로 임명하고 있다는 점 때문에 사실상 국가경찰과 자치경찰이 단일체제에서 운영된다고 보는 것이 보다 타당하다.

〈표 Ⅰ-4〉 경찰제도의 분류

		지휘명령의 분산	
		집권형	분권형
경찰조직의 수	단일체제	한국 스웨덴 아일랜드	일본
	조정된 복수체제	프랑스 영국 오스트리아	독일 캐나다 인도
	비조정된 복수체제	스페인 이탈리아 스위스	미국 멕시코

출처: Philips, R., Comparative criminal justice systems: a topical approach, Upper Saddle River, NJ: Pearson Prentice Hall, 2008, p. 194. (일부 수정)

2. 외국의 경찰제도

[I - 33]　　가. 집권적 단일체제: 스웨덴

　　스웨덴 경찰은 역사적으로 오랜 기간 지방분권적 자치경찰제를 중심으로 운영되었으나 1965년 국가경찰제로 전환한 후 최근까지 중앙집권적 성격을 더욱 강화하고 있다. 20세기 초까지도 통일된 조직이나 법적근거도 없이 운영되어 오다가 1925년 비로소 최초로 경찰법이 제정되면서 경찰조직이 법제화되고 제복과 무기 등이 표준화되었다. 하지만 경찰조직은 여전히 1,600개 이상의 관할구역으로 흩어져서 지방정부의 권한 하에 자율적·독립적으로 설립·운영되었다. 이러한 분권적 형태의 경찰체제는 각 자치경찰 간의 유기적 협력의 결여, 비효율적 경찰행정 등의 문제를 낳았다. 또한 점차 소도시와 주변의 농촌지역을 연계하여 경찰자원을 공유하고 경찰활동을 일원화해야 할 필요성을 느끼게 되었다. 이에 1965년 스웨덴 정부는 집권적 국가경찰제로 전환하면서 중앙의 경찰행정관청으로 '국가경찰위원회'(National Police Board)를 법무부 아래에 두었다. 국가경찰위원회는 경찰청장, 부청장 등 총 8명의 위원으로 구성되는데 전국적 경찰서비스의 효율성을 높이기 위한 자치경찰들 간의 조정과 지원업무를 담당하였다. 이전까지 전국의 자치경찰은 554개의 지구(district) 단위로 나뉘어져 있었는데 이를 119개 지구로 통폐합하였다. 이후에도 지속적으로 집권화를 추진하여 1998년에는 지구 단위 경찰조직이 21개 카운티(county) 수준으로 합쳐졌다.

　　2015년에는 스웨덴 경찰체제에 보다 획기적인 변화가 생겼다. 기존의 국가경찰위원회를 폐지하고 전국의 경찰조직을 아우르는 단일기관으로 '국립경찰청'을 신설한 것이다. 1965년 국가경찰제로 전환한 이래 가장 과감한 수준의 조직변화였다. 이러한 변화는 일차적으로 국가경찰위원회가 지방의 각 경찰조직 간의 조정·협력 기능을 수행하기에 영향력이 너무 약하다는 인식에서 비롯되었다.[3] 또한 1990년대부터 미국과 영국의 영향을 받아 지역사회 경찰활동과 문제지향적 경찰활동이 강조되면서, 이러한 새로운 경찰활동 패러다임을 본격적으로 도입하기 위해 보다 강도 높은 조직구조 개편에 대한 필요성이 있었다.[4]

현재 스웨덴 경찰은 집권적 단일체제의 형태를 갖추고 있다. 정부가 임명하는 국립경찰청장이 전체 경찰조직을 지휘·통솔하고 모든 경찰활동에 대해서 최종적 책임을 지고 있다. 국립경찰청 산하에는 7개의 지방경찰국이 있으며 관할지역은 25개의 경찰지구(police districts)와 95개의 자치경찰지구(local police districts)의 하부지역단위로 나뉜다. 가장 기본적이고 핵심적인 경찰활동은 지방경찰국 및 산하 경찰조직에 의해 수행된다. 국립경찰청에는 업무지원부서로서 국립과학수사센터, 인사과, 정보기술과, 통신과 등이 있고, 경찰관의 위반행위를 수사하는 특별수사과가 있다.

나. 분권적 단일체제: 일본   [I - 34]

일본의 경찰제도는 제2차 세계대전 이전의 중앙집권적 형태와 종전 이후 미군정에 의해 이식된 분권적 형태가 혼합된 모습을 하고 있다. 1868년 메이지 유신을 통해 근대화를 향한 개혁을 추진하던 일본은 당시 프랑스 경찰을 참고하여 중앙집권적 경찰제도를 수립하게 된다. 1873년 내무성을 설치하고 그 아래에 국가경찰조직인 경보국을 두어 일본 전 지역의 경찰활동을 통제하였다. 그러나 1945년 일본이 제2차 세계대전에 패망한 뒤 연합군은 평화를 정착시키기 위해 기존의 중앙집권적 경찰조직을 분권화하기로 결정한다. 그 결과 인구 5,000명 이상의 모든 도시와 마을에 총 1,605개의 자치

---

3) Holmberg, L., Continuity and change in Scandinavian police reforms, International Journal of Police Science & Management, 21(4), 2019, p. 207.

4) Stassen, R., & Ceccato, V., Police accessibility in Sweden: An analysis of the spatial Arrangement of police services, Policing: A Journal of Policy and Practice, paz068(https://doi.org/10.1093/police/paz068), 2019, p.4.

경찰조직을 신설하였고 나머지 소규모의 촌락은 국가경찰이 치안을 담당하도록 하였다. 그러나 연합군에 의해 강요된 경찰제도는 일본의 실정에 부합하지 않았고 머지않아 여러 문제가 드러났다. 지방정부는 자치경찰을 유지할만한 재정을 갖추고 있지 못했고, 지역정치인들과 폭력조직이 자치경찰에 부당한 영향력을 행사하였다. 이에 1951년 경찰법을 수정하여 소규모 자치경찰조직을 국가경찰로 흡수·통합하였다. 1954년에는 신경찰법을 제정하여 도시지역의 자치경찰과 농촌지역의 국가경찰로 이원화되어 있던 경찰체제를 자치경찰인 도도부현 경찰로 통합하였다.

오늘날 일본경찰은 국가경찰조직인 국가공안위원회, 경찰청, 관구경찰국, 그리고 자치경찰조직인 도도부현 공안위원회와 도도부현 경찰본부로 구성되어 있다. 국가공안위원회는 내각총리대신의 감독 하에 전국 모든 경찰의 운용과 활동에 대한 책임을 진다. 미군정 하에서 경찰행정의 민주성과 중립성을 확보하기 위해 도입된 기관이다. 주로 경찰제도나 정책, 각종 중요 사안에 대한 경찰청의 업무를 관리한다. 국가공안위원회는 경찰에 대한 인사권을 갖는데 내각총리대신의 승인을 얻어 경찰청장을 임면하고 도도부현 공안위원회의 동의와 내각총리대신의 승인을 얻어 동경도 경시총감을 임면한다. 또한 도도부현 공안위원회의 동의를 얻어 도도부현 경찰본부장 등 경시정(우리나라의 총경) 이상 이상의 경찰관을 임면한다.

국가공안위원회가 관리기관이라면 경찰청은 집행기관에 해당한다. 경찰청은 일본경찰체제의 중앙감독기관이다. 자치경찰인 도도부현 경찰을 지휘·감독할 수 있는 권한을 가지고 있다. 경찰청장 아래에 5개 국(생활안전국, 경비국, 교통국, 형사국, 정보통신국)과 부속기관(경찰대학교, 과학경찰연구소 등)을 두고 있다. 경찰청 산하에 7개의 관구경찰국이 있어서 국가사무에 대하여 관할 자치경찰을 지휘·감독을 하고 있다. 또한 관구경찰국은 도도부현 경찰 간 전국적 차원의 연락과 조정 업무를 담당하고 있다.

자치경찰은 실질적으로 경찰업무를 수행하고 있는 경찰기관으로서 47개 도도부현에 각각 경시청과 경찰본부가 있다. 이러한 도도부현 경찰의 관리기관으로 도도부현 지사의 감독 아래에 도도부현 공안위원회를 설치·운영하고 있다. 도도부현 지사에게는 경찰을 지휘·감독할 권한이 없지만 경찰 관련 각종 조례, 경찰예산, 경찰서의 설치, 공안위원 임면 등에 있어서의 권한을 행사하여 간접적으로 경찰에 영향력을 행사한다.[5] 도도부현 경찰본부 및 동경도 경시청의 산하에는 경찰서가 있고 그 하부기관으로 교반과 주재소가 있다.

일본경찰체제는 분권화된 지휘명령계통으로 이루어져 있다. 국가경찰인 경찰청은 내각총리대신의 권한에 속한 국가공안위원회의 관리·감독을 받고, 자치경찰인 도도부현 경찰은 도도부현 지사의 권한에 속한 도도부현 공안위원회의 관리·감독을 받는다. 그렇지만 국가경찰과 자치경찰이 별개의 경찰조직이라기보다는 단일 경찰조직과 같이 운영되는데 이러한 특징은 다음과 같은 사실에서 잘 드러난다. 첫째, 도도부현 경찰본부의 경시정 이상 고위급 경찰은 국가공안위원회가 도도부현 공안위원회의 의견을 들어 임명하는 경찰청 소속 국가공무원이다. 경시(우리나라 경정급) 이하 경찰관만이 지방공무원에 해당한다. 둘째, 경찰청이 고위직 경찰관뿐만 아니라 도도부현 소속 하위직 경찰관을 포함한 모든 경찰에 대한 감독과 훈련을 담당하고 있다. 셋째, 대규모 재해나 국가 긴급사태가 발생하면 내각총리대신 및 경찰청장에게 전국 경찰을 통제할 수 있는 권한이 부여된다. 또한 여러 관할지역에 걸친 광역수사에 있어서는 국가경찰이 자치경찰을 지휘할 수 있도록 하고 있다.

---

5) 이황우, 일본경찰제도의 특성, 경찰고시 204권, 1981, pp. 21-30.; (조철옥, 경찰학개론, 대영문화사, 2008, p.94.에서 재인용.)

<그림 I -3> 일본경찰체제

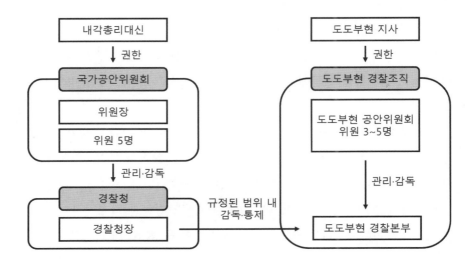

출처: 일본 경찰청 홈페이지(http://www.npa.go.jp)

[I - 35]　　다. 집권적 조정된 복수체제: 프랑스

　　프랑스 경찰은 전형적인 중앙집권적 경찰제도를 유지하면서 자치경찰제를 부분적으로 가미하고 있다. 국립경찰과 군인경찰의 이원적 구조로 이루어진 국가경찰체제가 프랑스 경찰의 근간을 이루고 있다. 프랑스의 경찰제도 변천과정은 한마디로 국가경찰의 형성과정이라고 표현할 수 있는데, 일찍부터 절대왕권에 바탕을 둔 강력한 군주제의 역사 속에서 형성된 중앙집권적 행정문화의 전통과 무관하지 않다.[6] 1666년 루이14세는 파리의 치안 및 위생문제를 효과적으로 해결하기 위해 종전에 여러 기관에서 수행해 오던 경찰작용을 단일화하고 최초의 파리 경찰국장을 임명하였다. 또한 여러

---

6)　강기택 외, 비교경찰론, 수사연구사, 2006, p. 26.

해에 걸친 전쟁을 수행하느라 지방에 주둔하고 있던 군인에게 지방의 치안을 담당하게 하였다. 1789년 프랑스 대혁명을 거치면서 경찰국은 폐지되었고 이후 나폴레옹이 집권한 뒤 중앙조직에 의해 경찰조직이 통제되도록 국가경찰화가 추진되었다. 파리에는 경찰청이 창설되고 다른 모든 도시에는 경찰서를 두었으며 지방에는 군인경찰을 더욱 확대하고 군경찰사령부를 설치하였다. 1941년 제2차 세계대전 중 비쉬정권은 농촌지역의 군인경찰과 도시지역의 국립경찰로 이루어진 오늘날의 경찰체제의 기본 골격을 마련하였다. 그리고 1966년 국립경찰청과 파리경찰청이 통합되면서 마침내 현재의 단일 국립경찰조직이 탄생하였다.[7]

프랑스 경찰의 두 축은 국가경찰인 국립경찰과 군인경찰이다. 국립경찰은 내부부장관의 지휘·감독을 받으며 인구 2만 명 이상의 도시지역 치안을 담당한다. 중앙조직으로 국립경찰청이 있고 산하에 기능별 하부조직인 국·실을 두고 있다. 국립경찰은 범죄예방, 범죄수사, 교통질서유지 등 일반적인 경찰업무를 담당하고 있다. 경찰청장은 파리경찰청을 포함하여 전국의 국가경찰조직에 대한 지휘·감독권을 행사한다. 지방의 국가경찰로는 기능별 지방분국·분실이 있는데 내부부장관이 임명하는 도지사를 통하여 관리한다.

군인경찰은 인구 2만 명 미만의 소도시와 농촌지역, 주요 간선도로 등을 대상으로 경찰업무를 수행한다. 군인경찰은 군 자체의 업무와 행정경찰, 사법경찰의 기능을 동시에 수행한다. 군인경찰은 국방부에 소속되어 있기 때문에 기본적으로 국방부장관이 이들에 대한 인사권과 직무감독권을 행사한다. 예전에는 국립경찰과 군인경찰이 각각 내부부장관과 국방부장관의 지휘 아래에 있어 명령계통이 이원화되어 있었다. 그러다가 2002년부터 치안업무의 효율성을 높이기 위해 평상시 군인경찰의 치안활동에 대한 지휘·감독 권한을 내부부장관으로 이관하였다. 다만 사법경찰의 업무에 있어서

---

7) 조철옥, 2008, 앞의 책, p.84-85; Philips, R, 2008, 앞의 책, pp. 204-205.

는 국립경찰과 군인경찰 모두 법무부장관의 지휘를 받는다. 또한 군인경찰은 여전히 군인 신분을 유지하고 국방부장관은 군사·헌병·인사·징계업무 등에 있어서는 관여를 한다.[8] 이와 같은 조직적 변화로 인해 국립경찰과 군인경찰 간의 협력과 연계가 강화되고 프랑스 전역에 대한 치안서비스에 있어서 통일성과 효율성을 확보하게 되었다.

<그림 I -4> 프랑스 경찰의 지휘·명령체계

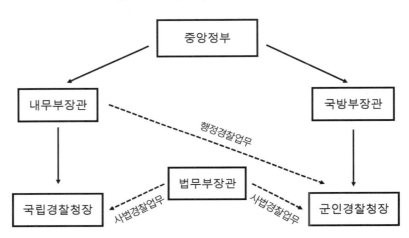

프랑스 경찰제도는 구조적으로 국립경찰과 군인경찰의 양대 경찰조직이 주축으로 이루고 지휘·명령은 내무부장관에게로 일원화되어 있다. 또한 국립경찰과 군인경찰의 관할권이 지역적으로 명확히 구분이 되어 업무상 충돌이 없다. 따라서 경찰제도 분류상 집권적 조정된 복수체제에 해당한다. 그러나 국가경찰 외에 기초자치단체에 의해 설립·운영되는 자치경찰이 있다는 점 때문에 이러한 분류에 이견이 있을 수 있다. 지방자치법에 의해 모든 자치단체장(시장)은 도지사의 행정통제 하에서 자치경찰을 설치·

---

8) 이성용 외, 비교경찰론, 박영사, 2015, p.63.

운영할 수 있기 때문이다. 그러나 실제에 있어서는 기초자치단체인 꼬뮨
(Commune) 중 약 10%만이 자치경찰을 운영하고 있고 광역자치단체에는
자치경찰 없이 국가경찰만 존재한다. 꼬뮨의 재정자립도에 따라 차이가 있
지만 자치경찰 소속 공무원의 규모도 대부분 소수(4명 이하인 곳이 80% 이
상)에 불과하다. 또한 자치경찰은 제한된 범위에서만 법집행 권한을 행사
하며 수사경찰로서의 권한도 갖고 있지 않다. 현재의 프랑스 자치경찰은 국
가경찰의 치안업무를 대신하는 것이 아니라 단순히 보조하는 역할에 그치
고 있다. 이러한 점들을 고려할 때 프랑스의 경찰제도는 지방분권적 요소가
가미되어 있기는 하지만 본질적으로는 중앙집권적 국가경찰에 가깝다고 하
겠다.

라. 분권적 조정된 복수체제: 독일 [Ⅰ - 36]

오늘날 독일의 경찰제도는 일본과 마찬가지로 제2차 세계대전 패전 이후
연합국이 주도한 경찰개혁의 산물이다. 그 이전 나치의 집권기 동안 중앙정
부는 모든 경찰권을 독점한 뒤 비밀경찰 게슈타포를 동원해 국민을 감시하
고 통제하였다. 경찰조직이 전체주의 이데올로기와 독재 권력을 유지시키
기 위한 도구로 활용되던 경찰국가 시대였다. 패전 이후 연합국은 포츠담회
담의 합의내용에 따라 분권화, 민주화, 문민화, 탈나치화의 4대 원칙을 근간
으로 독일 경찰제도에 대한 개혁을 추진하였다. 영국, 프랑스, 미국의 점령
지역인 서독에서는 민간인에 의한 경찰통제, 공공의 안녕·질서유지 이외
업무(보건, 건축, 영업 등)의 탈경찰화, 자치경찰제의 도입 등이 시행되었
다. 1949년 독일기본법(헌법)이 제정되면서 일반 행정경찰권은 주 정부 단
위로 분화되었다. 연방정부에게는 원칙적으로 일반 행정경찰권이 인정되
지 않으며 단지 연방수사, 국가경비 등 제한된 범위의 특수한 업무에 있어
서만 경찰권을 행사할 수 있도록 하였다. 각 주는 고유의 경찰법을 제정하
여 일반 행정경찰권을 법제화하였으며 대부분의 주는 중앙집권적 경찰체제

를 채택하였다.

　독일의 경찰제도는 연방제 국가의 특성을 그대로 반영하고 있다. 경찰조직은 크게 주 경찰과 연방경찰로 구분되며 양 조직 간에 지휘·명령체계는 없고 각자 독자적인 지위를 유지하고 있다. 독일의 주(Land)는 국가의 일부가 아닌 그 자체로 국가로 인정되어 독자적인 경찰권을 가지고 경찰기능을 수행한다. 독일의 16개 주는 개별적으로 경찰조직을 운영하고 있지만 대체적으로 유사성을 띠고 있다. 이는 1976년 경찰법의 표준안이 만들어져 각 주들이 이에 맞추어 경찰법을 개정했기 때문이다.[9] 주 경찰은 주 내무부장관 소속하에 주 경찰청을 두고 있고 지역별로 지방경찰청 및 산하 경찰서, 파출소 등으로 편성되어 있다. 연방경찰은 국가경비 등과 같은 특수 업무만을 담당하는데 연방정부 내무부 산하에 연방경찰청과 연방수사청이 있다. 연방경찰청은 독일연방지역의 국경경비와 철도와 항공의 안전활동, 헌법기관·연방기관에 대한 경비 등의 업무를 담당한다. 연방수사청은 국제범죄, 광역범죄, 테러범죄 등에 대한 수사권한을 가지고 있다. 연방정부의 내무부장관은 주 경찰을 지휘할 권한을 가지고 있지 않다. 다만 주 경찰청들이 공조하도록 조정·통제하는 역할을 담당하고 있다.

　독일의 경찰제도는 지휘·명령체계가 연방정부 및 각 주 정부별로 분산되어 있는 분권형이다. 또한 연방경찰조직과 16개의 주 경찰조직이 상호 독립적으로 경찰권을 행사하는 조정된 복수체제이다. 다만 각 주는 강력한 자치권을 가진 하나의 국가로서 중앙집권적 경찰조직을 가지고 있다. 일부 주는 지역별로 자치경찰을 두고 있으나 일반경찰기능을 수행하는 자치경찰기관은 없고 제한적인 범위의 질서행정업무를 수행하고 있을 뿐이다.

---

9)   조철옥, 2008, 앞의 책, p.80.

마. 집권적 비조정된 복수체제: 스페인　　　　　　　　　　[I - 37]

　스페인 경찰제도는 역사적으로 자치주경찰에서 출발했다가 독재정권을 거치면서 국가경찰로 통합된 뒤 민주화가 시작되면서 자치주경찰이 부활되는 일련의 과정을 거쳐 변천해 왔다. 38년간의 프랑코 총통시대에는 자치주경찰을 포함한 모든 경찰병력이 군인경찰로 통합되는 등 경찰의 군사화가 진행되었다. 1975년 독재자 프랑코가 사망하면서 스페인의 민주주의가 부활하였고 1978년 제정된 헌법에서 자치주를 인정하면서 국가경찰에 대비되는 자치주경찰도 함께 부활하였다.[10] 1986년에 제정된 경찰조직법을 통해 스페인의 경찰제도가 재정비되었다. 경찰조직은 크게 중앙정보부 소속의 국가경찰, 광역자치단체 소속의 자치주경찰, 그리고 기초자치단체 소속의 기초자치경찰로 나뉘게 되었다.

　국가경찰은 군인경찰과 국립경찰의 이원체제로 되어 있다. 군인경찰은 오랜 역사적 전통을 가진 스페인 경찰의 상징과 같은 조직이며 국립경찰은 1986년에 신설된 조직이다. 군인경찰은 신분상으로는 군인이며 농촌지역의 치안을 담당하고 있다. 주로 고속도로 순찰, 무기·폭약 통제, 해안·국경·항구·공항 및 주요공공시설 보호, 마약거래단속 등의 업무를 수행한다. 국립경찰은 스페인 전체의 52개 도(provinces)의 수도와 인구 3만 명 이상 도시지역의 치안을 담당하고 있다. 군인경찰과 국립경찰은 중앙정부의 국가안전국장을 거쳐 내무부장관으로부터 총괄적으로 지휘를 받는다. 내무부장관을 보좌하는 국가안전국장은 군인경찰총국과 국립경찰총국의 장에 대한 지휘·명령 권한을 가지고 있다. 군인경찰은 평상시 치안업무에 있어서는 국가안전국장의 지휘를 받지만 전시 또는 계엄 등의 상황에서 군사적 업무를 수행할 때에는 국방부장관의 지휘를 받는다. 국립경찰총국은 자치주 단위 고등경찰국, 도 단위 경찰국, 시 단위의 경찰서 및 산하 지구경찰

---

10) 안영훈, 유럽형 자치경찰제도 모델분석: 프랑스·스페인·이탈리아 자치경찰제도를 중심으로, 치안정책연구소, 2005, p. 81.

서 등으로 구성되어 있다. 군인경찰총국은 관구사령부와 지역대로 구성되어 있다.

스페인 헌법은 광역 자치단체 및 기초 자치단체에 자치경찰을 창설할 수 있는 권한을 위임하고 있다. 광역 자치경찰의 경우 현재 17개 자치주 중 7개 주의 자치규약에 자치경찰의 창설이 규정되어 있으며 그중 3개 주만이 자체 자치경찰조직을 가지고 있다. 기초 자치경찰은 주민 5천 명 이상의 기초 자치단체가 조직할 수 있으며 전국적으로 약 6만 5천여 명의 경찰관이 활동하고 있다. 광역 자치경찰과 기초 자치경찰은 각각 도지사와 시장의 지휘를 받는다.

<그림Ⅰ-5> 스페인 경찰의 지휘·명령체계

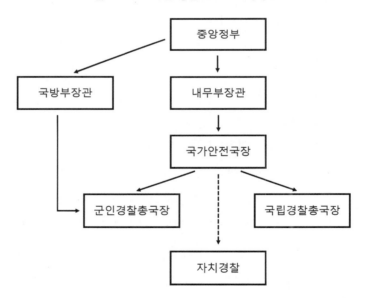

출처: Philips, R., Comparative criminal justice systems: a topical approach, Upper Saddle River, NJ: Pearson Prentice Hall, 2008, p. 214.

지방정부의 관리·감독을 받는 자치경찰로 인해 스페인 경찰은 분권형 체제로 여겨질 수 있다. 하지만 다음과 같은 이유로 집권형 체제에 가깝다고 보는 게 타당하다. 첫째, 국가경찰과 자치경찰 모두 1986년 제정된 경찰조직법에 의해 규율된다. 이런 점에서 각 주마다 개별적인 경찰법을 두고 자치경찰을 운영하는 독일의 경우와 차이를 보인다. 둘째, 자치경찰의 업무 범위가 지방정부의 기관·시설·건물 보호, 교통통제 및 신호체계 관리, 집회·시위 관리에 있어서 국가경찰과 협력 등으로 법적으로 제한되어 있다. 실질적으로 자치경찰이 수행하는 업무는 지역사회의 교통통제, 주차위반 단속, 그리고 관광객 안내 등이다.[11] 셋째, 기본적으로 자치경찰은 경찰 업무에 있어서 자치단체장에게 보고의무를 지고 있다. 하지만 교통사고 사범의 처리와 범죄예방 및 단속 등 특정 업무를 수행할 때에는 관할 국가경찰에 의무적으로 보고하도록 하고 있다.[12] 또한 자치경찰은 국가경찰의 고유업무인 사법경찰업무에 대해서 협력할 의무를 지고 있다. 마지막으로, 대다수의 광역자치단체가 자치경찰을 두지 않은 채 국가경찰로부터 경찰력을 제공 받고 있다.

　스페인 경찰체제는 국립경찰과 군인경찰의 이원화된 국가경찰이 주축을 이루고 있다는 점에서 프랑스 경찰체제와 상당히 유사하다. 실제로 스페인의 군인경찰은 프랑스 경찰조직을 모델로 삼아 만들어졌다. 그러나 두 국가의 차이점은 프랑스 경찰의 경우 두 경찰조직 간의 관할권이 명확히 구분되어 있는 반면 스페인은 그렇지 않다는데 있다. 원칙적으로 국립경찰은 각 도의 수도, 인구 3만 명 이상의 도시와 기초자치정부에서의 치안업무를 담당하고 군인경찰은 나머지 지역과 해상지역을 책임지도록 구분하고 있다. 그런데 두 기관이 관할권 문제로 마찰을 빚는 이유는 사법경찰 활동의 범위가 서로 중첩되는 경우가 발생하기 때문이다. 국가경찰은 수사 및 정보경찰 작용을 목적으로 전국 어느 곳에서도 업무수행이 허용된다. 마찬가지로 군인경찰 역시 필요시 전국을 대상으로 수사활동을 전개할 수 있다. 특히 양 기관의 범죄수사 대상과 지역이 중첩될 때 문제가 된다. 예를 들어, 마약범

---

11) 　Philips, R., 2008, 앞의 책, p. 216.
12) 　안영훈, 2005, 앞의 논문, p. 101.

죄수사는 국가경찰의 소관이지만 마약이 외국으로부터 밀수되었다면 공항과 항만을 관할하는 군인경찰의 소관이기도 하다. 이러한 문제점 때문에 경찰조직법에는 경찰기관들이 상호협력의 원칙을 준수하도록 규정하고 이를 위반할 경우 징계처분을 부과하도록 규정하고 있다. 실무적으로는 양 경찰조직 간에 관할권을 둘러싼 갈등이 발생한 경우 일차적으로는 수사에 먼저 착수한 쪽에게 우선권을 주고 있다. 그리고 도지사 또는 내무부장관의 책임 아래에 관할권을 조정하도록 하고 있다.[13]

[I - 38]   바. 분권적 비조정된 복수체제: 미국

미국은 세계 어느 나라보다 가장 분권적인 경찰체제를 가지고 있다. 크게 보면 연방경찰, 주 경찰, 지역경찰로 나눌 수 있는데 이 모든 경찰조직을 총괄적으로 지휘하는 기구는 존재하지 않는다. 각 경찰기관들은 상호 독립적으로 대등한 협력관계 속에서 경찰업무를 수행한다. 미국 경찰의 주축은 지역경찰이다. 전국적으로 약 18,000여 개의 경찰기관 중 지역경찰(카운티 보안관 포함)의 숫자가 총 15,500여개로서 86%를 차지한다. 정규 경찰관의 수에 있어서도 전국의 약 114만여 명 중 지역경찰관은 약 95만 명으로서 83%를 차지하고 있다.[14] 미국은 건국 초기부터 강력한 중앙정부의 등장으로 시민의 자유와 권리가 침해될 것을 우려해 연방제를 채택하고 독립적인 주정부를 중심으로 고도의 지방자치제도를 발전시켜왔다. 이로 인해 경찰제도 역시 지방정부를 중심으로 각 지역의 실정에 맞도록 다양한 형태를 갖추게 되었다. 식민지 시대와 독립 초기에는 지역마다 보안관, 치안관, 야경꾼 및 자경대 등을 두어 충분히 치안을 유지할 수 있었다. 그러다가 19세기에 들어서 급격한 산업화와 도시화가 진행되고 대도시를 중심으로 이민

---

13)   Philips, R. 2008, 앞의 책, p. 217.
14)   Walker, S. & Katz, C. M., The police in America: An introduction, New York: NY, McGraw Hill, 2018, p. 73.

자의 수가 급증하게 되면서 범죄와 무질서에 효과적으로 대처하기 위해 보다 체계화된 경찰조직이 필요하게 되었다. 이에 따라 1838년 보스톤 시에서 최초의 미국 근대경찰이 창설되었고 몇 년 뒤 뉴욕, 시카고, 세인트루이스 등 대도시에 경찰서가 세워졌다.

연방경찰은 연방법 위반 범죄와 여러 주에 걸쳐 발생하는 범죄에 관한 법집행활동을 담당하고 있다. 사실 미국 헌법에는 연방정부의 경찰권이 명문화되어 있지 않다. 다만 헌법이 연방정부에게 부여한 과세권, 주 사이의 통상규제권 등을 근거로 사실상 경찰권을 행사하고 있다.[15] 대표적인 연방경찰조직으로 법무부 소속의 연방수사국, 마약단속국, 무기단속국, 그리고 연방보안국 등이 있다.

주 경찰은 주 전역을 관할하며 범죄수사, 범죄예방 및 교통통제 등과 같은 일반적인 경찰기능을 수행한다. 업무의 분화 여부에 따라 두 가지 형태의 주 경찰이 있다. 먼저 집권형은 하나의 경찰조직이 고속도로 순찰, 범죄수사, 과학수사지원, 경찰교육·훈련을 모두 담당하는 형태로서 펜실베니아 주의 펜실베니아 경찰대가 대표적이다. 다음으로 분권형은 고속도로 순찰대와 수사부서를 별도로 운영하는 형태이다.

지역경찰은 시(市)의 치안을 담당하는 시 경찰관서와 카운티(county)를 관할하는 카운티 보안관실로 구분된다. 시 경찰은 미국 법집행기관 중 가장 중요한 구성요소에 해당한다. 3만 6천명의 경찰관을 둔 뉴욕경찰국부터 10명 미만의 경찰관이 일하는 소규모 경찰서까지 관할지역의 특성에 따라 다양한 규모의 경찰관서가 분포하고 있다.[16] 대부분의 도시에서 경찰관서는 해당 시 정부의 부서로 편성되며, 경찰국장(police chief)은 통상 시장이 임명한다.[17] 카운티 보안관실은 전국적으로 약 3,000여개가 있으며 규모 면에

---

15) 조철옥, 2008, 앞의 책, p. 67.
16) 2016년 기준 10명 미만의 경찰관을 둔 경찰관서가 전체 시 경찰관서의 47%에 이른다(Shelley S. Hyland & Elizabeth Davis, Local Police Department, 2016: Personnel, Bureau of Justice Statistics, US Department of Justice, 2019).
17) 이성용 외, 2015, 앞의 책, p. 161.

서 9,300여 명의 경찰관이 일하는 로스앤젤리스 카운티 보안관실(캘리포니아 주)이 가장 크다. 독특하게도 미국 37개 주에서는 카운티 보안관실의 설치 근거와 역할이 주 헌법에 규정되어 있다. 또한 거의 모든 주에서 카운티 보안관은 주민의 직접선거를 통해 선출되기 때문에 그 지역의 정치적 성향을 반영한다.[18] 카운티 보안관실은 일반적인 경찰업무 외에 법원 소환장 집행 및 법원청사 경비 등 법원행정사무와 구치소 운영 등 교정업무도 함께 담당하고 있다.

　건국 초기부터 이어져 온 지방자치의 전통과 지방정부의 독립성 때문에 미국의 경찰제도는 극도로 분권화 되어 있을 뿐만 아니라 수많은 경찰조직이 혼재되어 있는 형태를 갖추고 있다. 각 경찰조직은 별도의 법적근거를 가지고 설립되며 독립적으로 운영된다. 따라서 서로 다른 경찰조직들 간에 관할과 업무가 중첩되는 경우가 종종 발생하며 이로 인한 경찰행정의 비효율성을 지적하는 목소리가 오래전부터 있어 왔다. 1967년 미국 대통령 직속 '범죄대책위원회'(President's Crime Commission)는 경찰관서들 사이에 사건처리방식이나 법집행방식에 있어 일관성이 결여되어 범죄자들이 상대적으로 범죄에 관대한 지역으로 도주하는 문제에 대한 우려를 표명하기도 하였다. 또한 동일한 지역을 여러 경찰관서들이 중복해서 관할하기 때문에 불필요한 예산의 낭비가 발생하고 있다는 지적이 있었다.[19] 이러한 문제점을 해소하기 위한 방안으로 소규모 경찰관서들을 중심으로 합병이나 건물·시설의 공유 등이 시도되어 왔다. 대표적으로 1990년대 초반 노스캐롤라이나 주의 샬럿시경찰국과 멕클렌버그 카운티보안관실이 하나의 경찰기관으로 합병되었다. 또한 규모가 큰 경찰기관이 계약을 통해 주변의 작은 도시에 치안서비스를 제공하는 방안도 시도되었다. 그 밖에 비공식적 업무협조와 조정을 통해 경찰관서들 간의 관할지역 중복이나 누락의 문제들을

---

18)　Walker, S. & Katz, C. M., 앞의 책, 2018, p. 81.
19)　이성용 외, 2015, 앞의 책, p.166.

줄이는 노력을 지속하고 있다.[20]

3. 우리나라의 경찰제도

가. 중앙집권적 국가경찰　　　　　　　　　　　　　　　　[Ⅰ-39]

우리나라는 전형적인 중앙집권적 국가경찰제를 취하고 있다. 국가행정
기관의 설치·조직과 직무범위를 규정하고 있는 '정부조직법'에는 치안에
관한 사무를 관장하기 위해 중앙행정기관인 행정안전부장관 소속으로 경찰
청을 둔다고 하고 있다(제34조 제5항). 또한 경찰조직의 기본법인 '경찰법'
은 우리나라의 경찰제도가 국가경찰제임을 명시하고 있다(제1조). 조직구
조적으로는 행정안전부 소속 중앙경찰조직인 경찰청을 정점으로 그 산하
에 지방경찰청 17개, 경찰서 255개, 지구대 582개, 파출소 1,433개(2018년
말 기준)로 이루어진 피라미드형을 하고 있다. 중앙경찰기관장인 경찰청장
의 지휘·감독에 따라 전국 경찰이 일사분란하게 움직이는 집권적 단일화
된 명령체계를 가지고 있다.

1945년 국립경찰로 출범한 이래 오랜 기간 동안 단일 경찰조직으로 운
영되어 오다가 1996년 해양경찰기능이 경찰청으로부터 분리되어 독립적
인 해양경찰청이 담당하게 되면서 국가경찰기능이 두 조직으로 이원화되었
다. 정부조직법 상 해양경찰청은 해양수산부장관 소속으로 해양에서의 경
찰 및 오염방제에 관한 사무를 관장한다(제43조 제2항).

나. 자치경찰제의 도입　　　　　　　　　　　　　　　　　[Ⅰ-40]

대한민국 정부가 수립된 이래로 현재까지 중앙집권적 국가경찰의 전통

---

20)　이성용 외, 2015, 앞의 책, p.166-167.

을 유지하고 있다. 광복이후 미군정 하에서 분권적 자치경찰제의 도입이 검토된 적이 있었으나 당시 극도의 사회적 혼란 속에서 국가안보와 사회질서 유지의 필요성 때문에 중앙집권적 체제가 그대로 유지되었다. 그 이후에도 정치적 변혁기마다 자치경찰제 도입에 관한 논의가 이어져왔다. 1955년 자유당 정권 하에서 자치경찰제적 요소가 포함된 경찰중립화 방안이 국무회의에서 의결된 적도 있었고, 1960년 4.19혁명 이후에 국가경찰과 자치경찰로 이원화 하는 방안이 국회에 상정되기까지 했다.[21] 그러나 30여 년 동안 이어진 권위적 정권 하에서 남북대치상황과 안보논리 때문에 국가경찰체제의 당위성이 강조되었고 자치경찰제에 대한 논의는 힘을 잃었다.

그러다가 1980년대 말부터 민주화가 진척되고 1990년대 지방자치제가 실시되면서 자치경찰제 도입을 둘러싼 논의는 보다 활발해졌다. 특히 1989년 '야3당 단일 자치경찰제 법안'이 국회에 발의되었는데 국가경찰제를 기초로 하되 여기에 지방분권화를 목표로 자치경찰제를 가미하는 절충형 경찰체제가 제시되었다. 하지만 1990년 3당 합당 이후 정부와 여당은 경찰업무의 전문성, 막대한 예산, 그리고 경찰지휘체계의 혼란 등의 이유를 내세워 자치경찰제에 반대하였고 결국 법안은 통과하지 못했다. 그 대신 경찰의 정치적 중립성을 강화하기 위해 당시 내무부(현재 행정안전부) 보조기관이었던 치안본부를 내무부 외청인 경찰청으로 분리시키고 치안행정의 심의의결기관으로 민간인으로 구성된 경찰위원회를 설치하였다.

자치경찰제 도입에 있어서 가장 획기적인 진전을 이루게 된 시기는 참여정부가 들어서면서이다. 참여정부는 '분권과 자율'을 국정지표로 내세우고 지방분권 정책을 대대적으로 추진하였다. 그 일환으로 2006년 '제주특별자치도 설치 및 국제자유도시 조성을 위한 특별법'(이하 제주특별법)이 제정되면서 제주자치경찰의 설치·운영에 대한 법적 근거를 마련하였다.

제주도지사 소속으로 자치경찰사무를 담당할 자치경찰단을 둘 수 있도

---

21) 경찰청, 경찰50년사, 1995.

록 하고 자치경찰단장은 도지사가 임명하며 도지사의 지휘·감독을 받는다(제주특별법 제88조, 제89조). 제주자치경찰은 제주도가 우리나라의 대표적인 관광지라는 특성에 맞추어 관광경찰업무, 교통경찰업무, 그리고 자연훼손 방지업무 등에 중점을 둠으로써 주민의 요구에 효과적으로 부응한다는 평가를 받는다. 하지만 국가경찰조직인 제주지방경찰청이 지역의 치안사무 전반을 관장하고 있는 현실에서 제주자치경찰은 치안주체가 아니라 국가경찰이 수행하는 치안활동의 보조자 역할에 머무르고 있다는 비판이 있다. 더욱이 국가경찰과 비교할 때 자치경찰의 규모가 미미한 수준에 그치고 있어서 법에 규정된 경찰사무를 독자적으로 감당하기 어려운 현실이다.[22] 무엇보다 국가경찰은 그대로 존속시킨 채 지자체가 운영하는 별도의 자치경찰을 가미한 형태이기 때문에 중앙정부의 경찰권 분산이라는 자치경찰제의 본연의 취지를 살리지 못했다는 지적이 있다.[23]

---

22) 2020년 기준 제주자치경찰의 정원은 169명이며 이중 경찰공무원은 151명이고 나머지는 일반직공무원이다. 연간 운영예산은 약 218억 원이고 이중 61%는 도비로, 나머지는 국비로 충당된다(출처: 제주특별자치도 자치경찰단 홈페이지).

23) 황문규, 이른바 촛불혁명으로 탄생한 문재인 정부의 광역단위 자치경찰제, 서울연구원 분권포럼 발표문, 2017, p. 12.

[I - 41] **제4장 경찰의 이념**

핵심질문

- 민주경찰의 의미는 무엇인가?
- 어떻게 경찰을 민주적으로 통제할 것인가?
- 법치주의에 부합하는 경찰활동이란 무슨 의미인가?
- 경찰활동에 있어서 법적 정당성은 왜 중요한가?
- 절차적 정의에 따른 법집행이란 무슨 의미인가?
- 왜 인권이 경찰활동에서 중요한 가치인가?

제1절 민주사회와 경찰

1. 민주주의 발전과 경찰 [I - 42]

경찰기능은 거의 모든 사회에서 발견된다. 경찰기능을 담당하는 기관의 조직화, 규모, 성격 등에 있어서의 차이가 있을 뿐 사회가 존립하기 위해 경찰기능은 필수적이라고 할 수 있다. 질서는 사회의 존립을 위한 최소한의 요건인데 경찰의 가장 본질적인 역할은 바로 이러한 질서를 유지하는 것이다. 사회 내에서 질서를 어지럽히는 파괴적이고 공격적인 힘들은 조직화된 경찰력에 의해 효과적으로 통제되어야 한다.[1]

그런데 경찰의 기능이 이렇듯 중요함에도 불구하고 근대국가의 형성 과정에서 경찰은 민주주의와 적잖은 갈등을 겪었다. 17세기부터 19세기 초까지 프러시아, 오스트리아, 그리고 프랑스 등의 국가에서 공통적으로 발견되는 국가통치 스타일을 '경찰국가'라고 부른다. 경찰국가의 특징은 막강한 경찰력을 바탕으로 사회 전반에 걸쳐 강력한 규제시스템을 형성하고 반정부 또는 정부비판세력에 대한 광범위한 감시를 기본으로 한다. 20세기 초 독일과 이탈리아의 파시스트 독재정권이나 공산주의 독재체제에서도 정권유지를 위한 끊임없는 감시와 경찰폭력이 발견된다. 조지오웰의 소설 「1984년」처럼 정치경찰들은 사업장, 학교, 거리 등 사회 구석구석에서 체제전복을 시도하는 자들에 대한 지속적인 감시와 검열을 실시하였다. 이러한 사회에서 정치사범은 다른 어떠한 범죄자들보다 엄하게 처벌을 받았다. 경찰국가 하에서 시민들은 언론·표현의 자유와 같은 기본적인 시민적 권

---

1) Hall, J., Police and law in a democratic society, Indiana Law Journal, 28(2), 1953, p. 138.

리를 박탈당했고 심지어 경찰고문으로 인해 인간의 존엄성마저 훼손당해야
했다.

경찰과 민주주의 사이의 갈등은 비단 경찰국가에서만 발견되는 현상은
아니다. 특히 오랜 기간 동안 전체주의 체제에 신음하다가 어렵게 민주화를
이룬 많은 신흥 민주주의국가들에서 경찰과 민주주의가 반목하는 모습을
쉽게 발견할 수 있다. 라틴 아메리카, 동유럽 그리고 아프리카의 여러 나라
들이 여기에 해당한다. 이들 후발 민주주의국가에서는 민주주의가 모양새
만 갖추었을 뿐 실질적인 민주주의적 가치가 제대로 정착하지 못했기 때문
에 시민들의 기본권은 보호받지 못하며 경찰에 대한 시민 통제가 작동하지
않는다.[2] 또한 질서유지를 통한 사회의 안정이나 경제발전 등의 논리를 앞
세워 과도한 경찰력을 동원하여 기본권을 제한하는 일이 종종 발생한다. 더
욱이 민주화의 혼란기를 틈타 독재정권이 등장하기도 하고 그 결과 민주주
의 발전은 더욱 지체되기도 한다.

사실 경찰이 민주주의에 위협이 될 수 있다는 점은 런던도시경찰의 탄생
과정에서 이미 예견되었다. 당시 영국의 내무부장관이었던 로버트 필(Rob-
ert Peel)은 급증하는 폭력범죄를 해결하기 위해 전문적 경찰조직을 만들고
자 하였다. 하지만 경찰이 독재의 수단으로 사용될 수 있다는 우려 때문에
의회와 상인 등으로부터 거센 저항에 직면해야 했다. 하지만 당시 런던 내
의 조직폭력과 폭동의 문제가 워낙 심각했기 때문에 경찰이 독재정권의 하
수인이 될지 모른다는 우려에도 불구하고 1829년 로버트 필의 법안이 의회
를 통과하게 되었다.[3] 그 후 미국의 여러 대도시에서는 런던경찰을 모델로
한 경찰조직이 하나둘씩 만들어졌다. 그런데 런던시민들이 우려했던 것처

---

2) Caldeira, T. P. R. & Holston, J., Democracy and violence in Brazil. Comparative Studies in Society
   and History, 41, 1999, pp. 691-729. 정치학자들은 정치적 또는 선거 민주주의와 시민적 또는 자유
   민주주의를 구분한다. 전자는 경쟁선거를 통한 정치적 결정과 개인의 선거권 보장과 같은 형식적
   조건만을 요구하지만 후자는 법치주의, 의사표현의 자유, 집회결사의 자유와 같은 시민권 보장을
   민주주의의 핵심가치로 본다. 특히 라틴아메리카에서 흔히 발견되는 성숙하지 못한 초기 단계의 민
   주주의를 '분열적 민주주의'(disjunctive democracy)라고 부르기도 한다.
3) Hall, J., 1953, 앞의 논문, p. 134.

럼 초창기 미국경찰은 정치집단의 하수인이 되고 말았다. 19세기 말까지 경찰관은 정치적 인맥을 기준으로 선발되었고 이렇게 선발된 경찰관은 정치적 목적을 위해 활용되었다. 경찰폭력, 부패, 전문성의 결여 등은 당시 미국경찰의 대표적인 특징이라고 할 수 있다.

20세기 초에 프로페셔널리즘이 등장하면서 경찰 업무의 효율성 증대, 경찰교육과 훈련의 강화, 중앙집권적 명령체제 등이 강조되었다. 하지만 프로페셔널리즘을 통해 미국경찰이 추구했던 가장 중요한 변화는 바로 경찰업무에 있어서 정치적 영향력의 배제였다. 전문적 역량을 갖춘 경찰이 법과 규정에 의해 공정하게 법을 집행하는 것이 민주주의적 가치에 부합되는 것으로 여겨졌다. 그러다가 1960년대를 거치면서 시민의 적극적 정치참여를 민주주의의 핵심가치로 여기는 '참여민주주의'가 등장하게 되고 이로 인해 경찰은 커다란 변화를 겪게 된다. 그동안 경찰활동의 대상 또는 경찰서비스의 수혜자로만 인식되었던 시민이 경찰활동에 관한 정책결정 및 집행의 과정에 경찰의 파트너로서 참여하게 된 것이다. 지역사회 경찰활동이라는 새로운 경찰활동 패러다임의 핵심은 바로 시민이 지역사회 안전문제에 대한 당사자로서 참여해야 한다는 점이며 이는 참여민주주의의 이상을 반영한 것이라고 하겠다.[4]

2. 민주경찰의 의미 [I - 43]

민주경찰(democratic police)의 의미를 쉽게 이해하기 위해서는 민주주의의 반대 개념이라고 할 수 있는 전체주의 하에서의 경찰의 모습을 떠올리면 된다. 전체주의 사회란 한마디로 경찰에 의한 통제와 감시가 보편화되고 일상화된 사회이다. 민주주의는 사회가 이렇게 전체주의화 되지 않도록 하는 것을 중요한 목표로 삼는 정치이념이며 민주주의 사회의 경찰이란 효과

---

4) Sklansky, D. A., Democracy and the Police. Stanford, CA: Stanford University Press., 2008.

적 통제 하에 놓인 경찰을 말한다. 이때 경찰통제의 의미는 법치주의에 의한 통제를 의미한다. 경찰은 국민의 대표인 의회가 제정한 법률에 의거하여 직무를 수행하며 재량권의 행사는 엄격한 규제 속에 이루어지고 모든 행위는 사법심사의 대상이 된다. 한마디로 민주경찰이란 엄격한 법치주의의 통제 아래에 놓인 경찰을 의미한다고 하겠다. 유엔국제경찰 태스크포스(the UN International Police Task Force)는 민주사회에서의 경찰의 개념을 다음과 같이 정리하고 있다.

> 민주사회에서 경찰의 봉사 목적은 자유의 침해가 아닌 자유의 보호이다. 경찰 본래의 목적은 이러한 자유가 향유될 수 있는 안전하고 질서 있는 환경을 제공하는데 있다. 민주경찰은 사람들의 신념이나 이와 연관된 것, 그리고 국가의 이념에 맞추어진 변화, 이러한 이념의 수용에 관여하지 않는다. 심지어 경찰의 주된 관심사는 규율의 집행이나 관료주의적 정권이 아니다. 대신에 민주경찰은 안전한 지역사회를 유지하고 모든 사람에 대해 평등하게 형법을 적용하는 문제에만 엄격히 관여한다.[5]

민주경찰의 핵심기능은 사회의 질서유지이며 동시에 본질적으로는 국민의 자유를 증진시키는데 있다. 또한 민주경찰은 특정 국가이념이나 정권의 목적에 관여하지 않으며 오로지 엄정한 법집행만을 추구해야 한다. 유엔국제경찰 태스크포스는 민주경찰의 의미를 아래와 같이 7가지 원칙을 통해 보다 구체적으로 제시하고 있다.

① 경찰작용은 헌법 및 다른 법률에 의거하며 민주주의 원칙에 부합되어야 한다.
② 경찰은 공공의 신뢰를 받는 자로서 전문적 행동강령에 의해 행동을

---

5) United Nations International Task Force, Commissioner's guidance for democratic policing in the Federation of Bosnia-Herzegovina, Sarajevo: United Nations, May, 1996, pp.1-2, 2-19.

지배받는 전문가들이다.

③ 경찰은 가장 본질적인 인권이라고 할 수 있는 생명의 보호를 최우선으로 한다.

④ 경찰은 공공에 봉사하고 그들에게 책임을 진다. 경찰은 공공이 알 수 있고 이해할 수 있는 방식으로 행동해야 하며 공공의 안전을 확보하기 위한 정책을 추진해야 한다.

⑤ 생명과 재산의 보호는 주요한 경찰기능이며 경찰활동은 범죄를 예방하기 위한 정책에 주된 초점을 두어야 한다.

⑥ 경찰활동에 있어서 모든 사람들의 인간적 존엄성과 기본적 인권을 존중해야 한다.

⑦ 경찰은 비차별적 방법으로 임무를 수행해야 한다. 법집행, 공공안전, 인권의 보호 등에 있어서 모든 사람을 공정하고 평등하게 대우해야 한다.[6]

3. 민주경찰의 요건   [I - 44]

민주주의 사회에 속해 있다고 모두 민주경찰은 아니다. 실질적인 민주주의가 정착되지 못한 사회에서는 설령 정치적으로는 민주주의의 외형을 갖추고 있다고 하더라도 경찰에 의해 민주주의 원칙이 침해되는 현상이 종종 발생한다. 이러한 현상은 민주주의가 성숙한 나라라고 해서 예외는 아니다. 예를 들어, 미국과 같은 민주주의 선진국에서도 경찰의 과도한 물리력 사용으로 인해 무고한 시민이 숨지거나 신체적 피해를 입는 일이 여전히 발생하고 있다. 특히 법집행과정에서 흑인이나 히스패닉 등 소수인종을 차별적으로 대우하는 경찰의 행태는 미국 사회의 민주주의 이념을 훼손하는 대표적인 문제 중 하나이다.[7] 이러한 점에서 민주경찰이란 경찰활동 자체의

---

6)   United Nations International Task Force, 1996, 앞의 논문.

7)   흑인이나 히스패닉 운전자와 보행자를 집중적으로 정지·심문하는 '인종적 프로파일링'(racial

속성이 민주주의적 가치와 부합되는지의 문제이지 반드시 경찰이 속해 있
는 사회의 정치체제에 따라 결정되는 것은 아니라고 보는 것이 타당하다.
데이비드 베일리(David Bayley)는 민주경찰이 되기 위해서 다음의 두 가지
요건이 충족되어야 한다고 보고 있다.[8]

① 반응성(responsiveness)
기본적으로 민주경찰은 국민의 필요에 부응해야 한다. 민주사회에서 경
찰에게 부여된 모든 권한은 바로 국민으로부터 부여받은 것이기 때문이다.
만약 경찰이 정부의 필요에만 민감하게 반응하면서 국민의 요구에는 둔감
하다면 민주성이 결여되었다고 볼 수 있다.

② 책임성(responsibility)
경찰관은 직무를 수행하는 과정에 발생한 자신의 행동에 대한 책임을 져
야 한다. 위법행위, 권한남용, 업무상 비위행위 등에 대해서 형사적 처벌,
민사적 배상, 그리고 행정적 처벌이 가해질 때 민주경찰이라고 할 수 있다.
또한 경찰기관은 공공의 안전에 대한 전반적인 책임을 져야 한다. 효과적인
범죄예방정책을 수립하여 국민을 범죄로부터 안전하게 지키며 신속한 신고
출동시스템을 갖추어 경찰의 도움이 필요한 국민에게 신속히 대응할 책임
을 진다.

민주경찰의 요건을 보다 세분하여 제시하는 학자들도 있다. 영국의 경찰
학자인 트레버 존스와 동료 학자들은 총 7가지의 민주경찰의 요건을 아래
와 같이 제시하였다.[9]

---

profiling)이 대표적인 사례이다.

8) Bayley, D. H., The contemporary practices of policing: A comparative view, paper presented
   to the Center for Strategic and International Studies and the Police Executive Research Forum, 6
   October, 1997.

9) Jones, T., Newburn, T. & Smith, D. J., Policing and the idea of democracy, British Journal of
   Criminology, 336(2), 1996, pp.190-193.

① 공평성(equity)

경찰활동을 수행할 때 대상자가 누구든지 동일하게 대하는 것을 의미한다. 경찰활동의 성격이 도움이 필요한 자에게 봉사를 제공하는 것이라면 분배적 정의에 충실함을 말한다. 공공재인 경찰서비스는 실제로 필요로 하는 사람에게 균등하게 제공되어야 한다. 만약 경찰활동이 위반자에 대한 법집행이라면 오로지 법적 요인만을 고려함을 말한다. 위반자에 대해 적용할 법규, 조치의 내용, 물리력의 유형과 강도 등을 결정할 때 위반행위의 빈도나 심각성, 법집행에 대한 위반자의 저항의 정도 등과 같은 요인에 의존하는 것이 민주경찰의 요건이 된다. 반면에 소수자나 사회적 약자 등 특정 집단에 대하여 정당한 경찰서비스를 제공하지 않는다거나 필요이상의 과도한 법집행을 하는 것은 차별적 경찰활동에 해당하며 민주주의 원칙에 부합되지 않는다.

② 서비스의 제공(delivery of service)

경찰서비스는 필요한 개인과 집단에게 효과적으로, 효율적으로 제공되어야 한다. 이를 위해서는 우선적으로 경찰조직 내의 관리와 감독이 효과적이어야 한다. 직접적으로 경찰서비스를 제공하는 주체가 바로 일선경찰관이기 때문에 정책입안자의 의도가 현장에서 제대로 구현되기 위해서는 효과적인 조직관리 및 인사관리가 필수적이라고 하겠다.

③ 반응성(responsiveness)

베일리의 민주경찰 요건으로서의 반응성과 같은 내용이다. 다만 한 가지 덧붙이자면 지나치게 여론에만 충실한 경찰활동은 문제가 될 수 있다. 예를 들어, 외국인에 대하여 보다 강압적인 법집행을 요구하는 여론이 있다고 하더라도 이를 따르는 것은 명백한 차별적 법집행에 해당한다. 여론에 대한 경찰활동의 반응성은 형평성과 같은 기본적인 민주주의 원칙과 충돌하지 않는다는 조건 하에 고려되어야 한다.

④ 권력의 분산(distribution of power)

권력이 소수 개인이나 집단에게 집중되지 않도록 분산시키고 국가기구 간에 견제와 균형을 추구하는 것은 중요한 민주주의 원칙이다. 경찰의 조직 관리 차원에서 볼 때 의사결정과정이 중앙에만 집중되는 것을 방지하기 위해 지역별로 분산되어 있는 경찰기관에 권한을 위임하는 것이 필요하다.

⑤ 정보(information)

경찰활동의 투명성을 담보하기 위해 필요한 요건이다. 정확한 정보는 경찰활동을 평가하기 위한 기초자료가 된다. 민주경찰은 국민들에게 업무와 관련하여 수집된 정보를 적극적으로 공개해야 한다. 미국경찰의 경우 법집행과정에서의 인종차별 실태를 파악할 목적으로 몇 년 전부터 경찰의 차량 정지와 관련한 통계자료의 수집을 의무화하고 있으며 분석결과를 공개하고 있다.

⑥ 구제(redress)

경찰의 법집행으로 인해 부당하게 피해를 입은 개인이나 집단이 구제를 받을 수 있는 시스템이 마련되어 있어야 한다. 또한 권한을 남용하는 등 비위행위를 저지른 경찰공무원은 업무에 대해 징계절차를 통해 업무로부터 배제가 가능해야 한다. 이를 위해서는 공정하고 중립적인 이의제기절차가 마련되어 있어야 한다.

⑦ 시민참여(citizen input)

경찰활동에 있어서 시민의 참여가 보장되어야 한다. 이는 단지 시민참여를 통해 경찰활동의 효과를 높이려는 도구적 목적 때문만이 아니라 궁극적으로 정부활동에 있어서 시민참여의 확대를 중시하는 참여민주주의의 이념과 부합되기 때문이다.

4. 경찰활동의 민주적 통제

가. 민주적 통제의 필요성   [Ⅰ-45]

경찰은 물리력을 사용해서 시민의 신체에 대한 자유를 제한할 수 있는 권한을 부여받았다. 군대를 제외하면 이러한 합법적 물리력을 가진 기관은 경찰이 유일하다. 경찰에게 물리력 독점을 허용한 이유는 시민의 인신의 자유를 보호하기 위해서이다. 토마스 홉스가 말하는 '만인의 만인에 대한 투쟁'으로 인해 끊임없이 생명과 신체에 대한 위협을 받던 인간은 실질적 자유의 증진을 위해 사회계약을 맺고 국가와 정부에게 자유의 일부를 위임했던 것이다. 따라서 시민의 생명과 신체의 보호를 주요 임무로 하고 있는 경찰은 본질적으로 시민의 자유 증진을 궁극적인 목적으로 하고 있는 기관이다. 이러한 목적을 위해 때론 시민의 자유를 제약할 필요가 있지만 이때 제약의 범위는 사회계약에 의해 위임했던 양을 초과하지 않아야 한다. 그러나 경찰에게 부여된 물리력은 항상 남용될 위험성을 내포하고 있다. 특히 경찰력이 특정 정당이나 정치세력의 이해를 위해 정치적으로 사용되거나 시민을 탄압하기 위한 정권의 도구로 전락할 때 이러한 위험성은 현실화된다.

한국경찰은 시민탄압과 경찰폭력으로 얼룩진 뼈아픈 역사를 가지고 있다. 이승만 정부 아래에서 자행된 3.15 부정선거의 개입과 4.19혁명 시위대를 향한 발포는 한국경찰의 비민주성을 가장 극명하게 드러낸 사건이었다. 이후 수십 년간의 권위주의적 군사정부를 거치면서 경찰은 정통성이 결여된 정권을 위한 정치적 도구로 전락하였다. 1980년 쿠데타로 권력을 잡은 군사독재정권이 삼청교육대를 통해 사회전반을 억압할 때 경찰은 무고한 시민을 무작위로 체포하여 삼청교육대로 보냈다. 1987년 박종철 고문치사 및 은폐사건 또한 국민의 민주화 요구를 탄압하는 정권의 비호세력 역할을 했던 경찰의 모습을 잘 보여주는 사건이다. 2005년 3월부터 2007년 12월까지 활동했던 '경찰청 과거사 진상규명 위원회'는 오랫동안 집권세력의 정권

연장과 유지를 위한 강압도구로 사용되어 온 경찰의 과거를 확인하였다. 경찰이 정국의 필요에 따라 공안사건을 조작하거나 사실을 과장해 온 점, 요시찰카드 등을 활용하여 반정부인사와 같은 특정인을 불법사찰해온 점, 각종 선거에 직간접적으로 개입해온 점 등이 밝혀졌다.

[I - 46]　나. 민주적 통제의 방법

민주경찰의 기본은 정치권력을 장악한 지도자나 정당이 아니라 오로지 국민의 대표로 구성된 의회가 제정한 법에 대하여 책임성을 진다는 점에 있다. 경찰활동의 정당성은 국민의 동의에서 비롯되며 경찰은 궁극적으로 국민에 대한 봉사자이다.[10] 한국경찰은 경찰의 정치적 중립성과 법치주의 원칙을 확립할 목적으로 행정안전부 산하에 '경찰위원회'를 두고 있다. 경찰위원회는 주요 경찰행정업무에 대한 심의의결기관으로서 인사, 예산, 장비 등에 관한 주요정책, 인권보호와 관련되는 사항 등을 심의의결 하도록 되어 있다. 그러나 실제 운영에 있어서는 독립적인 의사결정권을 가지지 못하며 단순히 경찰청의 자문기관에 불과하다는 지적을 받고 있다. 경찰위원회가 당초 설립 목적처럼 경찰을 감독·통제하며 경찰의 정치적 중립성을 확보하는 역할을 다하기 위해서는 위원회를 국회의 동의를 거친 중립적인 인사들로 채워야 하며, 경찰청장 등의 임명과 같은 인사권과 정책결정에 대한 실질적 감독권이 부여되어야 한다는 주장이 제기되고 있다.

경찰권은 항상 남용의 위험을 내포하고 있기 때문에 효과적인 통제가 필요하다. 경찰의 물리력 사용, 재량권 행사 등과 관련해서는 법 제정 및 개정을 통한 입법통제와 공권력 남용 등 경찰의 위법행위에 대한 형사 처벌 및 민사배상 등의 사법통제가 대표적인 통제방법이다. 또한 부당한 법집행에 대하여 시민이 문제를 제기할 수 있는 효과적인 민원제기제도가 마련되

---

10)　헌법 제7조 ①공무원은 국민전체에 대한 봉사자이며, 국민에대하여 책임을 진다. ②공무원의 신분과 정치적 중립성은 법률이 정하는 바에 의하여 보장된다.

어야 한다. 그런데 시민의 민원제기가 경찰의 위법행위와 직권남용에 대하여 실질적인 통제기능을 발휘하기 위해서는 미국 등 선진국처럼 '시민감시'(citizen oversight)제도가 필요하다. 시민감시는 경찰에 대한 민원처리절차에 대하여 경찰관이 아닌 일반시민이 직접 감시하고 더 나아가 시민과 관련된 경찰의 정책결정과정에 영향력을 행사하도록 하는 제도이다.[11] 아울러 경찰활동의 투명성 제고를 위해 경찰업무와 관련된 정보와 자료를 국민에게 보다 적극적으로 공개할 필요가 있다. 국민의 알권리를 충족시키며 경찰활동에 대한 공공의 감시를 강화함으로써 주권자인 국민에 의한 실질적인 경찰통제가 가능해진다. 또한 정보와 자료의 공개는 경찰에 대한 국민의 신뢰를 향상시켜서 경찰활동의 법적 정당성을 확보할 수 있도록 한다.[12]

---

11) Walker, S., Police accountability: The role of citizen oversight. Belmont, CA: Wadsworth Thompson Learning, 2000.
12) 노성훈 · 탁종연, 자료공개와 법제도적 개선을 통한 범죄통계 활용 활성화 방안, 한국범죄학, 7(2), 2013, pp. 156-157.

제2절 법치주의와 절차적 정의

[I - 47]   ## 1. 법치주의와 경찰활동

법치주의는 시민이 자의적인 권력으로부터 자유를 영위하기 위해 반드시 지켜져야 할 원칙이다. 또한 한 사회가 제도나 정부형태 등의 형식적 측면에서의 민주화를 넘어 실질적으로 민주주의가 확립되기 위해서는 법치주의가 필수불가결한 요소이다. 법치주의의 의미는 법률의 형태를 고려하여 두 가지 측면에서 이해할 수 있다. 첫째, 법률의 실질적 내용과 관련된 것으로 법률 자체가 도덕적이어야 한다. 미국 법학자 론 풀러(Lon Fuller)는 이를 '법의 내재적 도덕성'(internal morality of law)이라고 불렀다.[1] 법이 도덕적이기 위해서는 행위자가 아닌 행위를 기준으로 적용되어야 하고 법의 내용이 국민들에게 널리 알려져 있어야 한다. 도덕적 법은 과거에 이미 발생한 행위가 아닌 장차 발생할 행위에 대한 금지 또는 허용을 규정해야 한다. 법의 내용이 모호하거나 자주 변경되는 법은 도덕적이라고 할 수 없다. 형법의 위반행위 조항이 구체적이고 명확해야 하며 과거 위반행위에 대하여 소급하여 적용할 수 없는 것은 법치주의의 요구이다. 또한 민주사회에서 법은 공평, 합리성, 인간존엄성 존중과 같은 민주주의 가치의 구현에 기여해야 한다. 헌법이 의사표현의 자유, 종교의 자유, 집회결사의 자유, 공정한 재판을 보장하고 국민에 대한 부당한 공권력 사용을 금지하는 것은 바로 이러한 이유에서이다.[2] 둘째, 법을 집행하는 방법과 절차에 관한 것으로 형사소송법에 규정되어 있는 내용이 여기에 해당된다. 범죄자를 체포, 수사, 기

---

1)   Fuller, L,, Morality of law, New Haven: Yale University Press, 1969.
2)   Hall, J., Police and law in a democratic society, Indiana Law Journal, 28(2), 1953, p.145.

소, 재판하는 일련의 형사절차에 있어서 적정절차(due process)의 원칙이 엄격히 지켜져야 한다. 적정절차는 국민의 생명·자유·재산이 자의적으로 박탈당하지 못하도록 하는 안전장치 역할을 한다. 즉 무고한 자가 형벌을 받게 되는 위험을 방지하고 국가의 형벌권 남용으로부터 개인을 보호하고 공정한 사법시스템을 조성한다. 무죄추정, 변호인 조력 보장, 공정한 재판관, 피고인의 방어권 보장 등이 적정절차의 내용에 해당한다.

민주사회에서 경찰활동은 법의 테두리 안에서 이루어져야 한다. 더욱이 민주사회의 법이 민주주의의 가치를 내포하고 있다고 볼 때 경찰의 법집행은 이러한 민주주의 가치를 구현하는 활동이라고 봐야 한다. 법전 속에만 존재하던 법이 경찰의 법집행을 통해 구체적인 상황 속에서 개인에게 적용된다. 이때 법집행의 대상이 되는 개인은 민주주의 가치가 담겨 있는 법을 구체적으로 체험하게 된다. 미국의 법학자 제롬 홀(Jerome Hall)은 이러한 의미에서 경찰관을 '살아있는 인격화된 법'(living embodiment of the law)이라고 불렀다.

요약하면 법을 준수하는 경찰관은 살아있는 인격화된 법이며 가장 특정 사건의 모든 단계에서 경찰관은 법의 소우주와 같다. 경찰관은 말 그대로 행동하는 법이라고 할 수 있는데 이는 행동 속에서 법이 특정되어야하기 때문이다. 그는 헌법을 포함한 모든 법을 대표하는 거대하고 역사적인 법대전의 구체적인 유출물이다. 따라서 경찰관이 법을 집행하는 행위는 법을 준수하는 한 그것을 통해 개인이 구체적인 형태의 법을 경험할 뿐만 아니라 전체 법질서의 의미와 가치가 경찰관의 특정한 행위 또는 부작위에 의해 표현되기 때문이다.[3]

민주사회에서는 모든 경찰활동이 법치주의에 부합되어 이루어지는 것이 가장 이상적이다. 그런데 실제 경찰활동에 있어서 법치주의가 정확히 지켜

---

3) Hall, J., 1953, 앞의 논문, p. 144.

지지 않는 현상이 발견되는데 법과 질서 사이에 존재하는 근본적 갈등에서 그 원인을 찾을 수 있다. 경찰의 가장 중요한 임무는 사회의 질서를 유지하는 것이다. 그런데 민주사회에서 경찰은 단순히 질서유지라는 목적만을 달성하는데 그치는 것이 아니라 법치주의에 입각해서 이러한 목적을 성취해야만 한다. 즉 경찰은 법과 질서를 보존하고 효과적으로 범죄를 예방해야 하되 그 과정에 개인의 자유를 자의적으로 침해하거나 부당한 공권력을 행사해서는 안 된다. 하지만 실제 경찰의 질서유지활동에서 법치주의가 엄격히 지켜지기 보다는 경찰관이 법의 범위 밖의 비공식적 방법에 의존하거나 재량권을 남용하거나 규정의 사각지대를 악용하는 일이 발생한다. 미국 경찰학자 제롬 스콜닉(Jerome Skolnick)은 그의 저서 「재판 없는 정의」에서 이러한 문제의 원인을 경찰이 법을 질서유지라는 목적을 위한 하나의 수단으로 간주하는 데에서 기인한다고 비판하고 있다.[4] 민주사회 내에서 법치주의는 그 자체로 경찰활동의 궁극적 목적이 되어야 하며 경찰활동은 국민의 대표기관인 의회에서 제정한 법률에 의해 한계가 설정되어야 한다. 그런데 법이 단순히 사회질서를 확립하기 위한 경찰활동의 수단으로 간주될 때 경찰은 종종 법적 한계를 벗어나서라도 경찰활동의 목적을 달성하고자 시도하는 일이 발생한다.

법치주의와 경찰활동 사이의 대립적 관계는 미국 법학자 허버트 패커(Herbert L. Packer)의 두 가지 형사절차 모형에서도 그대로 드러난다. 그는 형사사법시스템을 지배하는 두 모형으로 '범죄통제모형'(criminal control model)과 '적정절차모형'(due process model)을 제시하고 각 모형이 형사사법 절차 전반에 걸쳐서 어떻게 상반된 가치와 원칙을 추구하는지 비교하였다.[5]

범죄통제모형은 범죄행위에 대한 억제를 형사사법시스템의 궁극적 목적

---

4) Skolnick, J., Justice without trial: Law enforcement in democratic society, New York: John Wiley & Sons, 1966.

5) Packer, H. L., The limits of criminal sanction, Stanford, CA: Stanford University press, 1968.

으로 간주한다. 이러한 시스템은 효율성과 효과성의 지배를 받기 때문에 범죄자를 신속히 검거하고 처벌하는 시스템의 역량이 강조된다. 피의자에 대한 유무죄의 판단이 공판단계가 아니라 경찰의 수사단계에서 이루어지기도 한다. 유죄라고 믿을만한 증거가 있는 경우 피의자는 범죄자로 추정된다. 경찰수사에 있어서 모든 역량은 사실관계 확인에 집중되며 필요한 경우 수사활동에 있어서의 법적인 제약에 예외가 허용되기도 한다. 예를 들어, 범인으로 의심되는 자에 대하여 체포요건을 갖추지 못하는 경우 다소 신체적 자유가 부당하게 제약되는 한이 있더라도 임의동행의 명목으로 신병을 확보하는데 주력한다. 체포된 피의자가 범행사실을 자백하기 전에 변호인을 만나는 것은 진술조작의 우려가 있으므로 가급적 피해야 한다. 또한 합법적인 방법에 의해 수집된 증거가 아니라고 하더라도 사건해결을 위한 결정적인 증거라면 반드시 채택해야 한다.

이에 반해 적정절차모형은 형사절차의 공식성을 중시하며 절차상의 합법성을 강조한다. 실체적 진실의 발견은 중립적인 판사가 주재하는 공판에서 이루어져야 하며 이 과정에 피고인의 방어권이 최대한 보장되어야 한다. '실제로 유죄인 자'에 대한 처벌보다는 '실제로 무죄인 자'가 억울하게 처벌되지 않도록 하는 것이 더 중요하다. 형사절차과정에 자기방어 역량이 상대적으로 낮은 사회적 약자들을 보호하는 것도 중요시한다. 체포는 원칙적으로 영장에 의해야하고 영장 없는 체포는 매우 엄격한 요건을 충족할 때에만 제한적으로 허용된다. 피의자 조사과정에 진술거부권, 변호인의 조력을 받을 권리 등이 보장되어야 한다. 불법적으로 수집된 증거는 공판단계에서 배제되어야 한다.

제롬 스콜닉의 말처럼 경찰이 사회 내 질서를 잘 유지하고 범죄를 효과적으로 통제하는 것은 공공의 이익에 부합된다. 그런데 경찰이 국민 개개인의 자유를 자의적으로 침해하지 않도록 통제되고 공권력이 법의 테두리를 넘지 않도록 제한되는 것 또한 공공의 이익에 부합된다. 만약 법치주의와 질서유지 간에 충돌이 발생한다면 법치주의의 원칙이 우선적으로 준수되어

야 한다. 경찰이 질서를 유지하기 위해 수행하는 활동이 법률에 의해 한계
가 지워지는 사회가 바로 민주주의 사회이기 때문이다. 또한 민주사회에서
법치주의는 국가공권력이 법률에 의해 지배 받은 것을 의미하지 국가가 법
률을 수단으로 국민을 지배하는 것을 의미하는 것이 아니기 때문이기도 하
다.

[Ⅰ-48]   2. 법적 정당성과 절차적 정의

'법적 정당성'(legitimacy)이란 경찰의 법집행이 정당한지에 관한 시민들
의 주관적인 판단을 의미한다. 이러한 점에서 경찰활동이 법적요건을 객관
적으로 충족했는가를 의미하는 '합법성'(lawfulness)과는 차이가 있다. 법적
정당성은 경찰의 법집행에 대한 시민들의 자발적인 수용성을 이끌어 낼 수
있기 때문에 경찰이 추구하는 목적을 보다 효과적으로 달성할 수 있도록 해
준다. 또한 민주주의가 본질적으로 국민의 동의를 기반으로 하고 있다는 점
에서 법적 정당성의 확보는 민주주의의 원칙과 잘 부합된다고 할 수 있다.
그러나 무엇보다 중요한 점은 민주사회의 법질서는 법에 대한 국민의 자발
적 수용 없이는 제대로 유지될 수 없다는 사실에 있다. 우선 지속적 감시와
공포감 조성에 의존하여 강압적으로 사회질서를 유지하는 전체주의 사회의
방법을 따를 수는 없다. 법치주의에 따라 법을 집행하는 경우 한정된 경찰
자원으로 모든 위반행위에 대해 법을 집행할 수도 없다. 그렇기 때문에 만
약 경찰의 단속이 이루어지는 장소에서만 법이 지켜지고 그 밖의 장소에서
는 법이 무시된다면 사회는 통제 불능의 상태가 되고 말 것이다. 경찰의 법
집행이 이루어지는 곳이거나 그렇지 않은 곳이거나 상관없이 대다수의 국
민이 법을 준수해야만 법질서가 유지될 수 있다. 법적 정당성은 국민이 법
의 가치를 내면적으로 수용하고 더 나아가 경찰의 법집행에 대해 순응하는
태도를 유도한다는 점에서 매우 중요한 의미를 갖는다.

미국의 법심리학자인 톰 타일러(Tom Tyler)는 그의 저서 「왜 사람들은

법에 순응하는가?」(2006)에서 법에 순응하는 태도를 유발하는 요인들에 관해 설명한다.[6] 법순응성에 대한 질문은 '왜 사람들은 법을 지키는가?'라는 장기적 순응과 '왜 경찰의 법집행에 순순히 따르는가?'라는 즉각적 순응을 모두 포함하고 있다고 할 수 있다.

타일러는 사람이 법에 순응하게 되는 동기를 크게 '도구적 관점'과 '규범적 관점'으로 나누어 설명한다. 전자는 인간이 법을 준수할 때와 법을 위반할 때 예상되는 즉각적인 이득과 손실을 고려하여 반응한다고 보는 시각이다. 이러한 합리주의적, 공리주의적 인간관에 따르면 법위반으로 인한 처벌의 위험성과 처벌이 초래할 고통의 강도가 클수록 사람들은 법에 순응하는 태도를 보이게 된다. 그러나 다수의 연구를 통해서 처벌의 강화가 법순응성에 미치는 영향은 매우 제한적이라는 사실이 밝혀졌다. 처벌의 확실성을 높이는 것이 분명 단순히 처벌만을 강화하는 것보다 더 높은 범죄 억제효과를 나타냈다. 하지만 억제효과가 나타날 만큼 처벌의 확실성을 높이기 위해서는 더 많은 자원을 투입하고(예를 들어 경찰관 증원), 법집행기관에게 더 많은 재량권을 부여해야 하는데 이러한 문제에 대해서는 사회적 합의가 전제되어야 한다.

이에 반해 규범적 관점은 법순응성이 법을 준수하고 경찰관의 법집행에 따르는 것이 옳다는 믿음에서 생겨난다고 보는 입장이다. 사람은 단순히 행동의 결과로 인한 이해득실만을 계산하는 존재가 아니라 규범적이고 정의롭다고 간주하는 무엇에 의해 영향을 받는 존재라고 전제한다. 먼저 법이 규율하는 내용이 정의에 대한 자신의 신념과 일치할 때 법을 준수하는 것이 옳다는 생각이 내재화된다. 그렇지 않고 만약 법이 권력을 가진 집단들의 이익만을 보호하기 위해 나머지 대부분의 사람들을 통제하려는 목적으로 사용된다는 믿음을 갖고 있다면 '법냉소주의'에 빠지게 된다. 법에 대한 부정적 인식은 법을 집행하는 경찰관의 권위를 인정하지 않고 적대시하는

---

6) Tyler, T. R., Why people obey the law, New Haven: Yale University Press, 1990.

태도로 나타날 가능성이 높다. 또한 경찰에 대한 신뢰감이 시민들의 즉각적 법순응성에 영향을 미친다. 경찰에 대한 신뢰가 높은 사회에서는 설령 법의 내용이 자신의 신념과 일치하지 않아도 경찰의 법집행에 대하여 순응하는 태도를 보일 가능성이 높다. 이렇게 볼 때 법집행에 대한 순응성은 법의 실체적 도덕성에 대한 믿음에 의해서 영향을 받지만 이와는 별도로 법집행기관의 도덕성에 대한 인식에 따라 가변적이라고 하겠다.

'절차적 정의'(procedural justice)란 법집행기관의 결정과정이 얼마나 공정한지에 관한 문제이다. 시민이 경찰의 법집행과정이 공정하다고 인식할수록 경찰을 호의적으로 평가하고 경찰의 법적 정당성을 인정하는 태도를 갖게 된다. 미국 시카고 시의 한 연구에서 경찰의 법집행이 절차적으로 공정했다고 인식하는 시민일수록 경찰업무를 긍정적으로 평가했으며 경찰의 법적 정당성을 인정하는 태도를 나타냈다. 더욱이 법집행으로 인해 자신이 불리한 처분을 받았음에도 경찰활동이 절차적으로 공정했다고 평가하는 사람은 여전히 경찰업무 및 법적 정당성에 대한 평가가 긍정적인 것으로 나타났다. 이러한 결과는 법집행 처분결과에 의해 경찰에 대한 평가가 좌우될 것이라는 통념과 달리 사람들이 법집행 절차 자체의 공정함에 의해 더욱 영향을 받는다는 사실을 보여준다.[7] 미국 뉴욕 시에서 실시한 다른 연구에서도 경찰에 대한 평가는 주로 절차적 정의가 지켜졌느냐에 의해 결정되는 것으로 나타났다. 그 다음으로 중요한 요인으로는 경찰이 범죄를 효과적으로 통제하는지 여부, 모든 시민을 동등하게 대우했는지 여부의 순이었다. 경찰의 법집행이 절차적으로 공정했다는 인식은 경찰의 법적 정당성에 대한 평가뿐만 아니라 법규준수 의지와 경찰업무에 대한 협력의사에까지 긍정적인 영향을 미치는 것으로 나타났다.[8]

그렇다면 법집행이 절차적으로 정의롭다는 것은 무엇을 의미하는 것일

---

7) Tyler, T. R., 1990, 앞의 책.
8) Sunshine, J. & Tyler, T. R., The role of procedural justice and legitimacy in shaping public support for policing, Law & Society Review, 37(3), 2003.

까? 객관적 기준에서 본다면 헌법과 형사소송법 등 법률이 규정하고 있는 절차를 준수하고 공평하게 법을 집행하고 법집행의 대상자의 법적 권리를 침해하지 않는 것을 의미한다. 그러나 시민이 인식하는 절차적 정의에는 이러한 객관적 요소와 더불어 주관적인 요소도 담겨져 있다. 다음과 같이 세 가지 측면에서 절차적 정의의 주관적 의미를 살펴볼 수 있다.

첫째, 법집행기관의 의사결정과정에 있어서 법집행의 대상자에게 참여의 기회가 제공되었는지에 관한 것이다. 법집행과정에서 시민에게 자신의 주장과 의견을 개진할 수 있는 기회가 충분히 주어졌는지, 경찰이 이러한 주장을 경청하였는지, 그리고 시민의 의견이 최종적으로 고려가 되었는지를 기준으로 결정된다. 둘째, 법집행자가 시민의 권리를 존중하고 정중하게 대우했는지에 관한 것이다. 법집행 결과에 있어서 차이가 없다고 하더라도 시민을 대하는 경찰관의 태도에 따라서 절차적 공정성에 대한 평가가 달라질 수 있다. 셋째, 법집행기관이 공정한 처리를 하도록 동기화되어 있는가에 대한 인식이다. 이는 법집행절차의 객관적인 성격과 상관없이 법집행기관의 성향에 대한 판단을 바탕으로 법집행의 공정성을 평가하는 것이다. 시민의 신뢰를 받고 있는 경찰의 경우 공정한 법집행을 하도록 이미 동기화되어 있다고 간주되고 이로 인해 특정 법집행활동에 대해서도 공정하다는 평가를 받는다. 이에 반해 시민의 신뢰를 잃은 경찰은 편파적이고 왜곡된 법집행을 할 것으로 여겨지며 당연히 절차적 공정성을 지키지 않는다는 평가를 받게 된다. 이러한 의미에서 절차적 정의에 대한 시민의 평가는 개별적인 법집행과정에 있어서의 공정성뿐만 아니라 경찰 전반에 대한 신뢰를 바탕으로 하고 있다고 하겠다.[9]

---

9) Sunshine, J. & Tyler, T. R.,, 2003, 앞의 논문.

제3절 경찰활동과 인권

1. 인권의 의의

[I - 49]　　가. 인권의 의미

　　인권은 '인간으로 태어났다는 이유만으로 당연히 누려할 권리'로 해석된다. 인권의 이러한 개념은 본래 자연법사상의 전통에서 유래한 것이다. 자연법은 인간이 만든 법 이전부터 존재하며 인간의 행위에 대한 옳고 그름을 원천적으로 판단하는 근거가 되는 보편적인 법이다. 그런데 자연법 속에는 조화로운 인간관계를 유지하기 위해 필요한 기본적인 권리항목들이 포함되며 이를 자연권이라고 부른다. 인간에게 자연적으로 속한 권리에는 자유롭게 살아갈 권리, 자신의 생명을 보존할 권리, 타인들과 동등하게 대우받을 권리 등이 포함된다.

　　자연권 개념은 13세기 영국의 마그나 카르타, 17세기 인신보호령, 명예혁명, 권리장전 등을 거쳐 존 로크와 장 자크 루소와 같은 계몽 사상가들에 의해 보다 구체적인 권리로 발전하게 된다. 18세기 말에는 계몽사상의 영향을 받은 미국 독립혁명과 프랑스 대혁명이 발생하고 이를 계기로 보편적 권리로서의 인권 개념이 탄생하게 된다. 특히 '제1차 인권혁명'이라고 평가되는 프랑스 대혁명의 결과로 '인간과 시민의 권리선언'이 공표되는데 총 17개 조항으로 이루어진 이 선언문에는 모든 인간은 태어나면서부터 자연권을 가지며 이 자연권을 보존하기 위해 국가를 형성한다고 규정하고 있다. 자연권의 기본적인 내용을 자유, 재산, 안전에 대한 권리 및 억압에 대항할 권리라고 요약하고 이를 보장하기 위해 필요한 법 앞에서의 평등, 자의적으로 체포되지 않을 권리, 표현과 종교의 자유 등과 같은 구체적인 권리 항목을 확인하고 있다.

하지만 두 번에 걸친 세계대전을 통해 인류는 인권이 무참히 유린되는 참상을 목격하게 되며 인권을 보장하기 위한 국제사회 차원의 공동의 노력에 대한 필요성을 깨닫게 된다. 1948년 파리유엔총회에서 채택된 '세계 인권선언'은 인권에 대한 국제사회 최초의 합의문으로서 인류가 보장해야 할 최소한의 보편적 인권기준을 제시하고 있다. 세계인권선언은 인권이 자연법사상의 토대 위에 있으며 인권보장의 궁극적 목표가 인간으로 하여금 자유, 정의, 그리고 평화로운 삶을 영위하는데 있음을 천명하고 있다. 세계인권선언 전문의 첫 문장은 다음과 같다.

> 우리가 인류 가족의 모든 구성원이 지닌 타고난 존엄성을 인정하고, 그들에게 남과 똑같은 권리 그리고 빼앗길 수 없는 권리가 있다는 사실을 인정할 때 자유롭고 정의롭게 평화적인 세상의 토대가 마련될 것이다.[1]

그러나 현대에 이르러 점차 자연법사상이 퇴조하면서 인권의 중요성을 정당화할 새로운 근거를 마련하는 것이 중요한 이슈로 부각되었다. 인간의 고유한 속성의 하나로서 자유의지를 강조하는 학자들은 인권이 중요한 이유를 인간의 자유역량 보장에서 찾는다. 이성에 바탕을 두고 일정한 목적에 따라 행동하는 인간 본연의 특성을 유지하기 위해서는 자유, 생명보장, 복지와 같은 기본적인 요건이 충족되어야 한다는 것이다. 다른 학자들은 인권이 타 가치들과 비교해서 우월적 지위를 가지고 있다는 점을 강조한다. 어떤 학자들은 인권을 카드게임에서 사용할 수 있는 '으뜸패'에 비유하면서 공동체 전체의 이익을 위한 공공정책이나 정치적 결정에 대하여 개인이나 소

---

1) 조효제 교수의 저서 '인권을 찾아서'(2011)의 본문 내의 번역이며 한국어 공식번역문은 "모든 인류 구성원의 천부의 존엄성과 동등하고 양도할 수 없는 권리를 인정하는 것이 세계의 자유, 정의 및 평화의 기초이며" 이다.

수집단이 대항할 수 있는 최후의 우월적 권리라고 이해한다.[2]

[I - 50]   나. 인권의 유형과 패러다임

　　인권은 크게 시민적 · 정치적 권리, 경제적 · 사회적 · 문화적 권리, 그리
고 집단적 · 연대적 권리로 구분된다. 첫째, 시민적 · 정치적 권리는 개인이
국가의 부당한 억압이나 간섭을 받지 않을 권리로서 개인의 생명, 자유, 그
리고 안전을 가장 중요한 보호가치로 여긴다. 가장 기본이 되는 인권 항목
에는 생명권, 자유권, 인신의 안전, 노예 상태에 놓이지 않을 권리, 고문 받
지 않을 권리, 자의적으로 체포, 구금되지 않을 권리, 재판을 받을 권리, 법
앞에 평등하게 대우 받을 권리 등이 있다. 인간이 자연 상태가 아닌 사회
공동체에 속에서 살아가기 때문에 보장되어야 할 시민적 권리들로는 사생
활을 보호받을 권리, 이동과 거주의 자유, 국적을 가질 권리, 재산을 소유
할 권리 등이 있다. 정치적 권리로는 사상, 양심, 종교의 자유, 의사표현의
자유, 집회, 결사의 자유, 그리고 참정권이 포함된다. 둘째, 경제적 · 사회
적 · 문화적 권리는 인간다운 삶을 영위하기 위해 보장되어야 할 삶의 질에
관한 것으로 의식주의 문제, 복지, 교육, 건강 등에 관한 권리이다. 최소한
의 삶을 보장받을 권리, 교육받을 권리, 노동할 권리, 휴식할 권리, 그리고
문화생활을 영위할 권리 등이 여기에 포함된다. 마지막으로 가장 최근에 형
성된 집단적 · 연대적 권리는 박애의 가치를 중심으로 국제적 협력을 강조
하고 제3세계 국가의 권리 문제에 관심을 갖는다. 민족자결권, 발전권, 환
경권, 평화권 등이 권리 목록에 포함된다.

　　전체적으로 볼 때 인권은 과거 '탄압 패러다임'에서 현재의 '웰빙 패러다
임'으로 변천해 왔다고 이해할 수 있다.[3] 탄압 패러다임 속에서 가장 핵심적
인 이슈는 '어떻게 하면 국가의 부당한 간섭을 통제할 수 있을까?'하는 것이

---

2) 조효제, 인권의 문법, 후마니타스, 2009, p.90.
3) 조효제, 앞의 책, pp. 122-128.

었다. 따라서 국가의 역할이 단지 인권을 침해하지 않으면 되는 소극적이고 방어적인 영역에 머물렀다. 이에 반해 웰빙 패러다임 하에서 국민이 원하는 것은 단순히 국가에 의해 인권 침해를 당하지 않는 것뿐만 아니라 더욱더 인간다운 삶을 위한 국가의 적극적 역할이다. 국민은 국가에게 인간의 기본적 욕구를 충족시켜달라고 청구하며 더 나아가 인간으로서 주어진 기능을 제대로 수행하기 위해 필요한 핵심적 역량을 갖출 수 있도록 도와달라고 요구하고 있다. 한 인간으로서 자신의 역량을 충분히 발휘하며 살아갈 수 있도록 국가의 적극적인 역할을 기대하는 것이다.

국가는 인권보장과 관련하여 세 가지 유형의 의무를 진다. 첫째, '인권존중의무'로서 국가가 스스로 인권침해의 주체가 되어서는 안 된다. 법집행이나 구금과정에서 공권력이 부당하게 행사되지 않도록 제도와 절차를 개선하고 공무원에 대한 인권교육을 강화하는 것 등이 이에 해당한다. 둘째, '인권보호의무'로서 제3자에 의해 야기되는 인권침해로부터 국민을 보호해야 할 의무가 있다. 범죄로부터 안전한 사회를 만들기 위한 다양한 범죄예방정책을 추진하는 것이 그러한 예이다. 마지막으로 '인권실현의무'로서 국가는 국민이 자신의 권리를 충분히 누릴 수 있는 조건과 환경을 적극적으로 조성해야 한다. 인권을 침해당한 국민이 정당한 보상을 받을 수 있도록 국가에서 적극적으로 지원해주는 것이 여기에 해당한다.

2. 경찰활동에서의 인권문제 [Ⅰ - 51]

경찰은 인권수호기관으로서 인권보호의 가장 선봉에 위치한다고 해도 과언이 아니다. 생명의 보호와 안전의 보장과 같이 가장 기본이 되는 인간의 권리를 효과적인 법집행을 통해 보장해주는 역할을 담당하고 있다. 생명과 안전에 대한 위협의 제거는 인간이 사회 속에서 자유권을 포함한 다른 모든 인권항목들을 행사할 수 있는 가장 기본적인 전제조건이 된다. 이에 반해 경찰의 법집행 과정에서 오히려 인권이 침해당할 위험성 또한 배제할 수 없다. 이러한 우려는 국가의 공권력이 구체적으로 실현되는 가장 대표적인 방법이 경찰에 의한 물리적 강제력 사용이라는 점과 무관하지 않다. 초창기 인권 탄생의 역사가 보여주듯이 인권과 국가의 공권력은 첨예하게 대척해 왔다. 경찰력이 법치주의 원칙과 정당한 법적 근거에 의해 통제되지 않을 때 경찰은 인권수호기관이 아니라 인권탄압기관으로 변질될 가능성이 높기 때문이다. 유엔의 고등인권 판무관실에서 발간한「경찰관 인권교육 매뉴얼」에는 경찰에 의해 저질러질 수 있는 가장 심각한 유형의 인권침해로서 제노사이드, 고문, 불법체포·감금, 납치, 실종, 경찰력 과잉행사, 인종차별 등을 나열하고 있다.[4] 대부분 생명권이나 자유권과 같이 인간의 가장 기본적인 권리와 평등하게 대우받을 권리와 같이 인권의 토대가 되는 권리항목에 관한 것들이다. 이외에 경찰에 의한 인권침해가 발생하는 인권영역으로는 사생활을 보호받을 권리, 집회·결사의 자유, 의사표현의 자유 등과 같은 시민적·정치적 인권을 들 수 있다.

경찰과 관련한 인권 문제는 주로 경찰의 과도한 공권력 사용으로 인해 발생하는 인권침해에 초점을 맞추어 왔다. 따라서 경찰은 국민들에게 고문이나 가혹행위를 저지르지 않는 등의 인권 존중의 의무만을 준수하는데 만족해왔다. 그러나 최근에는 이러한 수동적이고 소극적인 인권보호라는 인식의 틀에서 벗어나 경찰의 인권보호 의무를 보다 능동적이고 적극적으로 해석해야 할 필요성이 증가하고 있다. 국민들은 단순히 경찰이 적법한 절차를 준수하고 공권력을 남용하지 않는 수준이 아니라 범죄로부터의 안전, 범죄피해자 보호, 사회적 약자 보호와 같은 보다 적극적인 인권보호활동을 요구하고 있다. 유럽인권협약에는 이와 같은 내용을 담은 '적극적 의무'(positive obligation) 조항을 명시하고 있다. 모든 사람은 자신의 생명권을 존중 받아야 하며 이를 위해 국가는 적절한 범죄예방 조치와 효과적인 법집행을 하도록 규정하고 있다. 또한 범죄피해자에 대한 합당한 조치를 제

---

4)   The Office of the United Nations High Commissioner for Human Rights, . Human Rights and Law Enforcement: A Trainer's Guide on Human Rights for the Police, United Nations, 2002.

공하는 것 외에 적절한 범죄수사와 범죄자에 대한 소추를 하는 것 또한 인권보호를 위한 국가의 적극적 의무에 포함된다.[5]

    과거에는 인권보호가 경찰활동의 제약요인으로 인식되어 온 것이 사실이다. 효과적인 법집행과 범죄예방, 범죄수사를 위해서 때때로 인권에 대한 예외의 필요성이 주장되기도 하였다. 국민의 생명과 재산을 보호하기 위해서, 사회질서를 유지하기 위해서 인권에 대한 일정한 제한이 가능하다고 보는 입장이다. 하지만 인권은 인간의 존엄성을 유지하기 위해 필요한 가장 기본적 권리라는 점에서 인권은 극히 제한된 조건과 범위 내에서만 제한이 가능하다고 보는 것이 타당하다. 더욱이 인권보호와 경찰활동이 서로 상충적인 관계에 있다는 주장도 옳다고 보기 힘들다. 현대 사회에서의 경찰활동은 국민의 신뢰와 협조 없이는 불가능하다고 해도 과언은 아니다. 법집행의 효과를 높이기 위해서는 경찰에 대한 국민의 신뢰를 확보하는 것이 필수적이다. 또한 범죄예방, 범죄수사 등 경찰이 수행하는 범죄통제활동 전반에 걸쳐서 시민의 적극적인 협조가 없으면 효과를 기대하기 어렵다. 특히 지역사회 경찰활동, 문제지향적 경찰활동 등은 경찰활동에 있어서 지역사회와의 협력관계 형성을 가장 핵심적인 요소로 삼고 있다. 인권존중은 경찰과 지역사회 구성원 간의 신뢰관계를 형성하는데 기여하고, 결과적으로 이를 기반으로 보다 효과적인 경찰활동이 가능해진다고 할 수 있다.

---

5) 유럽인권협약 상의 '적극적 의무' 관련 조항 및 판례는 Starmer, K., Positive Obligation Under the Convention in Jowell, J. QC & Cooper, J.(eds), Understanding Human Rights Principles, Hart Publishing, 2002. 참조할 것.

〈표 I -5〉 인권과 경찰활동

인권침해가 경찰활동에 미치는 영향	인권보호가 경찰활동에 미치는 영향
1. 경찰에 대한 국민의 신뢰가 훼손된다. 2. 법정에서 공소유지가 어려워진다. 3. 범죄자가 무죄로 풀려나고 선량한 사람이 처벌 받는 일이 발생한다. 4. 범죄피해자의 고통에 대한 사법정의가 성취되지 못한다. 5. 경찰기관이 범죄에 대해 예방적이 아니라 수동적으로 대응하게 된다. 6. 공공기관 전반에 대한 평판이 낮아진다. 7. 사회적 동요가 증가한다.	1. 경찰에 대한 국민 신뢰가 형성되며 지역사회의 협력이 강화 된다. 2. 법정에서 공소유지가 보다 성공적으로 이루어진다. 3. 경찰은 가치 있는 사회적 기능을 담당하는 지역사회의 일부로서 인식 된다. 4. 형사사법체계의 공정성이 확보되어 전반적인 신뢰도 향상을 기대할 수 있다. 5. 사회 내에서 법을 존중하는 좋은 본보기가 된다. 6. 경찰은 지역사회와 더욱 친밀해져 선제적 경찰활동을 통한 범죄예방과 범죄문제 해결을 할 수 있는 조건이 형성 된다. 7. 언론, 국제사회, 그리고 고위당국으로부터 지원을 이끌어 낼 수 있다. 8. 갈등과 불만을 평화적으로 해결하는데 기여할 수 있다.

출처: Human Rights and Law Enforcement: A Trainer's Guide on Human Rights for the Police, United Nations, 2002, p.16

3. 경찰활동별 인권쟁점

[I - 52]   가. 범죄예방활동과 인권

경찰의 범죄예방에 있어 주로 불심검문, 임의동행과 관련하여 인권침해가 야기된다. 불심검문은 경찰관이 범죄를 저질렀거나 머지않아 범죄를 저지를 것으로 의심되는 자, 또는 범죄행위에 대한 정보를 가지고 있는 자를 정지시켜 질문하는 행위를 의미 한다[6]. 불심검문의 대상자를 선정할 때에

---

6) 경찰관직무집행법 제3조 (불심검문)① 경찰관은 수상한 거동 기타 주위의 사정을 합리적으로 판단하여 어떠한 죄를 범하였거나 범하려 하고 있다고 의심할 만한 상당한 이유가 있는 자 또는 이미 행

경찰관은 주변의 상황을 합리적으로 판단해야 하며 범죄에 대한 의심은 상당한 이유에 근거를 두어야 한다. 또한 경찰관은 불심검문 대상자에게 신분증을 제시하고, 소속과 성명을 포함하여 자신의 신분을 밝히고 정지를 요구한 이유와 목적을 고지해야 할 의무를 진다. 필요할 경우 경찰관은 대상자에게 가까운 경찰관서에 동행할 것을 요구할 수 있으며 이러한 경찰관의 요구에 대하여 대상자는 거절할 권리를 갖는다.[7] 임의동행을 하는 경우 경찰관은 동행장소의 고지, 가족 등에 대한 연락기회 부여, 변호인의 조력권 고지 등의 권리를 보장해야 하며 동행 후 6시간 초과하여 조사해서는 안 되며 답변을 강요해서는 안 된다. 이와 동시에 경찰관은 상대방에게 동행요구에 대하여 거부할 수 있는 권리와 임의동행에 동의한 후에라도 언제든지 동의를 취소할 수 있는 권리를 고지해야 할 의무가 있다.[8]

불심검문과 임의동행은 범죄를 예방하고 위반자를 검거하기 위한 경찰활동에 있어서 필요한 경찰작용이다. 하지만 국민의 자유권을 제한하는 성격을 내포하기 때문에 적정한 절차적 요건에 의해 제한적으로 적용되어야 한다. 불심검문과 관련하여 제기되는 인권침해는 대상자의 선정에 있어서 상당성이 결여된 경우, 불필요한 소지품 검사를 실시하는 경우, 불필요하게 불심검문 시간이 긴 경우, 그리고 경찰관의 신분과 검문의 목적 등을 정확히 밝히지 않은 경우 등에 관한 것이다. 임의동행은 강제성이 없는 경찰작용이기 때문에 대상자의 자발적 협조를 전제로 한다. 이를 위해서는 대상자가 임의동행과 관련하여 자신의 권리에 대한 정확한 인식을 바탕으로 심리적 강요 없이 권리를 행사할 수 있어야 한다. 경찰관의 임의동행 요구에 대하여 거절할 권리와 경찰관서에서 자유로이 퇴거할 권리에 대한 고지가 필

하여진 범죄나 행하여지려고 하는 범죄행위에 관하여 그 사실을 안다고 인정되는 자를 정지시켜 질문할 수 있다

7) 경찰관직무집행법 제3조 (불심검문)② 그 장소에서 질문을 하는 것이 당해인에게 불리하거나 교통의 방해가 된다고 인정되는 때에는 질문하기 위하여 부근의 경찰서, 지구대, 파출소 또는 출장소에 동행할 것을 요구할 수 있다. 이 경우 당해인은 경찰관의 동행요구를 거절할 수 있다.

8) 인권보호를위한경찰관직무규칙 제51조 (임의동행할 때 유의사항)① 경찰관은 임의동행을 요구하는 경우에는 상대방에게 동행을 거부할 수 있는 권리가 있으며, 동행에 동의한 경우라 하더라도 원할 경우에는 언제든지 퇴거할 수 있음을 고지하여야 한다.

요한 것은 이러한 이유에서이다. 하지만 실무에서는 임의동행 과정에 이러한 권리의 고지가 제대로 지켜지지 않을 때가 많으며 이는 명백한 인권침해에 해당한다.

[Ⅰ-53]   나. 범죄수사와 인권

범죄수사는 주로 범죄를 저질렀다고 의심되는 사람을 상대로 혐의사실을 확증하는 경찰활동으로 이루어진다. 수사의 초기단계인 내사부터 체포, 구속, 압수, 수색, 피의자신문 등의 일련의 과정 속에서 보호되어야 할 피의자의 인권이 헌법과 형사소송법 상의 권리로 규정되어 있다. 피의자의 체포는 영장에 의한 것이 원칙이지만 엄격한 요건을 갖추는 경우에 한해 긴급체포와 현행범체포와 같은 예외를 허용하고 있다. 피의자를 체포하였을 때에는 범죄사실, 체포의 이유, 변호인 선임권 등을 포함한 '미란다 고지'를 해야 하며 가족과 접촉할 수 있도록 해주어야 한다.[9] 압수·수색도 영장에 의한 것이 원칙이며 영장 없는 압수·수색은 예외적으로 허용된다.[10] 또한 어떠한 경우에도 피의자는 수사과정에서 고문을 당하거나 불리한 진술을 강요당해서는 안 된다.[11] 무죄추정의 원칙에 따라 피의자는 유죄판결이 확정될 때까지 무죄로 추정되어야 한다.[12] 따라서 수사기관은 수사가 종결되어 공식적인 발표가 있을 때까지 원칙적으로 피의사실을 유포해서는 안 된다.[13]

---

9) 헌법 제12조 ⑤ 누구든지 체포 또는 구속의 이유와 변호인의 조력을 받을 권리가 있음을 고지받지 아니하고는 체포 또는 구속을 당하지 아니한다., 형사소송법 제72조 피고인에 대하여 범죄사실의 요지, 구속의 이와 변호인을 선임할 수 있음을 말하고 변명할 기회를 준 후가 아니면 구속할 수 없다.

10) 헌법 제12조 ③ 체포, 구속, 압수 또는 수색을 할 때에는 적법한 절차에 따라 검사의 신청에 의해 법관이 발부한 영장을 제시하여야 한다.

11) 헌법 제12조 ② 모든 국민은 고문을 받지 아니하며, 형사상 자기에게 불리한 진술을 강요당하지 아니한다.

12) 헌법 제27조 ④ 형사피고인은 유죄의 판결이 확정될 때까지는 무죄로 추정된다.

13) 헌법 제17조 "모든 국민은 사생활의 비밀과 자유를 침해받지 아니한다.", 경찰의 공판청구 전 피의사실 공표(형법 제126조)나 공무상 비밀누설(제127조)은 범죄로 규정되어 처벌된다.

 범죄수사과정에서 실체적 진실의 발견이라는 목적과 적정절차의 준수라는 원칙이 서로 충돌하기가 쉽다. 피의자의 혐의사실을 확증할 목적으로 절차상의 원칙을 어기는 경우가 발생한다. 반대로 지나치게 법과 원칙을 지키다보면 명백한 범인이 법의 심판을 면하는 일이 발생할 위험이 있다. 앞에서 살펴보았듯이 미국 법학자 허버트 패커는 이러한 형사사법절차 상 상반된 가치와 원칙의 충돌을 실체적 진실을 중시하는 입장인 범죄통제모형과 절차상의 원칙을 강조하는 입장인 적정절차모형을 대비시켜 설명하였다.[14] 인권적 시각은 피의자에게 보장된 법적 권리가 침해되지 않도록 하는 것이 무엇보다 중요하기 때문에 적정절차모형에 가깝다고 할 수 있다. 수사과정에서 피의자의 인권보호를 강조하는 경우 범죄수사의 목적은 단지 피의자의 혐의사실에 대한 확증만이 아니라 모든 수사단계에서 한 인간으로서 피의자가 누려야 마땅한 권리가 충분히 보장되는 것을 포함한다고 하겠다.

 수사과정에서의 발생하는 인권침해의 첫 번째 유형은 체포 등의 과정에서 수사관의 부주의로 인한 절차상의 하자이다. 예를 들어, 체포를 할 때 피의자의 권리를 고지하지 않거나 도주의 우려가 없는데도 긴급체포를 하는 경우 등이다. 또한 피의사실을 언론에 노출시켜 피의자의 명예를 훼손한 것도 해당된다. 두 번째 유형은 실체적 진실을 밝힐 목적으로 고의로 권한을 남용하거나 피의자의 권리를 침해하는 경우이다. 예를 들어, 자백을 받기 위해 피의자를 밤샘조사하거나 거짓말로 회유하거나 협박하는 행위가 이에 해당된다. 마지막 유형은 악의적인 의도에 의한 가혹행위이다. 체포나 조사과정에 피의자를 물리적으로 폭행하거나 심지어 고문을 가하는 행위가 예이다. 경찰의 가혹행위는 단순히 피의자의 혐의사실을 확증할 목적의 과도한 수사의 범위를 넘어 상대방에게 육체적 고통을 주고 심한 모욕감을 유발하려는 악한 의도가 내포되어 있는 행위이다.

---

14) Packer, H. L., 1968, 앞의 책.

[I - 54] 다. 경비활동과 인권

경비활동 중 인권과 관련하여 가장 논란이 되는 것은 집회 및 시위에 있어서의 경찰활동이다. 경비활동은 크게 집회·시위의 신고와 금지통고 등과 관련된 집회·시위 전단계와 집회·시위의 단계로 나눌 수 있다.[15] 경찰은 적법한 집회·시위는 최대한 보장하되 불법적인 집회·시위는 통제하여 헌법상의 권리인 집회·시위의 자유를 보장함과 동시에 공공의 안녕과 질서를 유지해야 한다.[16] 불법적인 집회나 시위를 통제할 때에도 경찰비례의 원칙에 따라 물리력 사용을 최대한 자제해야 한다. 폭력적인 집회를 해산하는 과정에서도 필요최소한의 물리력만 사용해야 한다. 경찰은 합법적이고 평화로운 집회나 시위에는 원칙적으로 개입해서는 안 된다. 다만 참가자들을 보호하고 안전을 확보할 목적으로는 제한적으로 개입이 허용된다.

집회·시위의 자유는 국민을 하여금 국가권력에 대한 비판과 견제를 가능하도록 하여 실질적 민주주의를 확립하는데 필수불가결한 권리이다. 또한 사회적 약자나 소수자들이 권력자들과 다수자들의 횡포로부터 자신들의 이익을 지키기 위해 의견을 표명하고 요구를 주장할 수 있는 최소한의 수단이다. 그런데 경찰의 경비활동은 사회 안녕과 질서의 유지라는 공공의 목적을 달성하기 위해 이러한 시민적·정치적 권리를 제한하는 속성을 가진다. 이로 인해 경찰활동의 과정에 집회·시위의 보장과 공공의 안녕질서라는 두 가치 사이에 충돌이 일어나고 때로는 인권침해로 이어진다.[17] 시위를 진압하거나 집회를 해산하는 과정에 사용되는 과도한 물리력 사용이 대표적

---

15) 박경래 외, 경찰관서 인권상황 평가지표 개발연구, 국가인권위원회, 2007, p. 135.
16) 헌법 제21조 제1항에 집회·결사의 자유와 동조 2항에 집회·결사가 허가사항이 아님을 명시하고 있다.
17) "집회 및 시위의 자유는 표현의 자유의 집단적인 형태로서 집단적인 의사표현을 통하여 공동의 이익을 추구하고 자유민주국가에 있어서 국민의 정치적·사회적 의사형성과정에 효과적인 역할을 하는 것이므로 민주정치의 실현에 매우 중요한 기본권인 것은 사실이지만, 다른 한편 언론의 자유와는 달리 다수인의 집단행동에 관한 것이기 때문에 집단행동의 속성상 의사표현의 수단으로서 개인적인 행동의 경우보다 공공의 안녕질서나 법적 평화와 마찰을 빚을 가능성이 큰 것 또한 사실이다." (헌재 1994. 4. 28. 91헌바14).

인 인권침해 사례에 해당한다. 방패의 날을 세워 가격하거나 곤봉으로 구타하는 등의 물리력 사용으로 인해 과잉진압의 문제가 제기되며 때로는 여성 시위참가자에 대한 성추행이 논란이 되기도 한다. 그동안의 법원 판결과 인권위원회 결정을 보면 시위대의 폭력행위가 경찰에 의한 폭력을 정당화하지 않는다는 점을 확인할 수 있다. 불법적이고 폭력적인 집회·시위라 할지라도 경찰의 물리력 사용은 질서유지라는 목적을 충족하기 위한 필요최소한에 머물러야 하며 시위대에게 부상을 입힐 우려가 있는 진압방법은 제한하는 것이 인권보호라는 이념에 부합된다고 하겠다.

라. 구금과 인권　　　　　　　　　　　　　　　　　　　　　[Ⅰ-55]

　경찰이 운영하는 구금시설로는 경찰서 내의 유치장이 대표적이다. 피의자를 유치장에 구금하는 목적은 체포 또는 구속된 피의자의 도주 및 증거인멸을 방지하는 것이다. 교화와 처벌의 목적으로 교도소에 수감되어 있는 범죄자들과 달리 유치장에 수용되는 피구금자는 확정판결 전이기 때문에 무죄인 것으로 추정을 받는다. 따라서 유치장의 피구금자에 대해서는 인권보호를 위한 더욱 세심한 고려가 필요하다. 무엇보다도 체포 또는 구금된 모든 사람은 인간적으로 대우를 받아야 한다는 기본 원칙이 지켜져야 한다. 인간으로서의 존엄성과 행복추구권이 침해되지 않도록 피의자의 유치 및 호송과정이 마련되어야 한다. 또한 유치장의 위생과 시설 측면에서 피의자에 대한 인권침해의 여지를 최소화해야 한다.[18]

　구금은 신체의 자유에 대하여 직접적인 제약을 가하는 처분이기 때문에 인권침해의 위험성이 높다. 특히 경찰관이 유치장 내의 질서를 유지하고 피구금자에 대한 안전을 확보하기 위해 취하는 조치가 필요한 최소한도의 범위를 초과하는 경우 피구금자의 인권을 부당하게 침해하게 된다. 대표적인

18) 피의자 유치와 호송에 관해서는 '피의자 유치 및 호송규칙'에, 유치장 운용 및 관리기준은 '행형법'에 규정되어 있다.

사례가 유치과정에 실시하는 신체검사이다. 자살이나 자해를 방지하고 흉기 등 금지된 물품의 반입을 차단하기 위해 피구금자에 대한 알몸수색을 실시하는데 이에 대한 인권침해 논란이 있다. 피구금자에 대한 신체검사는 목적의 정당성, 방법의 적정성, 피해의 최소성, 법익의 균형성 등을 고려하여 과잉금지의 원칙을 위반하지 않아야 한다. 무엇보다도 신체검사 대상자에게 심한 모욕감이나 수치심을 유발하지 않도록 하는 것이 원칙이다. 유치장의 시설과 관련해서는 비위생적인 침구나 화장실, 열악한 난방시설, 침구류와 세면도구 등 생활용품의 미지급 등이 인권침해에 해당한다고 지적되었다. 특히 유치장 내 화장실의 구조에 관해서는 도주와 자해 등을 방지하기 위해 관찰이 가능한 구조가 필요하지만 지나친 노출구조는 인권침해 소지가 높다는 헌법재판소의 판결이 있었다. 유치장 시설의 수준과 구조는 구금 목적의 합리적 범위 내에서 인간의 존엄성과 행복추구권을 침해하지 않아야 한다.

[I - 56]   마. 범죄피해자, 사회적 약자, 소수자 보호

경찰은 피의자의 인권을 침해하지 않아야 하는 소극적 인권존중의무와 더불어 범죄피해자나 사회적 약자와 같이 타인에 의한 인권침해에 상대적으로 취약한 자들에 대한 적극적 인권보호의무도 함께 진다. '범죄피해자보호법'과 '성폭력범죄의 처벌 및 피해자보호 등에 관한 법률' 등은 범죄피해자의 피해회복과 2차 피해 방지를 규정하고 있는 법률이다. 경찰은 적극적인 수사활동을 통해 피해자가 조속히 피해를 회복할 수 있도록 노력해야 하며 배상명령제도 등 피해자의 권리에 대해서도 충분히 설명할 의무를 진다. 특히 여성이나 아동 피해자를 조사할 때에는 불안감, 모멸감, 성적 수치심 등 정신적 고통이 야기되지 않도록 조사경찰관의 성별, 가해자와의 대질신문 방법, 피해자의 신상정보 관리 등에 있어서 별도의 세심한 주의가 요구된다. 한국어로 의사소통이 어려운 외국인에 대한 통역 제공, 농아자에

대한 수화통역 제공은 사회적 약자나 소수자의 인권을 보다 적극적으로 보호하려는 조치에 해당한다. 아울러 학교폭력피해자, 심신장애자, 노약자 등의 사회적 약자들이 자신의 신체적·정신적 취약성으로 인해 권리를 충분히 행사하지 못하거나 또는 부당하게 권리를 침해받지 않도록 특별한 배려와 조치가 필요하다고 하겠다.

4. 한국경찰과 인권보호　　　　　　　　　　　　　　[Ⅰ-57]

　한국경찰은 고문과 폭력으로 얼룩진 부끄러운 인권침해의 과거를 가지고 있다. 일제강점기와 군부정권을 거치면서 경찰에 의한 폭력이 지속적으로 자행되어 왔지만 이 문제가 본격적으로 공론화된 것은 김근태 고문사건에서 비롯되었다. 1985년 당시 민주화운동청년연합회 의장이었던 김근태를 조사하는 과정에 물고문과 전기고문을 가한 사실이 재판과정에 밝혀져 세상에 큰 충격을 주었다. 1986년에는 당시 서울대 재학생이었던 권인숙을 상대로 학생시위 배후세력을 추궁하던 과정에 담당경찰관이 성고문을 가하는 사건이 발생하였다. 다음해인 1987년 서울대생 박종철이 경찰심문 도중 폭행과 물고문에 못 이겨 사망하는 사건이 발생하였고 이는 '6월 민주화운동'의 직접적인 발단이 되었다. 이러한 경찰고문사건들은 모두 권위적 군사정부 아래에서 민주화에 대한 국민적 요구를 억압하는 과정에서 발생하였다. 그러나 한국사회의 민주주의가 지속적으로 발전해오던 와중에도 피의자에 대한 경찰의 고문과 가혹행위는 관행적으로 존재해 온 것이 사실이다. 2010년 서울 양천경찰서에서 발생한 고문사건으로 인해 이러한 해묵은 관행이 세상에 폭로되어 큰 충격을 주었다. 절도 피의자를 조사하면서 여죄를 추궁하는 과정에 강력계 소속 수사관들이 가혹행위를 한 사건이었다. 이 사건으로 인해 고문과 가혹행위 같은 심각한 인권침해가 여전히 발생하고 있는 현실과 함께 피의자 인권보호가 효과적인 치안활동보다 더 중요하다는 사실을 자각하는 계기가 되었다.

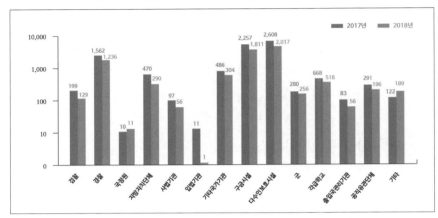

〈그림 I -6〉 기관별 인권침해 진정접수 (2017년, 2018년)

출처: 2018년 국가인권위원회 통계

국가인권위원회가 매년 발간하는 「인권통계」 보고서에 의하면 경찰에 의한 인권침해 진정이 2018년에 12.366건 접수되었고 이는 전년도에 비해 다소 감소한 수치이다. 지난 10년간 매년 약 1천 건에서 1천 5백 건 정도의 경찰 인권침해 관련 진정이 접수되고 있으며 국가인권위원회에 접수되는 전체 진정사건의 대략 15% 내외에 해당하는 수치이다. 인권침해 진정내용 중 가장 다수를 차지하는 것은 폭행 및 가혹행위, 그리고 경찰장구의 과도한 사용이다. 그 다음으로 폭언이나 욕설로 인한 인격권 침해가 가장 빈번하게 발생하는 인권침해 유형이다. 경찰수사 과정에 있어서의 피의자 권리보장과 관련된 규정을 위반하거나 심야조사와 같은 무리한 수사 또한 자주 발생하는 인권침해 유형에 해당한다.[19]

사회적으로 인권의 중요성이 강조되고 국민 개개인의 인권의식이 높아짐에 따라 경찰도 법집행 과정에서 인권침해가 발생하는 것을 방지하기 위한 노력을 기울여 왔다. 조직적 측면에서 보면 경찰청과 각 지방청에는 인권위원회를 설치하여 인권정책에 대한 자문과 감시 기능을 담당하도록 하

---

19) 국가인권위원회, 2018년 국가인권위원회 통계,

고 있다. 또한 경찰청 감사관실 아래에는 인권보호담당관실(일명 '인권센터')을 두고 있으며 인권보호 관련 정책의 수립, 범죄피해자에 대한 보호 및 지원, 인권침해 사례 분석 및 조사 등의 역할을 맡고 있다. 또한 경찰관의 인권의식을 높이기 위해 내부 인권강사를 양성하고 있으며 전체 경찰관들을 대상으로 인권교육을 정례적으로 실시하고 있다. 하지만 이러한 제도만으로 인권친화적 경찰이 되기에는 한계가 있다. 인권위원회의 경우 위원들이 경찰인권문제 관해 실질적인 영향력을 행사하기 어려운 게 현실이다.[20] 인권보호담당관실 또한 경찰의 인권침해사건에 대하여 조사권한은 있지만 실제로는 인력부족 등의 이유로 일선경찰서 청문감사관에게 조사를 맡기고 있는 실정이다. 인권교육에 있어서도 짧은 교육기간, 과도한 업무, 일방적 강의식 교육 등이 교육효과를 저하시키는 원인이 되고 있다.

국민들에게 인권 친화적 경찰로 인정받기까지는 많은 시간과 노력이 필요하다. 단순히 법률과 제도만을 정비한다고 해서 해결될 문제가 아니기 때문이다. 무엇보다도 기존의 관행과 의식을 바꿔나가야 한다. 인권존중이 사건해결에 걸림돌이 된다는 인식, 절차보다는 결과를 중시하는 관행, 실적위주의 조직풍토 등은 인권경찰을 지향하는 한국경찰이 극복해야 할 과제이다. 인권침해는 인권을 존중하는 인식의 부족에서 발생하기도 하지만 업무처리에 대한 전문성의 부족에서 발생하기도 한다. 경찰활동에 있어서 인권 관련 규정에 대한 이해의 부족, 피의자나 피해자의 권리를 보호하기 위한 업무처리에서의 미숙 등으로 인해 인권침해가 발생할 수 있다. 인권인식의 함양과 업무처리의 전문성 향상은 우선적으로 내실 있는 인권교육과 효과적인 직무교육을 통해 일차적으로 성취할 수 있다. 또한 기존의 인권보호담당관실과 인권위원회가 인권침해에 대한 감시·감독, 인권진단 및 개선 등의 기능을 제대로 할 수 있도록 적극적인 지원을 해야 할 것이다. 마지막으

---

20) 2008년 경찰청 인권위원회 소속 위원들은 당시 촛불집회에 대한 경찰의 진압방식을 비판하면서 전원 사퇴하였다. 위원들은 인권친화적인 경찰상을 구현하기 위해 노력을 해 왔으나 경찰의 진압방식을 보며 실망을 하였고 스스로의 역할에 대한 한계를 절감했다고 토로하였다.(2008년 6월 26일자 한겨레신문 기사, "촛불시위 강경진압 배신감, 경찰청 인권위원 전원 사퇴.")

로 경찰조직 내에서도 경찰관들의 인권이 존중되는 분위기를 조성할 필요가 있다. 권위적이고 상명하복 중심의 문화 속에서 하위직 경찰관들의 인권이 쉽게 침해된다.[21] 자신의 권리를 존중받는 사람이 타인의 권리도 존중한다는 사실에 비추어 볼 때 인권친화적 경찰로의 변화는 조직 내부에서부터 시작되어야 할 것이다.

---

21) 임창호, 경찰 인권침해의 실태분석 및 개선방안에 관한 연구. 한국경찰학회보, 40, 2013, p. 122.

제2편

경찰의 권한

[Ⅱ - 1] **제1장 경찰권한의 근거와 한계**

핵심질문

- 행정경찰권한과 사법경찰권한의 차이는 무엇인가?
- 경찰권한의 법적 근거는 무엇인가?
- 경찰권한 행사의 한계를 정한 원칙들은 무슨 의미인가?

제1절 경찰권한의 의의

1. 국가권력과 경찰권

가. 국가권력에 대한 관점 [II - 2]

러시아의 문호 톨스토이는 국가의 존재 자체를 거부한 대표적인 지성인이다. 그가 국가를 거부한 이유는 국가가 소수의 강자들을 위해 다수의 약자들을 억압한다고 여겼기 때문이다. 그의 시각에 국가는 소수의 지배계층에 의한 과도한 착취를 정당화하고 이에 저항하는 다수의 피지배계층을 억압하기 위해 공권력을 행사하는 존재였다. 톨스토이는 국가기관의 본질이 물리력 강제력을 동원해서 지배계층의 이익을 다른 사람들에게 강요하는데 있다고 보았다. 그런데 국가는 특권층에게만 유리한 법을 다른 사람들로 하여금 억지로 지키게 만들려고 공권력을 투입한다. 따라서 국가권력이란 '권력자들에 의해 조직화된 폭력'과 크게 다르지 않다는 게 그의 주장이었다.[1]

계몽철학자 토마스 홉스 역시 국가가 지닌 힘의 본질이 물리적 폭력이라는데는 동의한다. 다만 이러한 국가권력은 톨스토이의 주장처럼 소수의 지배계층을 위해서만 동원되는 것이 아니라 국가라는 공동체를 보호하고 유지하기 위해 사용된다고 생각했다. 홉스에게 국가공동체 형성 이전의 자연상태란, '만인에 대한 만인의 투쟁'이라는 유명한 표현이 나타내듯이, 생명과 신체에 대한 기본적인 안전조차 보장되지 않는 혼돈의 상태를 말한다. 이러한 자연 상태에 놓인 인간의 삶은 "외롭고, 비참하고, 잔인하고, 거칠

---

[1] 레프 톨스토이(조윤정 옮김), 국가는 폭력이다: 평화와 비폭력에 관한 성찰, 달팽이, 2008.

고, 짧다."[2] 인간은 생명과 안전을 지키기 위해 자연 상태를 벗어나 국가라는 공동체를 만들었고 자신의 권리를 국가에게 양도하였다. 이렇게 개인들이 포기한 권리의 총합으로 국가권력을 형성하게 되었다. 그렇기 때문에 국가의 지상 과제는 사회 내 무질서와 범죄, 외부로부터의 침략과 위협으로부터 국민의 생명과 안전을 지키는데 있다. 이러한 사명을 수행하기 위해 국가는 공권력을 사용하며 그 과정에서 다른 가치들이 희생된다고 하더라도 목적을 위해 수단은 정당화될 수 있다. 그런데 불행하게도 홉스적 관점을 따르게 되면 인간은 국가라는 거대한 절대 권력의 울타리 안에서 최소한의 신변보호를 보장 받는 대가로 그 밖의 다른 권리들은 모두 제약 당하거나 포기한 채 살아가야만 하는 존재가 되어 버리고 만다.

같은 계몽철학자 존 로크도 자연 상태의 인간이 사회계약을 통해 자유를 포기하고 국가공동체를 구성하는데 동의했다는 점에 대해서는 홉스와 크게 다르지 않았다. 하지만 홉스와 달리 사회계약이 통치자에게 자의적으로 휘두를 수 있는 절대 권력을 부여하지는 않았다고 보았다.[3] 로크에 의하면 국가는 국민이 동의하는 범위 내에서만 국가권력을 행사할 수 있으며, 국민의 동의 여부는 헌법과 법률로 구현된다. 따라서 법치주의의 원리에 따라 국가권력은 오직 헌법과 법률이 규정한 한도 내에서 행사할 수 있다. 다시 말해 법치주의란 국가가 국민이 위임한 권한의 범위를 초과해서 자의적으로 권력을 행사해서는 안 된다는 원칙이다. 이러한 범위를 벗어나 행사된 권력은 정당성을 잃고 만다. 로크의 국가관은 오늘날 민주주의 국가의 헌법에 그대로 반영되어 국가권력의 성격을 규정하고 있다.

2) 토마스 홉스(진석용 옮김), 리바이어던, 나남, 2008, pp. 232-234.
3) 존 로크(강정인 · 문지영 옮김), 통치론: 시민정부의 참된 기원, 범위 및 그 목적에 관한 시론, 까치, 1996.

나. 경찰권의 성격 [II - 3]

경찰권에 관해서 대륙법계와 영미법계 사이에는 상당한 관점의 차이가 존재한다.[4) 독일, 프랑스 등 대륙법계 국가에서는 경찰권이 국가 자체에서 도출되었다는 관점이 강하다. 국가권력의 본질은 국가가 국민에 대해 합법적으로, 독점적으로 행사할 수 있는 강제적 물리력인데, 경찰권은 바로 이러한 국가권력의 구체적인 형태이다. 국민들은 경찰이 행사하는 강제력을 통해 국가권력의 존재를 직접적으로 체험한다. 프랑스의 절대군주시대, 독일의 나치 전체주의시대 하에서 경찰이 국가의 전제적 권력을 대표하는 '경찰국가'를 거친 결과라고 할 수 있다. 대륙법계 국가에서는 경찰관이 시민의 의사와 무관하게 정부에 의해 임명되기 때문에 경찰을 국가권력에 귀속된 존재로 보는 경향이 강하다. 따라서 경찰의 강제력 행사에 대해 시민들의 수용도가 낮아서 자칫 시민들로부터 거부감이나 저항을 불러올 가능성이 높다. 대륙법계 국가에서는 경찰국가의 폐해를 경험했기 때문에 경찰의 기능과 역할을 축소하기 위해 노력을 기울여왔다. 과거의 적극적이고 광범위한 복리증진 기능에서 현재의 소극적이고 제한된 위험방지 기능 중심으로 변해왔다.

반면 영국, 미국 등 영미법계 국가에서는 경찰권이 시민들의 합의에서 파생되었다는 시각이 지배적이다. 이러한 점은 본서의 제1편에서 살펴보았듯이 최초의 근대적 경찰이라고 일컬어지는 런던수도경찰청의 탄생과정이 잘 보여준다. 런던시민들은 중앙정부에 의한 통제가 강화되어 시민들의 권리가 제약될지 모른다는 우려 때문에 오랜 기간 중앙경찰의 창설을 반대했었다. 정치적 중립을 지키며 오직 시민이 부여한 권한의 한도 내에서 철저히 범죄예방과 질서유지 임무만을 수행하겠노라고 약속한 끝에 어렵게 영국 의회를 설득할 수 있었다. 로버트 필 경의 9가지 경찰원칙 속에 포함된 '시민

---

4) 이성용, 경찰윤리, 박영사, 2014, pp. 59-61.

이 경찰이고 경찰이 시민이다'라는 구절은 바로 경찰권이 시민의 동의를 바탕으로 작동된다는 점을 잘 표현한다. 따라서 영미법계 국가에서 경찰은 시민의 대표자이고 경찰권은 시민으로부터 파생되기 때문에 경찰의 법집행에 대한 시민의 순응은 당연한 의무로 받아들여진다. 사회에서 경찰에게 기대하는 기능과 역할도 대륙법계 경찰들에 비해 광범위하다. 단순히 법집행기관을 넘어 지역사회를 위한 문제해결사, 봉사자의 역할이 요구된다. 예를 들어, 문제지향 경찰활동 패러다임은 경찰이 단순히 위반행위에 소극적으로 대응하는 수준을 넘어 지역공동체의 다양한 문제와 갈등의 원인을 파악하고 해결해 나가는 보다 적극적인 역할을 맡아야 한다고 강조한다. 더 나아가 경찰의 역할은 지역사회의 전반적인 삶의 질을 향상시키는 데까지 확장된다.

한국경찰은 과거 군사정권 아래에서 오랜 기간 국가통치의 수단으로 활용되었다. 정당성이 결여된 정권을 비호하고 민주화를 요구하는 시민들을 억압하는데 경찰력이 동원되었다. 하지만 민주화 과정을 겪으면서 시민을 위해 봉사하는 경찰로 거듭나기 위해 노력해오고 있다. 이에 따라 경찰권의 성격도 법집행 위주의 소극적 권한에서 지역사회 전반의 안전을 책임지는 적극적 권한으로 변하고 있다.

[II - 4]   2. 행정경찰권한과 사법경찰권한

경찰작용은 크게 두 가지로 요약된다. 하나는 위험방지로서 아직 발생하지 않은 위험을 사전적으로 예방하는 활동이다. 범죄를 예방하기 위해 관할 지역을 순찰하는 것이 위험방지 활동의 예이다. 다음은 범죄수사로서 이미 발생한 범죄에 대한 사후적이고 진압적인 조치이다. 예를 들어, 폭행사건 신고를 받고 출동한 경찰관은 신속히 범인을 검거하고 혐의를 입증하기 위해 피의자에 대한 조사를 실시한다.

경찰의 위험방지활동은 행정경찰작용에 속한다. 경찰은 경찰행정을 담당하는 국가기관으로서 행정경찰권을 가지고 행정경찰작용을 수행한다.

행정경찰작용은 "각종 행정법규의 수권에 따라 명령, 강제 등 권력적인 수단과 행정지도, 계몽 등 비권력적, 비강제적 수단을 사용하여 위험을 방지하거나 제거함으로써 사회 공공의 안녕과 질서유지를 위한 작용"이라고 정의할 수 있다.[5] 주로 생활안전경찰, 경비경찰, 교통경찰 등의 기능이 행정경찰작용을 담당하고 있다.

경찰의 범죄수사는 사법경찰작용에 속한다. 경찰은 국가형벌권을 실현하는 형사사법기관의 하나로서 사법경찰권을 가지고 사법경찰작용을 수행한다. 여기서 사법경찰작용은 "위험이 현실적으로 발생한 경우에 형사법 및 형사소송법 등의 수권에 따라 범죄사실을 조사하고 범인 및 증거를 발견·수집·보전하기 위하여 임의수단 및 강제수단을 사용하는 경찰작용"이라고 정의할 수 있다.[6] 경찰조직 내의 수사경찰이 사법경찰작용을 담당하고 있다.

행정경찰작용과 사법경찰작용은 개념적으로 구분되지만 경찰실무에서는 종종 두 작용이 중첩적으로 또는 연이어 이루어지기도 한다. 예를 들어, 어느 날 경찰관이 골목길을 순찰하다가 어떤 집에서 흘러나오는 다급한 비명소리를 들었다. 사람의 생명 또는 신체에 위해가 발생할지 모른다는 판단 하에 이를 방지하기 위해 경찰관은 그 집안으로 들어갔다. 그리고 그곳에서 어떤 남성이 한 여성에게 성폭행을 시도하려는 장면을 목격하고 즉시 제지하여 여성을 구조한 뒤 남성을 현행범으로 체포했다. 비명소리를 듣고 집안으로 들어가 여성을 구조한 행위는 위험방지를 목적으로 한 행정경찰작용이다. 반면 성폭행범을 현행범으로 체포한 행위는 사법경찰작용에 해당한다. 행정경찰작용과 사법경찰작용이 중첩되는 또 다른 예로 불심검문을 들 수 있다. 불심검문은 위험방지를 목적으로 행동이 수상한 자를 정지시켜 조사하는 행정경찰작용이다. 그러나 이미 범죄를 저질렀다고 생각되는 자를 검거하는 사법경찰작용 성격도 포함되어 있다고 보는 것이 타당하다.

---

5) 김충남, 경찰학개론, 박영사, 2008, p. 191.
6) 앞의 책, p.191

제2절 경찰권한의 법적 근거

[II - 5]   1. 헌법상 근거

경찰작용은 헌법의 지도목표인 인간의 존엄과 가치 실현과 국민의 기본권 및 민주주의 보호에 근거를 두고 있다. 헌법 제10조에서 천명하고 있듯이 국가는 모든 국민이 인간으로서 가지고 있는 존엄과 가치 그리고 행복추구권 등 기본권을 확인하고 이를 보장할 의무를 진다. 이러한 헌법상 요구되는 국가의 의무를 수행하기 위해 국가기관인 경찰에게 경찰권을 부여하여 경찰작용을 수행하도록 허용하는 것이다.

그런데 국가는 스스로가 국민의 기본권을 침해하지 말아야 할 소극적 의무와 함께 국민이 기본권을 충분히 누릴 수 있도록 해야 할 적극적 의무도 지고 있다. 전자의 예로서, 모든 국민이 신체의 자유를 가지고 있음에도 경찰이 법률에 의하지 않고 함부로 국민을 체포하거나 구속해서 이와 같은 기본권을 침해하는 일이 없어야 한다. 후자의 예로서, 경찰은 범죄의 피해로부터 국민의 신체와 안전을 지켜 범죄공포로 인해 위축되지 않은 상태에서 자유롭고 행복한 삶을 영위할 수 있게 할 의무를 진다. 따라서 경찰권은 발동되는 방식과 추구하는 목표에 있어서 기본권의 제약을 받는다고 말할 수 있다. 경찰권은 기본권을 침해하지 않는 방식으로, 기본권의 실현을 목표로 발동되어야 하는 것이다.

그러나 헌법은 예외적인 경우에 한해 경찰권이 기본권을 제약할 수 있도록 허용하고 있다. 헌법 제37조 제2항은 국민의 자유와 권리가 국가안전보장·질서유지 또는 공공복리 등 공익을 위해 법률로써 제한될 수 있도록 규정하고 있다. 예를 들어, 경찰은 원칙적으로 헌법 제21조에서 보장하고 있는 기본권인 집회의 자유를 침해해서는 안 된다. 다만 옥외에서 이루어지는 집회나 시위는 집회 및 시위에 관한 법률 제6조에 의거해서 주최하는 측이 사전에 관할 경찰서장에게 신고할 의무를 진다. 이와 같이 기본권의 행사를 제약하는 이유는 사전신고 없이 집회와 시위가 무제한적으로 개최되는 경우 공공의 안녕과 질서를 위협하는 상황이 벌어질 수 있기 때문이다(예: 반대 입장의 단체들 간 충돌). 그러나 다른 한편으로 보면 기본권을 일부 제한하는 목적 속에는 기본권의 보호와 실현이라는 보다 궁극적인 가치가 내재되어 있다고 봐야 한다. 우선 옥외집회로 인한 교통소통의 장애나 주거평온 침해 등 다른 시민들의 기본권과 공동체 전체의 이익이 침해되지 않도록 보호한다. 동시에 집회 참가자들이 안전하고 자유롭게 자신들의 의사를 충분히 표현할 수 있도록 하여 의사표현의 자유가 실질적으로 실현될 수 있도록 기본권을 보장해 주는 역할도 하는 것이다.

2. 경찰관직무집행법상 근거

가. 일반경찰법 상 수권조항의 의미　　　　　　　　　　　　　[II - 6]

경찰작용이 국민의 권리를 제한하거나 침해하는 성격을 지닐 때에는 반드시 법률에 의해 권한을 부여받아야 한다(헌법 제37조 제2항). 경찰에게 경찰작용에 대한 권한을 부여하는 법률상의 조항을 '수권조항'이라고 부른다. 법률의 수권은 크게 두 가지 방식으로 이루어진다. 하나는 '개별적 수권조항'을 두는 방식이고 다른 하나는 '개괄적(또는 일반적) 수권조항'을 두는 방식이다. 전자는 구체적이고 개별적인 경찰작용에 대해 각각 법적권한을 부여하는 조항을 두는 것이고, 후자는 경찰권 행사의 법적근거로 일반적인 위험방지라는 포괄적 내용을 규정하는 조항을 두는 것이다. 개별적 수권조항은 특정 경찰작용이 기본권을 제한하는 정도가 높아 제한의 요건과 한

계를 보다 명확히 규정해야 할 때 필요하다.[1] 이에 반해 개괄적 수권조항은
경찰이 위험방지 임무를 수행하는 상황이 불확정적이고 불예측적이기 때문
에 필요한 모든 경찰조치를 미리부터 상세히 규정한다는 것이 현실적으로
불가능하며 동시에 바람직하지도 않다는 이유에서 필요성이 제기된다.

[II - 7]   나. 개별적 수권조항

경찰관직무집행법은 경찰의 직무와 권한에 관한 일반규정을 담고 있다.
이 법에는 '표준적 직무조치'라고 불리는 경찰작용에 대한 개별적 수권조항
이 규정되어 있다. 표준적 직무조치란 "경찰이 위험방지의 직무를 수행함에
있어 요구되는 전형적인 경찰작용을 경찰법에 유형화해 둔 것"이다.[2] 표준
적 직무조치의 종류에는 불심검문, 보호조치, 접근금지와 통행제한, 위험방
지를 위한 출입, 사실조회 출석요구 등이 포함된다.

[II - 8]   다. 개괄적 수권조항과 쟁점

개별적 수권조항의 존재에 관해서는 특별한 쟁점이 없는데 반해 개괄적
수권조항의 허용여부 및 존재에 관해서는 다양한 관점들이 대립하고 있다.
첫 번째 쟁점은 개괄적 수권조항을 허용할 것인지에 관한 문제이다. 긍정하
는 쪽의 주장은 경찰이 임무를 수행하는 환경의 특수성을 이유로 든다. 경
찰은 공공의 안녕과 질서에 대한 위험과 장해를 방지하기 위해 필요한 조치
를 할 수 있다. 그런데 경찰이 위험방지 업무를 하는 과정에서 마주치는 상
황은 매우 다양하고 가변적이다. 그렇기 때문에 치안현장의 상황에 따라 경
찰의 탄력적인 대응이 요구될 때가 많다. 따라서 모든 위험상황과 필요한
조치를 개별적 수권조항으로 일일이 규정하는 것은 불가능하며 일반적이고

---

1)   손재영, 경찰법, 박영사, 2018, p.62.
2)   앞의 책, p.63.

포괄적인 수권조항을 두어 개별적 수권조항이 미비한 부분을 보충하도록
해야 한다는 주장이다. 이에 반해 개괄적 수권조항을 반대하는 쪽에서는 침
해적이고 권력적인 경찰작용에 대해서는 명확성의 원칙에 따라 오직 개별
적 수권 방식만 인정하는 것이 바람직하다고 주장한다. 법률의 적용범위와
요건이 명시되어 있지 않으면 법을 집행하는 경찰관이 자의적으로 법조항
을 해석할 여지가 커지고 재량권이 지나치게 확대되어 경찰권 남용의 우려
가 높아질 수 있다는 견해이다.

두 번째 쟁점은 현행법에 이미 개괄적 수권조항이 존재하는지에 관한 문
제이다. 먼저 경찰관직무집행법 안에 개괄적 수권조항이 포함되어 있다고
보는 견해가 있다. 다만 여기에서도 어떤 조항을 수권조항으로 볼 것인가에
따라서 입장이 갈린다. 첫째, 경찰관직무집행법 제2조(직무의 범위) 중 제7
호 '그 밖에 공공의 안녕과 질서 유지'를 개괄적 수권조항으로 보는 견해가
있다. 그러나 경찰관이 수행하는 직무의 범위를 규정한 '직무규정'을 근거
로 기본권을 제한하는 것은 어렵다는 반론이 있다. 둘째, 경찰관직무집행법
제5조(위험 발생의 방지 등) 제1항 제3호를 개괄적 수권조항으로 보려는 입
장이 있다. 이 규정에 의하면 경찰관은 '그 밖의 위험한 사태가 있을 때…위
해를 방지하기 위하여 필요하다고 인정되는 조치'를 취할 수 있다. 경찰조
치를 특정하지 않고 포괄적으로 규정하고 있다는 점에서 개괄적 수권조항
의 성격을 지니고 있다. 하지만 제5조 제1항은 보호법익을 개인적 법익으로
한정하고 있어 공공의 안녕과 질서유지라는 사회적 또는 국가적 법익을 망
라해서 규정하지 않고 있다는 문제점이 있다.[3] 마지막으로 직무규정인 제
2조 제7호와 수권조항인 제5조 제1항 제3호를 결합하여 개괄적 수권조항
을 구성한다는 견해가 있다. 제5조 제1항의 '그 밖의 위험한 사태'는 공공의
안녕과 질서에 대한 위해로, '위해를 방지하기 위하여 필요하다고 인정되는
조치'는 공공의 안녕과 질서를 유지하기 위해 필요하다고 인정되는 조치로

---

3) 이에 대해 '그 밖의 위험한 사태'란 표현 속에 사회적 법익과 국가적 법익이 포함되어 있고 법조항
   속 보호법익의 종류는 단순히 예시적인 것에 불과하다는 반론도 있다(손재영, 앞의 책, p. 117).

해석될 수 있다고 본다.[4] 하지만 제2조와 제5조 각 조항이 지니고 있는 한계가 단순히 두 조항을 결합시킨다고 해서 극복될 수 없다는 반론도 있다. 이러한 이유 때문에 다수는 현행법에는 개괄적 수권조항에 해당하는 법률 조항이 존재하지 않으며 입법을 통해 새로이 마련해야 한다는 '입법 필요설'을 지지하고 있다. 그러나 입법 필요설을 채택할 때의 문제는 현재 개별적 수권조항에 근거를 두지 않고 행하여지는 경찰의 위험방지 및 장해제거 활동이 모두 위법행위에 해당될 수밖에 없다는 점이다.

[II - 9] 3. 형사소송법 상 근거

형사소송법은 사법경찰의 권한으로서 수사권을 규정하고 있다. 수사권이란 범죄와 범인을 밝히기 위해 범인, 범죄사실과 증거를 찾고 수집할 수 있는 권한을 말한다. 수사의 방법에 있어서는 대상자의 동의와 승낙에 의거해서 실시되는 임의수사가 원칙이지만, 체포·구속 등 신체의 자유를 제약하거나 압수·수색 등 재산권 및 사생활 자유를 침해하는 강제수사도 허용된다. 수사권 행사는 국민의 기본권을 침해하거나 침해할 우려가 있는 공권력 작용이기 때문에 법률에 의해 권한을 부여받아 이루어져야 한다.

2011년 형사소송법이 개정되기 전까지 경찰은 독자적인 수사개시권을 가지지 못했다. 전체 범죄사건의 97%를 경찰이 수사하고 있는 현실에도 불구하고 형사소송법에서는 검사만을 범죄수사의 주체로 인정하고 경찰은 수사에 있어서 검사의 지휘를 받도록 규정하고 있었다. 그런데 현실적으로 경찰의 모든 수사활동을 검사의 지휘를 받아 하는 것이 불가능하다. 그렇기 때문에 엄격한 의미에서 검사의 지휘 없이 이루어지는 경찰의 수사활동이 정당성과 적법성을 결여하고 있다는 주장이 계속 제기되어 왔다. 그러다가 2011년 형사소송법이 개정되면서 사법경찰관에게 독자적으로 수사를 개시

---

4) 손재영, 2018, 앞의 책, p. 126.

하고 진행할 수 있는 권한이 부여되었다.[5] 비로소 경찰의 수사주체성이 인정된 것이다. 형사소송법 제196조 제2항은 '~수사를 개시·진행하여야 한다'고 규정하고 있는데 이는 수사의 개시와 진행에 대한 법적권한을 부여하고 있을 뿐만 아니라 동시에 범죄의 혐의가 있을 때에는 경찰이 수사에 착수해야 할 수사의무를 부과한 '수사법정주의' 규정이라고 해석할 수 있다. 만약 수사의 개시에 있어서 재량권을 허용하게 되면 경찰의 선택에 따라 수사 여부가 정해지게 되어 자칫 수사권 남용의 우려가 있기 때문이다.[6]

개정 형사소송법에서 경찰의 수사주체성을 인정한 점은 괄목할 만한 진전이지만 경찰의 수사권은 여전히 제한적이었다. 독자적으로 수사에 착수한 사건에 대해서 스스로 종결할 수 있는 권한이 경찰에게는 부여되지 않았기 때문이다.[7] 또한 경찰의 모든 수사과정에 있어서 검사의 수사지휘권을 인정하고 있기 때문에 언제든지 마음만 먹으면 검사가 경찰이 진행하고 있는 수사에 개입할 수 있었다.[8] 그러나 다행스럽게도 2020년 1월 13일 형사소송법 개정안이 국회 본회의를 통과하면서 이러한 문제점들이 상당부분 해소되었다. 경찰수사에 대한 검사의 수사지휘권이 폐지되면서 경찰과 검사는 수사과정에 있어 상호 협력하는 대등한 수사주체로 인정받게 되었다.[9] 또한 경찰에게 1차적 수사종결권이 부여되어서 수사를 통해 혐의가 인정되는 사건은 검사에게 송치하고 그렇지 않은 사건은 자체적으로 종결할 수 있게 되었다.[10]

---

5) 형사소송법 제196조(사법경찰관리) ② 사법경찰관은 범죄의 혐의가 있다고 인식하는 때에는 범인, 범죄사실과 증거에 관하여 수사를 개시·진행하여야 한다.

6) 황문규, 개정 형사소송법상 경찰의 수사개시권 및 검사의 수사지휘권의 내용과 한계, 형사정책연구, 22(3), 2011, p.227.

7) 형사소송법 제196조(사법경찰관리) ④ 사법경찰관은 범죄를 수사한 때에는 관계 서류와 증거물을 지체 없이 검사에게 송부하여야 한다.

8) 형사소송법 제196조(사법경찰관리) ① 수사관, 경무관, 총경, 경정, 경감, 경위는 사법경찰관으로서 모든 수사에 관하여 검사의 지휘를 받는다. 제3항 사법경찰관리는 검사의 지휘가 있을 때에는 이에 따라야 한다.

9) 형사소송법 일부개정 법률안 제195조(검사와 사법경찰관의 관계 등) ① 검사와 사법경찰관은 수사, 공소제기 및 공소유지에 관하여 서로 협력하여야 한다.

10) 형사소송법 일부개정 법률안 제245조의5(사법경찰관의 사건송치 등) 사법경찰관은 범죄를 수사한 때에는 다음 각 호의 구분에 따른다. 1. 범죄의 혐의가 있다고 인정되는 경우에는 지체 없이 검

[II - 10]   4. 특별경찰법상 근거

실질적 의미의 경찰은 "공공의 안녕과 질서를 유지하기 위하여 일반통치권에 근거하여 국민에게 권력적으로 명령·강제하는 작용"을 말한다.[11] 간단히 말해 모든 유형의 위험방지활동은 경찰의 직무에 포함된다. 그런데 현대 사회가 처한 위험은 그 양상이 워낙 다양하고 그 범위가 넓기 때문에 경찰관직무집행법 등 일반경찰법만으로는 효과적인 대처가 거의 불가능하다. 이 때문에 위험의 원인과 종류에 따라 다양한 명칭의 특별경찰법이 제정되어 있으며 이러한 특별경찰법을 근거로 위험방지사무에 필요한 권한을 부여하는 것을 '특별수권'이라고 부른다.[12] 특별경찰법에 따른 위험방지활동은 일반경찰 뿐만 아니라 특별경찰(산림경찰, 철도경찰, 위생경찰, 건축경찰 등)에 의해서도 수행된다. 위험방지사무는 경찰청뿐만 아니라 여러 정부기관과 지방자치단체가 분담하고 있다. 한 사안에 대해 경찰관직무집행법과 특별법이 경합할 때에는 '특별법 우선의 원칙'에 의해 특별법이 우선 적용되고 경찰관직무집행법은 보충적으로 적용된다.

사에게 사건을 송치하고, 관계 서류와 증거물을 송부하여야 한다. 2. 그 밖의 경우에는 그 이유를 명시한 서면과 함께 관계 서류와 증거물을 지체 없이 검사에게 송부하여야 한다. 이 경우 검사는 90일 이내에 사법경찰관에게 반환하여야 한다.(보다 자세한 내용은 아래 제3장 사법경찰권한 제1절 경찰의 범죄수사권 참조할 것)

11)   최영규, 경찰의 개념과 경찰법의 범위, 행정법연구, 25, 2009. p. 355.

12)   홍정선, 경찰행정법, 박영사, 2013, p. 204.

제3절 경찰권한 행사의 한계

1. 법률유보의 원칙   [II - 11]

법률유보의 원칙은 민주사회의 법치주의 이념에서 도출된다. 국가가 국민의 자유와 권리를 제한하거나 국민에게 새로운 의무를 부과할 때에는 국회가 제정한 법률에 의하거나 법률에 근거가 있어야 한다는 원칙이다. 모든 국가권력은 국민의 대표로 구성된 입법기관인 국회를 통해 제정된 법률에 의해서 행사되어야 한다. 헌법 제37조 제2항은 국민의 자유와 권리가 국가 안전보장, 질서유지 또는 공공복리 등 공익을 위해 제한될 수 있지만 반드시 법률에 근거해야 함을 명시하고 있다. 따라서 개인의 자유와 재산을 제한하는 침해적이고 권력적 성격의 경찰작용은 반드시 법률에 의해 권한을 부여받아 행사되어야 한다.

2. 적법절차(적정절차)의 원칙   [II - 12]

국가가 국민의 기본권을 제한할 때에는 법률에서 정한 적법한 절차를 따라야 한다는 원칙이다. 주로 형사절차상 실체적 진실을 발견하는 과정에 국민의 기본권을 제한하도록 형사사법기관에 부여된 권한을 행사하는 방식에 관한 원칙을 말한다. 헌법에 '적법절차'라는 표현은 제12조 제1항 후문의 처벌, 보안처분, 강제노역과 동조 제3항의 영장주의와 관련하여 등장한다. 하지만 이는 적법절차의 원칙이 적용되어야 할 대상을 단지 예시적으로 나타낸 것에 불과하며 체포, 구속, 압수, 수색, 심문 등 형사절차상 모든 강제처분에 적법절차의 원칙이 준수되어야 한다. 예를 들어, 경찰이 피의자를 체포할 때에는 형사소송법 제200조의 5에 규정된 대로 피의사실의 요지, 체포의 이유와 변호인을 선임할 수 있음을 말하고 변명할 기회를 주어야 하는데 만약 이러한 요건을 준수하지 않았다면 적법절차를 어긴 불법체포가 된다. 적법절차의 원칙은 사법경찰작용 뿐만 아니라 행정경찰작용에도 적용될 수 있다. 예를 들어, 경찰관직무집행법 제3조 제1항에 따라 경찰관이 불심검문을 실시하면서 상대방에게 경찰관서로 동행해 줄 것을 요구하였는데 이때 경찰관의 요구를 거부할 수 있는 권리가 있다는 사실을 고지하지 않고 임의동행 했다면 적법절차를 위반한 불법체포에 해당한다.[1]

3. 비례성의 원칙

"경찰작용의 목적을 실현하는 데 적합하고 최소의 침해를 야기하는 수단을 선택해야하며 그 수단의 사용으로 발생하는 침해가 의도하는 이익이나 효과를 능가해서는 안 된다는 원칙"이다.[2] '과잉금지의 원칙'이라고도 부른다. 비례성의 원칙은 헌법과 법률 속에서 잘 표현되어 있다. 헌법 제37조 제2항은 국민의 자유와 권리를 국가안전보장 · 질서유지 · 공공복리를 위해 법률로써 제한하더라도 '필요한 경우'에 한하여 가능하다고 규정하고 있다. 또한 경찰관직무집행법 제1조 제2항은 경찰관의 직권은 그 직무수행에 필요한 최소한도 내에서만 행사되어야 하며 남용해서는 안 된다고 규정하고 있다. 비례성의 원칙은 적합성의 원칙, 최소침해의 원칙, 상당성의 원칙으로 구분된다.

[II - 13] 가. 적합성의 원칙

"경찰목적을 위해 사용하는 수단이 추구하는 목표를 달성하는데 유용한

---

1) 손재영, 2018, 앞의 책, pp. 75-76.
2) 홍정선, 2013, 앞의 책, p.49

것이어야 한다는 원칙"이다.[3] 수단의 적합성 여부에 대한 판단은 경찰관이 행위를 하던 시점을 기준으로 한다. 동일한 상황에 처한 '합리적 경찰관'이 취했을 것으로 여겨지는 조치가 적합성을 판단할 때 기준이 된다. 예를 들어, 경찰관이 어떤 폭력적 상황을 제압하기 위해 총기를 사용했다면 범죄의 심각성 정도, 경찰관이나 타인의 안전에 대한 즉각적인 위협의 여부, 상대방의 저항 정도와 유형 등을 종합적으로 고려해서 상황의 특수성을 주의 깊게 분석한다. 그리고 합리적 경찰관이라면 그러한 상황 속에서 과연 총기를 사용했을 것인가에 대해 판단하여 적합성 여부를 결정하는 방식이다. 그렇기 때문에 경찰목적을 위해 이미 사용된 수단이 비록 나중에 과도했었다는 평가를 받더라도 행위를 할 당시 상황에서 경찰관이 충분히 합리적인 판단에 따라 적합하다고 생각하고 취한 조치는 합법적인 조치로 받아들여진다.

적합성의 판단에 있어서 현장경찰관이 처한 구체적인 상황적 요소들을 중요시하는 이유는 경찰업무가 지닌 특수성에서 기인한다. 치안현장에서 근무하는 경찰관들은 종종 분초를 다투는 긴박하고 위급한 상황에 놓일 때가 있다. 경찰관들은 주어진 상황 속에서 제한된 시간과 정보를 가지고 최선의 선택을 할 수 밖에 없다. 그렇기 때문에 사후적으로 평가할 때 적절치 않아 보이는 결정이라고 할지라도 경찰업무의 특성상 현실적으로 불가피하며, 조치의 적절성 여부는 오직 당시 상황의 긴급성에 대한 경찰관의 인식을 기준으로 판단해야 한다는 것이다. 적합성 판단을 위해서는 다음과 같은 상황적 요소들이 고려되어야 한다.

- 범죄의 심각성
- 경찰관과 타인의 안전을 위협하는 정도
- 대상자의 저항 정도 및 유형
- 현장에 있던 경찰관과 대상자의 수

---

3) 앞의 책, p.51

● 대상자의 주취 또는 마약복용 여부
● 정신질환 등 대상자의 정신·심리상태
● 경찰관과 대상자의 체격·나이·상태
● 문제가 된 행동의 지속시간

[II - 14] 나. 최소 침해의 원칙

"경찰목적을 달성하기 위해 적합한 수단을 선택했다고 하더라도 그 수단이 개인이나 공공에 최소한의 침해를 가져오는 것이어야 한다는 원칙"이다.[4] 최소침해의 원칙은 '필요성의 원칙'이라고도 부른다. 경찰조치가 야기하는 침해의 정도가 목적달성을 위해 필요한 정도에 그쳐야 하며 이를 초과해서는 안 된다. 예를 들어, 난동을 피우는 한 명의 주취자를 제압하기 위해 완력과 체포술만으로도 충분한 상황에서 두 명의 경찰관이 전기충격기를 발사했다면 상대방에게 불필요한 침해를 야기했다고 볼 수 있다. 다만 가장 적은 침해를 가져올 유일한 수단의 선택을 요구하는 것은 아니고 경찰의 재량권 범위 안에서 가능한 한 최소 침해의 수단을 합리적으로 판단해서 선택하는 것으로 충분하다고 하겠다.

[II - 15] 다. 상당성의 원칙

"경찰목적을 달성하고자 적용하는 수단으로 인한 침해가 이익을 능가해서는 안 된다는 원칙"이다.[5] '좁은 의미의 비례성 원칙'이라고도 부른다. 경찰목적을 달성하기 위한 수단이 일차적으로 적합성의 원칙과 최소 침해의 원칙을 통과한 후에 마지막으로 상당성의 원칙을 고려해야 한다. 경찰 목적에 부합하고 침해를 최소화 할 수 있는 수단이더라도 물리력 행사를 통해

---

4) 앞의 책, p.53.
5) 앞의 책, p.53.

얻어지는 공익이 침해되는 이익보다 더 클 때 비로소 경찰권이 행사될 수 있다. 예를 들어, 음주운전으로 의심되는 차량이 경찰의 정지명령을 거부하고 도주하는 상황에서 경찰차로 상대방 차량을 충격해서 강제로 멈추게 하였고 그 과정에 운전자가 부상을 입었다. 이 사안에서 경찰조치가 상당성의 원칙에 부합하는지 판단하기 위해서는 음주운전차량을 방치했을 때 야기되는 공공의 안전에 대한 위협의 정도와 제지함으로써 발생한 운전자에게 발생한 신체적 피해를 비교하게 된다.

4. 과소보호금지 원칙 [II - 16]

국가에게는 국민의 생명과 신체를 보호하기 위하여 적절하고 효과적인 보호조치를 취할 의무가 있다는 원칙이다. 목적 달성을 위해 필요 이상의 조치를 제한하는 과잉금지의 원칙과 반대되는 원칙이다. 누군가의 생명과 신체에 대한 보호가 필요한 상황에서 경찰이 아무런 조치를 취하지 않았다면 과소보호금지 원칙의 위반에 해당한다. 과소보호의 문제가 발생하는 이유는 경찰이 직무를 수행함에 있어 상당한 재량권을 행사할 수 있기 때문이다.[6] 경찰이 관할지역에서 시민의 안전을 지키기 위한 범죄예방의 직무를 수행해야 하지만 구체적인 범죄예방활동의 대상, 방법 그리고 수준은 경찰 재량에 속한 사항이다. 그렇기 때문에 어떤 특정 상점에 침입절도가 발생하더라도 해당 상점에 대한 범죄예방활동을 안 했다는 이유로 경찰이 범죄로 인한 피해에 대해 책임을 지는 일은 없다.

하지만 상황에 따라 경찰관에게 재량권의 행사가 허용되지 않는 경우가 있다. 개인의 생명이나 신체 등과 같이 특별히 중요한 법익이 위협을 받고 있는 상황에서 경찰관은 대상자에게 필요한 최소한의 보호조치를 취할 의무를 지게 된다. 이를 일컬어 '재량의 영으로의 수축'이라고 부른다.[7] 예를

---

6) 손재영, 2018, 앞의 책, p.91.
7) 앞의 책, p.93.

들어, 경찰관직무집행법 제4조에 경찰관은 구호가 필요한 대상자를 발견했을 때 적절한 조치를 '할 수 있다'라고 규정되어 있어 경찰조치가 재량사항으로 되어 있다. 그런데 만약 누군가 길가에 쓰러져 있고 그대로 방치할 경우 생명이 위험해질 수 있다고 판단되는 상황에서 경찰관의 보호조치는 더 이상 재량사항이 아니라 의무사항이 된다.

[II - 17]   5. 무죄추정의 원칙

형사절차에서 피의자 또는 피고인은 유죄판결이 확정될 때까지 무죄로 추정된다는 원칙이다. 프랑스대혁명으로 탄생한 '인간과 시민의 권리선언' 제9조와 그 정신을 계승한 '세계인권선언' 제11조에서 무죄추정의 원칙을 천명하고 있다. 우리나라 헌법 제27조 제4항[8]과 형사소송법 제275조의2[9]에도 동일한 내용이 규정되어 있다. 형사절차는 형사사건에 대한 실체적 진실을 규명하는데 목적을 두고 있다. 그런데 적극적 의미와 소극적 의미의 실체적 진실주의는 접근방법에 있어서 상당한 차이를 보인다. 전자는 범죄사실을 명백히 밝히고 범죄자를 검거하여 반드시 처벌을 받도록 하는 것이 실체적 진실 발견의 본질적 의미라고 여긴다. 반면에 후자는 실체적 진실을 밝히는 과정에서 죄 없는 사람이 억울하게 처벌받는 일이 없어야 한다는 점을 강조하면서 의심스러울 때는 피고인에게 유리하도록 처분해야 한다는 입장이다. 무죄추정의 원칙은 소극적 실체적 진실주의를 구현한다고 이해할 수 있다.[10] 피의자나 피고인의 상당수가 유죄판결을 받는 게 현실이지만, 그럼에도 불구하고 단 한 사람도 억울하게 처벌받지 않게 하려고 모든 피의자나 피고인이 무죄라는 전제에서 출발하여 형사절차를 진행해야 한다

---

8)   헌법 제27조 ④ 형사피고인은 유죄의 판결이 확정될 때까지는 무죄로 추정된다.
9)   형사소송법 제275조의2 피고인은 유죄의 판결이 확정될 때까지는 무죄로 추정된다.
10)   배종대 · 이상돈 · 정승환 · 이주원, 형사소송법, 홍문사, 2016, p.18

는 원칙이다.[11]

　무죄추정의 원칙으로부터 피의자나 피고인에 대한 강제처분을 제한하는 원리가 파생된다. 형사소송법 제199조는 수사과정의 강제처분이 예외적인 경우에 필요한 최소한도의 범위 내에서만 가능하다고 규정하고 있다. 동법 제198조는 피의자에 대한 수사는 불구속상태에서 하는 것을 원칙으로 규정하고 있다. 또한 피의자나 피고인은 자신에게 불리한 진술을 거부할 권리가 있다(형사소송법 제244조의3, 제283조의2). 이와 같이 피의자나 피고인에 대한 강제처분을 제한하고 이들의 권리를 보장하는 이유는 유죄판결을 받기 전까지는 무죄로 간주하기 때문이다.

---

11)　앞의 책, p.24.

[II - 18] **제2장 행정경찰권한**

핵심질문

● 불심검문의 법적요건은 무엇인가?

● 보호조치의 법적요건은 무엇인가?

● 위험발생방지의 법적요건은 무엇인가?

● 범죄를 예방하고 제지하기 위한 법적요건은 무엇인가?

● 위험방지를 위한 출입의 법적요건은 무엇인가?

● 경찰물리력 행사의 범위와 한계는 무엇인가?

● 경찰물리력 행사의 기본 원칙들은 무슨 의미인가?

● 대상자 행위에 따라 경찰물리력은 어느 범위까지 허용되는가?

● 가정폭력, 아동학대로 인한 위험방지의 법적요건은 무엇인가?

● 교통상 위험방지의 법적요건은 무엇인가?

● 집회 · 시위로 인한 위험방지의 법적요건은 무엇인가?

제1절 경찰의 표준적 직무조치

1. 불심검문

가. 의미 [II - 19]

불심검문이란 경찰관이 행동이 수상하거나 또는 범죄사실을 안다고 인정되는 사람을 일시적으로 세워서 조사하는 것을 말한다. 누구든지 방해받지 않고 자유로이 이동하고 행동할 수 있는 기본권을 제한하는 조치이다. 불심검문의 목적은 사전에 범죄를 예방하고 동시에 이미 저질러진 범죄의 행위자를 발견하는데 있다. 따라서 불심검문에는 행정경찰의 사전예방적 성격과 사법경찰의 사후진압적 성격이 모두 포함되어 있다. 불심검문의 대상이 어떠한 범죄를 저지르려 한다고 의심이 드는 경우에는 행정경찰작용으로, 이미 어떠한 범죄를 저질렀다고 의심이 드는 경우에는 사법경찰작용으로 볼 수 있다. 경찰관직무집행법 제3조는 불심검문의 방법으로 직무질문, 임의동행, 흉기소지 여부 조사에 관해 규정하고 있다.

나. 직무질문 [II - 20]

경찰관은 행동이 수상한 자를 정지시켜 질문을 할 수 있다.[1] 정지는 보행자일 경우 불러서 세우고, 자동차·오토바이·자전거를 타고 있는 자의 경

---

1) 경찰관직무집행법 제3조(불심검문) ① 경찰관은 다음 각 호의 어느 하나에 해당하는 사람을 정지시켜 질문할 수 있다. 1. 수상한 행동이나 그 밖의 주위 사정을 합리적으로 판단하여 볼 때 어떠한 죄를 범하였거나 범하려 하고 있다고 의심할 만한 상당한 이유가 있는 사람, 2. 이미 행하여진 범죄나 행하여지려고 하는 범죄행위에 관한 사실을 안다고 인정되는 사람

우에는 정차시키는 것을 의미한다. 만약 경찰관의 정지요구에 응하지 않고 그냥 지나치려고 하거나 명백히 거부의 의사를 밝히는 경우 경찰관은 상대방을 일정 거리동안 따라가면서 말로 설득하는 방법을 취할 수 있다.[2] 그런데 만약 설득이 통하지 않는 경우 경찰관이 강제력을 사용해서 상대방을 정지시키는 것이 허용되는지 문제가 된다. 기본적으로 정지는 상대방의 동의와 승낙을 바탕으로 이루어져야 하므로 강제로 상대방을 정지시킬 경우 불법체포의 문제가 발생할 수 있다. 그렇지만 불심검문이 경찰목적을 달성하기 위한 실효적인 조치가 되기 위해서 일정한 유형력 행사를 허용하는 것은 불가피하다. 예를 들어, 어떤 사건에서 경찰관들이 자전거 날치기의 용의자를 찾던 중 수상한 사람을 발견하고 불심검문을 위해 자전거를 세워 줄 것을 요청했지만 불응하고 계속 전진하려고 하였다. 이에 경찰관은 대상자의 앞을 경찰봉으로 가로막고 검문에 응할 것을 요구하였다. 대법원은 당시 경찰관의 유형력 행사는 사회통념상 용인될 수 있는 정지의 방법에 해당한다고 판단한 바 있다.[3] 따라서 정지를 거부하고 가려는 사람의 앞을 가로막아 진행을 멈추게 하거나 가볍게 어깨나 팔 등을 붙잡아 제지하는 정도의 유형력 행사는 허용될 수 있다고 하겠다. 다만 정지의 상당성은 '범행의 경중, 범행과의 관련성, 상황의 긴박성, 혐의의 정도, 질문의 필요성' 등을 종합적으로 고려하여 판단할 문제라고 하겠다.[4]

　정지의 목적은 직무상 필요한 질문을 하는 것이다. 경찰관은 대상자의 신원을 확인하고 행선지와 출발지, 외출용건, 소지품의 내용 등에 대해 질문하여 의심을 해소하고 경찰목적상 필요한 정보를 알아낸다. 직무질문의 대상자는 어떠한 죄를 범하였거나 범하려 하고 있다고 의심할 만한 상당한 이유가 있는 사람이나 이미 행하여진 범죄나 행하여지려고 하는 범죄행위에 관한 사실을 안다고 인정되는 사람이다. 따라서 대상자에 따라 직무질문

2)　인천지방법원 2010. 4. 30. 선고 2009노4018 판결.
3)　대법원 2012. 9. 13. 선고 2010도6203 판결.
4)　대법원 2012. 9. 13. 선고 2010도6203 판결.

을 실시하는 목적이 구분된다. 첫째, '어떠한 죄를 범하려고 하고 있다고 의심할 만한 상당한 이유가 있는 사람' 또는 '행하여지려고 하는 범죄행위에 관한 사실을 안다고 인정되는 사람'인 경우에는 사전에 범죄발생을 제지하려는 예방적 목적이다. 둘째, '어떠한 죄를 범하였다고 의심할 만한 상당한 이유가 있는 사람' 또는 '이미 행하여진 범죄에 관한 사실을 안다고 인정되는 사람'인 경우에는 범죄자를 발견해서 검거하려는 사후진압적 목적을 수행한다.[5]

경찰관이 질문을 할 때에는 자신의 신분을 표시하는 증표를 제시하면서 소속과 성명을 밝히고 질문의 목적과 이유를 설명해야 한다.[6] 여기에서 신분을 표시하는 증표란 경찰관의 공무원증을 말한다. 그런데 만약 경찰관이 정복근무 중이라 해도 여전히 신분증을 제시해야 할까? 주민등록법 제26조에 의하면 경찰관이 근무를 수행하면서 주민의 신원이나 거주관계를 확인할 목적으로 주민등록증을 제시하도록 요구할 수 있는데 이때 정복근무 중일 때에는 상대방에 대한 신분증 제시 의무를 면제하고 있다.[7] 경찰관이 정복을 착용한 경우에는 상대방이 정복에 부착된 명찰과 흉장을 통해 경찰관의 신분을 확인할 수 있기 때문이다. 정복 자체가 일종의 직무 중인 경찰관의 신분을 표시하는 증표에 해당한다고 볼 수 있다는 취지이다. 마찬가지로 불심검문에 있어서도 정복경찰관은 신분증을 제시하지 않아도 충분히 경찰관임을 인식할 수 있기 때문에 신분증 제시 의무는 사복경찰관에게만 적용되는 것이 타당하다고 본다.[8]

---

5) 손재영, 경찰법, 박영사, 2018, pp. 244-245.

6) 경찰관직무집행법 제3조(불심검문) ④ 경찰관은 제1항이나 제2항에 따라 질문을 하거나 동행을 요구할 경우 자신의 신분을 표시하는 증표를 제시하면서 소속과 성명을 밝히고 질문이나 동행의 목적과 이유를 설명하여야 하며, 동행을 요구하는 경우에는 동행 장소를 밝혀야 한다.

7) 주민등록법 제26조(주민등록증의 제시요구) ① 사법경찰관리가 범인을 체포하는 등 그 직무를 수행할 때에 17세 이상인 주민의 신원이나 거주 관계를 확인할 필요가 있으면 주민등록증의 제시를 요구할 수 있다. ② 사법경찰관리는 제1항에 따라 신원 등을 확인할 때 친절과 예의를 지켜야 하며, 정복근무 중인 경우 외에는 미리 신원을 표시하는 증표를 지니고 이를 관계인에게 내보여야 한다.

8) 같은 의견으로 손재영, 2018, 앞의 책, p.253-255, 성홍재, 불심검문 경찰관의 신분증 제시의무에 대한 법적 검토, 경찰학연구, 8(1), 2008이 있다. 반대 의견으로 2004년 국가위원회는 정복을 입은 경찰이 신분증을 제시하지 않는 등 적법절차를 거치지 않고 불심검문을 했다면 인권을 침해한 것이

[II - 21]   다. 임의동행

불심검문을 실시하는 경찰관은 그 장소에서 질문하는 것이 대상자에게 불리하거나 교통에 방해가 된다고 판단이 되면 가까운 경찰관서에 동행할 것을 요구할 수 있다.[9] 임의동행은 단지 직무질문을 위한 보조수단으로서의 의미를 갖는다. 경찰관의 동행요구를 받은 대상자는 그 요구를 거절할 수 있다. 또한 자발적으로 경찰관서까지 동행한 이후에도 본인의 의사에 따라 언제든지 경찰관서를 나올 수 있다. 임의동행은 전적으로 대상자의 동의나 승낙이 전제되어야 가능한 임의조치이다. 따라서 경찰관이 동행요구에 불응하는 사람을 본인의 의사에 반해서 강제로 경찰관서에 데리고 갔다면 불법연행에 해당한다. 그렇기 때문에 경찰관의 불법연행에 대해 저항하더라도 적법한 직무집행을 전제로 하는 공무집행방해죄를 구성하지 않는다.[10]

그런데 단순히 대상자가 경찰관의 동행요구에 동의했다는 사실만으로 적법한 임의동행으로서의 요건이 충족되는 것은 아니다. 일련의 적법절차를 거쳤을 때 비로소 동행의 적법성이 인정된다. 먼저 경찰관은 동행 전에 대상자에게 반드시 임의동행 거부권을 고지해야 한다.[11] 만약 상대방에게 경찰관의 동행요구를 거부할 수 있고 경찰관서에 가서라도 자유롭게 퇴거할 권리가 있다는 사실을 미리 알려주지 않았다면 설령 상대방이 명시적인 거부의사를 밝히지도, 동행을 하는 과정에 경찰관의 물리력 행사가 없었다

라며, 경찰청장에게 자체 인권교육을 실시할 것을 권고했다. 이는 2003년 12월 카메라를 갖고 미대 사관 주변을 지나다가 불심검문을 당한 모 언론사 사진기자 김모씨 등 4명이 경찰이 소속과 성명을 밝히지 않고 검문했다며 낸 진정과 관련된 것으로, 주민등록법이 불심검문 업무를 포괄적으로 규정하고 있는 경찰관직무집행법보다 우선한다고 볼 수 없는 만큼 정복경찰을 비롯한 전의경들도 불심검문시 신분증 제시 의무가 있다고 밝혔다.

9)   경찰관직무집행법 제3조(불심검문) ② 경찰관은 제1항에 따라 같은 항 각 호의 사람을 정지시킨 장소에서 질문을 하는 것이 그 사람에게 불리하거나 교통에 방해가 된다고 인정될 때에는 질문을 하기 위하여 가까운 경찰서 · 지구대 · 파출소 또는 출장소로 동행할 것을 요구할 수 있다. 이 경우 동행을 요구받은 사람은 그 요구를 거절할 수 있다.

10)   대법원 1976. 3. 9. 선고 75도3779 판결.

11)   대법원 2012. 9. 13. 선고 2012도8890 판결.

고 하더라도 불법연행에 해당된다. 직무질문을 할 때와 마찬가지로 동행을 요구할 때에도 대상자에게 신분을 표시하는 증표를 제시하고 소속·성명을 밝힌 뒤 동행의 목적과 이유를 설명해야 하며 동행하려는 장소를 알려줘야 한다. 또한 동행한 사람의 가족이나 친지 등에게 동행한 경찰관의 신분, 동행장소, 동행목적과 이유를 알리거나 또는 본인에게 즉시 연락할 수 있는 기회를 줘야 한다. 아울러 변호인의 도움을 받을 권리가 있음도 알려줘야 한다(동법 제3조 제5항). 대상자의 동의 아래 임의동행이 이루어진 경우에도 6시간을 초과하여 경찰관서에 머무르게 해서는 안 된다(동조 제6항). 다만 이 규정이 임의동행한 사람을 6시간 동안 경찰관서에 구금하는 것을 허용한다는 의미는 아니다. 따라서 경찰관이 직무질문을 마쳤거나 대상자가 도중에 퇴거를 원하면 6시간이 경과하지 않았더라도 언제든지 경찰관서를 나가도록 허용해야 한다.

라. 흉기소지 여부 조사 [II - 22]

경찰관은 불심검문 대상자가 흉기를 소지하고 있는지 여부를 확인할 목적의 조사를 실시할 수 있다.[12] 경찰관에게 흉기소지 여부 조사를 허용하는 이유는 경찰관의 생명과 신체를 보호하기 위해서이다. 대상자가 흉기를 품고 있다가 경찰관을 공격할 수 있기 때문에 이를 미연에 방지하고자 하는 것이다. 따라서 수상한 자에 대해서 범죄혐의를 입증하기 위한 목적으로 조사해서는 안 된다. 조사의 대상은 옷 속에 숨기고 있을지 모르는 흉기에만 한정되며 다른 소지품(예: 도난품)은 제외된다. 조사의 방법은 착용하고 있는 옷의 바깥쪽을 가볍게 두드리거나 더듬는 '외표검사'에 국한된다. 대상자의 승낙 없이 호주머니를 뒤지거나 소지하고 있는 가방을 직접 열어 내용물을 뒤지는 행위는 인정되지 않는다.

---

12) 경찰관직무집행법 제3조(불심검문) ③ 경찰관은 제1항 각 호의 어느 하나에 해당하는 사람에게 질문을 할 때에 그 사람이 흉기를 가지고 있는지를 조사할 수 있다.

흉기소지 여부 조사는 목적, 대상 그리고 방법이 제한적이기는 하지만 신체에 대한 '수색'과 유사하다. 따라서 원칙적으로는 헌법 제12조 제3항에 의거하여 법관이 발부한 영장을 제시하고 흉기소지 여부를 조사하는 것이 타당하다.[13] 하지만 직무를 수행하는 경찰관을 갑작스런 위해로부터 보호해야 할 필요성이 있고, 현실적으로 불심검문을 할 때마다 매번 영장을 발부받는다는 것이 불가능하기 때문에 영장주의의 예외를 인정하고 있는 것이다. 그렇기 때문에 흉기소지 여부 조사는 원래 취지와 목적에 맞도록 제한적으로 실시해야하며 자칫 영장 없는 압수수색처럼 남용되지 않도록 주의해야 한다.

2. 보호조치

[II - 23]   가. 의미

경찰관이 수상한 행동이나 그 밖의 주위 사정을 합리적으로 고려하여 긴급하게 구호해야 할 필요성 있다고 판단될 때 보호의료기관 또는 공공구호기관에 긴급구호를 요청하거나 경찰관서에 일시적으로 보호하는 조치를 말한다.[14] 경찰관직무집행법 제4조 제1항은 세 부류의 구호대상자를 제시하고 있다. 정신착란을 일으키거나 술에 취하여 자신 또는 다른 사람의 생명·신체·재산에 위해를 끼칠 우려가 있는 사람, 자살을 시도하는 사람, 미아·병자·부상자 등으로서 적당한 보호자가 없으며 응급구호가 필요하

---

13) 헌법 제12조 ③ 체포·구속·압수 또는 수색을 할 때에는 적법한 절차에 따라 검사의 신청에 의하여 법관이 발부한 영장을 제시하여야 한다.

14) 경찰관직무집행법 제4조(보호조치 등) ① 경찰관은 수상한 행동이나 그 밖의 주위 사정을 합리적으로 판단해 볼 때 다음 각 호의 어느 하나에 해당하는 것이 명백하고 응급구호가 필요하다고 믿을 만한 상당한 이유가 있는 사람(이하 "구호대상자"라 한다)을 발견하였을 때에는 보건의료기관이나 공공구호기관에 긴급구호를 요청하거나 경찰관서에 보호하는 등 적절한 조치를 할 수 있다. 1. 정신착란을 일으키거나 술에 취하여 자신 또는 다른 사람의 생명·신체·재산에 위해를 끼칠 우려가 있는 사람, 2. 자살을 시도하는 사람, 3. 미아, 병자, 부상자 등으로서 적당한 보호자가 없으며 응급구호가 필요하다고 인정되는 사람. 다만, 본인이 구호를 거절하는 경우는 제외한다.

다고 인정되는 사람이 여기에 속한다. 다만 보호조치의 대상에 속하는지 여부는 대상자의 수상한 행동과 주의 사정을 합리적으로 판단하여 응급구호가 명백하게 필요하다고 믿을 만한 상당한 이유가 있는지에 따라 결정해야 한다.

나. 강제보호와 임의보호 　　　　　　　　　　　　　　　　　　[II - 24]

보호대상자에 따라 보호조치는 강제보호와 임의보호로 나뉜다. 정신착란을 일으키거나 술에 취하여 자신 또는 다른 사람의 생명·신체·재산에 위해를 끼칠 우려가 있는 사람, 자살을 시도하는 사람은 강제보호 대상자에 해당한다. 따라서 구호대상자가 경찰관의 보호조치를 거절해도 본인의 의사와 상관없이 강제적으로 적용된다. 정신착란자나 만취자, 그리고 자살기도자는 통상적으로 의사능력과 판단능력을 상당 수준 상실한 상태에 있다는 점에서 대상자의 의사에 반해서 강제적인 조치가 허용되는 것이다.

경찰실무 차원의 문제는 구호대상자로서 '술에 취한 상태에 있는 자'의 구체적인 의미이다. 보호조치의 대상은 정상적인 의사능력과 판단력을 상실해 스스로의 행동을 통제할 수 없을 정도로 만취한 사람을 의미한다.[15] 예를 들어, 도로 한가운데서 차량을 정지시켜 놓고 잠든 운전자를 신고를 받고 출동한 경찰이 깨우자 운전자에게서 '술 냄새가 나고 혈색이 붉으며, 말을 할 때 혀가 심하게 꼬이고 비틀거리며 걷는 등 술에 취한 것'으로 보였다면 구호대상자에 해당한다고 볼 수 있다.[16] 반면에 술에 취한 상태에서 운전하다가 음주단속을 피해 도주하려던 자, 술기운에 경찰관에게 거칠고 공격적인 언행을 한 자 등은 보호조치를 필요로 하는 만취의 정도에 이르렀다고 보기 어렵다고 하겠다.

임의보호 대상자에는 미아, 병자, 부상자 등으로서 적당한 보호자가 없

---

15)　대법원 2012. 12. 13. 선고 2012도11162 판결.
16)　대법원 2012. 2. 9. 선고 2011도4328 판결.

으며 응급구호가 필요하다고 인정되는 사람이 포함된다. 이와 같은 구호대
상자에게 경찰은 보호조치를 취할 수 있지만 대상자가 구호를 거절하는 경
우에는 할 수 없기 때문에 임의적 조치에 해당한다. 따라서 경찰은 대상자
의 명시적인 거절의 의사표시에 반해서 보호조치를 취할 수 없다.

[II - 25]   **다. 절차**

보호조치의 방법에는 긴급구호와 일시보호가 있다. 긴급구호란 보건의
료기관 또는 공공구호기관에 요청하는 구호를 말한다. 보건의료기관은 '보
건의료인이 공중 또는 특정 다수인을 위하여 보건의료서비스를 행하는 보
건기관, 의료기관, 약국, 기타 대통령령으로 정하는 기관'을 말한다.[17] 공공
구호기관은 법령에 명확히 규정되어 있지는 않지만 국가 또는 지방자치단
체가 설립하고 운영하는 아동보호소, 부녀보호소, 갱생원, 양로원, 고아원
등을 의미한다. 경찰관으로부터 긴급구호 요청을 받은 보건의료기관이나
공공구호기관은 정당한 이유 없이 긴급구호를 거절할 수 없다(동법 제4호
제2항).

일시보호란 구호대상자를 경찰관서에 일시적으로 보호하는 조치를 의미
한다. 다만 경찰관서에 보호하는 시간은 24시간을 초과할 수 없다. 그런데
의료전문기관이 아닌 경찰관서에서 긴급구호 업무를 담당하다보니 구호대
상자의 상태에 맞춰 적절한 응급조치를 취하지 못하는 경우가 발생한다. 또
한 대개 지구대나 파출소에서 보호조치를 하고 있는데 취약시간대에 집중
되는 신고출동업무와 함께 만취자 등 구호대상자들에 대한 보호업무를 병
행하는 것이 상당한 부담으로 작용한다. 따라서 실무적으로는 주취자 사건
을 처리할 때 단순주취자는 적극적으로 귀가조치하고 의식이 없는 만취자
는 119구급대에 연락해서 보건의료기관으로 후송하도록 조치하고 가급적

---

17)   보건의료기본법 제3조 제4호

경찰관서에서의 일시보호를 지양하고 있다.

경찰관이 보호조치를 했을 때에는 지체 없이 구호대상자의 가족·친지 기타의 연고자에게 그 사실을 통지해야 한다. 만약 연고자가 발견되지 않으면 공중보건의료기관이나 공공구호기관에 즉시 인계해야 한다(동조 제4항). 보호조치를 할 때 구호대상자가 휴대하고 있는 무기·흉기 등 위험을 야기할 수 있는 물건은 경찰관서에 10일 이내에 임시로 영치할 수 있다(동조 제3항). 영치란 국가기관이 물건을 맡아 보관하는 행위로서 물건의 소유자나 점유자의 의사에 반하지 않는다는 점에서 압류와 구분된다. 영치를 하는 목적은 혹시 있을지 모를 구호대상자의 자해행위나 타인에 대한 위해행위를 방지하는 것이다.

3. 위험발생의 방지   [II - 26]

경찰관은 사람의 생명 또는 신체에 위해를 끼치거나 재산에 중대한 손해를 끼칠 우려가 있는 위험한 사태가 있을 때 일련의 조치를 취할 수 있다.[18] 경찰관직무집행법 제5조 제1항에는 이러한 위험한 사태의 예로서 천재, 사변, 인공구조물의 파손이나 붕괴, 교통사고, 위험물의 폭발, 위험한 동물 등의 출현, 극도의 혼잡 등을 들고 있다. 이러한 위험한 사태가 있을 때 경찰관이 취할 수 있는 조치에는 경고, 억류 또는 피난, 위해방지 등이 있다.

경찰관은 위험한 사태가 발생한 장소에 모인 사람, 사물의 관리자, 그 밖의 관계인에게 필요한 경고를 할 수 있다. 여기서 사물의 관리자란 자동차의 운전자, 동물의 주인과 같이 사물에 대해 법률상·사실상 지배권을 가지

---

18) 경찰관직무집행법 제5조(위험 발생의 방지 등) ① 경찰관은 사람의 생명 또는 신체에 위해를 끼치거나 재산에 중대한 손해를 끼칠 우려가 있는 천재(天災), 사변(事變), 인공구조물의 파손이나 붕괴, 교통사고, 위험물의 폭발, 위험한 동물 등의 출현, 극도의 혼잡, 그 밖의 위험한 사태가 있을 때에는 다음 각 호의 조치를 할 수 있다. 1. 그 장소에 모인 사람, 사물(事物)의 관리자, 그 밖의 관계인에게 필요한 경고를 하는 것, 2. 매우 긴급한 경우에는 위해를 입을 우려가 있는 사람을 필요한 한도에서 억류하거나 피난시키는 것, 3. 그 장소에 있는 사람, 사물의 관리자, 그 밖의 관계인에게 위해를 방지하기 위하여 필요하다고 인정되는 조치를 하게 하거나 직접 그 조치를 하는 것

고 있는 자를 의미한다. 경고는 사람들에게 위험의 존재를 알리고 자율적으로 대비할 수 있도록 하는 행위이다. 상황이 매우 긴급한 경우에 경찰관은 위해를 입을 우려가 있는 사람을 필요한 한도 내에서 억류하거나 피난시킬 수 있다. 억류란 사람들이 위험한 장소로 들어가지 못하도록 막는 것을 의미하고, 피난이란 위험한 장소로부터 떠나 안전한 곳으로 이동시키는 것을 의미한다. 헌법 제14조는 거주·이전의 자유를 기본권으로 규정하여 국민이 국가의 간섭을 받지 않고 자신이 원하는 장소에 거주하거나 체류하고, 또한 그 장소를 변경할 수 있는 자유를 보호하고 있다.[19] 억류와 피난은 경찰이 사람들에게 특정 장소에 대한 출입을 금지하거나 떠나 있도록 명령하는 조치라는 점에서 거주·이전의 자유를 제한하는 조치로 간주될 수 있다. 하지만 위험한 사태가 있을 때 취해지는 억류와 피난은 특정의 짧은 기간 동안만 제한을 가하는 조치라는 점에서 거주·이전의 자유를 제한한다고 보기는 어렵다. 마지막으로 경찰관은 위험한 사태가 발생한 장소에 있는 사람, 사물의 관리자, 그 밖의 관계인에게 위해를 방지하기 위해 필요하다고 인정되는 조치를 하게 하거나 직접 그 조치를 할 수 있다. 예를 들어, 도심에 출현해서 사람들을 공격하는 멧돼지를 민간 포획단으로 하여금 사살하게 하거나 경찰관이 직접 사살할 수 있다.

[II - 27]   **4. 범죄의 예방과 제지**

경찰관은 범죄행위가 눈앞에서 행하여지려 하고 있다고 인정이 될 때에는 이를 예방하기 위해 경고를 하거나 긴급한 경우 그 행위를 제지할 수 있다.[20] 여기에서 말하는 범죄행위는 범죄구성요건에 해당하는 위법행위면

---

19) 헌법 제14조 모든 국민은 거주·이전의 자유를 가진다.; 헌재 2011. 6. 30. 2009헌마406
20) 경찰관직무집행법 제6조(범죄의 예방과 제지) 경찰관은 범죄행위가 목전(目前)에 행하여지려고 하고 있다고 인정될 때에는 이를 예방하기 위하여 관계인에게 필요한 경고를 하고, 그 행위로 인하여 사람의 생명·신체에 위해를 끼치거나 재산에 중대한 손해를 끼칠 우려가 있는 긴급한 경우에는 그 행위를 제지할 수 있다.

충분하고 형법상 위법성이나 책임성을 모두 충족할 필요는 없다. 그렇기 때문에 형사미성년자나 심신상실자의 위법행위도 경찰의 범죄예방과 제지의 대상이 된다. 이러한 경찰조치의 목적이 행위자의 형사책임을 입증하는데 있는 것이 아니라 범죄를 예방하여 공공의 안전과 질서를 유지하는데 있기 때문이다.

경찰관은 범죄행위에 대해 직·간접적으로 관계가 있는 사람에 대하여 범죄행위로 나아가지 말도록 경고할 수 있다. 예를 들어, 시위가 갑자기 눈 앞에서 불법으로 변질되려고 하는 경우 경찰관은 시위대들에게 법을 준수하도록 경고할 수 있다. 관계인의 범위에는 범죄를 행할 우려가 있는 자, 범죄에 의해 피해를 받는 자, 이들의 보호자 등이 포함된다. 경고는 비권력적 사실행위로서 경찰지도의 성격을 갖는다. 다시 말해 경고의 상대방에게 준법의무를 상기시킬 뿐 법적의무를 부과하지는 않는다. 경고의 방법은 구두로 설득하거나, 경적을 울리거나, 확성기를 사용하거나 몸짓·손짓을 통해 의사를 전달할 수도 있다.

만약 범죄행위로 인해 사람의 생명·신체에 위해를 끼치거나 재산에 중대한 손해를 끼칠 우려가 있는 긴급한 경우에 경찰관은 그 범죄행위를 제지할 수 있다. 제지란 눈앞에서 범죄를 저지르려는 자에게 경찰관이 신체상의 힘 또는 경찰장구를 이용하여 범죄행위를 강제적으로 중지시키는 것을 말한다. 제지는 경찰상 의무를 명하지 않고 바로 실력으로 중지의 결과를 실현하는 대인적 즉시강제에 속한다.[21] 인체에 대해 강제력을 행사한다는 점에서 체포·수색과 마찬가지로 영장주의 원칙을 준수하는 것이 마땅해 보이지만 현장의 긴급한 상황에서 위해를 방지하기 위한 임시방편적 조치라는 점에서 예외를 허용하고 있다고 하겠다. 다만 제지를 위해 도입되는 수단이 비례성의 원칙을 준수해야 한다.

---

21) 즉시강제란 '목적의 급박한 위험 및 장해를 제거하기 위하여 필요한 경우 또는 그 성질상 미리 의무를 명함에 의해서는 목적을 달성할 수 없는 경우에 직접 개인의 신체 또는 재산에 실력을 가함으로써 행정상 필요한 상태를 실현시키는 행정작용'으로 정의된다(서정범·박상희, 행정법총론, 세창출판사, 2017, p. 388).

5. 위험방지를 위한 출입

[II - 28]　　가. 의미

경찰관은 위험한 사태가 발생하여 사람의 생명, 신체 또는 재산에 대한 위해가 임박한 때에 그 위해를 방지하거나 피해자를 구조하기 위하여 부득이하다고 인정하면 합리적으로 판단하여 필요한 한도에서 다른 사람의 토지, 건물, 배 또는 차에 출입할 수 있다.[22] 헌법16조는 국민에게 주거의 자유를 침해받지 않을 권리를 보장하고 있다. 또한 주거에 대한 압수나 수색은 법관이 발부한 영장에 의해서만 가능하도록 엄격히 제한하고 있다.[23] 그렇기 때문에 경찰이 위험방지를 목적으로 거주인의 동의 없이 주거에 출입한다면 헌법이 보장하고 있는 주거의 자유가 침해될 우려가 있다. 따라서 경찰행정목적을 위한 주거의 출입은 엄격한 조건 하에 이루어져야 한다.

[II - 29]　　나. 출입

출입이란 경찰관이 어떤 장소에 머무르면서 그곳에 있는 사람, 물건 또는 상태를 피상적으로 둘러보는 것을 의미한다.[24] 그런데 경찰관의 주거출입은 헌법 상 영장주의의 적용을 받는 주거수색과는 다른 개념이다. 헌법 제16조가 보장하고 있는 주거의 자유는 영장에 의하지 않고 국가기관에 의해 압수·수색을 당하지 않을 권리이다. 여기에서 주거수색은 압수할 물건이나 피의자를 발견하기 위한 목적을 가지고 체계적으로 뒤져서 찾는 행위

---

22) 경찰관직무집행법 제7조(위험 방지를 위한 출입) ① 경찰관은 제5조제1항·제2항 및 제6조에 따른 위험한 사태가 발생하여 사람의 생명·신체 또는 재산에 대한 위해가 임박한 때에 그 위해를 방지하거나 피해자를 구조하기 위하여 부득이하다고 인정하면 합리적으로 판단하여 필요한 한도에서 다른 사람의 토지·건물·배 또는 차에 출입할 수 있다.

23) 헌법 제16조 모든 국민은 주거의 자유를 침해받지 아니한다. 주거에 대한 압수나 수색을 할 때에는 검사의 신청에 의하여 법관이 발부한 영장을 제시하여야

24) 손재영, 2018, 앞의 책, p. 345.

를 말한다. 따라서 위해를 초래할 요소가 있는지 여부를 확인하기 위해 피상적으로 내부를 둘러보는 주거출입은 주거의 자유를 제한하는 조치이기는 하지만 영장주의가 적용되지는 않는다고 보는 것이 타당하다.[25] 경찰관직무집행법 제7조는 경찰관에게 장소에 출입할 수 있는 권한을 부여하고 있지만 그 내부를 수색할 수 있는 권한은 부여하지 않았다. 따라서 경찰관이 위험방지를 위해 어떤 장소에 일단 들어갔다 하더라도 그곳 책임자의 동의나 승낙을 받지 않고 내부를 수색할 수 없으며 다만 둘러보는 행위만 허용된다. 경찰관은 출입을 할 때 반드시 경찰신분증을 제시해야 하며 해당 장소의 관계인이 하는 정당한 업무를 방해해서는 안 된다(동법 제7조 제4항). 출입은 오직 위해방지의 목적을 위해서만 허용되며 범죄수사, 단속 등 다른 목적을 위해서 출입할 수 없다.

위험방지를 위한 출입에는 '긴급출입'과 '예방출입'이 있다. 긴급출입은 다수인이 출입하지 않는 장소에 경찰관이 위험방지를 목적으로 출입하는 경우이다. 위험한 사태가 발생하여 사람의 생명과 신체 또는 재산에 대한 위해의 발생이 임박한 때에 그 위해의 방지와 피해자를 구조하기 위해 타인의 토지, 건물, 배 또는 차에 출입할 수 있다(동조 제1항). 긴급출입은 요건이 충족되는 한 언제든지 허용되며 거주인의 동의를 받을 필요가 없다. 다만 주거의 자유를 제한할 우려 때문에 경찰권 행사에 있어서 비례성의 원칙을 엄격히 준수해야 하며 이를 위해 긴급출입은 부득이한 경우 경찰관이 합리적으로 판단하여 필요한 한도에서만 행하여 질 수 있다.

예방출입이란 흥행장, 여관, 음식점, 역 등 다수인이 출입하는 공개된 장소에 경찰관이 범죄의 예방 또는 사람의 생명·신체 및 재산에 대한 위해를 방지하기 위해 출입하는 것을 말한다. 다만 공개된 장소에 대해 영업시간 또는 일반인에게 공개된 시간에만 출입이 가능하다. 경찰관이 공개된 장소를 출입하겠다고 요구하면 해당 장소의 관리자나 이에 준하는 관계인은 정

---

25) 앞의 책, pp. 360-362.

당한 이유가 없으며 이러한 요구를 거부할 수 없다(동조 제2항).

[II - 30]   6. 사실의 확인 등

경찰관서의 장은 직무수행에 필요하다고 인정되는 상당한 이유가 있을 때에는 국가기관 또는 공사단체 등에 직무수행에 관련된 사실을 조회할 수 있다.[26] 조회의 요건으로 경찰관직무집행법 제2조에 규정된 '공공의 안전과 질서 유지'라는 직무의 수행을 위해 필요하다고 인정할만한 상당한 이유가 충족되어야 한다. 다만 금융실명거래 및 비밀보장에 관한 법률 제4조 제1항 제1호에 의해 금융거래의 내용에 대한 정보나 자료는 법원의 제출명령 또는 법관이 발부한 영장에 의해 제공되기 때문에 본 조항에서 말하는 사실의 조회 대상에 포함되지 않는다. 또한 통신사실 확인자료 역시 통신비밀보호법 제13조 제1항에 의해 수사 목적으로 관할 지방법원의 허가를 받아서 요청할 수 있다.

또한 경찰관은 직무를 수행하기 위해 필요한 경우 관계인으로 하여금 경찰관서에 출석하도록 요구할 수 있다. 여기에 해당되는 관계인에는 미아를 인수할 보호자(또는 보호자에 갈음할 수 있는 자), 유실물의 관리자(또는 관리자에 갈음할 수 있는 자), 사고의 가해자 · 피해자 · 목격자 등이다. 출석요구를 하는 방식은 출석을 해야 하는 사유, 일시, 장소를 명확히 기재한 출석요구서를 발송한다(동법 제8조 제2항). 출석요구가 출석의무를 발생시키는 조치는 아니기 때문에 불출석으로 인한 처벌도 당연히 없다.

---

26) 경찰관직무집행법 제8조(사실의 확인 등) ① 경찰관서의 장은 직무 수행에 필요하다고 인정되는 상당한 이유가 있을 때에는 국가기관이나 공사(公私) 단체 등에 직무 수행에 관련된 사실을 조회할 수 있다. 다만, 긴급한 경우에는 소속 경찰관으로 하여금 현장에 나가 해당 기관 또는 단체의 장의 협조를 받아 그 사실을 확인하게 할 수 있다.

제2절 경찰 물리력 행사

1. 경찰 물리력 행사의 의의 [II - 31]

경찰은 일반통치권을 근거로 공공안전과 질서유지 직무를 수행하는 과정에 경찰권의 실효성을 확보하기 위해 물리력을 행사한다. 범인을 체포하거나 불법시위를 진압하는 등의 경찰활동은 종종 사람을 대상으로 한 강제력이 수반될 때가 있고, 이에 대해 대상자들이 신체나 도구를 사용하여 저항하는 경우가 발생한다. 경찰관에게는 법집행의 목적을 달성하고 시민과 경찰 자신의 안전을 확보하기 위해 적정하고 적법한 수준의 물리력의 행사가 요구되며 이를 위해 각종 경찰장비를 사용하고 있다. 예를 들어, 칼을 들고 난동을 피우는 자로 인해 무고한 시민들의 안전이 위협을 받고 있는 상황에서 행위자를 제압하고 시민과 경찰관 자신의 안전을 확보하기 위해 경찰관은 경찰봉, 전자충격기 또는 필요시 총기를 사용할 수 있다.

경찰 물리력은 '범죄의 예방과 제지, 범인 체포 또는 도주 방주, 자신이나 다란 사람의 생명·신체 방어 및 보호, 공무집행에 대한 항거 제지 등 경찰목적을 달성하기 위해 경찰권발동의 대상자에 대해 행해지는 일체의 신체적, 도구적 접촉'을 의미한다.[1] 경찰봉, 전자충격기 등과 같은 경찰장비를 사용하는 '도구적 물리력'과 경찰장비에 의존하지 않고 언어나 신체적 완력만을 사용하는 '비도구적 물리력'으로 구분할 수 있다. 또한 심각한 신체적 피해나 사망을 야기할 수 있는 '치명적 물리력'과 그보다는 침해의 정도가

---

1) 경찰청, 경찰 물리력 행사의 기준과 방법에 관한 규칙(경찰청예규): 해설 및 사례연습, 경찰청, 2019.

낮은 '비치명적 물리력'으로 구분하기도 한다.[2]

경찰 물리력 행사의 법적 성질은 경찰상 즉시강제에 해당한다. 즉시강제란 경찰관이 직접 개인의 신체나 재산에 실력을 가하여 경찰상 필요한 상태의 실현을 목적으로 하는 경찰강제의 하나이다. 눈앞에 급박한 위해가 발생하려는 상황에서 개인에게 의무를 명령할 시간이 없거나 또는 명령을 통해 위해의 예방이나 제거가 불가능하다고 판단되는 경우 즉시 실력을 행사하는 것을 말한다. 칼을 휘두르는 피의자가 금방이라도 옆 사람을 찌를 것 같다거나 칼을 버리라는 경찰관의 명령에 저항하는 상황에서 경찰관은 급박한 위해를 제거하기 위해 물리력을 행사할 수 있다.

다만 경찰 물리력 행사와 같은 즉시강제는 국민의 기본권을 침해할 소지가 큰 권력작용이기 때문에 최소한의 범위 내에서 불가피한 경우에만 제한적으로 행사되어야 한다. 과도한 경찰 물리력의 행사는 헌법이 보장하고 있는 개인의 기본권을 침해할 뿐만 아니라 경찰에 대한 신뢰도가 저하되고 해당 경찰관에게 민·형사상 책임을 야기할 수 있다. 특히 생명과 신체에 치명적인 위해를 초래할 수 있는 무기의 사용은 더욱 엄격히 제한해야 한다.

2. 경찰 물리력 행사의 법적요건

[II - 32]   가. 경찰장비의 의미와 구분

경찰 물리력에는 경찰관의 육체적 힘과 같은 비도구적 물리력과 함께 체력을 보조하기 위한 수단으로 도구적 물리력이 있다. 경찰관직무집행법 제10조에서는 경찰관이 직무 중 사용할 수 있는 수단을 경찰장비라고 지칭한다.[3] 경찰장비는 '무기, 경찰장구, 최루제와 그 발사장치, 살수차, 감식기구,

---

2) 최규범, 경찰관 물리력 사용의 한계에 관한 연구: 객관적인 경찰 물리력 행사 기준 마련을 중심으로, 경찰학연구, 7, 2004, p. 120.

3) 경찰관직무집행법 제10조(경찰장비의 사용 등) ① 경찰관은 직무수행 중 경찰장비를 사용할 수 있다. 다만, 사람의 생명이나 신체에 위해를 끼칠 수 있는 경찰장비(이하 이 조에서 "위해성 경찰장비"

해안 감시기구, 통신기기, 차량·선박·항공기 등 경찰이 직무를 수행할 때 필요한 장치와 기구'로 정의된다. 이중에서 특별히 사람의 생명이나 신체에 위해를 끼칠 수 있는 경찰장비를 '위해성 경찰장비'라고 부른다. 위해성 경찰장비는 다른 경찰장비와 달리 보다 엄격한 요건을 갖추어 사용하고 관리하도록 하고 있다. 반드시 사용 전에 안전교육과 안전검사를 받아야 하며 비례의 원칙이 적용되어 필요한 최소한도에서만 사용하여야 한다. 또한 새로운 위해성 경찰장비를 도입할 때에는 외부 전문가가 참여하는 안전성 검사를 실시하여 검사결과보고서를 국회 소관 상임위원회에 제출해야 한다. 위해성 경찰장비의 종료 및 그 사용기준, 안전교육·안전검사의 기준은 별도의 법령에 규정하고 있다.[4]

나. 무기의 사용 요건   [II - 33]

무기는 생명 또는 신체에 위해를 가하도록 제작된 기구로서 경찰관이 휴대하는 권총이 대표적이다. 무기가 아닌 기구도 용법에 따라 사람의 생명과 신체에 위해를 가할 수는 있다. 예를 들어, 경찰봉으로 구타하여 사람을 다치게 하거나 심지어 사망에 이르게 할 수도 있다. 하지만 경찰봉은 처음부터 사람을 살상하기 위한 목적으로 제작되지 않았다는 점에서 용법에 따라 무기로 사용될 수는 있지만 성질상 무기에는 속하지 않는다. 경찰공무원법 제20조 제2항은 '경찰공무원은 직무수행을 위하여 필요하면 무기를 휴대할 수 있다'고 규정하고 있어 경찰관의 무기휴대에 대한 법적근거가 된다. 무기사용에 대한 법적근거는 경찰관직무집행법 제10조의 4에 규정되어 있

라 한다)를 사용할 때에는 필요한 안전교육과 안전검사를 받은 후 사용하여야 한다.

4) 위해성 경찰장비의 사용기준 등에 관한 규정 제2조(위해성 경찰장비의 종류)
경찰장구: 수갑·포승·호송용포승·경찰봉·호신용경봉·전자충격기·방패 및 전자방패
무기: 권총·소총·기관총·산단총·유탄발사기·박격포·3인치포·함포·크레모아·수류탄·폭약류 및 도검
분사기·최루탄 등: 근접분사기·가스분사기·가스발사총 및 최루탄
기타장비: 가스차·살수차·특스진압차·물포·석궁·다목적발사기 및 도주차량차단장비

다.[5]

무기사용의 요건은 위해를 수반하는 무기사용과 그렇지 아니한 무기사용으로 구분된다. 경찰관직무집행법은 원칙적으로 무기를 사용할 때 사람에게 위해를 끼쳐서는 안 된다고 규정하면서 동시에 위해가 수반될 수 있는 예외를 허용하고 있다. 여기에서 '위해'란 '사람'의 생명이나 신체에 대한 '직접적인 침해'를 의미하기 때문에 동물이나 재산을 향해 총을 발사하는 것은 위해를 수반한 무기사용으로 간주하지 않는다. 또한 단순히 총을 꺼내서 겨누고 있거나 공포탄을 발사하거나 공중을 향해 경고사격을 하는 행위는 상대방에게 직접적인 침해를 끼친다고 볼 수 없어 위해를 수반한 무기사용에 해당하지 않는다.[6]

무기는 원칙적으로 사람의 생명과 신체에 직접적인 위해를 주지 않는 방식으로 사용되어야 한다. 경찰관직무집행법 제10조의4 제1항은 무기를 인명의 살상의 수단이 아니라 위협과 공포로 경찰목적을 달성하기 위한 수단으로 사용하라는 입법 취지를 반영하고 있다. 위해가 수반되지 않는 무기사용의 경우에는 범인의 체포 및 도주의 방지, 경찰관 자신이나 타인의 생명·신체의 방어 및 보호, 그리고 공무집행에 대한 항거의 제지가 포함된다.

위해를 수반한 무기사용은 특정한 상황에서만 예외적으로 허용된다(동법 제10조의4 제1항 단서). 형법상 정당방위와 긴급피난에 해당할 때[7], 중범죄인의 체포하는 과정에 경찰관의 직무집행에 항거하거나 도주하려고 할 때, 영장을 집행하는 과정에 항거하거나 도주하려고 할 때, 위험한 물건을 소지한 범인이 계속적으로 항거할 때, 대간첩 작전 수행에 무장간첩이 항거

---

5) 경찰관직무집행법 제10조의4(무기의 사용) ① 경찰관은 범인의 체포, 범인의 도주 방지, 자신이나 다른 사람의 생명·신체의 방어 및 보호, 공무집행에 대한 항거의 제지를 위하여 필요하다고 인정되는 상당한 이유가 있을 때에는 그 사태를 합리적으로 판단하여 필요한 한도에서 무기를 사용할 수 있다.

6) 이호용, 현장경찰의 물리력 사용기준에 관한 연구, 치안정책연구소, 2014, p. 72.

7) 형법상 정당방위와 긴급피난은 위법성조각사유에 해당한다. 형법 제21조(정당방위) ① 자기 또는 타인의 법익에 대한 현재의 부당한 침해를 방위하기 위한 행위는 상당한 이유가 있을 때에는 벌하지 아니한다.; 형법 제22조(긴급피난) ① 자기 또는 타인의 법익에 대한 현재의 위난을 피하기 위한 행위는 상당한 이유가 있을 때에는 벌하지 아니한다.

할 때 등이다. 여기에서 중범죄인은 '사형 · 무기 또는 장기 3년 이상의 징역이나 금고에 해당하는 죄를 범하였거나 범하였다고 의심할 만한 충분한 이유가 있는 자'를 의미한다. 위험한 물건은 무기 또는 흉기 등을 말하는데 경찰관은 무기를 사용하기 전에 물건을 버리라는 명령을 3회 이상 해야 하고 그럼에도 범인이 계속 항거하는 때에 위해를 수반한 무기사용의 요건이 충족된다. 그런데 만약 무기를 든 범인이 갑작스럽게 경찰관을 공격해 3회 이상의 투기명령을 할 시간적 여유가 없는 경우에는 어떻게 할까? 이때에는 경찰관의 무기사용이 정당방위를 근거로 정당화될 수 있다.

위해수반의 여부와 상관없이 무기를 사용할 때에는 비례성의 원칙을 준수해야 한다. 경찰목적을 달성하기 위해 무기를 사용하는 것이 불가피해야 한다. 다른 경미한 수단으로는 경찰목적을 달성할 수 없다는 점이 명백해야 한다. 또한 경찰목적을 달성하기 위해 필요한 한도에서만 무기를 사용할 수 있고 이를 초과하면 경찰권 남용에 해당된다.

총기는 생명과 신체에 대한 침해의 정도가 치명적이라는 점에서 사용할 때 특별한 주의가 요구된다. 경찰관이 사람에게 권총이나 소총을 발사하고자 할 때에는 미리 구두 또는 공포탄 사격으로 상대방에게 경고를 해야 한다. 다만 상황이 급박하여 경고할 시간적 여유가 없는 경우, 인질 · 간첩 또는 테러사건에 있어서 은밀히 작전을 수행하는 경우 등 부득이 한 때에는 경고하지 않을 수 있다.[8] 또한 총기나 폭발물을 지니고 대항하는 경우를 제외하고 14세 미만의 자와 임산부를 향해 권총과 소총을 발사해서는 안 된다.[9]

다. 경찰장구의 사용 요건　　　　　　　　　　　　　　　　[II - 34]

경찰장구란 '경찰관이 휴대하여 범인 검거와 범죄 진압 등의 직무 수행

---

8)　위해성 경찰장비의 사용기준 등에 관한 규정 제9조.
9)　위해성 경찰장비의 사용기준 등에 관한 규정 제10조.

에 사용되는 수갑, 포승, 경찰봉, 방패 등'을 의미한다.[10] 경찰관직무집행법 제10조의2에서는 경찰장구의 종류를 네 가지만 예시하고 있는데 '경찰장비의 사용기준 등에 관한 규정'에는 여기에 호송용 포승, 호송용 경봉, 전자충격기, 전자방패가 추가되어 있다. 경찰장구는 주된 용도에 따라 수갑, 포승 등과 같이 범인의 신체를 포박하는 수단과 경찰봉, 방패, 전자충격기 등 범인을 물리력으로 제압하기 위한 수단으로 나눌 수 있다.

경찰관은 현행범이나 중범죄인(사형·무기 또는 장기 3년 이상의 징역이나 금고에 해당하는 죄를 범한 범인)의 체포 또는 도주 방지, 경찰관 자신이나 타인의 생명·신체의 방어와 보호, 그리고 공무집행에 대한 항거를 제지하기 위해 경찰장구를 사용할 수 있다. 경찰장구의 사용 요건에 있어서도 무기 사용의 경우와 마찬가지로 비례성의 원칙이 적용되어 직무를 수행하기 위하여 필요하다고 인정되는 상당한 이유가 있을 때에만 합리적으로 판단하여 필요한 한도에서만 사용할 수 있다.

각 경찰장구가 지닌 특성을 고려하여 사용할 때 준수해야 할 주의사항들을 별도로 규정하고 있다. 수갑이나 포승을 사용할 때에는 상대방에게 불필요한 상처를 입히지 않도록 주의해야 한다.[11] 경찰봉은 인명 또는 신체에 대한 위해를 최소화하는 방식으로 사용해야 하며 특히 상대방의 머리, 얼굴, 흉·복부 등을 직접 가격하는 것은 자제해야 한다.[12] 전자충격기는 '사람의 신체에 전류를 방류하여 근육의 일시적 마비를 일으킴으로써 대상자의 활동을 일시적으로 곤란하게 할 수 있는 기기'를 말한다.[13] 14세미만의 자 또는 임산부에 대해서는 전자충격기의 사용이 금지되어 있다. 또한 전극

---

10) 경찰관직무집행법 제10조의2(경찰장구의 사용) ① 경찰관은 다음 각 호의 직무를 수행하기 위하여 필요하다고 인정되는 상당한 이유가 있을 때에는 그 사태를 합리적으로 판단하여 필요한 한도에서 경찰장구를 사용할 수 있다. 1. 현행범이나 사형·무기 또는 장기 3년 이상의 징역이나 금고에 해당하는 죄를 범한 범인의 체포 또는 도주 방지, 2. 자신이나 다른 사람의 생명·신체의 방어 및 보호, 3. 공무집행에 대한 항거(抗拒) 제지.

11) 경찰장비관리규칙 제76조, 제77조.

12) 위해성 경찰장비의 사용기준 등에 관한 규정 제7조, 경찰장비관리규칙, 제78조.

13) 경찰청, 2019, 앞의 책, p.65.

침 발사장치가 있는 전자충격기를 사용할 때에는 상대방의 얼굴을 향해 전극침을 발사해서는 안 된다.[14] 방패를 사용할 때에도 모서리 등이 파손되어 가장자리가 날카롭지 않도록 사전점검을 철저히 해야 하고, 상대방의 머리 등 중요부위에 방패의 가장자리를 사용하지 않도록 해야 한다.[15] 전자방패는 14세 미만자나 임산부에게 사용하지 말아야 한다.[16]

라. 분사기 등의 사용 요건   [II - 35]

경찰관은 범인을 체포하고 도주를 방지하거나, 불법집회 · 시위로 인해 자신과 타인의 생명 · 신체와 재산 및 공공시설안전에 발생한 현저한 위해를 억제하기 위해 분사기 또는 최루탄을 사용할 수 있다.[17] 분사기는 '사람의 활동을 일시적으로 곤란하게 하는 최루 또는 자극 등의 작용제가 내장된 압축가스의 힘으로 분사할 수 있는 기기'를 말한다.[18] 무기나 경찰장구와 달리 체포 또는 도주 방지를 위해서 분사기를 사용할 때 상대방이 사형 · 무기 또는 장기 3년 이상의 징역이나 금고에 해당하는 죄를 지은 중범죄인임을 요구하지 않는다. 분사기 등의 사용은 직무를 수행하기 위해 부득이한 경우에 현장책임자가 판단하여 필요한 최소한의 범위에서 허용된다.

분사기를 사용하고자 할 때에는 범인의 체포 등을 위해 긴급을 요하는 경우를 제외하고는 미리 경고한 후 분사해야 한다. 가스발사총은 1미터 이내의 거리에서 상대방의 얼굴을 향해 발사해서는 안 되며 발사 전 반드시 안전장치를 확인해야 한다. 분사기와 가스발사총은 부득이 한 경우를 제외

---

14) 위해성 경찰장비의 사용기준 등에 관한 규정 제8조.
15) 경찰장비관리규칙 제80조.
16) 경찰장비관리규칙 제80조.
17) 경찰관직무집행법 제10조의3(분사기 등의 사용) 경찰관은 다음 각 호의 직무를 수행하기 위하여 부득이한 경우에는 현장책임자가 판단하여 필요한 최소한의 범위에서 분사기 또는 최루탄을 사용할 수 있다. 1. 범인의 체포 또는 범인의 도주 방지, 2. 불법집회 · 시위로 인한 자신이나 다른 사람의 생명 · 신체와 재산 및 공공시설 안전에 대한 현저한 위해의 발생 억제.
18) 총포 · 도검 · 화약류 등의 안전관리에 관한 법률 시행령 제6조의2(분사기).

하고 밀폐된 공간에서의 사용을 자제해야 한다.[19]

3. 경찰 물리력 행사의 기본원칙

[II - 36]   가. 비례성의 원칙

경찰 물리력 행사는 경찰권한의 하나로서 경찰권한을 제한하는 비례성의 원칙의 지배를 받는다. 경찰관이 행사하는 물리력은 그 목적과 수단 사이의 관계가 적절해야 하며(적합성의 원칙), 여러 물리력 수단 가운데서 가장 적은 침해를 야기하는 수단을 선택해야 하며(최소 침해의 원칙), 물리력 행사로 침해되는 사익이 얻게 되는 공익을 능가해서는 안 된다(상당성의 원칙). 앞서 살펴본 경찰관직무집행법 상의 경찰장비의 사용요건에 비례성의 원칙이 구체화되어 있다. 동법 제10조의4는 경찰관이 범인의 체포나 도주의 방지, 자기 또는 타인의 생명·신체에 대한 방어 및 보호, 공무집행에 대한 항거의 제지를 위해 필요하다고 인정되는 상당한 이유가 있을 때에 그 사태를 합리적으로 판단하여 필요한 한도 내에서 무기를 사용할 수 있도록 규정하고 있다.

경찰 물리력 행사가 비례성의 원칙을 충족했는지 여부는 법원에 의한 사법심사를 통해 판단된다. 주로 무기 또는 전자충격기의 사용에 관한 판례 속에서 법원이 제시한 판단 기준을 확인할 수 있다. 예를 들어, 한 사건에서 경찰관은 길이 40cm 가량의 칼을 휘두르면 반복적으로 위협하는 차량절도 피의자를 추격하다가 약 2m 정도의 거리를 두고 피의자의 등을 향해 실탄을 발사하여 사망하게 하였다. 대법원은 경찰관의 총기사용이 비례성의 원칙에 부합되는지 판단하기 위한 보다 구체적인 고려사항으로 6가지 요건을 제시했다. 여기에는 ① 범죄의 심각성(범죄의 종류, 죄질, 피해법익의 경

---

19)   경찰장비관리규칙 제133조(최루장비의 안전관리).

중), ② 위해의 급박성, ③ 저항의 강약, ④ 대상자와 경찰관의 수, ⑤ 대상자가 소지한 무기의 종류 및 무기 사용의 태양, ⑥ 주변의 상황이 포함된다. 대법원은 이러한 요건들을 고려할 때 경찰관의 총기사용은 사회통념 상 허용되는 범위를 벗어난 위법행위라고 판결했다.[20] 경찰관 물리력 사용에 관한 주요 판례를 정리한 내용은 다음과 같다.

<표 II-1> 경찰관 물리력 사용에 관한 주요 판례 요약

사건번호	사건개요	판단	판단이유
2010가합19187	칼을 들고 경찰관들을 위협하던 피의자에게 테이저건을 발사하여 피의자가 넘어지면서 칼에 찔려 사망함.	불법	· 70분간 난동을 부리기는 하였으나 급박한 상황은 아님. · 만취상태로 2차 피해 발생 우려
2006다6713	40cm 정도의 칼을 들고 경찰관을 위협하며 도주 중 총기에 복부를 맞고 피의자가 사망함.	불법	· 급박한 위험성 없음 · 다른 경찰관들 합동하여 제압 가능 · 하체부위로 발사하여 피해를 최소화할 필요성
2003다57956	경찰관의 검문에 불응하며 도주 중인 오토바이의 바퀴를 조준하여 실탄을 발사하였으나 오토바이에 타고 있던 피의자가 총상을 입음.	불법	· 피의자가 15~16세에 불과 · 경찰관에 대한 저항 없음 · 대체수단 존재 · 사회통념상 허용범위를 벗어남
98다61470	신호위반 후 도주하는 차량에 경고사격 후 실탄을 발사하여 피의자 사망함	불법	· 경찰관에 대한 공격이나 위협 없음 · 범죄가 경미(도로교통법 위반) · 계속 추격으로 검거 가능

---

20) 대법원 1999. 3. 23. 선고 97다63445 판결.

2006나 43790	도난번호판을 부착한 차량을 추격 중 차에서 내려 도주하는 피의자에게 권총을 발사하여 검거함.	적법	· 급박한 상황으로 대체 수단이 없음 · 생명에 지장이 없는 다리 부분을 조준하여 발사
2003도 3842	남편이 칼로 아들을 위협하고 있다는 신고를 받고 출동하여 현장에서 싸우고 있던 피의자에게 총기를 발사하여 사망에 이르게 함.	적법	· 피의자가 흉기를 소지하고 있을 것이라고 믿을 만한 정당한 이유가 있음 · 급박한 위험이 존재 · 공포탄 발사 후 실탄을 발사하는 등 기본적 절차 준수

출처: 최대현, 박노섭, 경찰의 물리력 행사기준 설정방향: 미국, 영국, 일본의 사례를 참고하여, 경찰법연구, 16(2), 2018, p. 37.

[II - 37]   나. 객관적 합리성의 원칙

경찰 물리력 행사의 적법성을 판단할 때에는 사건 당시 경찰관이 처해 있는 상황에 비추어 합리적인 현장경찰관의 객관적 판단을 기준으로 한다는 원칙을 말한다. 경찰관직무집행법 제10조의2와 제10조의4는 경찰관이 무기와 경찰장구를 사용할 때 '그 사태를 합리적으로 판단'하도록 규정하고 있다. 그런데 문제는 여기에서 말하는 '합리적 판단'이 구체적으로 어떤 의미인가 하는 것이다. 첫째, 현장경찰관의 주관적인 판단을 기준으로 합리성을 판단할 수 있다. 현장에 있는 경찰관이 해당 상황을 보다 구체적으로 잘 알 수 있다는 점을 근거로 한다. 하지만 이럴 경우 경찰관의 개인적 특성(예: 근무경력)이나 주의력의 정도로 인해 위해의 급박성이나 저항의 정도에 대한 인식이 좌우되어 법적 안정성을 저해할 수 있다. 또한 지나치게 현장경찰관의 재량권을 확대하여 권한남용의 우려가 발생한다. 둘째, 사후적인 법관의 판단을 합리성의 기준을 삼을 수 있다. 가장 중립적이고 객관적인 위치에 있는 법관이 사건 발생 후 작성된 모든 서류를 종합적으로 검토하여 판단한다는 점에서 일견 합리적인 접근방법으로 여겨진다. 하지만 현장 경찰관이 직접 경험하는 상황의 급박성과 위험성, 그리고 다양한 상황적 변수들을 법정에 앉은 법관이 서류 검토만으로 정확히 파악하기란 매우 어렵다는 한계가 있다.

객관적 합리성의 원칙은 현장경찰관의 객관적인 판단이 합리성 판단의 기준이 되어야 한다는 원칙이다. 해당 상황에 처한 '합리적인 경찰관'의 관점을 채택하여 판단하는 것이다. 여기에서 합리적인 경찰관이란 충분한 교육·훈련을 받고 평균적인 주의력과 판단력을 가진 경찰관을 의미한다. 사건 당시 현장경찰관이 처한 상황의 성격을 가능한 한 객관적으로 규명하기 위해 가급적 많은 정보를 수집해서 이를 종합적으로 고려한다. 고려의 대상이 되는 정보에는 일차적으로 비례성의 판단 요건인 ① 범죄의 심각성(범죄의 종류, 죄질, 피해법익의 경중), ② 위해의 급박성, ③ 저항의 강약, ④ 대상자와 경찰관의 수, ⑤ 대상자가 소지한 무기의 종류 및 무기 사용의 태양, ⑥ 주변의 상황이 포함된다. 여기에 '대상자의 신체 및 건강 상태, 도주 여부, 대상자와 경찰 간의 성별·체격·나이, 제3자에 대한 위해가능성, 위협을 가하려는 의사나 몸짓, 대상자의 흥분상태' 등 상황을 둘러싼 모든 조건들을 고려한다.[21] '이러한 모든 상황적 요소들을 종합적으로 고려했을 때 만약 합리적인 경찰관이 동일한 상황에 처한다면 과연 어떻게 행동할까?'라는 질문을 중심에 두고 해당 사건에서 문제가 된 경찰관의 물리력 행사가 과연 합리적이었는지 판단하는 것이다.

객관적 합리성은 급박한 상황 속에서 때로는 순간적으로 물리력 사용에 대한 판단을 해야 하는 치안현장의 특수성을 반영하면서 동시에 객관적인 사실과 상황요건들을 기초로 물리력 사용의 적정성을 평가한다는 점에서 경찰관의 주관적 판단이나 사후적 법관의 판단에 의존하는 방식보다 타당하다고 할 수 있다. 법원도 교통사고 현장에서 폭행을 제지하기 위해 취한 경찰관의 조치가 적법한 공무집행에 해당하는지 판단을 하면서 "경찰관의

---

21) 경찰청, 2019, 앞의 책, p. 9.

제지 조치가 적법한지 여부는 제지 조치 당시의 구체적 상황을 기초로 판단
하여야 하고 사후적으로 순수한 객관적 기준에서 판단할 것은 아니다"라고
하여 객관적 합리성의 입장을 취하고 있다.[22]

[II - 38]　　다. 대상자 행위와 물리력 간 상응의 원칙

　　경찰관이 적용할 물리력의 수준은 대상자의 행위에 따른 위해의 수준과
상응하도록 선택되어야 한다는 원칙이다. 비례성의 원칙 중 최소 침해의 원
칙과 상당성의 원칙을 기본으로 하고 있다. 즉 경찰물리력은 경찰목적을 달
성하기 위한 필요최소한에 그쳐야 하며 물리력 사용을 통해 얻어지는 공익
이 침해되는 이익과 합리적인 비례관계를 가져야 한다. 그런데 경찰관이 마
주치게 되는 현장상황은 때때로 여러 상황적 요인들과 결부되어 지속적으
로 변화하는 역동성을 지니고 있다. 예를 들어, 처음엔 술집 손님들 간의 단
순한 시비소란으로 시작되었다가 갑자기 주변사람이 개입하면서 심각한 폭
행사건으로 악화되기도 하고, 출동한 경찰관이 개입하는 과정에 경찰관을
향해 폭력을 행사하기도 한다. 이와 반대로 처음에는 대상자가 과도하게 흥
분해서 폭력적으로 행동하다가도 시간이 지나면서 감정이 차차 가라앉고
안정을 회복하기도 한다. 따라서 필요최소한의 경찰물리력 수준을 결정할
때 하나의 사건 전체를 놓고 판단하는 방식은 현장경찰관에게 구체적인 지
침으로 한계가 있으며 자칫 현장대응력을 약화시킬 우려가 있다. 대상자 행
위와 물리력 간 상응의 원칙은 이러한 기존의 비례성의 원칙이 지닌 한계를
보완한다. 경찰관은 현장상황 속에서 대상자로 인한 위해의 정도와 물리력
수준이 어떻게 변하는지 지속적으로 관찰·평가하고, 경찰관의 대응 역시
그에 상응하여 적용할 물리력의 수준을 높이거나 낮추는 등 탄력적으로 변
화해야 한다.[23]

---

22)　대법원 2013. 6. 13. 선고 2012도9937 판결.
23)　경찰청, 2019, 앞의 책, p. 12.

라. 위해감소노력 우선의 원칙　　　　　　　　　　　　　　　　[II - 39]

　　경찰관은 대상자가 야기하는 위해의 수준을 낮추어 보다 덜 위험한 경찰
물리력을 사용하고도 상황을 종결지을 수 있도록 노력해야 한다는 원칙이
다. 현장상황을 하나의 불변적 조건으로 인식하고 주어진 그대로 받아들여
필요최소한의 경찰물리력을 적용하는 대신 경찰관이 적극적으로 상황의 변
화를 주도하라는 의미가 담겨 있다. 이러한 원칙 역시 현장상황의 가변성과
역동성에서 도출된다. 대상자가 야기하는 위해의 수준은 고정되어 있지 않
으며 여러 상황변수에 의해 변화가능한데 경찰관의 말과 행동이 하나의 독
립변수처럼 작용할 수 있다. 종종 경찰의 현장출동 자체가 대상자를 더욱
자극하고 상황을 악화시키는 경우가 있다. 그런데 이로 인해 대상자가 야기
하는 위해의 수준이 높아지고 이에 대해 경찰관은 상응하는 더 높은 수준의
물리력을 행사한다면 합법성을 떠나 경찰 측의 책임을 부인할 수 없다. 따
라서 현장경찰관은 적극적으로 대상자가 야기하는 위해의 수준을 낮추어
가급적 낮은 수준의 경찰물리력을 사용하는 것이 바람직하다. 예를 들어,
극도의 흥분상태에 있는 대상자를 향해서 설득과 위로의 말로 진정을 시키
고, 대상자가 하고 싶은 말을 하도록 들어줄 수 있다. 또한 상황이 급박하지
않다면 대상자를 자극하지 않고 일정한 물리적 거리를 유지한 채 일정시간
을 두고 지켜 볼 수도 있다. 다만 이러한 노력이 오히려 상황을 더욱 위험하
게 만들거나 상황의 급박성으로 인해 시간적 여유가 없을 때에는 이 원칙을
적용하지 않는 것이 타당하다.[24]

---

24)　경찰청, 2019, 앞의 책, p. 12-13.

4. 대상자 행위와 경찰물리력 허용범위

[II - 40]   가. 의의

경찰관직무집행법 제10조의4는 경찰관의 무기 사용에 관해 엄격한 요
건을 규정하고 있다. 다만 그 요건들이 '필요하다고 인정되는 상당한 이유',
'합리적으로 판단', '필요한 한도'와 같이 추상적인 용어들로 표현되어 있다.
행정법에서는 이와 같이 다의적이고 불명확한 용어로 기술된 개념을 '불확
정 개념'이라고 부른다. 경찰물리력 사용에 불확정 개념이 적용된 이유는
경찰관이 취급하는 사건과 상황이 워낙 다양하기 때문에 사용요건을 사전
에 미리 법조문에 구체적으로 규정하는 것이 불가능하기 때문이다. 불확정
개념의 장점은 물리력 사용에 관해 현장경찰관에게 일정한 판단여지를 부
여함으로써 구체적인 상황에 따른 맞춤형 대응을 가능하게 한다. 하지만 현
실에 있어서는 추상적이고 모호한 법조항이 급박한 상황 앞에 놓인 경찰관
들을 딜레마에 빠뜨리는 일이 발생하고 있다. 눈앞의 상황을 무기의 사용이
요구되는 상황으로 해석하여 적극적으로 대응하는 경우 이로 인해 추후에
야기될 모든 불이익(예: 국가손해배상판결로 인한 구상권, 경찰내부 징계)
의 위험을 감수해야 한다. 반면에 상황을 소극적으로 해석하고 개입을 최소
화한 경우 그로 인해 예상치 못한 결과(예: 범인의 도주, 2차 피해 발생)가
발생한다면 적절하게 물리력을 사용하지 못했다는 책임과 비난을 감수해야
한다.[25] 결국 딜레마 상황에 내몰린 현장경찰관들은 종종 과잉대응에 따른
책임을 더 큰 부담으로 느끼고 가급적 소극적으로 대응하는 경향을 보인다.
이러한 문제는 현장에서의 판단과 법원의 사후적 판단 사이의 간격이 존재
할 수밖에 없는 현실에서 경찰관들에게 물리력 사용에 관한 구체적인 지침
이 제공되지 않다는 데에 근본적 원인이 있다고 할 수 있다.

---

25)   최규범, 2004, 앞의 논문, p. 125.

　이러한 문제를 해결하기 위해 2019년 경찰청은 '경찰 물리력 행사의 기준과 방법에 관한 규칙'을 경찰청 예규로 제정하였다.[26] 기존의 경찰관직무집행법 상의 무기 및 경찰장구 사용에 관한 규정 및 경찰청 내부 매뉴얼이 현장경찰관들에게 물리력 사용에 대한 통일적인 기준과 구체적인 지침이 되지 못하고 있다는 의견이 많았다. 이번에 제정된 규칙의 핵심은 경찰 물리력 행사의 대전제인 비례성의 원칙을 현장상황에 적용할 수 있는 체계적이고 실무중심적인 기준으로 구체화하는데 있다. 가장 핵심적인 내용은 대상자의 행위로 인한 위해의 수준과 이에 대한 경찰관의 대응수준을 단계화한 점이다. 또한 적합한 경찰물리력의 수준을 획일화, 정형화하는 대신 하나의 '연속체'(continuum)로 개념으로 이해하여 가장 낮은 단계에서 가장 높은 단계의 물리력을 시시각각 변화하는 상황에 맞추어 보다 유동적으로 적용할 수 있도록 하였다.

　나. 대상자 저항수준　　　　　　　　　　　　　　　　　[II - 41]

　대상자의 행위는 위해의 수준에 따라 다음의 5단계로 구분되는데, 경찰관의 지시에 대한 저항의 정도가 주된 고려사항이다.[27]

　① 순응
　대상자가 경찰관의 지시와 통제를 따르는 상태를 말한다. 순응 단계는 명백히 협조적인 태도를 보이는 경우부터 경찰관의 지시·명령에 아무런 반응을 하지 않는 경우, 단순히 언어적으로 불만을 표시하는 경우까지 다양한 반응을 포함한다.

---

26)　'경찰 물리력 행사의 기준과 방법에 관한 규칙'은 경찰위원회의 심의·의결을 거쳐 2019년 5월 23일 제정되었고 같은 해 11월 24.부터 시행되었다.

27)　경찰청, 2019, 앞의 책, pp. 21-29.

② 소극적 저항

대상자가 경찰관의 지시·통제에 대한 불응의 의사를 언어적으로, 물리적으로 나타내는 경우를 말한다. 경찰관의 정당한 이동 명령에도 그 자리에서 움직이지 않거나 주변의 물건을 꽉 잡고 움직이지 않으려는 자세를 취하는 경우가 이에 해당한다. 또한 정당한 음주단속에 불응하여 입을 다문 채 측정을 거부하는 행위도 여기에 속한다. 소극적 저항은 경찰관이나 제3자에 대한 직접적인 위해는 없는 상태이다.

③ 적극적 저항

대상자가 경찰관의 정당한 체포·연행을 적극적인 행동을 통해 거부하거나 방해하는 경우를 말한다. 체포·연행하려는 경찰관으로부터 물리적으로 이탈하거나 도주하려는 행위, 체포·연행을 위해 팔을 잡으려는 경찰관의 손을 뿌리치거나 경찰관을 밀고 잡아끄는 행위, 경찰관에게 침을 뱉거나 경찰관을 밀치는 행위 등이 여기에 속한다. 이 과정에 경찰관 또는 제3자에게 낮은 수준의 위해가 발생할 수 있다.

④ 폭력적 공격

대상자가 경찰관이나 제3자에게 신체적 위해를 가하거나 또는 위해를 초래할 수 있는 적대적이고 공격적인 행동을 취하는 경우를 말한다. 체포하려는 경찰관을 완력을 사용해 밀어뜨리거나 잡아당기는 행위, 주먹이나 발을 휘둘러 경찰관을 때리거나 위협을 가하는 행위 등이 여기에 속한다.

⑤ 치명적 공격

대상자가 경찰관이나 제3자에게 사망 또는 심각한 부상을 초래할 수 있는 행위를 하는 상태를 말한다. 총기류, 흉기 등을 이용해서 경찰관이나 제3자에 대해 위력을 행사하고 있거나 위해의 발생이 임박한 경우, 경찰관이나 제3자의 목을 조르거나 무차별 폭행하는 등 생명·신체에 대해 중대한 위해가 발생할 정도의 위험한 폭력을 행사하는 경우 등이 이에 속한다.

다. 경찰관 대응수준 [II - 42]

대상자 행위로 인한 위해의 수준에 따라 경찰관은 다음과 같이 5단계의 대응조치를 취할 수 있다.

① 협조적 통제

대상자의 협조를 유도하거나 그 과정에 수반되는 물리력을 말한다. 대상자가 순응 이상의 상태일 때 경찰관이 사용할 수 있는 물리력 수준이다. 여기에는 현장 임장, 언어적 통제, 체포 등을 위한 수갑 사용, 안내·체포 등에 수반된 신체적 물리력 등이 포함된다. 현장 임장은 경찰관이 대상자에게 자신의 신분을 알리고 현장에 임한 목적을 밝혀 경찰관의 조치에 따르도록 하는 것을 말한다. 언어적 통제는 경찰관이 대상자가 특정한 행위를 하도록 말이나 행동을 통한 의사전달을 의미한다. 대화, 설득, 지시, 경고와 같은 언어적 표현과 함께 손을 잡는 등의 신체적 접촉도 포함된다. 경찰의 지시·명령에 순응하는 대상자를 체포 또는 연행하기 위해 수갑을 사용할 수 있다. 마지막으로 순응 상태의 대상자를 인도하기 위해 손이나 팔을 가볍게 잡거나 어깨 등 신체 일부를 밀거나 잡아끌 수도 있다.

② 접촉 통제

대상자의 신체를 접촉하여 강제적으로 경찰목적을 달성하지만 신체적 부상을 야기할 가능성은 극히 낮은 물리력을 의미한다. 소극적 저항 이상의 상태인 대상자에 대해 사용할 수 있는 물리력 수준이다. 경찰관이 신체적 물리력을 사용할 때에는 대상자의 손이나 팔을 힘주어 잡을 수 있고 어깨 등 신체 일부를 힘주어 밀거나 잡아끌 수 있다. 대상자가 물체를 꽉 잡고 움직이지 않을 때에는 신체 일부를 쥐거나 누르거나 비틀어서 손을 떼도록 할 수도 있다. 경찰장구를 사용하는 경우에는 경찰봉 양 끝 또는 방패를 잡고 대상자의 신체에 안전하게 밀착한 상태에서 대상자를 특정 방향으로 밀거나 잡아당길 수 있다.

③ 저위험 물리력

대상자가 통증을 느낄 수 있으나 신체적 부상을 당할 가능성은 낮은 물리력을 말한다. 적극적 저항 이상의 상태인 대상자에 대해 사용할 수 있는 물리력 수준이다. 신체적 물리력을 사용하는 경우에는 대상자의 목을 압박하여 제압하거나 관절을 꺾는 방법, 팔·다리를 이용해 움직이지 못하도록 조르는 방법, 다리를 걸거나 들쳐 매는 등 균형을 무너뜨려 넘어뜨리는 방법, 대상자가 넘어진 상태에서 움직이지 못하게 위에서 눌러 제압하는 방법 등이 포함된다. 저위험 물리력 단계에 속한 경찰장구에는 분사기가 있다. 저위험 물리력 이하의 수단으로 대상자를 제압하기 어렵고 경찰관이나 대상자의 부상 방지 또는 범인의 도주방지를 위해 분사기를 사용할 수 있다.

④ 중위험 물리력

대상자에게 신체적 부상을 입힐 수 있으나 생명·신체에 중대한 위해 발생 가능성은 낮은 물리력을 말한다. 폭력적 공격 이상의 상태인 대상자에게 사용할 수 있는 물리력 수준이다. 이 단계에 속한 신체적 물리력에는 손바닥, 주먹, 발 등 신체 부위를 이용하여 대상자를 가격하는 행위가 포함된다. 경찰장구로는 경찰봉, 방패, 전자충격기가 여기에 속한다. 중위험 물리력으로서 경찰봉을 사용할 때에는 대상자의 신체를 찌르거나 가격할 수 있다. 방패로는 대상자를 강하게 압박하거나 세게 밀 수 있다. 마지막으로 전자충격기 사용이 허용되는데 대상자의 생명·신체에 위해가 발생하지 않도록 사용요건과 주의사항을 준수해야 한다.

⑤ 고위험 물리력

대상자의 사망 또는 심각한 부상을 초래할 수 있는 물리력을 말한다. 치명적 공격 상태의 대상자로 인해 경찰관 또는 제3자의 생명 · 신체에 급박하고 중대한 위해가 초래될 가능성이 있는 경우 최후의 수단으로 사용할 수 있는 물리력 수준이다. 대표적으로 권총 등 총기류의 사용이 고위험 물리력에 해당한다. 그 밖에 경찰봉, 방패, 또는 신체적 물리력으로 대상자 신체의 중요 부위 또는 급소 부위를 가격하거나 목을 강하게 조르거나 신체를 강한 힘으로 압박하는 행위가 포함된다.

라. 경찰물리력 행사 연속체   [II - 43]

대상자의 행위에 비례해서 경찰관이 사용할 있는 물리력 수준을 도식화한 것을 '경찰물리력 행사 연속체'(a use of force continuum)라고 부른다. 경찰관에게 각 상황별로 합리적인 수준의 물리력을 명확히 알려주는데 목적이 있다. 1990년대 초 미국에서 도입되어 현재 대부분의 경찰관서별로 개발한 연속체 모형을 경찰물리력 행사의 핵심적 가이드라인으로 활용하고 있다. 우리나라에서는 2019년 제정된 '경찰 물리력 행사의 기준과 방법에 관한 규칙'에 이와 같은 내용을 처음으로 담았다.

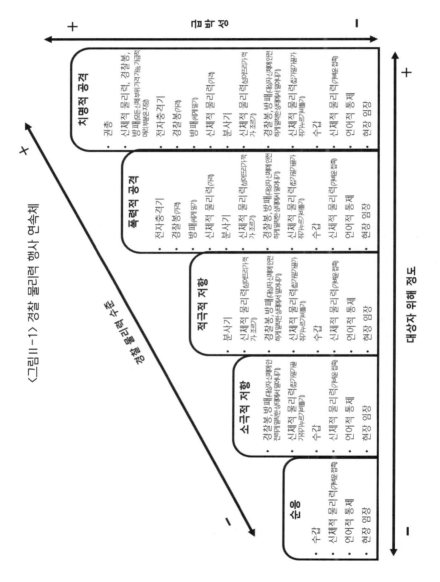

〈그림 II-1〉 경찰 물리력 행사 연속체

출처: 경찰 물리력 행사의 기준과 방법에 관한 규칙(경찰청예규); 해설 및 사례연습, 2019, 경찰청, p. 21-29.

연속체는 일차적으로 대상자 저항의 정도에 따라 경찰관이 사용할 수 있는 물리력을 열거하고 이차적으로 상황의 급박성이나 위해의 수준 등을 고려하여 가장 적절한 수준의 물리력을 선택하도록 하고 있다. 예를 들어, 대상자가 소극적 저항을 보이는 경우 현장 임장, 언어적 통제, 신체적 물리력, 수갑, 경찰봉·방패 등을 사용할 수 있다. 경찰관은 처음엔 가급적 가장 낮은 수준의 물리력을 사용하여 대응하되 상황의 성격과 위해의 정도가 변화하는데 맞추어 대응하는 물리력의 강도에 변화를 줄 수 있다. 다만 대상자가 소극적 저항의 수준에 머무르는 한 경찰관이 사용할 수 있는 최고 수준의 물리력은 경찰봉이나 방패를 사용하여 대상자를 밀어내는 것이다. 하지만 만약 대상자가 위해의 정도를 적극적 저항 수준까지 높인다면 경찰은 넘어뜨리기, 꺾기, 조르기 등의 신체적 물리력과 분사기를 사용할 수 있게 된다.

제3절 특별경찰법상 경찰권한

1. 가정폭력 · 아동학대로 인한 위험의 방지

[II - 44] 가. 관련 법조항

가정폭력 및 아동학대로 인한 피해를 방지하고 피해자를 보호하기 위한 특별법으로 '가정폭력방지 및 피해자보호 등에 관한 법률'(이하 가정폭력방지법), '가정폭력범죄의 처벌 등에 관한 특례법'(이하 가정폭력처벌법), '아동학대처벌법' 등이 있다. 특히 오랫동안 가정 내 문제정도로 취급받아 온 가정폭력과 아동학대에 대해 경찰의 보다 적극적인 개입을 요구하는 목소리가 있었고 이에 따라 피해자의 안전을 확보하기 위한 경찰조치를 규정하는 법조항들이 마련되었다.

가정폭력방지법 제9조의4와 아동학대처벌법 제11조는 가정폭력범죄나 아동학대범죄 신고가 접수되면 경찰관은 지체 없이 현장에 출동하도록 규정하고 있다. 출동한 경찰관은 현장에 출입하여 관계인에 대해 조사하거나 질문을 할 수 있다. 가정폭력처벌법(제5조, 제8조, 제8조의2, 제8조의3)과 아동학대처벌법(제12조, 제13조, 제14조, 제15조)은 사건현장에서 경찰관이 취할 수 있는 조치로서 응급조치, 긴급임시조치, 임시조치 등을 규정하고 있다. 응급조치에는 폭력행위의 제지, 당사자 분리, 수사의 착수, 상담소 · 보호시설 · 의료기관 등에의 인도 조치 등이 포함된다. 만약 응급조치에도 불구하고 폭력행위가 재발할 우려가 있고 긴급을 요하여 법원의 임시조치 결정을 받을 수 없을 때 경찰의 직권이나 피해자 등의 신청에 의해 폭력행위자에 대하여 긴급임시조치를 취할 수 있다. 여기에는 가해자를 주거로부터 퇴거시키고 피해자의 주거나 직장 등에서 100미터 이내의 접근을 금지시키고 또는 전기통신을 이용한 접근(예: 전화를 걸거나 문자를 송신하는 행위)을 금지하는 조치가 포함된다.

이와 같은 임시조치는 법원이 가해자에게 부과하는 형사적 제재의 일종으로 재범위험성을 제거할 목적으로 부과하는 일종의 보안처분이다. 따라서 원칙적으로 재범의 우려가 판단되는 경우 사법경찰관의 신청에 의해 검사가 법원에 임시조치를 청구할 수 있다.[1] 긴급임시조치는 이와 같은 정식 청구절차를 거치기에 상황이 긴급한 경우 예외적으로 인정된다.[2] 경찰관이 긴급임시조치를 한 때에는 지체 없이 검사에게 임시조치를 신청하고 검사는 법원에 임시조치 청구를 해야 한다. 임시조치의 청구는 긴급임시조치를 한 때로부터 48시간 이내에 해야 하도록 규정하고 있다.[3]

나. 현장출입조사

[II - 45]

가정폭력과 아동학대 피해자의 안전을 확보하기 위한 경찰의 초기대응을 강화할 목적으로 가정폭력방지법 제9조의4,[4] 아동학대처벌법 제11조에[5] 각각 경찰관의 현장출입조사 권한을 규정하고 있다. 현장출입조사는 가

---

1) 가정폭력처벌법 제8조(임시조치의 청구 등) ① 검사는 가정폭력범죄가 재발될 우려가 있다고 인정하는 경우에는 직권으로 또는 사법경찰관의 신청에 의하여 법원에 제29조제1항제1호·제2호 또는 제3호의 임시조치를 청구할 수 있다.

2) 가정폭력방지법 제8조의2(긴급임시조치) ① 사법경찰관은 제5조에 따른 응급조치에도 불구하고 가정폭력범죄가 재발될 우려가 있고, 긴급을 요하여 법원의 임시조치 결정을 받을 수 없을 때에는 직권 또는 피해자나 그 법정대리인의 신청에 의하여 제29조제1항제1호부터 제3호까지의 어느 하나에 해당하는 조치를 할 수 있다.

3) 가정폭력방지법 제8조의3(긴급임시조치와 임시조치의 청구) ① 사법경찰관이 제8조의2제1항에 따라 긴급임시조치를 한 때에는 지체 없이 검사에게 제8조에 따른 임시조치를 신청하고, 신청 받은 검사는 법원에 임시조치를 청구하여야 한다. 이 경우 임시조치의 청구는 긴급임시조치를 한 때부터 48시간 이내에 청구하여야 하며, 제8조의2제2항에 따른 긴급임시조치결정서를 첨부하여야 한다.

4) 가정폭력방지법 제9조의4(사법경찰관리의 현장출동 등) ② 제1항에 따라 출동한 사법경찰관리는 피해자를 보호하기 위하여 신고된 현장 또는 사건 조사를 위한 관련 장소에 출입하여 관계인에 대하여 조사를 하거나 질문을 할 수 있다.

5) 아동학대처벌법 제11조(현장출동) ② 아동학대범죄 신고를 접수한 사법경찰관리나 아동보호전문기관의 직원은 아동학대범죄가 행하여지고 있는 것으로 신고된 현장에 출입하여 아동 또는 아동학대행위자 등 관계인에 대하여 조사를 하거나 질문을 할 수 있다.

정폭력 또는 아동학대의 신고가 접수되어 출동한 경찰관이 현장에 출입하여 관계인에 대하여 조사하거나 질문하는 것을 말한다. 경찰의 현장출입조사는 헌법 제16조가 보장하고 있는 주거의 자유를 침해할 우려가 있기 때문에 법률에 명시적인 근거를 두고 있다. 다만 현장출입의 법적성격을 어떻게 볼 것인가에 따라 견해가 나뉘고 있다.

첫째, 현장출입을 단순히 행정조사 형식의 임의적 사실행위에 불과하다고 보는 견해가 있다.[6] 따라서 경찰은 현장출입을 목적으로 직접적인 강제력을 행사할 수 없다. 만약 누군가 집안에서 출입문을 열어주지 않고 저항한다면 경찰은 현장출입조사 규정에 근거를 강제로 집안으로 진입할 수 없다.

둘째, 현장출입을 경찰관직무집행법 제7조 제2항의 예방출입과 유사하게 보는 견해이다.[7] 경직법의 예방출입 규정은 경찰관에게 상대방에 대한 출입요구권을 부여하고 있을 뿐 강제출입권을 허용하고 있지는 않다. 다만 경찰관의 출입요구에 대해 상대방은 정당한 이유 없이 거절할 수 없기 때문에 일정한 실력을 행사할 수 있다고 본다. 비례성의 원칙에 따라 잠긴 문을 부수고 진입하는 정도는 안 되지만 상대방이 정당한 이유 없이 거절할 때 경찰관이 몸으로 밀치고 들어가는 정도의 물리력은 허용된다고 보는 입장이다.[8]

마지막으로 현장출입이 경찰관직무집행법 제7조 제1항의 긴급출입의 일종으로 보는 견해이다.[9] 위험방지를 위한 출입과 마찬가지로 현장출입 역시 강제력이 수반되는 경찰행정법상 즉시강제로 볼 수 있게 된다. 따라서 가해자가 출입문을 열어주지 않을 때 피해자의 안전을 확보할 목적으로 경찰관은 강제로 문을 열고 진입하는 조치를 취할 수 있다. 다만 위험방지를

---

6) 이성용, 가정폭력 법제에 관한 비판적 고찰, 경찰법연구, 11(2), 2013.
7) 박병욱, 가정폭력·아동학대 경찰대응 법제 개선방안: 긴급임시조치로서의 퇴거 등 격리, 접근금지 조치의 실효성 확보방안을 중심으로, 경찰법연구, 16(1), 2018, p. 107.
8) 김형훈·이영돈·박종철, 경찰관직무집행법, 경찰대학, 2019, p. 143.
9) 이동희·손재영·김재운, 경찰과 법, 경찰대학 출판부, 2015, p. 203.

위한 출입이 비례성의 원칙과 긴급성을 충족하는 경우에만 강제출입이 가능한데 반해 현장출입은 가정폭력범죄의 신고만으로 출입이 가능하다는 점에서 차이가 있다. 가정폭력 피해자가 경찰에 신고함으로써 이미 자신의 사적공간에 경찰의 출입을 승낙한 것으로 간주할 수 있기 때문이다.

2012년 가정폭력방지법이 개정되면서 경찰의 현장출입조사권이 신설되었다. 당시 법개정의 취지는 가정폭력신고를 받고 현장에 출동한 경찰관이 보다 적극적으로 피해자를 보호하기 위한 조취를 취할 수 있도록 법적 뒷받침을 마련하고자 하는데 있었다. 예전에는 가정폭력사건 현장에서 가해자가 출입문을 열어주지 않으면 경찰관이 적극적으로 집안으로 출입해 폭력피해의 상태, 피해자의 안전여부 등을 확인하기가 곤란했다. 이와 같은 입법취지를 고려할 때 가정폭력사건과 아동학대사건의 현장출입은 경찰관직무집행법 상 긴급출입의 일종으로 보아 강제출입이 허용된다고 보는 것이 타당하다고 생각한다.

다. 긴급임시조치 　　　　　　　　　　　　　　　　　　　　　[II - 46]

가정폭력사건과 아동학대사건에 있어서 긴급임시조치는 피해자에 대한 현재의 위협요인을 제거하거나 장래의 위험발생을 방지할 목적으로 취해진다. 경찰관은 퇴거명령을 통해 가해자를 피해자가 거주하는 장소에서 떠나도록 강제할 수 있으며 접근금지명령을 통해 피해자가 머무르는 장소에 가해자가 다시 다가오는 것을 금지할 수 있다(가정폭력처벌법 제8조의2, 아동학대처벌법 제13조). 가해자에게 퇴거명령 또는 접근금지명령을 하는 목적은 위해의 방지로서 전형적인 행정경찰작용의 영역에 속한다. 그럼에도 불구하고 가정폭력처벌법과 아동학대처벌법은 긴급임시조치 후 경찰관이 검사에게 임시조치를 신청하고 검사의 청구를 받은 법원이 결정하도록 절차를 규정하고 있어 마치 형사절차상 강제처분에 대한 사법통제와 같은 구조

를 채택하고 있다.[10]

형사절차상 강제처분에는 사람을 대상으로 한 체포나 구속, 물건을 대상으로 한 압수·수색·검증 등이 있다. 이러한 처분은 사법경찰작용의 하나로서 이미 발생한 범죄에 대하여 실체적 진실을 발견하기 위한 수사목적상 이루어진다. 가정폭력과 아동학대 피해자에 대해 위험이 절박한 상황에서 예방적 차원의 긴급임시조치와는 엄연히 성격과 목적이 다르다. 더욱이 실무적 차원에서 보면 경찰관이 긴급임시조치를 취하더라도 검사의 청구를 거쳐 법원의 결정이 있은 후에 비로소 효력이 발생하기 때문에 현장에서 경찰작용의 실효성을 확보하기가 어렵다. 예를 들어, 경찰의 퇴거명령에 가해자가 불응하더라도 과태료에 처해질 뿐이며 이조차도 법원의 임시조치 결정이 난 후(통상 3일 소요)에야 비로소 효력이 생긴다. 더욱이 경찰이 신청하더라도 검사가 신청하지 않거나 법원이 임시조치 결정을 내려주지 않으면 가해자의 긴급임시조치위반이 성립하지 않는다.[11]

가정폭력과 아동학대 사건의 초기대응과정에 피해자의 안전을 확보하기 위한 경찰작용이 실효성을 갖추기 위해서는 경찰의 긴급임시조치를 다른 임시조치들과 구분할 필요가 있다. 판사가 할 수 있는 임시조치에는 경찰에게 허용된 3가지 긴급임시조치 외에 의료기관·요양시설 등에의 위탁, 아동보호전문기관 등에의 상당 및 교육 위탁(아동학대의 경우), 친권 또는 후견인 권한 행사의 제한 또는 정지(아동학대의 경우), 경찰관서의 유치장 또는 구치소에의 유치 등이 포함된다. 경찰의 긴급임시조치는 위해의 현존성과 급박성 때문에 일정한 강제력이 동반되지 않으면 경찰작용의 목적을 달성하기 어렵다는 점에서 사후적 성격의 여타 임시조치와는 차이가 있다. 따라서 경찰의 긴급임시조치는 경찰행정법 시각에서 접근하는 것이 타당하다고 하겠다. 상황에 따라 경찰하명 또는 즉시강제 등의 권력적 작용이 가능

---

10) 김재민, 가정폭력 관련 특별법 체계의 개선방향, 피해자학연구 21(2), 2013. p. 46.
11) 박병욱, 앞의 논문, 2018, p. 119.

하도록 하는 것이 필요하다[12]. 이를 위해 경찰의 긴급임시조치 조항을 행정
경찰작용의 일반법인 경찰관직무집행법에 규정하는 것도 고려해 볼 필요가
있다.[13]

2. 교통상 위험의 방지

가. 관련 법조항   [II - 47]

자동차, 선박, 항공기 등 수송수단의 운용에 있어서 위험과 장해를 방지
하고 제거하여 국민의 생명과 신체를 보호하기 위해 마련된 특별법들이 있
다. 도로교통법은 도로교통상 발생하는 위험을 방지하기 위해 많은 규정을
두고 있다. 신호 또는 지시에 따를 의무(동법 제5조 제1항), 통행의 금지 및
제한(동법 제6조 제4항), 어린이 등에 대한 보호(동법 제11조), 어린이 보호
구역의 지정 및 관리(동법 제12조 제1항), 자동차의 속도제한(동법 제17조
제2항), 음주운전 금지(동법 제44조) 등이 이에 해당한다. 선박의 안전운항
에 필요한 사항을 규정하고 있는 선박안전법에는 선박의 검사(동법 제7조
등), 선박검사증서 등 미소지 선박의 항해금지(동법 제17조) 등 위험방지
관련 조항들이 포함되어 있다. 항공법은 항공기의 안전한 항행을 목적으로
제정되었으며 항공조종사의 자격제도(동법 제26조), 기장의 안전의무(동법
제50조 제1항) 등이 위험방지 관련 조항들에 해당한다. 아래에서는 도로교
통법 상 음주측정 관련 경찰의 권한에 대해서 살펴보도록 하겠다.

나. 음주측정   [II - 48]

도로교통법 제44조는 도로교통상의 모든 위해를 방지하고 제거하여 교

---

12) 김재민, 2013, 앞의 논문, 2013. p. 51.
13) 박병욱, 앞의 논문, 2018, p.146.

통안전을 확보하기 위해 음주운전을 금지하고 있다. 경찰관은 교통의 안전과 위험방지를 위하여 필요하다고 인정하거나 술에 취한 상태에서 자동차 등을 운전하였다고 인정할 만한 상당한 이유가 있는 경우에 운전자가 술에 취하였는지를 호흡조사로 측정할 수 있고 운전자는 경찰공무원의 측정에 응하여야 한다(동법 제44조 제2항). 음주측정의 법적 성질은 음주운전자를 감별하여 운전을 금지시키고 처벌을 통해 제재를 가하기 위한 목적의 경찰 행정상 권력적 조사이다.[14)]

문제가 되는 것은 교통의 안전과 위험방지를 위해 경찰이 도로를 가로막고 불특정 다수의 자동차를 대상으로 실시하는 일제단속식 음주측정이다. 이러한 방식의 음주단속은 교통상의 구체적이고 개별적인 위험을 야기하지 않았음에도 불구하고 본인의 의사에 반하여 경찰에 의해 차량을 정지당하고 음주측정에 응하도록 한다는 점에서 국민의 기본권을 침해 가능성이 있다. 이에 대해 헌법재판소는 도로교통법 제44조 제2항의 '교통안전과 위험방지의 필요성'은 잠재적 운전자의 계속적인 음주운전을 차단하여 잠재적인 교통관련자의 위해를 방지할 가능성이 있다면 필요성이 인정된다고 보아 적법한 경찰작용이라고 판시하였다.[15)]

3. 집회 · 시위로 인한 위험의 방지

[II - 49]   가. 관련 법조항

집회 및 시위에 관한 법률(이하 집시법)은 적법한 집회 및 시위를 최대한 보장하면서 동시에 위법한 시위로 인해 공공의 안녕과 질서가 위협 받지 않도록 할 목적으로 제정되었다. 위험방지를 목적으로 집단적인 폭행, 협박, 손괴, 방화 등으로 공공의 안녕과 질서에 직접적인 위협을 끼칠 것이 명백

---

14)   이동희 외, 2015, 앞의 책, p.182.
15)   헌재 2004. 1. 29. 2002헌마293 (이동희 외, 2015, 앞의 책, p. 185에서 인용)

한 집회나 시위, 헌법재판소의 결정에 따라 해산된 정당의 목적을 달성하기 위한 집회나 시위 등은 금지하고 있다(동법 제5조). 다수의 집회 간의 경합이나 참가자들 사이의 충돌을 방지하고 교통소통의 장애나 주거의 평온에 대한 침해를 최소화하기 위해 옥외 집회 및 시위는 사전에 경찰서나 지방경찰청에 신고해야 한다(동법 제6조). 그 밖에 옥외집회 및 시위의 장소적 제한(동법, 제11조), 교통 소통을 위한 제한(동법, 제12조), 경찰관의 출입(동법 제19조), 집회 또는 시위의 해산(동법 제20조) 등이 위험방지를 위한 조항에 해당한다. 아래에서는 집시법 상 해산명령 관련 경찰의 권한에 대해서 살펴보도록 하겠다.

나. 해산명령   [II - 50]

집시법 제20조는 경찰이 폭력성 불법집회를 강제로 해산시키기 위한 법적권한을 부여하고 있다. 경찰의 해산명령은 법적으로 경찰하명에 해당하기 때문에 해산명령을 받은 모든 집회참가자에게 해산해야 할 작위의무가 발생한다. 그렇기 때문에 만약 해산명령에 불응하면 해산명령불응죄로, 폭행이나 협박을 수단으로 대항하면 공무집행방해죄로 처벌받을 수 있다. 해산명령의 대상에는 ① 헌법재판소의 결정에 따라 해산된 정당의 목적을 달성하기 위한 집회·시위, ② 공공의 안녕과 질서에 직접적인 위협을 끼칠 것이 명백한 집회·시위, ③ 집회·시위 금지 장소(예: 대통령 관저, 헌법재판소 등)에서의 옥외집회·시위, ④ 미신고 집회·시위, ⑤ 금지·제한 통고된 집회·시위, ⑥ 제한·조건 통고를 위반하여 질서유지에 직접적인 위험을 명백히 초래한 집회·시위, ⑦ 질서유지를 할 수 없어 집회·시위의 주최자가 종결 선언을 한 집회·시위, ⑧ 집회·시위 주최자가 준수사항을 위반하여 질서유지를 할 수 없는 집회·시위 등이 포함된다. 집회·시위가 해산명령의 대상에 해당할 때 관할경찰서장은 먼저 상당한 시간을 두고 집회참가자들에게 자진 해산할 것을 요청하고 이에 불응하는 경우 해산을 명할 수 있다. 3회 이상 해산명령을 했음에도 불구하고 집회·시위 참가자들이 해산하지 않으면 실력으로 직접 해산시킬 수 있다(동법 시행령 제17조 제3호).

4. 기타 위험의 방지

[II - 51]   가. 영업상 위험의 방지

성매매, 음란행위, 도박, 사행행위 등 선량한 풍속과 사회질서에 위해를 초래할 수 있는 행위들을 규제하기 위한 특별법 규정들이다. 풍속영업의 규제에 관한 법률은 풍속영업을 하는 장소에서 선량한 풍속을 해치거나 청소년의 건전한 성장을 저해하는 행위를 규제할 목적으로 제정되었다. 풍속영업에는 유흥주점, 단란주점, 비디오물감상실, 노래연습장, 여관 등 숙박업소 등이 포함된다. 동법 제3조는 풍속영업을 하는 자에게 성매매알선 등 행위, 음란행위 알선·제공 행위, 음란문서·영화·비디오물 등의 판매·대여 행위, 도박 등 사행행위를 하게 하는 행위 등을 금지하고 있다. 사행행위 등 규제 및 처벌 특례법은 사행행위가 사람들에게 과도한 사행심을 유발하고 선량한 풍속을 침해하지 못하도록 할 목적으로 제정되었다. 사행행위영업과 사행기구제조업에 대한 허가제(동법 제4조, 제13조), 영업소 출입 및 검사(동법, 제18조) 등은 사행행위에 따른 위험을 방지하기 위한 조항에 해당된다.

[II - 52]   나. 건강상 위험의 방지

국민의 건강에 대한 위험을 방지하기 위한 규정들이 여러 특별법 속에 포함되어 있다. 의료법은 잘못된 의료행위로 인해 건강상 위험이 초래되는 것을 방지하기 위해 의료인 면허제(동법 제5조, 제7조), 무면허의료 행위 금지(동법 제27조 제1항) 등의 조항을 두고 있다. 전염병의 발생과 유행으로부터 국민의 생명과 신체를 보호하기 위해 '감염병의 예방 및 관리에 관한 법률'이 제정되어 있다. 대표적으로 보건복지부장관, 시·도지사 등은 감염 병환자가 있는 장소에 들어가 필요한 조사나 진찰을 하고, 감염병 환자를 치료받게 하거나 입원시키는 등 강제처분 권한을 갖는다(동법 제42조). '식 품위생법'은 인체의 건강을 해칠 우려가 있는 위해식품으로부터 건강을 보 호하기 위해 제정되었으며 위해식품 판매 금지(동법 제4조), 병든 동물 고 기 등의 판매 금지(동법 제5조), 위해식품 등의 회수(동법 제45조 제1항), 영업의 허가제와 신고제(동법 제37조 제4항) 등의 위험방지 관련 조항에 해 당한다.

다. 무기·폭발물로 인한 위험의 방지   [II - 53]

총기, 칼, 화약류, 분사기, 전자충격기 등으로 인한 위험과 재해를 방지 하기 위한 특별법 규정이다. '총포·도검·화약류 등의 안전관리에 관한 법 률'에는 총포, 화약류 등의 제조·판매·수출입의 허가제(동법 제4조, 제6 조, 제9조)가 규정되어 있다. 사격과 사격장으로 인한 위험과 재해를 방지 하려는 '사격 및 사격장 안전관리에 관한 법률'에는 사격장의 설치허가제 (동법 제6조), 사격 제한 대상자(동법 제13조) 등 위험방지 관련 규정이 포 함되어 있다.

라. 재난으로 인한 위험의 방지   [II - 54]

천재지변, 화재, 폭발 등 각종 재난으로부터 국민의 생명과 신체 및 재산 을 보호하기 위해 필요한 조치들을 특별법에 규정하고 있다. 대표적으로 재 난 및 안전관리 기본법이 있으며 위험방지와 관련된 조항으로 응급조치(동 법 제37조), 대피명령(동법 제40조), 강제대피조치(동법 제42조), 통행제한 (동법 제43조) 등이 있다.

[II - 55]   제3장 사법경찰권한

핵심질문

● 수사권 조정에 관한 논의는 왜 오랜 기간
  지속되어 왔는가?

● 2020년 수사권 개정법안의 주요내용은 무엇인가?

● 임의수사의 법적요건은 무엇인가?

● 강제수사의 법적요건은 무엇인가?

● 즉결심판의 법적요건은 무엇인가?

● 경찰훈방의 법적요건은 무엇인가?

제1절 경찰의 범죄수사권

1. 수사권의 의의 [II - 56]

　　범죄수사는 형사절차의 최초 단계로서 "범죄의 혐의 유무의 확인과 범인의 체포 및 증거 수집을 위한 수사기관의 활동"을 의미한다.[1] 수사권이란 수사개시, 수사진행, 그리고 수사종결에 이르기까지 각 수사절차의 단계에서 행사할 수 있는 법적 권한을 말한다. 수사기관은 법률상 범죄수사를 할 수 있는 권한이 부여된 국가기관이다. 현행법 상 수사기관에는 사법경찰관과 검사가 있다(형사소송법 제195조~제197조)

　　수사권한은 임의수사와 강제수사에 대한 권한으로 구분된다. 임의수사는 수사방법이 임의적으로 이루어지는 수사를 말한다. 강제수사는 강제적으로 형사절차를 진행하기 위해 강제처분에 의존한 수사를 말한다. 형사소송법은 임의수사를 원칙으로 하고 있으며 강제수사는 법률에 '특별한 규정이 있는 경우'에 한해서 필요최소의 범위 안에서만 하도록 규정되어 있다(형사소송법 제199조 제1항).

2. 수사구조개혁

가. 수사구조론 [II - 57]

　　수사구조론이란 "수사절차의 구조적 특질과 수사과정에 관여하는 주체

---

1)　배종대 · 이상돈 · 정승환 · 이주원, 형사소송법, 홍문사, 2016, p.39.

들 간의 관계를 통일적으로 규명하기 위한 이론"으로 정의할 수 있다.[2] 보다 구체적으로는 수사주체들 간에 균형과 견제의 원리가 작동할 수 있도록 수사권을 합리적으로 배분하여 궁극적으로 피의자의 인권을 보장하고 범죄수사의 효율성을 증진시키기 위한 논의를 말한다. 가장 핵심적인 쟁점은 경찰과 검찰의 관계를 어떻게 규정할 것인가에 관한 것이다. 양자 간의 관계를 상호협력 관계로 보는 입장과 상명하복 관계로 보는 입장이 서로 대립하고 있다.[3]

전자에 의하면 경찰과 검찰은 형사소송의 궁극적 가치인 실체적 진실의 발견을 위해 상호 대응한 입장에서 협력한다. 주로 영미법계에서 택하고 있는 수사구조이다. 경찰은 수사권을 지니고 검찰은 기소권을 행사한다. 경찰의 수사를 통해 검찰은 공소 제기 및 유지를 위해 필요한 증거를 확보하고 공판과정에서 피고인의 유죄를 입증하는데 주력한다. 이러한 수사구조를 취하고 있는 대표적인 나라는 미국이다. 당사자주의 소송구조가 확립되어 있어서 검사는 재판과정에 당사자로서 소추활동에 전념하고 경찰은 수사의 주재자로서 검찰의 개입 없이 수사에 대한 전권을 가진다. 다만 검찰은 경찰이 제출한 사건을 검토하여 기소에 필요한 증거가 충분한지 판단하고 그렇지 않은 경우 경찰에게 추가수사를 요청한다.

반면 후자에 의하면 검찰이 수사권 및 경찰에 대한 수사지휘권을 행사하고 경찰은 독자적인 수사권을 가지지 못한 채 검찰의 지휘를 받아 수사를 진행한다. 주로 독일, 프랑스 등 대륙법계 국가가 채택하고 있는 수사구조이다. 이들 국가에서는 검찰이 수사권과 기소권을 모두 행사하고 경찰은 검찰을 돕는 수사의 보조자로서 역할을 담당한다. 예를 들어, 독일에서는 수사에 있어서 검사가 사법경찰을 지휘하고 사법경찰은 검사의 요구에 응할 의무를 진다. 경찰은 수사를 종결할 권한이 없기 때문에 모든 사건을 검사

---

2) 임동규, 형사소송법, 법문사, 2008, p. 130.
3) 신영민 · 박광섭, 경찰과 검찰 간의 합리적 수사권 배분을 위한 입법론적 고찰, 법학연구 24(1), 2013, p. 512.

에게 송치해야 한다. 다만 독일의 검찰은 자체적으로 수사 활동을 할 수 있는 인력을 두고 있지 않고 경찰을 지휘하여 수사를 진행하기 때문에 흔히 '손 없는 머리'로 인식된다.[4] 또한 현실적으로 검사의 수사지휘는 경찰이 사건을 송치한 이후에 사후적으로 이루어지고 있기 때문에 경찰수사의 적법성을 확보하기 위한 사후적 통제로서의 기능을 담당하고 있다.

우리나라는 대륙법계 수사구조를 기본으로 하여 검찰이 수사권과 기소권뿐만 아니라 경찰에 대한 수사지휘권도 행사하고 있다. 더욱이 어느 선진국에서도 그 사례를 찾아보기 힘들 정도로 검찰은 형사절차에서 막강한 권한을 독점하고 있다. 한국 검찰은 사건의 발생부터 형의 집행까지 거의 모든 형사절차에 있어서 권한을 행사하고 있다. 수사권, 기소권, 수사지휘권뿐만 아니라 독점적 영장청구권. 재판진행권, 형집행권 등의 권한을 가지며 자체 수사 인력을 갖추고 직접 수사를 진행한다. 이에 반해 경찰은 우리나라에서 발생하는 형사사건의 97%를 수사하고 있지만 오랜기간 독자적인 수사권을 갖지 못해왔다. 이와 같은 기형적 수사구조는 수사현실을 반영하고 있지 못할 뿐만 아니라 검찰에게 과도한 권한이 독점되는 문제를 야기했다. 마땅히 검찰의 독점적 권한을 제어할 장치가 없다보니 검찰권 남용으로 인한 사회적 폐해가 갈수록 심각해져만 갔다. 그동안 과도한 검찰권한을 분산시켜야 한다는 국민적 요구가 지속적으로 제기되어 왔고 마침내 이러한 여론은 경검 수사권 조정과 고위공직자범죄수사처 신설 등을 골자로 하는 검찰개혁안에 담기게 되었다.

나. 수사권 조정의 연혁　　　　　　　　　　　　　　　　[II - 58]

수사권을 둘러싼 논의는 1954년 형사소송법이 제정되던 때부터 시작되었다. 그 당시에도 검찰에게 수사권과 기소권이 집중되면 권한을 남용하여

---

4) 앞의 논문, p. 515.

결국 '검찰 파쇼'가 초래될 것이라는 우려가 제기되었다. 하지만 중앙집권 체제인 한국경찰에게 수사권까지 모두 맡기면 '경찰파쇼'가 올지 모른다는 우려와 일제강점기의 순사가 여전히 경찰조직에 남아있다는데 대한 거부감 때문에 검찰에게 수사권을 주고 경찰은 검찰의 지휘 아래 두기로 결정되었 다. 다만 장래에는 수사권과 기소권을 분리하는 방향으로 나가자는 쪽으로 의견이 모아졌다.[5]

2000년대 초반에 이르러서 비로소 수사권 조정에 대한 논의가 본격화되 었다. 과도한 검찰권을 개혁해야 한다는 목소리가 높아지면서이다. 2004년 '검경 수사권 조정협의체'와 '수사권 조정자문위원회'가 만들어지고 다양한 조정 방안들이 논의 되었지만 결국 법률개정의 단계까지 진행되지는 못했 다. 그러다가 2010년에 또다시 수사권 조정에 대한 논의가 재점화되었다. 국회에 '사법개혁 특별위원회'가 설치되고 2011년 경찰과 검찰 양 기관 사 이에 합의안이 마련되었다. 이를 바탕으로 형사소송법 제196조가 개정되면 서 의미 있는 진전을 이루게 되었다.

개정된 형소법의 신설조항인 제196조 제2항에는 '사법경찰관은 범죄의 혐의가 있다고 인식하는 때에는 범인, 범죄사실과 증거에 관하여 수사를 개 시·진행하여야 한다.'고 규정하였다. 사법경찰관이 독자적으로 수사를 개 시하고 진행할 수 있는 법적근거가 마련된 것이다. 2011년 개정 형소법은 전체 수사의 대부분을 경찰이 개시하여 진행하고 있는 현실을 명문화 했다 는 점에 의미가 있다. 또한 그동안 수사의 보조자에 불과했던 사법경찰관이 검사와 함께 수사 주체로 인정받게 되었다는 점에서 경찰과 검찰 간의 관계 에 변화를 줄 수 있는 계기가 마련되었다는 점에도 의미가 있다. 아울러 '검 사의 사법경찰관리에 대한 수사지휘 및 사법경찰관리의 수사준칙에 관한 규정'(이하 수사준칙)이 제정되어 경찰과 검찰 간의 관계를 상호 대등한 협 력관계로 재정의하였다.[6] 또한 오랜 기간 문제가 되어 온 경찰과 검찰 사이

---

5) 신동운, 형사소송법 제정 자료집, 형사정책연구원, 1990, p. 109.
6) 검사의 사법경찰관리에 대한 수사지휘 및 사법경찰관리의 수사준칙에 관한 규정 제2조, 검사는 사

에 상명하복관계를 규정한 검찰청법 제53조도 삭제하였다.[7] 하지만 이러한 의미 있는 진전에도 불구하고 검사에게 인정되는 완전한 수사권과 달리 경찰의 수사권은 여전히 모든 수사에 관해 검사의 지휘를 받아야 하는 제한적인 권한에 불과하다는 한계가 있었다. 무엇보다도 독자적으로 수사를 개시·진행하더라도 경찰은 스스로 수사를 종결할 권한을 가지지 못한 한계가 그대로 유지되었다.

다. 2020년 수사권 개정법안의 내용   [II - 59]

2016년 국정농단 사태를 계기로 과도한 검찰권한의 문제가 또다시 도마 위에 올랐다. 검찰권한을 분산해야 한다는 국민적 요구가 그 어느 때보다 높아졌다. 2018년 법무부장관과 행정안전부장관은 '검·경 수사권 조정 합의문'을 발표하였다. 합의문의 핵심적인 내용은 경찰과 검찰 양 기관 사이에 상호협력관계를 설정하고 경찰에게는 수사에 있어서 보다 많은 자율권을 부여하며 검찰은 이에 대한 사법통제 권한을 행사하도록 하는 것이다. 그리고 2020년 1월 13일 드디어 형사소송법 개정안과 검찰청법 개정안이 담긴 검·경 수사권 조정안이 국회 본회의를 통과했다. 이번 개정안을 통해 검찰 중심의 독점적 수사구조에 대한 전면적인 변화가 생겨나게 되었다. 개정안에 담긴 주요 내용은 다음과 같다.

① 경찰이 1차적 수사권을 행사한다.

기존에는 경찰이 수사를 개시하고 진행할 수 있는 권한이 있었지만 검사의 지휘를 받아야만 하는 한계가 있었다. 개정 형소법은 사법경찰관에 대한 검사의 수사지휘를 전면 폐지하여 경찰수사과정에 검사의 개입을 원칙적으

법경찰관을 존중하고 법률에 따라 사법경찰관리의 모든 수사를 적정하게 지휘한다.
7) 검찰청법 제53조 사법경찰관리는 범죄수사와 관련하여 소관 검사가 직무상 내린 명령에 복종하여야 한다.

로 차단하였다. 다만 사법경찰관이 사건을 송치 한 이후 ① 공소제기 여부 결정 또는 공소유지에 관해 필요한 경우, ② 경찰관이 신청한 영장의 청구 여부 결정에 관해 필요한 경우 검사는 보완수사를 요구할 수 있고 경찰은 정당한 이유가 없는 한 이행하도록 규정하였다. 또한 검사는 수사과정에 사법경찰관이 법령위반, 인권침해 또는 현저한 수사권 남용이 의심되는 사실의 신고가 있거나 그러한 사실을 알게 된 때에는 경찰에게 시정조치를 요구할 수 있고 경찰은 이를 이행해야 한다. 만약 정당한 이유 없이 검사의 시정조치 요구가 이행되지 않으면 검사는 사건송치를 요구할 수 있으며 이에 따라 경찰은 사건을 검사에게 송치해야 한다.

② 경찰은 1차적 수사종결권을 갖는다.

기존에는 경찰이 모든 사건에 대해 기소 또는 불기소 의견을 달아 검찰에 송치해야 했지만 형소법 개정으로 불기소 사건은 자체적으로 종결할 수 있게 되었다. 개정 형소법에서는 사법경찰관이 범죄를 수사하여 범죄의 혐의가 있다고 인정되는 경우에만 검사에게 사건을 송치해야 한다. 불기소 의견인 경우에는 검사에게 사건을 송치하는 대신 송치하지 않는 이유를 적은 서면과 관계 서류 및 증거물을 검사에게 송부하면 된다. 만약 검사는 90일 내에 사건을 검토한 후 사법경찰관의 결정이 위법하거나 부당하다고 판단되면 재수사를 요청할 수 있고 사법경찰관은 재수사해야 한다. 사법경찰관이 사건을 송치하지 않았을 때에는 그 취지와 이유를 고소인, 고발인, 피해자 등에게 서면을 통지해야 하고 이러한 결정에 대해 이의신청이 있으면 사법경찰관은 사건을 검사에게 송치해야 한다.

③ 경찰이 신청한 영장의 청구 여부에 대한 심의절차를 마련했다.

현행 헌법 상 영장은 검사의 신청에 의해서 법관이 발부하도록 되어 있다.[8] 개정 형소법은 이와 같은 검사의 독점적 영장청구권을 일부 제한하고 있다. 검사가 사법경찰관이 신청한 영장을 정당한 이유 없이 판사에게 청구하지 아니한 경우 사법경찰관은 그 검사 소속의 지방검찰청 소재지 관할 고등검찰청에 영장 청구에 대한 심의를 신청할 수 있다. 이를 심의하기 위해 각 고등검찰청에 외부 위원으로 구성된 영장심의위원회를 두도록 하고 있다.

④ 검사의 수사권을 제한했다.

개정 검찰청법은 검사가 수사를 개시할 수 있는 범죄를 부패범죄, 경제범죄, 공직자범죄, 선거범죄, 방위산업범지 등 중요범죄와 경찰공무원이 직무와 관련하여 범한 범죄 등으로 제한하고 있다.

⑤ 경찰과 검찰이 협력적 관계에 있음을 명시했다.

개정 형소법은 검사와 사법경찰관은 수사, 공소제기 및 공소유지에 관하여 서로 협력하여야 한다고 규정하고 있다. 아울러 양 기관이 수사를 위하여 준수해야 하는 일반적 수사준칙에 관한 사항은 대통령령으로 정하도록 하고 있다. 현행 수사준칙은 검사의 수사지휘권을 기본으로 하고 있는 바 변화된 양 기관 간의 관계를 반영한 새로운 수사준칙이 만들어져야 할 것이다.[9]

---

8) 헌법 제12조 ③ 체포·구속·압수 또는 수색을 할 때에는 적법한 절차에 따라 검사의 신청에 의하여 법관이 발부한 영장을 제시하여야 한다. 검사의 영장청구권을 명시한 헌법은 우리나라가 유일하다.
9) 기존의 수사준칙은 '검사의 사법경찰관리에 대한 수사지휘 및 사법경찰관리의 수사준칙에 관한 규정'(대통령령)이다.

3. 임의수사

[II - 60]   가. 의미

형사소송법 제199조는 '수사에 관하여는 그 목적을 달성하기 위하여 필요한 조사를 할 수 있다'고 규정하고 있다. 임의수사가 원칙이고 강제수사는 예외적으로 허용된다. 임의수사는 강제력을 수반하지 않고 대상자의 동의와 승낙을 받아 이루어지는 수사를 말한다. 임의수사의 구체적인 방법은 수사기관에서 결정한다. 현재 형사소송법이 규정하고 있는 임의수사에는 피의자 신문, 참고인 조사, 감정·통역·번역의 위촉, 그리고 공무소에의 조회가 있다.

[II - 61]   나. 피의자 신문

피의자 신문이란 수사기관이 수사에 필요한 경우 피의자에게 출석을 요구하여 진술을 듣는 것을 말한다(형사소송법 제200조). 수사기관의 출석요구가 있더라도 피의자에게 출석의무가 발생하는 것은 아니다. 출석한 후에라도 피의자에게는 헌법에 의해 진술거부권을 보장받으며[10] 거부할 수 있는 진술내용에는 제한이 없다. 수사기관이 피의자를 신문할 때는 미리 피의자에게 진술거부권을 고지해야 한다(동법 제244조의3). 만약 진술거부권을 고지하지 않은 채 피의자신문조서를 작성하면 위법하게 수집된 증거로 인정되어 '위법수집증거 배제의 원칙'(동법 제308조의2)에 의해 증거능력이 인정되지 않는다. 그러나 피의자에게 상당한 범죄혐의가 있음에도 정당한 이유 없이 출석에 불응하거나 불응할 우려가 있을 때에는 체포영장을 발부받아 체포할 수 있으며(동법 제200조의2), 이럴 경우 강제수사에 해당한다.

---

10) 헌법 제12조 ② 모든 국민은 고문을 받지 아니하며, 형사상 자기에게 불리한 진술을 강요당하지 아니한다.

다. 참고인 조사 [II - 62]

수사기관은 수사에 필요한 때에 피의자가 아닌 자, 즉 참고인에게 출석을 요구하여 진술을 들을 수 있다(동법 제221조 제1항). 참고인 조사는 임의수사에 해당하기 때문에 수사기관의 출석요구에 불응한다고 하더라도 강제로 소환당하거나 신문당하지 않는다.

라. 수사상 감정 · 통역 · 번역 [II - 63]

수사기관은 수사에 필요한 때에 감정(예: 필체감정, 음성감정 등), 통역또는 번역을 위촉할 수 있다(동법 제221조 제2항). 임의수사에 해당하기 때문에 수사기관의 위촉을 받은 자가 이를 수락할 의무는 없으며, 일단 감정 · 통역 · 번역을 위해 수사기관에 출석한 후에라도 원할 때는 자유롭게퇴거할 수 있다.

마. 공무소 등에의 조회 [II - 64]

수사기관은 수사에 관하여 공무소나 기타 공사단체에 조회하여 필요한사항의 보고를 요구할 수 있다(동법 제199조 제2항). 조회의 내용으로 전과조회, 신원조회 등이 있다. 수사기관이 조회요청이 있으며 공무소 등에 협조할 의무가 발생하기 때문에 일종의 강제처분으로 보는 견해도 있다. 하지만 공무소 등으로 하여금 조회를 강제할 방법이 없고 영장에 의하지 않고조회를 요청할 수 있다는 점에서 임의수사로 보는 것이 타당하다.

4. 강제수사

[II - 65] **가. 의미**

형사소송법 제199조 제1항 단서조항은 '강제처분은 이 법률에 특별한 규정이 있는 경우에 한하며, 필요한 최소한도의 범위 안에서만 하여야 한다'고 규정하고 있다. 강제수사는 강제처분에 의한 수사로서 임의수사와 달리 국민의 권리에 대한 침해적이고 권력적인 작용이기 때문에 강제수사법 정주의(법률유보의 원칙)와 비례성의 원칙을 엄격히 준수해야 한다. 강제수사는 그 강제처분의 객체에 따라 대인적 강제수사와 대물적 강제수사로 구분된다. 전자에는 체포와 구속 등이, 후자에는 압수, 수색, 검증, 통신제한 조치 등이 해당된다. 강제처분은 신체, 사생활, 주거, 통신의 자유 등 국민의 기본권을 침해거나 제약할 우려가 크기 때문에 원칙적으로 형사소송법상 사법적 사전심사를 거쳐 법관의 영장에 의해 집행된다.

[II - 66] **나. 체포**

체포는 초동수사 단계에서 피의자에게 가해지는 단기간의 신체구속을 말한다. 체포영장에 의한 체포, 긴급체포, 현행범인 체포로 구분된다.

체포영장에 의한 체포는 상당한 범죄혐의가 인정되고 일정한 체포사유가 있는 피의자를 사전영장에 의해 일정한 시간동안 인신의 자유를 빼앗는 강제수사의 방법이다. 체포영장은 사법경찰관이 검사에게 신청하고 검사의 청구에 의해 지방법원판사가 발부한다. 체포영장이 발부되기 위해서는 ①피의자가 죄를 범하였다고 의심할만한 '상당한 이유'가 있어야 하고(범죄혐의), ②수사기관의 출석요구에 응하지 않거나 응하지 아니할 우려(체포이유)가 입증되어야 한다(형사소송법 제200조의2 제1항). 이와 같이 체포의 사유가 있더라도 판사는 명백히 체포의 필요성이 인정되지 않으면 체포

영장을 발부하지 않을 수 있다(동법 제200조2 제2항). 피의자의 연령, 경력, 가족관계, 범죄의 경중 등 여러 요소를 고려할 때 피의자가 도망하거나 증거를 인멸할 우려가 없는 경우 체포의 필요성이 인정되지 않기 때문에 체포영장의 청구를 기각해야 한다. 체포영장의 집행은 검사의 지휘에 의해 사법경찰관리가 하도록 되어 있다(동법 제81조 제1항). 체포영장을 집행할 때 경찰관은 피의자에게 범죄사실의 요지, 구속의 이유, 그리고 변호인 선임권을 고지하고 변명할 기회를 주어야 한다. 만약 도주하거나 저항하는 피의자를 상대로 체포영장을 집행하는 경우에는 피의자를 붙들거나 제압한 후 지체 없이 고지해야 한다.

긴급체포는 사전에 체포영장을 발부받기에는 시간적으로 급박한 상황에서 일시적으로 체포영장 없이 인신을 구속하도록 허용하는 강제처분이다. 다만 이 경우에는 피의자가 현행범인에 해당하지 않아야 한다. 긴급체포의 요건에는 ①범죄의 중대성, ②체포의 필요성, ③긴급성이 있다(동법 제200조의3 제1항). 범죄의 중대성은 피의자가 사형, 무기 또는 장기 3년 이상의 징역이나 금고에 해당하는 죄를 범하였다고 의심할 만한 상당한 이유가 있을 때 인정된다. 체포의 필요성은 피의자가 증거를 인멸할 염려가 있을 때 또는 피의자가 도망하거나 도망할 우려가 있을 때 인정된다. 마지막으로 긴급성은 우연히 피의자를 발견한 경우 등과 같이 판사로부터 체포영장을 받을 시간적 여유가 없는 때를 의미한다. 사법기관이 피의자를 긴급체포할 때에는 체포영장이나 구속영장을 받을 수 없는 사유를 알려야 한다. 사법경찰관이 긴급체포를 한 경우에는 즉시 이 사실을 검사에게 알리고 승인을 얻어야 한다(동법 제200조의3 제1항, 제2항). 긴급체포에 의해 피의자를 체포한 후 구속하려 할 때에는 지체 없이 관할지방법원판사에게 구속영장을 청구해야 한다. 구속영장은 피의자를 체포한 때부터 48시간 이내에 청구해야 하며 관련 긴급체포서를 첨부해야 한다(동법 제200조의4 제1항). 만약 긴급체포 후 48시간 이내에 구속영장을 청구하지 않거나 청구하였더라도 발부받지 못한 때에는 피의자를 즉시 석방해야 한다(제200조의4 제1항).

현행범인은 누구든지 영장 없이 체포할 수 있다(동법 제212조). 여기서 현행범인이란 범죄를 실행 중이거나 실행 즉후인 자를 의미한다(동법 제211조 제1항). 또한 현행범인으로 간주되는 자(준현행범인)에는 ①범인으로 호칭되어 추적되고 있는 자, ②장물이나 범죄에 사용되었다고 인정하기에 충분한 흉기 등 물건을 소지하고 있는 자, ③신체나 의복에 현저한 범죄의 증적이 있는 자, ④누구냐는 물음에 대하여 도망하려는 자가 포함된다(동법 제211조 제2항). 적법한 현행범인 체포가 되기 위해서는 ①범인·범죄의 명백성, ②범죄의 현행성과 시간적 접착성, ③행위의 가벌성, ④체포의 필요성이 충족되어야 한다.[11] 우선 범죄가 발생했으며 그 범죄가 피의자에 의해서 저질러졌음에 명백해야 한다. 또한 범죄가 현재 실행되고 있거나 방금 전에 실행되었어야 한다. 비례성의 원칙에 따라 경미한 사안에 대해서는 체포가 제한된다.[12] 마지막으로 도망 또는 증거인멸의 우려가 있어야 한다.

현행범인을 발견했을 때에는 수사기관뿐만 아니라 일반시민도 현장에서 체포할 수 있다. 다만 일반시민에게는 현행범인 체포의 권한만 있을 뿐 체포의 의무는 부과되지 않는다. 일반시민이 현행범인을 체포한 때에는 즉시 수사기관에게 인도해야 한다(동법 제213조 제1항). 현행범인으로 체포되거나 인도된 자에 대해서는 체포한 때로부터 48시간 이내에 구속영장을 청구하고 그렇지 아니한 경우에는 피의자를 즉시 석방해야 한다(동법 제213조의2, 제200조의2 제5항).

[II - 67]   다. 구속

구속은 형사절차를 진행하기 위해 피의자 또는 피고인에 대해 비교적 장

---

11) 대법원 2017. 4. 7. 선고 2016도19907 판결.
12) 다액 50만 원 이하의 벌금, 구류 또는 과료에 해당하는 죄의 현행범인에 대해서는 범인의 주거가 분명하지 아니한 때에 한하여 현행범인을 체포할 수 있다(형사소송법 제214조).

시간에 걸쳐 신체의 자유를 제한하는 강제처분을 의미한다. 피의자 구속은 수사 중 수사기관이 법관의 영장을 발부받아 하는 구속인 반면 피고인 구속은 공소가 제기된 이후 법원에 의해 행해지는 구속을 말한다. 구속의 요건으로는 ①피의자가 죄를 범하였다고 의심할 만한 상당한 이유가 있어야 하고(범죄혐의), ②구속의 사유가 존재해야 한다(동법 제201조 제1항). 여기에서 구속의 요건으로서 범죄혐의는 단순히 수사를 개시하기 위한 단서로서의 범죄혐의(동법 제195조)만으로는 불충분하고 피의자가 유죄판결을 받을 고도의 개연성이 인정될 정도로 범죄혐의가 현저할 것을 요구한다. 구속의 사유는 ①피고인이 일정한 주거가 없는 때, ②피고인이 증거를 인멸할 염려가 있는 때, ③피고인이 도망하거나 도망할 염려가 있는 때 등이다(동법 제201조 제1항 및 제70조 제1항).

구속영장은 검사가 직접 또는 사법경찰관의 신청을 받아 관할지방법원판사에게 청구하여 발급받는다(동법 제201조 제1항). 사법경찰관이 피의자를 구속한 때에는 10일 이내에 피의자를 검사에게 인치해야 하고 그렇지 않은 경우 석방해야 한다(동법 제202조). 한편 검사가 피의자를 구속하거나 사법경찰관으로부터 피의자를 인치 받은 경우에는 10일 안에 공소를 제기해야 하고 그렇지 않으면 석방해야 한다(동법 제203조). 다만 검사는 지방법원판사의 허가를 얻어 10일을 초과하지 않는 한도에서 1회에 한해 구속기간을 연장할 수 있다(동법 제205조 제1항). 따라서 경찰의 구속기간 10일과 검찰의 구속기간 20일을 합쳐 피의자의 최장 구속가능기간은 30일이다.[13]

라. 압수 · 수색 · 검증 · 통신제한조치   [II - 68]

대표적인 대물적 강제처분으로 형사소송법 상 압수, 수색, 검증과 통신

---

13) 다만 국가보안법(제3조~제10조)의 죄에 대해서는 사법경찰관에게 1회, 검사에게 2회에 한하여 구속기간의 연장을 허가할 수 있다(국가보안법 제19조).

비밀보호법 상 통신제한조치가 있다. 원칙적으로 압수, 수색, 검증은 영장을 필요로 하지만 일정한 요건을 갖추는 경우 예외적으로 영장 없이 실시가 가능하다.

사법경찰관은 범죄수사에 필요한 때에는 ①피의자가 죄를 범하였다고 의심할 만한 정황이 있고 ②해당 사건과 관계가 있다고 인정할 수 있는 것에 한정하여 법관으로부터 영장을 발부받아 압수, 수색 또는 검증을 할 수 있다(동법 제215조 제2항). 다만 영장은 검사에게 신청하여 검사의 청구로 지방법원판사가 발부한다. 압수란 물건의 점유자 또는 소유자의 의사에 반하여 수사기관이 물건을 점유하는 강제처분이다. 수색은 압수할 물건이나 체포할 사람을 발견하기 위해 주거, 물건, 신체, 장소를 뒤져 찾는 강제처분이다. 검증이란 사람, 물건, 장소의 성질과 형상을 신체오관의 작용으로 인식하는 강제처분이다. 수사기관이 하는 검증은 대개 증거를 수집하고 보전할 목적으로 실시되는데 지문채취, 채혈, 부검 등이 해당된다. 영장을 청구할 때에는 피의자에게 혐의가 있다고 인정되는 자료와 압수, 수색, 검증의 필요 및 해당 사건과의 관련성을 인정할 수 있는 자료를 함께 제출해야 한다(형사소송규칙 제108조 제1항).

사법경찰관에게는 영장에 의하지 않는 압수, 수색, 검증이 예외적으로 허용된다. 피의자를 체포 또는 구속하는 경우 필요할 때에는 가옥, 건조물, 항공기, 선차 내에서 영장 없이 피의자 수색을 할 수 있다. 다만 사전영장에 의해 피의자를 체포 또는 구속하는 경우에는 미리 수색영장을 발부받기 어려운 긴급한 사정이 있는 때에만 영장에 의하지 않는 피의자 수색이 허용된다. 또한 사법경찰관은 피의자를 체포하는 현장에서는 영장 없이 압수, 수색, 검증을 실시할 수 있다(형사소송법 제216조 제1항) 범행 도중이거나 범행직후에 긴급한 사정으로 판사로부터 영장을 발부받을 수 없을 때에도 영장 없이 압수, 수색, 검증을 할 수 있으며 다만 사후에 지체 없이 영장을 발부 받아야 한다(동법 제216조 제2항). 긴급체포를 당한 피의자가 소유, 소지 또는 보관하는 물건을 긴급히 압수할 필요가 있을 경우에는 체포한 때로부터 24시간 이내에 한하여 영장 없이 압수, 수색, 검증을 할 수 있다(동법 제217조 제1항).

통신비밀보호법은 범죄수사와 국가안전보장의 목적을 위해 통신제한조치를 허용하고 있다. 통신제한조치에는 우편물의 검열과 전기통신의 감청이 있다. 검열은 당사자의 동의 없이 우편물을 개봉하여 내용을 알아내거나 기록하는 것을 말한다. 감청은 당사자의 동의 없이 통신의 내용을 알아내거나 기록 또는 송수신을 방해하는 조지를 말한다. 범죄수사를 위한 통신제한조치의 요건은 ①범죄를 계획 또는 실행하고 있거나 실행하였다고 의심할 만한 충분한 이유가 있고, ②다른 방법으로는 그 범죄의 실행을 저지하거나 범인의 체포 또는 증거의 수집이 어려운 경우이다(동법 제5조 제1항). 다만 통신제한조치의 대상이 되는 범죄는 법에서 규정하고 있는 주요범죄에 한한다. 사법경찰관은 검사에게 각 피의자별 또는 각 내사자별로 통신제한조치에 대한 허가를 신청하고 검사는 법원에 그 허가를 청구할 수 있다(동법 제5조 제2항).

제2절 즉결심판과 훈방

1. 즉결심판

[II - 69]   가. 의미

'즉결심판에 관한 절차법'(이하 즉심법)은 범죄의 증거가 명백하고 죄질이 경미한 범죄사건을 신속·정확한 절차로 심판하기 위한 목적으로 즉결심판에 관한 절차를 규정하고 있다. 즉결심판의 대상은 20만 원 이하의 벌금, 구류, 과료에 처할 범죄사건이다. 이러한 경미사건에 대해서 경찰서장이 관할판사에게 즉결심판을 청구함으로써 수사절차가 종결된다. 2020년 형사소송법이 개정되기 전까지 경찰에게 예외적으로 허용된 수사종결권이었다. 주로 즉결심판의 대상이 되는 범죄는 경범죄처벌법 상의 위반행위(예: 무임승차 등)이다. 하지만 단순폭행이나 단순도박과 같은 형법 상 범죄와 도로교통법 상의 주정차위반행위와 같은 행정형법 상 위반행위도 사안에 따라 즉결심판의 대상이 될 수 있다. 즉결심판절차를 두고 있는 가장 주된 이유는 다툼이 없는 경미한 사건을 보다 신속하게 처리하여 폭증하는 사건으로 인한 형사절차적 부담을 낮추는데 있다.

[II - 70]   나. 절차

관할경찰서장은 관할법원에 즉결심판을 청구할 수 있다(즉심법 제3조 제1항). 경찰서장의 즉결심판청구는 일반적인 공판절차에서 검사의 공소제기에 해당하는 소송행위로서 검사의 '기소독점주의'에 대한 예외에 해당한다고 볼 수 있다. 관할경찰서장은 피고인의 성명 및 그 밖에 피고인을 특정할 수 있는 사항, 죄명, 범죄사실 및 적용 법조를 기재한 즉결심판청구서를 제출함으로써 청구가 이루어진다(동법 제3조 제2항). 즉결심판청구를 받은 판사는 해당 사건이 즉결심판을 할 수 없거나 즉결심판절차에 의해 심판함이 적당하지 않다고 인정될 때에는 결정으로 즉결심판청구를 기각해야 한다(동법 제5조 제1항). 기각결정이 난 때에는 경찰서장은 지체 없이 사건을 관할지방검찰청 또는 지청의 장에게 송치해야 한다(동법 제5조 제2항). 피고인이 정식재판을 청구하고자 할 때에는 즉결심판의 선고·고지를 받은 날부터 7일 이내에 정식재판청구서를 경찰서장에게 제출하고 청구서를 받은 경찰서장은 지체없이 판사에게 송부해야 한다(동법 제14조 제1항).

2. 경찰훈방

가. 의미 [Ⅱ - 71]

경찰훈방은 피의사실이 경미할 때 피의자를 형사입건하지 않고 엄중히 훈계한 후 방면하는 조치를 말한다. 경찰청의 경찰업무편람에 따르면 훈방권자는 경찰서장 및 지구대(파출소)장이다. 훈방대상자는 '범죄사실이 경미하고 개전의 정이 현저한 자'로서 다음 중 하나에 해당해야 한다. ① 연령상 60세 이상 고령자, 미성년인 초범자 ② 신체상 정신박약, 보행불구, 질병자 ③ 신분상 주거나 신원이 확실하거나, 정상을 참작할만한 부득이한 사유가 있는 자 ④ 죄질상 공무방해 또는 상습범이 아닌 자 또는 고의성이 없는 과실범 ⑤ 기타 경찰서장이 특히 훈방할 사유가 된다고 인정하는 자 등이다. 경찰훈방은 어떠한 위반행위를 처벌하는 것보다 여러 사정을 고려할 때 계도나 지도를 통해 사안을 종결하는 것이 더 많은 실익이 있다고 판단될 때 취해진다. 예를 들어, 경미한 위반행위를 저지른 청소년에 대해서는 처벌에 따른 낙인 및 재범의 우려 등을 고려하여 선도조치하는 것이 보다 바람직한 경우가 있다. 다만 필요성은 인정되지만 경찰의 훈방권한에 대해서는 별도의 법적 근거가 마련되어 있지 않은 점이 논란의 대상이 되어 왔다.

[II - 72]　나. 근거와 한계

경찰훈방의 법적근거를 즉심법에서 찾는 견해가 있다. 경찰서장은 즉결심판청구 권한을 가지고 있는데 동법이 형사소송법의 규정을 준용하고 있는 점을 근거로 기소편의주의가 적용된다고 보는 입장이다.[1] 형사소송법 제247조에 따라 검사는 범인의 특성과 범죄에 관한 전후 사정을 고려하여 공소를 제기하지 않을 수 있는 재량권을 부여하고 있는데 이를 '기소편의주의'라고 부른다. 따라서 즉결심판청구 권한을 가진 경찰서장도 경미한 사안에 대해서 동일한 재량권을 행사할 수 있다는 것이다.

하지만 즉결심판청구에 있어서 경찰서장에게 기소편의주의에 의한 재량권을 인정할 수 없다는 입장도 있다. 그 근거로 경범죄처벌법 상 통고처분 불이행자에 대해서 경찰서장은 지체 없이 즉결심판을 청구해야한다는 규정을 들고 있다.[2] 이는 기소법정주의를 명시한 조항이기 때문에 경찰서장은 즉결심판 청구에 있어서 재량권을 행사할 수 없다고 보는 것이다. 또한 검사의 기소유예는 정식 형사사건으로 입건 후 수사절차 과정에서 중단한 경우인데 반해 경찰훈방은 입건하기도 전에 취해지는 조치라는 점에서 즉결심판에 관한 절차법의 준용규정을 적용할 수 없다는 의견도 존재한다.[3]

이에 대해 판례의 입장은 경찰훈방을 검사의 불기소처분에 비유하면서 경찰의 입건재량을 인정하고 있다. 뿐만 아니라 경찰훈방권의 주체를 경찰

---

1) 즉결심판에 관한 절차법 제19조(형사소송법의 준용) 즉결심판절차에 있어서 이 법에 특별한 규정이 없는 한 그 성질에 반하지 아니한 것은 형사소송법의 규정을 준용한다.
2) 경범죄 처벌법 제9조(통고처분 불이행자 등의 처리) ① 경찰서장, 해양경찰서장 및 제주특별자치도지사는 다음 각 호의 어느 하나에 해당하는 사람에 대하여는 지체 없이 즉결심판을 청구하여야 한다.
3) 강동욱, 경찰훈방의 법적 근거와 활성화 방안: 소년범을 중심으로, 경찰학연구, 13(1), 2013, p. 77.

서장에게 한정하지 않고 사법경찰관리에게도 인정하고 있다.[4] 앞에서 설명
했듯이 2011년 형사소송법 개정을 통해 경찰은 수사의 개시와 진행에 있어
서의 법적 권한이 부여되었다. 더욱이 2020년에는 경찰에게 독자적으로 수
사를 종결할 수 있는 권한을 부여하는 형사소송법 개정안이 국회 본회의를
통과하였다. 따라서 경찰의 형사소송법에 규정된 독자적 사건처분권한을
근거로 경찰이 훈방에 관한 재량권이 있다고 보는 것이 타당하다고 하겠다.

---

4) 대법원 1982. 6. 8. 선고, 82도117 판결. "...사법경찰관리는 일체의 모든 범죄혐의에 관하여 검사에
게 인지보고 하고 그 지휘에 따라 수사를 할 따름이며 피의자에 대한 기소 불기소 등 처분은 전혀
검사만이 할 수 있고 사법경찰관리에게는 입건 수사하거나 또는 형사사건으로 입건하지 아니하고
훈계 방면하는 등에 관하여 아무 재량권도 없다는 취지의 소론 논지는 독자적 견해로서 채용할 수
없으므로..."

제3편

경찰조직과 인사관리

[Ⅲ - 1] 제1장 경찰조직

핵심질문

- 경찰조직은 어떤 특징을 가지고 있나?
- 경찰조직은 어떤 원리에 의해서 편성되는가?
- 경찰조직의 법적 근거와 유형은 무엇인가?
- 경찰리더십은 왜 중요한가?
- 경찰조직에 가장 필요한 리더십은 무엇인가?

제1절 경찰조직의 의의

1. 경찰조직의 의미   [Ⅲ - 2]

조직이란 공동의 목표나 임무를 달성하기 위해 어떤 행위에 참여하는 사람들의 집단을 의미한다. 조직이 필요한 이유는 개인이 단독으로 업무를 수행할 때보다 여러 사람이 조직을 이루어서 할 때 목표를 달성하기가 훨씬 유리하기 때문이다. 각 사람들이 역할과 기능을 나누어 담당하고 서로 협력할 때 공동의 목적을 달성할 가능성이 높아진다. 조직은 4가지의 구성요소로 이루어져 있다. 첫째, 다수의 사람들이 모여 하나의 집합체를 형성해야 한다. 둘째, 공동으로 추구하는 목표가 있어야 한다. 셋째, 조직 내부가 공동의 목표 달성을 위해 필요한 기능들로 구성되어 있고 구성원들이 상호작용하고 협력할 수 있도록 역할·지위·권한에 따라 구조화된 활동체계가 존재해야 한다. 마지막으로 일정한 경계에 의해 외부와 구분되며 동시에 외부환경과 지속적으로 상호작용하면서 외부로부터 영향을 받고 외부에 영향을 주어야 한다.

경찰조직은 공공의 안녕과 질서유지라는 목적과 임무를 달성하기 위해 치안활동에 참여하는 사람들로 구성된 집단이라고 말할 수 있다. 경찰조직과 같은 공공조직은 민간영역의 사적조직과 구분된다. 첫째, 사적조직은 개인이나 특정집단의 이익을 실현할 목적으로 하고 있지만 공공조직은 공공의 이익을 추구한다. 공공의 이익이란 국가나 지역사회의 모든 구성원들이 공통적으로 향유할 수 있는 이익이다. 예를 들어, 경찰의 순찰업무는 범죄를 사전에 예방하고 발생한 범죄에 대해 즉각적으로 대응하여 시민들이 범죄로부터 안전하게 살아갈 수 있도록 하는데 목적을 두고 있다. 둘째, 공공조직은 정부에 의해 고용되어 공적업무를 수행하는 공무원들로 구성되어 있다. 공무원들은 법으로부터 부여받은 책임과 권한의 범위 안에서 업무를 수행한다. 또한 국민 전체의 봉사자로서 공적업무를 수행함에 있어서 사적 이해관계를 배제하고 공정성을 추구해야 할 의무를 진다. 예를 들어, 경찰관이 피의자를 체포하고 혐의를 입증하는 범죄수사는 일은 공적업무에 해당한다. 따라서 수사관은 법률이 정해놓은 절차에 따라 주어진 권한의 범위 안에서 사사로운 감정이나 이해관계를 배제하고 오로지 실체적 진실을 밝히는데 노력해야 한다.

2. 경찰조직의 성격

[III - 3] **가. 통합조직 & 정치적 · 관리적 조직**

미국 사회학자 탈코트 파슨스(Talcott Parsons)는 사회체제가 유지되고 발전하기 위해 필요한 4가지 기능을 중심으로 조직을 생산조직, 정치조직, 통합조직, 유형유지조직으로 분류하였다.[1] 이중에서 통합조직은 사회 구성원 간의 갈등을 조정하고 결속과 통합을 유지하는 기능을 담당한다. 또한 사회적 규범을 만들어 구성원들로 하여금 이를 준수하도록 하는 역할도 하고 있다. 경찰은 다른 사법기관과 함께 이와 같은 사회통합의 기능을 담당하는 통합조직에 속한다. 이와 비슷하게 카츠(Daniel Katz)와 칸(Robert Kahn)도 조직이 수행하는 기능에 따라 적응조직, 경제적 · 생산적 조직, 정치적 · 관리적 조직, 형상유지조직으로 분류하였다.[2] 이중에서 정치적 · 관리적 조직은 사람이나 자원의 조정과 통제를 통해 조직의 통합을 달성하는 기능을 담당하는데 다른 행정기관과 함께 경찰도 여기에 속한다.

---

1) Parsons, T., Structure and process in modern societies, New York: Free Press, 1960.
2) Katz, D., & Kahn, R. L., The social psychology of organizations(2nd ed.), New York: Wiley, 1978.

나. 강제적 조직 [Ⅲ - 4]

에치오니(Amitai Etzioni)는 조직 내에 존재하는 복종관계의 성격에 따라 강제적 조직, 공리적 조직, 규범적 조직으로 조직을 유형화하였다.[3] 여기에서 복종관계란 상급자가 하급자를 통제하기 위해 사용하는 권력과 이러한 권력행사에 대한 하급자의 관여로 이루어지는 관계를 의미한다. 권력은 강제적, 보상적, 규범적 권력으로 나누어지며 하급자의 관여는 소외적, 타산적, 도덕적 관여로 구분된다. 이중에서 경찰은 강제적 조직으로 분류되고 주된 통제수단은 위협과 신체적 탄압에 의존한 강제적 권력이며 조직구성원들은 조직에 대해 고도의 소외감과 고립감을 느끼는 소외적 관여방식으로 반응한다. 이와 같은 강제적 조직에는 경찰 외에 교도소와 정신병원이 포함된다. 하지만 현대에 와서는 경찰조직에서도 강제적 권력 외에 금전 등 물질적 보상에 의한 보상적 권력과 사명감, 신념 등의 가치 중심의 규범적 권력이 중요한 통제수단이 되고 있다. 이에 따라 경찰공무원들도 이해타산에 따라 또는 조직에 대한 일체감과 충성심에 따라 행동하고 있다고 보는 것이 타당하다.

다. 공익조직 · 봉사조직 [Ⅲ - 5]

블라우(Peter Blau)와 스콧(Richard Scott)은 조직의 주요 수혜자가 누구인지에 따라 호혜적 조직, 기업조직, 봉사조직, 공익조직으로 분류하였다.[4] 이중 공익조직은 일반 국민이 주요 수혜자이며 여기에는 경찰을 비롯하여 국가와 지자체에 속한 모든 행정기관과 군대가 해당된다. 공익조직에서는 민주적 절차와 민주적 통제의 확보가 강조된다. 아울러 경찰은 봉사조직으

---

3) Etzioni, A., Comparative analysis of complex organizations, New York: Free Press, 1975.
4) Blau, P. M., & Scott, W. R., Formal organizations: A comparative approach, Stanford, CA: Stanford University Press, 2004.

로서의 성격도 함께 가지고 있다. 봉사조직의 주요 수혜자는 고객 집단이며 고객에 대한 전문적 봉사가 강조된다(예: 병원, 학교, 법률상담소). 특히 오늘날에 있어서 경찰은 단순히 일반국민을 상대로 한 법집행활동 뿐만 아니라 민원인, 신고자, 피해자 등 개별적인 시민에 대해서 양질의 치안서비스를 제공하는 역할을 담당하고 있다. 경찰청이 대국민 서비스 향상을 위해 실시하고 있는 '치안고객 만족도조사'도 봉사조직으로서의 경찰 성격을 잘 나타내주고 있다.

3. 경찰조직의 이미지

영국의 조직이론가 가레스 모건(Gareth Morgan)은 조직의 8가지 이미지를 통해 조직의 다원적 특성을 설명하고 있다. 경찰조직의 본질에 대한 이해를 돕기 위해 8가지 이미지를 대입하여 설명하도록 하겠다.[5]

[Ⅲ - 6]　가. 기계(machine)

기계로서의 조직은 조직의 목적을 달성하기 위해 최적화된 도구와 같은 이미지이다. 이러한 이미지에 가장 잘 부합하는 조직은 군대이다. 엄격한 규칙과 규정이 지배하고 정해진 업무수행절차가 강조되는 폐쇄적인 시스템이다. 프레더릭 테일러(Frederick Taylor)의 과학적 관리론에 입각한 조직관리를 통해 효율성을 극대화하려고 한다. 관리자가 작업과정을 통제하고 조종하기에 유리한 형태의 조직이다. 그러나 지나치게 효율성만을 강조한 나머지 인간을 마치 기계 속의 부품처럼 취급하는 비인간적 관리방법에 의존한다는 비판이 제기된다. 엄격한 규칙과 통제로 인해 구성원들은 지시와 명령에만 복종하는 수동적인 존재로 전락해 버릴 위험이 있다. 또한 폐쇄적

---

5)　Morgan, G., Images of Organization, Beverly Hills, CA: Sage, 1986.(Fyfe, J. J. et al., Police administration, New York: McGraw Hill, 1997, pp. 158-164에서 재인용)

성격 탓에 조직 외부의 변화에 제대로 적응하지 못하는 문제점이 있다.

경찰관이 112신고사건을 처리할 때에는 매뉴얼에 규정해 놓은 절차와 방법을 준수하도록 되어 있다. 반복적으로 발생하는 유형의 신고사건에 있어서는 업무과정을 표준화함으로써 현장경찰관의 자의적 판단을 최소화하여 공정성과 적법성을 확보하는 장점이 있다. 하지만 재량권을 갖지 못한 경찰관들이 개별사건이 가지고 있는 특수성을 고려하지 않은 채 매뉴얼에 따라 기계적으로 사건을 처리해 버리는 문제가 발생한다. 그럴 경우 경찰활동이 경직되고 하나의 수단에 불과한 법집행 자체가 경찰활동의 궁극적 목적이 되어버리는 현상이 강화된다.

나. 유기체(organisms)   [Ⅲ - 7]

유기체로서의 조직은 환경과 역동적으로 상호작용하는 개방적 시스템이다. 유기체는 환경에 둘러싸인 채 살아가면서 상호작용을 통해 환경을 형성하기도 환경에 의해 형성되기도 한다. '상황적합이론'(contingency theory)에 따르면 조직의 형태, 관리방법, 리더십 유형 등은 그 조직이 처한 상황에 따라 정해진다. 피라미드 형태의 전통적인 계층제 조직을 대신해서 매트릭스, 연방형 조직, 애드호크라시, 태스크 포스 등 다양한 형태의 조직이 등장하게 된 것도 이러한 이유 때문이다.

과거 경찰조직은 외부환경의 변화에 크게 영향을 받지 않는 폐쇄적인 조직으로 인식되어 왔다. 경찰활동이 추구하는 목적인 공공의 안녕과 질서유지가 '현상유지'(status quo)의 의미를 내포하고 있기 때문이다. 또한 법집행이라는 업무 자체도 법위반행위에 대해 실정법을 엄정하게 적용하는 보수적 성격을 띠고 있기 때문이기도 하다. 하지만 오늘날 경찰조직은 변화하는 환경에 대한 대응력을 갖추도록 요구받고 있다. 4차 산업혁명 등 과학기술 분야의 혁신이 새로운 공공위험의 등장을 예고하고 있는 상황에서 경찰은 신기술을 접목한 과학치안으로 대응하고 있다. 또한 한국의 민주주의가 발전하고 인권의식이 높아지면서 경찰의 법집행에 있어서 법적정당성 확보, 피해자 인권보호가 강조되고 있다.

[Ⅲ - 8] 다. 두뇌(brains)

두뇌로서의 조직은 스스로 사고하고 학습하는 능력을 갖추어야 한다. 주변 환경으로부터 지식과 정보를 받아들여 조직의 목적을 달성하는데 활용한다. 새로운 지식과 정보를 끊임없이 흡수하여 진화하는 형태의 조직이다. 이러한 조직이 되기 위해서는 우선적으로 불합리한 관행을 버리고 변화를 받아들이려는 분위기가 만들어져야 한다. 조직의 문제가 외부에 드러나는 것을 두려워해서도 안 되고 단지 이미지를 관리하는 데만 신경 써서도 안 된다. 또한 조직구성원이 적극적으로 사고하고 학습하는 능력을 갖추기 위해서는 업무에 있어서 재량권을 확대하고 시행착오를 허용하는 것이 중요하다.

문제지향적 경찰활동은 일선경찰관들의 사고하고 학습하고 반응하는 역량을 경찰조직 전체에 확대적용하기 위한 전략이다. 법집행 중심의 경찰활동을 탈피하여 지역사회의 다양하고 구체적인 문제들을 발굴하여 해결하는 데 중점을 두고 있다. 이를 위해 일선경찰관에게 충분한 재량권을 부여하여 지역사회 내의 다양한 문제들을 해결하기 위한 창의적 방법을 도출해 내도록 하는 것이 핵심이다.

[Ⅲ - 9] 라. 문화(cultures)

문화로서의 조직은 구성원들의 공유하고 있는 가치, 믿음, 태도를 강조한다. 조직문화는 구성원들 사이에 동질감을 형성하여 하나로 결속시키는 데 중요한 역할을 한다. 경찰조직 내에도 경찰업무의 특성에서 비롯된 조직문화가 존재한다. 공무를 집행하는 과정 속에서 경찰은 종종 위험에 처하기도 하고, 저항하는 시민들로부터 법집행자로서의 권위를 지켜야 하고 때로는 물리력을 행사해야 할 때도 있다. 이로 인해 경찰관들 사이에 내부적 결속력과 일종의 '동지애'를 중시하는 문화가 형성되고 외부인에 대해서는 심리적 거리감과 일정한 경계심을 갖고 대하는 경향을 보인다.[6] 경찰관들은 일반적으로 경찰직에 대한 가치와 사명감으로 경찰경력을 시작하지만 시간이 지날수록 그들이 취급하는 업무와 상대하는 시민들에 대해 냉소적이고 부정적인 태도를 갖게 된다.[7] 미국 경찰학자 밴 매넌(John Van Maanen)은 미국의 경찰조직 속에 하위문화가 형성되는 과정을 다음과 같이 설명하고 있다.

경찰관은 일반적으로 스스로가 사회의 더러운 일을 담당하고 있다고 인식한다. 그렇기 때문에 경찰과 시민들 사이에 간극이 형성된다. 오늘날 순찰업무를 하고 있는 경찰관들은 사회의 주류문화로부터 자신들이 단절되어 있다고 느끼며 부당한 오명을 뒤집어쓰고 있다고 느낀다. 간단히 말해, 경찰관이 제복을 입는 순간, 그는 지역사회에서 아웃사이더 역할을 수행해야함으로 인해 생겨나는 긴장을 관리할 목적으로 특정한 규범과 가치를 고안하고 독특한 하위문화 속으로 진입하게 되는 것이다.[8]

마. 정치체계(political system)

[III - 10]

정치체계로서 조직을 바라보게 되면 조직 내 구성원들 사이 또는 조직과 외부환경 사이에 이해관계를 둘러싸고 발생하는 권력구조, 갈등의 문제에 초점을 맞춘다. 정치적 관점을 택할 때 조직은 공동의 목표를 추구하는

---

6) 미국에서는 이러한 경찰조직문화를 'thin blue line' 문화라고 일컫는다.(Fyfe et al., 1997, 앞의 책, p. 161.)

7) Fyfe et al., 1997, 앞의 책, p. 120.

8) Van Mannen, J., Observation on the making of policeman, Boulder, CO: Human Organization, 1973, p. 407.

합리적이고 통합적인 시스템이라기보다는 다양한 이해관계를 바탕으로 자신의 이익을 추구하는 사람들로 만들어진 '느슨한 네트워크' 정도로 여겨진다. 조직 내적으로는 구성원들과 부서들 사이에 권력과 권한이 균등하게 분배되어 있지 않기 때문에 정치현상이 발생한다. 특히 중요 의사결정과정이나 자원의 배분, 특히 조직인사 등에 있어서 정치적 영향력이 작동한다. 조직 외적으로는 조직이 추진하는 정책과 조직 운용방식이 외부 참여자들의 이해관계로 인해 영향을 받게 되는 경우를 말한다.

경찰조직도 부서별로, 개인별로 조직 내에서 가지고 있는 정치력에 차이가 있다. 이러한 차이가 발생하는 이유는 다양하다. 전통적으로 핵심적 경찰활동을 담당하거나(예를 들어, 범죄수사), 특정한 시대적 상황 때문에 중요성이 높아졌거나(예를 들어, 권위적 정권 시대의 경비경찰), 최고관리자의 판단에 중요한 영향을 미치는(예를 들어, 정보경찰) 부서의 영향력은 상대적으로 크다. 경찰조직의 외부에 있는 개인, 기관, 집단들 역시 경찰조직과 정치적 관계를 맺고 있다. 예를 들어, 지역사회, 지역 상공인들, 선출된 정치인들이 경찰서의 정책과 운용방식에 정치력을 통해 영향력을 행사하려할 수 있다.

[III - 11]   바. 심리적 교도소(psychic prisons)

심리적 교도소로서의 조직은 구성원들을 심리적으로 사로잡아 스트레스를 높이고 비인격화한다. 일상적으로 반복되는 조직생활은 구성원들을 지치게 만들고 직업만족도와 조직에 대한 애착을 떨어뜨린다. 경찰조직과 경찰업무의 특성으로 인해 경찰관들은 스트레스에 노출되어 있다. 경찰조직은 계층제의 원리에 따라 상급자와 하급자 사이에 엄격한 상하관계를 바탕으로 운영된다. 계급중심의 상명하복 문화 속에서 일방적 지시·명령 위주의 관리방식은 경찰관들의 사기와 근무의욕을 저하시키는 요인이 된다. 또한 경찰관들이 지나치게 승진에만 몰입하게 되어 동료경찰관들 간에 과열

경쟁을 부추기고 결국 조직에 대한 소속감을 약화시킨다. 대다수의 경찰업무가 창의적이거나 도전적이라기보다는 반복적이고 현상유지적 성격이 강하다보니 경찰관들이 쉽게 매너리즘에 빠지게 되고 업무를 통한 성취감을 경험하지 못하게 된다.

사. 유동적이고 변화하는 구조(structures in flux and transformation)　　[III - 12]

조직은 끊임없이 변화하고 진화하는 모습을 띠기도 한다. 대체로 변화는 조직 운영에 있어서 불확실성과 불안정성을 높이는 요인으로 취급된다. 하지만 조직과 환경은 보다 역동적 관계를 맺고 있으며 상호작용을 통해 조직이 환경에 의해 변화하기도 하고 환경을 변화시키기도 한다. 조직은 '창조적 파괴'를 위해 기존의 관행을 과감히 파괴하고 혁신을 추구하는 존재이다. 경찰조직은 기업과 같은 민간조직만큼 혁신과 변화가 중요한 조직은 아니다. 하지만 통시적 차원에서 경찰조직 역시 상당한 변화를 이루어왔다. 한국경찰은 과거 권위정부 하의 시국경찰 중심에서 민주화 이후 민생경찰 중심으로 탈바꿈해왔다. 권위주의적 법집행자의 이미지에서 친근한 치안서비스 제공자의 모습으로 변해왔다.[9]

아. 지배수단(instruments of domination)　　[III - 13]

조직은 조직의 목표를 추구하는 과정에 하나의 지배도구로 전락할 위험성을 가지고 있다. 어쩌면 조직의 본질은 특정 집단의 의지를 다른 사람들에게 강제하는데 있을 수 있다. 독일의 사회학자 막스 베버(Max Weber)는 '철장'(iron cage)이라는 표현을 사용하여 관료제의 위험성을 경고한 바 있

---

9) 이러한 차원에서 경찰청은 고객만족도 개념을 치안활동에 도입하여 해마다 시민들을 대상으로 치안만족도조사를 실시하고 있다.

다.[10] 관료제는 조직의 목표를 달성하기 위한 가장 합리적인 방식으로서 도입된다. 하지만 관료제의 특성인 엄격한 규율과 통제로 인해 개인의 자유가 억압된다. 관료제 속 개인은 자유와 개성을 잃어버린 채 하나의 부품과 같은 존재로 전락한 채 살아간다. 이러한 조직은 민주주의 사회에 위협이 될 수 있다. 소수권력자들에 의해 조직이 장악되고 통제될 때 특히 그러하다. 예를 들어, 경찰조직이 권력자를 위한 통치도구가 되어 불합리한 현실을 변화시키려는 시민들의 요구를 억압하고 현상을 유지시키기 위한 물리력으로 악용될 위험성이 항상 존재한다.

---

10) 막스 베버, 프로테스탄티즘의 윤리와 자본주의 정신, 문예출판사, 2010.

제2절 경찰조직구조

1. 경찰조직구조의 의의

가. 경찰조직구조의 의미   [Ⅲ - 14]

어떤 조직이 제대로 기능을 수행하고 조직목표를 효율적으로 달성하기 위해서는 합리적이고 바람직한 조직구조를 갖추고 있어야 한다. 조직구조란 "조직목표를 달성하는데 필요한 전문화된 활동을 결정하고 이 활동을 어떤 논리적 유형에 따라 집단화시키고, 이러한 집단화된 활동을 어떤 직위나 개인의 책임 하에 할당하는 것으로 한마디로 유형화된 상호작용이며 직무역할의 배분"을 의미한다.[1] 조직구조는 다음과 같은 역할을 수행한다. 첫째, 조직구성원과 부서 사이에 권한과 역할 배분의 기준이 된다. 둘째, 조직 내 구성원들을 통제하고 갈등을 조정하는 권한을 지정한다. 셋째, 조직 내부의 의사전달과 의사결정의 통로로 작용한다. 마지막으로 구성원들 사이에 조정과 협력이 이루어지도록 한다.

조직도는 조직구조를 시각적으로 표현한 것이다. 〈그림Ⅲ-1〉은 서울지방경찰청의 조직구조를 보여주고 있다. 지방경찰청장-차장-각 부장-각 과장으로 이어지는 수직적 연결은 계급에 따른 권한과 역할의 위계적 분화를 나타낸다. 또한 하위부서를 통제하고 하위부서 간의 갈등을 조정할 권한이 어디에 속하는지 명확히 하고 있다. 경무부-생활안전부-수사부-교통지도부-경비부-정보관리부-보안부로 이어지는 수평적 연결은 조직이 수행하는

---

1) 이상안, 경찰행정학, 대명출판사, 2005, p. 249.

전문적 활동영역에 따른 업무의 분화를 나타낸다. 조직의 상위부서와 하위부서, 그리고 하위부서와 다른 하위부서를 연결하는 선은 의사전달과 의사결정이 이루어지는 공식적 경로를 나타낸다.

[Ⅲ - 15]   나. 경찰조직구조의 구성요소

　개인과 집단을 조직화하는데 필요한 가장 기초적인 요소는 지위, 역할, 권한, 규범이다. 첫째, 지위는 조직 체계 속에서 개인이 차지하는 위치의 상대적 가치 또는 존중의 정도를 의미한다. 경찰조직 내에서의 지위는 11개 단계로 구성된 계급으로 대표된다. 계급은 권한과 책임, 업무의 중요도와 난이도에서의 차이를 나타내며 승진이나 전보 등 내부임용의 기준이 된다. 둘째, 역할은 조직 체계 속에서 어떤 위치를 차지하고 있는 사람이 해야 할 것으로 기대되는 행동의 범주를 의미한다. 역할은 조직구성원들의 상호작용을 분명하게 하며 상호작용의 예측가능성을 높인다. 경찰조직의 경우 직위별로 수행해야 할 역할을 직무라고 부른다. 경찰청의 생활안전과장과 여성청소년과장에게는 각각의 직위에 따라 기대되는 직무가 규정되어 있으며 상호간에 업무적으로 협조가 필요할 때에는 이와 같은 직무에 대한 기대를 전제로 상호작용하게 된다. 셋째, 권한은 조직의 규범에 의해서 정당성이 승인된 권력이다. 조직 체재 내에서 역할과 지위가 실효성을 확보할 수 있도록 한다. 경찰청장이라는 지위와 이에 수반되는 역할이 실질적인 의미를 갖기 위해서는 개인이나 조직단위에 대해 행사할 수 있는 권한이 공식적으로 부여되어야 한다. 마지막으로 규범은 조직구성원이 마땅히 준수해야 할 행동의 보편적 기준을 말한다. 경찰조직의 규범은 각종 법령의 형태로 되어 있는데 '경찰법'은 경찰조직의 구조, '경찰공무원법'은 경찰공무원의 관리, '경찰관직무집행법'은 경찰공무원의 직무상 권한 등에 관해 각각 규정하고 있다.

〈그림Ⅲ-1〉 서울지방경찰청 조직도(2019년 기준)

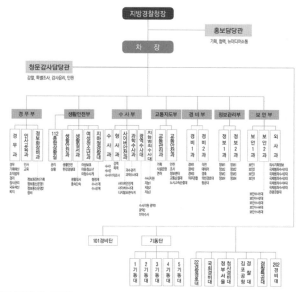

출처: 2019 경찰백서(경찰청, 2020)

2. 경찰조직 구조화의 기본변수

조직구조의 기본변수란 조직구조의 특성을 결정하는 가장 기본적인 요인들을 의미하며 여기에는 복잡성, 공식성, 집권성이 포함된다.

가. 복잡성(complexity) [Ⅲ - 16]

복잡성은 조직이 분화된 정도를 의미한다.[2] 학자들에 따라서 조직 내 직위의 수나 조직단위 수에 초점을 맞추기도 하고 직업분야의 수나 교육훈련기간 등과 같은 전문화에 초점을 맞추기도 한다. 또한 수평적 분화, 수직적

---

2) Price, L. & Mueller, Charles W., Handbook of organizational measurement. Marshfield, MA: Pitman Publishing, 1986.

분화, 공간적 분산으로 구분하여 정의되기도 한다. 수평적 분화는 조직 내 기구의 횡적분화 정도로서 업무가 얼마나 세분화되어 있는지를 나타낸다. 수직적 분화는 직무의 중요도와 난이도에 따라 종적으로 계층화한 정도를 의미한다. 공간적 분산은 조직의 하부기구들이 지역적·장소적으로 흩어지거나 모여 있는 정도를 말한다. 조직이 복잡할수록 관리부서의 비중과 규모가 커지고, 한 명의 관리자가 통솔하는 하급자의 수가 줄어들며, 구성원들의 비인격화·인간소외가 가중된다.

경찰조직의 경우도 경찰서보다는 경찰청의 조직구조가 훨씬 복잡하여 수평적·수직적 분화 정도가 높으며, 경찰청의 관할지역이 더 넓은 만큼 관리해야 할 하부기관도 지역적으로 더 넓게 퍼져있다. 동일한 지방경찰청에 속한 경찰서라고 하더라도 도시지역의 1급지 경찰서가 3급지 농어촌지역 경찰서보다 더 복잡한 조직구조를 가지고 있다.

[III - 17]   나. 공식성(formalization)

공식성은 업무수행의 주체, 절차, 방법 등이 공식적으로 규정되어 있는 정도 및 문서화된 규칙의 정도로 정의된다.[3] 또한 업무가 얼마나 표준화되고 정형화되어 있는가를 의미한다. 조직의 규모가 클수록, 단순하고 반복적인 직무일수록, 집권화된 조직일수록, 외부로부터 감시와 통제가 많을수록 공식성의 정도가 증가한다. 공식성은 인간행동의 불예측성을 감소시켜 일관성 있는 업무처리와 안정적인 조직운영을 가능하게 만든다. 일상적인 업무가 표준화되고 규칙화됨으로 인해 관리자가 직접 감독할 필요성이 줄어든다. 또한 보다 신속하고 효율적인 업무처리가 가능해진다. 이에 반해 지나치게 규칙과 절차만을 강조하게 되어 목표와 수단의 전도, 선례답습주의, 법규만능주의에 빠질 우려가 있다. 과다한 문서의 생산, 탄력적 대응력 감

---

3) Blau, J, & Mckinley, W., Ideas, complexity, and innovation. Administrative Science Quarterly, 24(2), 1979.

소, 조직구성원의 비인간화 등도 공식성이 강화됨에 따라 발생할 수 있는 문제점이다.

정부행정조직은 안정성, 일관성, 공정성이 강조되는 공적업무를 취급하기 때문에 공식적 절차와 규칙을 중요시한다. 같은 이유로 경찰조직에서도 모든 종류의 직무를 수행함에 있어 경찰관들은 공식화된 규칙, 규정, 또는 직무지침을 준수하도록 강조된다. 예를 들어, 신고를 받고 출동한 경찰관을 위해 각 상황별로(예: 가정폭력사건, 주취난동사건 등) 표준업무지침(SOP: Standard Operational Procedure)과 업무매뉴얼이 마련되어 있다. 더욱이 경찰의 법집행활동은 시민의 기본권을 제한하는 권력적 작용을 특징으로 하기 때문에 경찰관 개인의 자의적 판단이 아니라 공식화된 규칙과 절차를 준수하도록 엄격히 통제할 필요성이 크다.

다. 집권성(centralization) [Ⅲ - 18]

집권성은 조직 내 의사결정권한이 상위계층에 집중되어 있는 정도를 말한다.[4] 집권성은 의사결정과정이 통제되는 정도에 의해 측정된다. 집권성과 상대되는 개념이 분권성(decentralization)이다. 분권성은 조직내부에서 권한의 위임 정도를 의미하는 수직적 분권성과 의사결정과정에 참여하는 정도를 나타내는 수평적 분권성으로 구분된다.[5] 집권성이 강화되는 경우는 조직의 규모가 작고 업무량이 적을 때, 조직이 만들어진지 얼마 되지 않았을 때, 조직의 운영이 상급관리자의 리더십에 상당부분 의존할 때, 조직이 위기상황에 처하거나 개혁과 혁신이 필요할 때, 업무적으로 여러 부서 간의 통일성과 협력이 필요할 때, 구성원들이 업무처리절차와 규정을 합리적·효과적이라고 신뢰할 때 등이다. 집권성을 높이면 통일된 방식으로 정책을

---

4) Pugh, D. S. Hickson, D. J., Hinnings, C. R., & Turner, C., Dimensions of organization structure. Administrative Science Quarterly, 12(3), 1968.

5) Mintzberg, H., Structure in fives: Designing effective organizations. Englewood Cliffs, NJ: Prentice-Hall, 1983.

수행하기 용이하고, 계획을 수립하여 추진하는데 일관성을 확보할 수 있으며, 부서단위 간의 업무조정이 간편하고, 행정기능의 중복과 혼란을 줄일 수 있는 장점이 있다. 반면에 조직이 더욱 관료주의화, 권위주의화 될 우려가 있고, 형식주의로 인해 창의성이 저해되며, 획일적 의사결정으로 다양한 요인들이 고려되지 않은 채 실정에 맞지 않는 행정의 위험성이 커진다.

경찰조직 구조화에 있어서 집권성·분권성의 문제는 두 가지 측면에서 살펴볼 수 있다. 첫째, 현장 경찰관들에 대한 재량권 부여의 문제이다. 경찰은 피라미드형 조직구조에 따라 탑-다운(top-down)방식의 의사결정과정을 기본으로 하고 있다. 조직의 최고관리자인 경찰청장의 지휘에 따라 전국의 모든 경찰관서와 경찰관이 일사분란하게 움직이는 고도의 집권성을 특징으로 하는 조직이다. 그런데 전통적 방식의 경찰활동이 지역의 문제를 해결하는데 효과적이지 못하다는 반성에서 등장한 문제지향 경찰활동이나 지역사회 경찰활동은 경찰조직의 의사결정방식이 보다 분권적일 것을 요구한다. 지역사회를 잘 아는 현장경찰관에게 업무에 있어서 충분한 재량권을 부여하여 범죄와 무질서를 야기하는 지역사회의 근본적인 문제를 정확히 분석하고 해결하도록 해야 한다는 것이다.

두 번째 문제는 중앙집권적 국가경찰과 지방분권적 자치경찰에 관한 것이다. 우리나라는 1948년 대한민국 정부수립부터 대륙법계 국가의 전통을 따라 중앙집권적 국가경찰제를 운영하고 있다. 현재 경찰청은 중앙행정기관인 행정안전부장관 소속으로 되어 있다(경찰법 제2조 제1항). 그런데 1991년 지방자치가 실시된 이후부터 자지경찰제 도입이 논의되어 왔다. 중앙정부에 집중되어 있는 경찰권한을 분산시키고 지역주민의 요구와 지역여건에 부응하는 치안서비스를 제공하기 위해서이다. 그 일환으로 2006년 법제정을 통해 제주특별자치도에 경찰권을 부여하고 제한적으로 자치경찰제를 실시해오고 있다. 최근 문재인 정부가 들어서면서 대통령 소속 자치분권위원회와 경찰청 소속 경찰개혁위원회에서 자치경찰제 도입을 위한 본격적인 논의가 착수되어 단계적 도입방안이 제시되었다.

3. 경찰조직의 편성원리

가. 의미

경찰조직의 편성원리란 "경찰조직을 가장 합리적으로 조직화하고 이것의 능률적 관리를 가능하게 하는 원리 혹은 준거기준"이라고 말할 수 있다.[6] 일반적인 의미의 조직편성의 원리는 행정학 분야의 과학적 관리론의 영향을 받은 페이욜(Henri Fayol), 귤릭(Luther Gulick), 어윅(Lyndall Urwick) 등 고전적 조직이론 학자들에 의해 제시되었다. 가장 보편성이 인정된 5가지 전통적 원리에는 계층제의 원리, 분업(전문화)의 원리, 통솔범위의 원리, 명령통일의 원리, 조정의 원리 등이 속한다. 아래에서 경찰조직의 편성원리를 소개한 후 계선과 참모에 관한 설명을 덧붙이겠다.

나. 계층제의 원리

계층제는 권한과 책임의 정도에 따라 구성원들 간에 수직적 구조를 설정하고 명령체계를 명확히 하는 것을 말한다. 계층제는 권한과 책임을 기준으로 한 수직적 분업관계에 해당한다. 계층제가 형성되는 이유는 최고 관리자가 모든 구성원과 사무를 직접 지휘·통솔하는 것이 불가능하기 때문이다. 경찰서장 혼자서 담당 경찰서에 소속된 수백 명의 경찰관들을 직접 관리하고 모든 사무를 처리하는 것이 불가능하기 때문에 하위계층에 과장들을 배치하고 권한과 책임을 위임하는 것이다. 같은 이유로 과장은 계장에게, 계장은 주임에게 권한과 책임을 위임한다. 이와 같은 방식으로 위에서 아래로 권한과 책임의 위임관계가 연쇄적으로 형성되어 수직적 조직구조가 만들어지게 된다. 계층제 속에서 상급자는 법과 규정에 의해 허용되는 권한의 범

---

6) 이상안, 2005, 앞의 책, p. 235.

위 안에서 하급자를 감독하고 지시·명령을 내린다. 하급자는 상급자의 지시·명령에 따라 업무를 수행해야 한다. 조직의 상층부로 갈수록 비례하여 권한과 책임의 범위가 증가한다.

계층제의 장점은 ① 최고관리자를 중심으로 조직의 질서와 통일성이 확보되며, ② 하위계층에 속한 구성원과 부서 간의 갈등과 대립을 조정하여 내부통제를 확보하기 용이하고, ③ 지시·명령을 효과적으로 전달하기 위한 의사소통의 경로가 명확하며, ④ 권한과 책임을 위임하고 업무를 배분하는데 필요한 기준이 되며, ⑤ 신속하고 능률적인 업무수행에 유리하다.

이에 반해 단점은 ① 명령·복종 중심의 엄격한 상하관계는 조직의 경직성을 심화시키며, ② 계층의 수가 증가할수록 의사소통을 지체 또는 왜곡시키고, ③ 외부의 환경변화에 적절히 대응하기 곤란하며, ④ 부서별로 종적인 서열만을 중시하게 되어 다른 부서 간의 협력과 조정이 어려우며, ⑤ 기관장의 독단적 결정으로 구성원들의 참여가 배제되고 창의성을 발휘하기 어려워진다.[7]

[Ⅲ - 21]   다. 분업(전문화)의 원리

분업이란 조직이 수행할 업무를 나눈 뒤 구성원에게 특정한 범위의 업무만을 담당하도록 맡기는 것을 말한다. 분업과 비슷한 개념으로 '전문화'가 있다. 전문화란 업무수행의 책임을 구분하여 집단별로 분배한 뒤 해당 업무를 수행하기에 최적의 역량과 자격을 갖추었다고 생각되는 사람들을 각 집단에 배치시키는 것을 의미한다.[8] 다른 말로 '기능의 원리'라고도 하는데 조직이 수행하는 기능에 따라 직무의 종별을 구분한다는 의미를 담고 있다. 예를 들어, 경찰서 조직은 기능에 따라 경무과, 생활안전과, 수사과, 교통

---

7)   조철옥, 경찰학개론, 대명문화사, 2008, p. 236.
8)   Swanson, C. R., & Terrio, L., & Taylor, R. W., Police administration: Structures, processes and behaviors, Boston, MA: Pearson Education, 2017, p. 177.

과, 경비과 등으로 나눈 뒤 해당 직무를 과별로 분담시키고 있다. 조직에서 분업이 필요한 이유는 한 개인이 습득할 수 있는 지식과 기술의 범위가 한정되기 때문이며, 또한 특정 개인으로 하여금 제한된 범위의 업무를 지속적으로 담당하게 할 때 전문성이 향상되어 행정의 능률이 높아지기 때문이다. 일반적으로 구성원들이 광범위한 업무를 수행할 때 전문화 정도가 낮고, 반대로 제한적인 범위의 몇 가지 업무만을 담당할 때 전문화 정도가 높다. 분업의 정도를 정할 때에는 구성원들의 역량, 업무수행에 가용한 기술력, 조직의 규모 등을 고려해야 한다.

분업과 전문화는 다음과 같은 장점을 가진다.[9] ① 특정 부서별로 책임을 배분함으로써 직무수행에 대한 책임 소재를 명확히 하고, ② 제한된 분야의 업무에 특화시킴으로써 전문성이 향상되며, ④ 동질적인 업무를 수행하면서 같은 부서 내 구성원들 사이에 상호의존성이 높아져 결속력이 강화되고 ⑤ 동일한 업무를 반복적으로 수행하게 되면서 숙련도가 높아져 업무의 효과성과 효율성이 증가한다.

이에 반해 단점으로는 ① 오랜 기간 단순 업무의 반복으로 자율성과 창의성 저해, 인간성 상실, 인간소외 등의 위험이 있고, ② 부서의 전문성만을 앞세워 조직 전체의 조정과 통합이 어려워지며, ③ 좁은 분야와 편협한 시각에만 사로잡혀 담당업무의 범위를 벗어나는 문제는 전혀 해결하지 못하는 '전문적 무능' 현상이 초래된다.

라. 통솔범위의 원리   [Ⅲ - 22]

통솔범위의 원리는 한 사람의 관리자가 자신의 주의력과 능력에 비추어 직접 효과적으로 통솔할 수 있는 하급자 또는 조직단위의 수에 대한 원리이다. 인간의 주의력과 능력이 제한적이라는 사실에서 파생되는 원리이다. 모

---

9) 앞의 책, p. 178.

든 조직에 적용될 수 있는 최적의 통솔범위는 존재하지 않으며 조직이 처한 상황에 따라 다양한 요인들을 고려하여 적정한 통솔범위를 결정해야 한다. 일반적으로 다음과 같은 요인들이 존재할 때 통솔범위가 확장된다. ① 시간적 요인으로 신생조직보다 기존조직일수록, ② 공간적 요인으로 부서들이 분산되기보다 근접해 있을수록, ③ 직무의 성격이 전문적·창의적·복잡한 경우보다는 표준적·반복적·단순한 경우일수록, ④ 하급자의 능력이 우수하고 훈련이 잘 되어 있을수록, ⑤ 관리자가 하급자들로부터 신임을 받을수록, ⑥ 조직 내 계층의 수가 적을수록, ⑦ 정보관리체계와 통신기술이 발달할수록, ⑧ 구성원의 자율성이 강조되는 조직일수록 통솔범위가 더 크다.[10]

경찰조직은 지나치게 중하위직에 편중되어 있는 인력구조를 가지고 있다. 전체 경찰인력 중 경위 이하 경찰관이 차지하는 비율이 90%이상이고 경찰서의 과장 직위에 해당하는 경정(일반공무원 5급) 이하가 99.5%를 차지하고 있다. 이로 인해 〈그림Ⅲ-2〉에서 보듯이 타 기관에 비해 하위직 비율이 매우 높은 '첨탑형 구조'를 하고 있다. 통솔범위의 원리 측면에서 보면 이러한 인력분포는 한 명의 상급자가 감독해야 할 하급자의 수가 적정수준을 넘게 되어 효율적인 지휘체계를 유지하는데 장애요인으로 작용할 수 있다.

〈그림Ⅲ-2〉 계급(직급)별 인력분포 비교

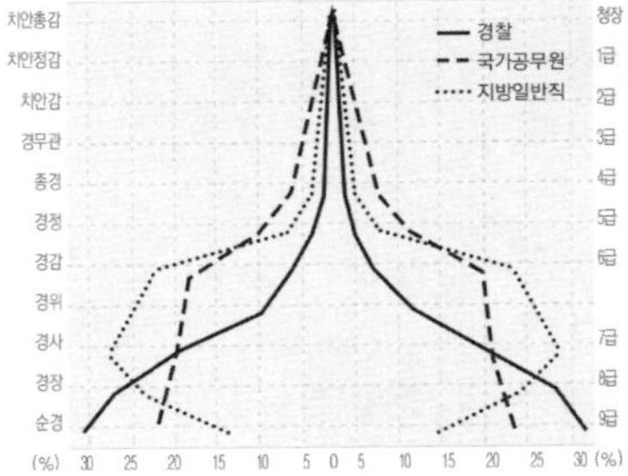

구 분	4급이상 (총경)	5~6급 (경정,경감)	7~9급 (경위이하)
국가 일반직	5.3%	30.2%	64.5%
지방 일반직	1.4%	35.7%	62.9%
해경	0.8%	8.5%	90.7%
소방	0.8%	9.6%	89.6%
경찰청	0.54%	9.50%	90.0%

출처: 2019 경찰백서(경찰청, 2020)

10)   조철옥, 2008, 앞의 책, pp. 236-237.

마. 명령통일의 원리 [Ⅲ - 23]

　명령통일의 원리는 누구나 자신에게 권한과 책임을 위임해 준 한 사람의
상급자로부터만 명령을 받고 그에게만 보고해야 한다는 원리를 의미한다.
원래 계층제 원리의 하위운영원리 중 하나이다. 명령체계를 일원화함으로
써 책임의 소재를 명확히 하고 상충되는 지시·명령이 야기할 수 있는 혼란
과 비능률을 방지할 수 있다. 반면에 명령통일의 원리는 계선조직에는 유효
하지만 조직구조에 참모가 포함되어 있을 경우에 참모가 제 기능을 발휘하
지 못하게 되는 문제점이 있다. 관리자의 유고로 인해 명령계통이 막히면
업무의 공백이 발생할 우려가 있기 때문에 항상 업무대행체제가 마련되어
있어야 한다. 또한 긴급한 문제가 발생할 경우 효과적으로 대응하는데 한계
가 있다.

　경찰조직은 충실히 계층제의 원리를 따르는 대표적인 기관이기 때문에
명령통일의 원리가 잘 준수된다. 하지만 필요에 따라서 예외가 허용되기도
한다. 애드호크라시 조직은 엄격한 계층제 중심의 조직이 지닌 한계를 극복
하기 위해 복잡성, 집권성, 공식성의 수준을 낮춘 대안적 조직구조이다. 특
정한 문제를 해결하기 위해 각기 다른 분야의 전문성을 가진 사람들로 업무
프로젝트팀을 구성하는 경우가 해당된다. 경찰조직 내에서도 특정한 현안
에 효과적으로 대응하기 위해 여러 부서로부터 전문적 지식과 기술을 가진
경찰관들을 받아 태스크 포스나 프로젝트 팀을 꾸며서 임시적으로 운영하
는 경우가 있다. 이럴 때 경찰관들은 자신이 원래 속한 부서의 상급자와 태
스크 포스나 프로젝트 팀장으로부터 동시에 지시를 받고 보고하게 됨으로
명령계통이 이원화된다. 다만 이와 같은 조직구조는 업무에 있어서 복잡성
을 증가시키기 때문에 한시적으로만 사용할 때 효과를 극대화할 수 있다.

[Ⅲ - 24]　　바. 조정의 원리

　　분업과 전문화는 조직 내 의사소통을 복잡하게 만들고 부서 간 협력을
어렵게 만들며 종종 구성원 간에 갈등을 초래하기도 한다. 전문성이 강화
되면 각자의 역할에만 몰입하여 조직 전체의 목표보다 각 부서의 목표를
더 중요하게 여기는 '부분최적화'(suboptimization)의 문제가 발생할 수 있
다. 각 부서들이 부서 이기주의에 빠지지 않도록 하려면 조직 내 전문영역
들 간 협력방안을 마련해야 한다. 굴릭(Luther Gulick)은 두 가지의 협력방
법을 제시한다.[11] 첫 번째는 '생각의 지배'이다. 조직 구성원들이 자신이 속
한 부서와 상관없이 업무수행을 통해 궁극적으로 추구하는 가치와 사명에
관해 동일한 생각을 갖도록 만드는 것이다. 이러한 전략은 '가치에 의한 관
리'(management by values) 또는 '임무주도 행정'(mission-driven govern-
ment)이라고 불린다. 조직이 추구하고 있는 궁극적 가치와 사명을 선명하
게 부각시켜 공동의 목표를 향한 구성원들 간의 협력을 이끌어 내는 전략이
다. 경찰조직에 적용한다면 지역경찰과 사법경찰은 각각 지구대·파출소
와 수사부서(예: 형사과)에 속해 있다. 담당하는 업무도 전자는 사전적 예방
업무를, 후자는 사후적 진압업무로 구분된다. 하지만 궁극적으로는 두 부서
모두 국민의 생명과 신체 보호 그리고 공공의 안전과 질서유지라는 공동의
목표를 추구한다. 비록 업무적으로 분화되어 있지만 동질적인 사명과 가치
를 추구한다는 사실이 강조될 때 조정과 협력의 가능성이 높아진다. 두 번
째는 권위적 계층제를 통한 협력이다. 상위계층의 관리자가 하위 계층의 관
리자를 통제하여 하위 계층의 업무적 협력과 조정을 이끌어 내는 방식이다.
방법적으로는 기존의 계층제를 활용하거나 협력과 조정이 필요한 하위 계
층 위에 새로운 계층을 신설하는 방법, 통제와 조정이 필요한 사항에 대한
규정을 만드는 방법 등이 있다.

---

11)　Gulick, L., Notes on the theory of organization, in L. Gulick & L. Urwick(eds.), pp. 3-13, Papers
　　on the Science of Administration, New Yo가: Institute of Public Administration, 1937.

사. 계선과 참모[12]   [III - 25]

조직설계의 기본적인 형태로는 계선구조와 참모구조가 있다. 계선구조는 가장 오래되고 단순한 형태의 조직설계이다. 최상위 계층에서 최하위 계층까지의 명령체계가 분명하고 끊어짐이 없는 게 특징이다. 명령체계를 명확하게 하여 책임성을 확보하는데 유리하다. 경찰조직에서 계선구조는 핵심적 경찰활동을 수행하는데 기여한다. 예를 들어, 경찰서 단위에서 범죄예방활동은 경찰서장-생활안전과장-지구대장-순찰팀장-순찰팀원의 계선구조에 따라 수행된다. 대체로 소도시 등 비교적 작은 관할지역을 담당하는 경찰기관에서 주로 발견되는 조직설계 형태이다.

경찰서비스에 대한 수요가 증가할수록 경찰조직 내의 지원기능에 대한 필요성도 커지게 된다. 따라서 대도시를 관할하는 경찰기관의 경우 시민에 대한 치안서비스를 직접적으로 수행하는 계선 외에 내부지원기능을 담당하는 참모가 추가된다. 참모는 계선에 대하여 전문적 자문을 제공하기도 하고 (예: 범죄분석 등), 계선 관리자로 하여금 본연의 경찰업무와 관련성이 떨어지는 업무로부터 자유롭게 해 준다(예: 경리). 또한 조직 전체에 영향을 미치는 업무로서 전체적인 통일성을 유지하는 것이 중요한 유형의 업무를 담당하기도 한다(예: 감찰).

크게 두 가지 유형의 참모부서로 구분할 수 있다. 첫째, 보조 · 지원 참모부서(auxiliary/support staff)이다. 특정 계선 부서가 업무를 수행하는데 즉각적으로 필요한 지원을 제공한다. 예를 들어, 112신고처리업무를 지원하는 통신부서나 수사업무를 지원하는 범죄분석실이 여기에 속한다. 둘째, 행정 참모부서(administrative staff)이다. 경찰기관 전체에 대한 지원을 담당하며 지원의 즉시성을 가지고 있지 않다. 예를 들어, 경찰관들이 업무에 필요한 지식과 역량을 교육 · 훈련하는 기관이 여기에 속한다.

---

12) Swanson, C.R. et al., 2017, 앞의 책, pp. 186-191.

제3절 경찰조직의 법적 근거와 유형

[Ⅲ - 26]   1. 경찰조직의 법적 근거

모든 행정기관의 설치여부와 그 기관에게 부여되는 법적권한은 법률로
서 정하도록 되어 있다. 헌법 제96조에는 '행정각부의 설치, 조직과 직무범
위는 법률로 정한다'고 하여 '행정조직 법정주의'를 명시하고 있다. 법치행
정의 원리는 주로 행정주체인 국가와 그 대상인 국민과의 관계에서 권리를
제한하거나 의무를 부과하는 행정작용에 적용된다. 그렇기 때문에 과거에
는 행정조직의 설치 및 임부와 권한의 부여는 국민의 권리나 의무에 관한
사항이 아니므로 행정권의 자율적 권한 아래에 있는 것으로 여겨졌다. 하지
만 오늘날 법치주의가 발전하면서 행정권에 대한 국민의 통제가 확대되었
다. 더욱이 행정조직은 국민생활에 미치는 영향이 크고 국민들에게 상당한
경제적 부담을 지우는 중요사항으로 인식되어 법률에 의해 규율되어야 하
는 것으로 보고 있다.

경찰조직은 국가행정조직의 일부로서 법률에 의해서 설치되고 운영된
다. 국가행정기관의 설치 · 조직 및 직무범위를 정하기 위한 목적의 정부조
직법 제34조 5항과 6항은 국가경찰기관인 경찰청에 관한 규정이다. 치안에
관한 사무를 관장할 목적으로 행정안전부장관 소속에 경찰청을 두도록 하
고 있으며 구체적인 조직, 직무범위 등에 관한 사항은 법률로 정하도록 되
어 있다. 경찰법은 바로 이러한 국가경찰의 기본조직 및 직무범위 등에 관
해 규정하고 있는 법률이다. 다만 경찰법은 경찰위원회 및 경찰청, 지방경
찰과 하부조직에 관한 기본적인 사항만 규정하고 있고 보다 세부적인 조직
에 관해서는 하위규범인 대통령령(경찰청과 그 소속기관 직제, 경찰위원회

규정), 행정안전부령(경찰청과 그 소속기관 직제 시행규칙) 또는 행정규칙
(경찰청훈령, 지방경찰청훈령 등)으로 규정하고 있다.

2. 경찰조직의 유형   [III - 27]

경찰기관이란 경찰사무를 수행하는 행정기관을 의미한다. 경찰기관의
유형에는 크게 경찰행정관청, 경찰의결기관, 경찰보조기관, 경찰보좌기관,
그리고 경찰집행기관 등이 포함된다.[1] 경찰행정관청은 일반경찰행정관청
(보통경찰관청)과 특별경찰행정관청으로 구분된다. 일반경찰행정관청은
중앙경찰관청과 지방행정관청으로 구분된다. 전자에는 경찰청장, 해양경
찰청장이, 후자에는 지방경찰청장, 지방해양경찰청장, 경찰서장, 해양경찰
서장이 포함된다. 특별경찰행정관청은 특수하거나 전문적인 영역에서 경
찰권한을 가지며 특별법에 의해 설립된 경찰기관이다. 특별경찰행정관청
은 각 주무부장관, 외청의 장, 특별행정기관의 장, 지방자치단체의 장을 의
미한다. 예를 들어, 산림경찰은 산림청장, 보건위생경찰은 보건복지부장관,
출입국경찰은 법무부장관, 관세경찰은 관세청장이 특별경찰행정관청이다.

경찰의결기관 및 자문기관에는 경찰위원회, 치안행정협의회, 경찰공무
원인사위원회 등이 있다. 국가경찰집행기관은 제복을 착용하고 무기를 휴
대하는 특징이 있다. 여기에는 일반경비에 임하는 경비경찰(경찰공무원법
제20조), 긴급한 상황에 대처하는 기동경찰(경찰공무원법 제4조), 해양경비
사무를 집행하는 해양경찰, 간첩침투거부 등을 위한 전투경찰 등이 있다.

3. 경찰행정관청

경찰행정관청이란 '경찰사무에 관하여 직접 대외적으로 구속력 있는 경

---

[1]   홍정선, 경찰행정법, 박영사, 2013, p. 97.

찰에 관한 국가의 의사를 결정·표시하는 권한을 가진 경찰기관'을 의미한
다.[2] 여기에는 중앙경찰행정관청인 경찰청장, 해양경찰청장과 지방경찰행
정관청인 지방경찰청장, 지방해양경찰청장, 경찰서장, 해양경찰서장이 있
다. 아래에서는 경찰청장, 지방경찰청장, 그리고 경찰서장만 설명하도록 하
겠다.

[Ⅲ - 28]   가. 경찰청장

경찰청장은 행정안전부장관 소속 하에서 국가경찰에 관한 사무를 총괄
하고 경찰청 업무를 관장하는 중앙경찰행정관청이다(경찰법 제11조 제3
항). 위험방지임무에 관한 국가의사를 결정하고 이를 외부에 표시할 수 있
는 권한을 갖는다.[3] 경찰청장의 임명과 임기에 관한 사항은 경찰법에 규정
해 놓았다. 경찰청장은 경찰위원회의 동의를 얻어 행정안정부장관의 제청
으로 국무총리를 거쳐 대통령이 임명한다(동조 2항). 경찰청장은 치안총감
에 보하며 임기는 2년이고 중임할 수 없다(동조 제1항·제5항). 만약 직무
를 집행하면서 헌법이나 법률을 위배하면 국회가 경찰청장에 대한 탄핵 소
추를 의결할 수 있다(동조 제6항). 경찰청장은 전시, 사변, 천재지변 등 국
가비상사태, 대규모의 테러 또는 소요사태가 발생하거나 발생이 우려되는
경우 전국적인 치안유지를 위하여 긴급한 조치의 필요성이 인정될 때 제주
특별자치도의 자치경찰공무원을 직접 지휘·명령할 수 있다(동법 제25조
제1항).

경찰청장의 보좌기관으로 차장, 국장 또는 부장 및 과장, 그리고 담당관
을 둘 수 있다. 차장은 치안정감으로 보한다. 기본적으로 경찰청장을 보좌
하며 경찰청장이 부득이한 사유로 직무를 수행할 수 없을 때에는 그 직무
를 대행한다(동법 제12조 제1항·제2항). 차장 아래 계선조직으로 국장 또

---

2) 김충남, 경찰학개론, 박영사, 2008, p. 155.
3) 홍정선, 2013, 앞의 책, p. 98.

는 부장 및 과장이 있고(동법 제13조 제1항), 경찰청장, 차장, 국장, 또는 부장 밑에 참모조직으로 각종 담당관을 둘 수 있다(동조 제2항). 경찰청에는 생활안전국, 수사국, 사이버안전국, 교통국, 경비국, 정보국, 보안국, 외사국 등 총 8개 국이 있다(경찰청과 그 소속기관 직제 제4조 제1항). 담당관은 정책의 기획이나 계획의 입안 및 연구조사를 통하여 업무를 보좌한다. 예를 들어, 경찰청장 밑에는 대변인(홍보담당관)을, 차장 밑에는 기획조정관, 경무인사기획관, 감사관, 정보화장비정책관, 과학수사관리관 및 치안상황관리관을 두고 있다(동조 제2항).

경찰청장의 사무를 지원하기 위한 부속기관[4]으로 경찰대학, 경찰인재개발원, 중앙경찰학교, 경찰수사연수원, 경찰병원을 두고 있다. 경찰대학은 국가치안부분에 종사할 경찰간부가 될 자에게 학술을 연마하고 심신을 단련시키기 위한 교육훈련, 치안 분야 전문 인력의 양성과 치안에 관한 이론·정책 및 과학기술 연구에 관한 사무를 관장하기 위해 설립되었다(동법 제17조). 그밖에 경찰교육훈련기관으로 경찰인재개발원은 재직 경찰공무원에 대한 교육훈련을, 중앙경찰학교는 경찰공무원으로 임용될 자에 대한 교육훈련을, 경찰수사연수원은 수사업무에 종사하는 경찰공무원에 대한 전문연수를 담당한다(동법 제27조). 경찰병원은 경찰청장 소속 책임운영기관[5]으로 경찰기관에 근무하는 공무원과 가족들의 질병진료 사무를 담당하고 있다(동법 제31조).

나. 지방경찰청장 [III - 29]

지방경찰청장은 경찰청의 사무를 지역적으로 분담 수행하게 할 목적으

4) '부속기관'이라 함은 행정권의 직접적인 행사를 임무로 하는 기관에 부속하여 그 기관을 지원하는 행정기관을 말한다(행정기관의 조직과 정원에 관한 통칙, 제2조 ⑤).
5) '책임운영기관'이란 정부가 수행하는 사무 중 공공성을 유지하면서도 경쟁 원리에 따라 운영하는 것이 바람직하거나 전문성이 있어 성과관리를 강화할 필요가 있는 사무에 대하여 책임운영기관의 장에게 행정 및 재정상의 자율성을 부여하고 그 운영 성과에 대하여 책임을 지도록 하는 행정기관을 말한다(책임운영기관의 설치·운영에 관한 법률 제2조 ①).

로 특별시장, 광역시장 및 도지사 소속으로 설치되는 지방경찰행정관청이다. 2020년 현재 전국 특별시·광역시·도에 17개 지방경찰청이 있다. 보통 시·도지사 소속에 1개의 지방경찰청을 두지만, 인구, 행정구역, 면적, 지리적 특성, 교통 및 그 밖의 조건을 고려하여 2개의 지방경찰청을 둘 수도 있다(경찰법 제2조 제2항). 현재 경기도지사 소속하에 경기남부지방경찰청과 경기북부지방경찰청이 있다. 지방경찰청장은 치안정감, 치안감, 경무관으로 보한다(동법 제14조 제1항).[6] 지방경찰청장은 경찰청장의 지휘, 감독을 받아 관할구역의 국가경찰사무를 관장하고 소속 공무원 및 소속 국가경찰기관의 장을 지휘, 감독한다(동법 제14조 제2항). 따라서 광역지방자치단체의 장의 소속으로 되어 있지만 업무상으로는 경찰청장의 지휘, 감독을 받는다.

지방경찰청장의 보좌기관으로 차장을 둘 수 있다(동법 제15조 제1항).[7] 차장은 지방경찰청장을 보좌하여 소관 업무를 처리하고 지방경찰청장이 부득이한 사유로 직무를 수행할 수 없을 때에는 그 직무를 대행한다(동조 제2항). 지방경찰청장의 특정한 경찰사무를 보좌하기 위해 행정안전부령이 정하는 범위 내에서 지방경찰청장 또는 차장 밑에 담당관 및 직할대를 둘 수 있다(경찰청과 그 소속기관 직제 제42조 제1항). 예를 들어, 서울지방경찰청장 밑에 홍보담당관을, 서울지방경찰청 차장 밑에 청문감사담당관 및 112종합상황실장을 두고 있다. 또한 직할대로서 서울지방경찰청 차장 밑에 101경비단, 기동단, 202경비대 등을 두고 있다(경찰청과 그 소속기관 직제 시행규칙 제22조 제1항·제2항)

---

6) 서울특별시, 부산광역시, 인천광역시 및 경기도남부 지방경찰청장은 치안정감으로, 그 밖의 지방경찰청장은 치안감 또는 경무감으로 보한다(경찰청과 그 소속기관 직제 제40조 제3항, 2019. 5. 25 개정)

7) 서울특별시, 경기도남부 및 제주특별자치도의 지방경찰청에 차장 각 1명을 두고 있다(경찰청과 그 소속기관 직제 제41조 ①, 2019. 2. 26 개정)

다. 경찰서장

[Ⅲ - 30]

경찰서장은 지방경찰청장의 지휘·감독을 받아 관할구역 안의 소관 사무를 관장하고 아울러 소속 공무원을 지휘·감독한다(경찰법 제17조 제2항). 경찰법은 경찰청의 사무를 지역적으로 분담하여 수행할 목적으로 지방경찰청장 소속으로 경찰서를 둔다고 규정하고 있다(동법 제2조 제2항 본문). 2018년 기준 전국에 총 255개 경찰서가 있다. 대부분의 경찰서장은 총경으로 보하고 있으나, 치안수요가 과중한 경찰서 또는 한 개 자치단체 내에 여러 경찰서가 있는 경우 '중심경찰서'를 두고 여기에 경무관을 보할 수 있다(동법 제17조 제1항).[8] 서울지방경찰청 소속에 서울송파경찰서, 서울강서경찰서 등이 경찰서장을 경무관으로 보하는 경찰서이다.[9]

지방경찰청장은 경찰서장의 소관 사무를 분장하기 위해 경찰청장의 승인을 얻어 지구대 또는 파출소를 둘 수 있다(경찰청과 그 소속기관 직제 제44조 제1항). 그 설치기준은 치안수요, 교통, 지리 등 관할구역의 특성을 고려하여 행정안전부령으로 정한다. 기본적으로 경찰서장 소속하에 지구대를 두되 다음 중 어느 하나에 해당하는 경우에는 파출소를 둘 수 있다. ① 도서, 산간 오지, 농·어촌 벽지 등 교통·지리적 원격지로 인접 경찰관서에서의 출동이 용이하지 아니한 경우, ② 관할구역 안에 국가중요시설 등 특별한 경계가 요구되는 시설이 있는 경우, ③ 휴전선 인근 등 보안상 취약지역을 관할하는 경우, ④ 그 밖에 치안수요가 특수하여 지구대를 운영하는 것이 적당하지 아니한 경우 등이다(경찰청과 그 소속기관 직제 시행규칙 제50조의 2). 또한 지방경찰청장은 임시로 필요한 때에는 출장소를 둘 수 있다(경찰법 제17조 제3항, 경찰청과 그 소속기관 직제 제44조 제2항).

---

8) 중심경찰서로 지정되기 위해서는 다음과 같은 요건을 충족해야 한다. 1) 도시(시·군·구)에 경찰서가 3곳 이상인 경우, 2) 인구가 50만 명 이상으로 치안수요가 과중한 경우, 3) 지자체와의 업무협조나 조직운영의 효율성 면에서 경무관이 서장을 맡는 게 합리적인 경우

9) 서울지방경찰청 소속 2개 경찰서를 포함하여 전국에 12개 경찰서가 경무관이 경찰서장인 경찰서이다(경찰청과 그 소속기관 직제 제43조 ②, 2019.11.26. 일부개정).

4. 경찰의결기관

[III - 31]   가. 경찰위원회

경찰위원회는 경찰의 정치적 중립성을 확보하고 중요 정책의 결정 · 집행과정의 민주성을 제고하기 위해 설치된 합의제 의결기관이다. 1991년 내무부 산하 치안본부에서 독립 외청인 경찰청으로 승격되기 직전 발족되었다. 경찰위원회는 행정안전부에 두며 위원장 1명을 포함한 7명의 위원으로 구성된다. 이중 위원장 및 5명은 비상임으로 하고 1명의 위원은 상임으로 한다(경찰법 제5조 제1항 · 제2항). 경찰위원회의 위원은 행정안전부장관의 제청으로 국무총리를 거쳐 대통령이 임명한다. 경찰행정의 정치적 중립성과 공정성을 보호하기 위해 위원의 결격사유를 두고 있다. 정당을 탈퇴한후 3년이 지나지 않았거나 선거에 의해 취임하는 공직에서 퇴직한 지 3년이 지나지 않은 사람, 그리고 경찰, 검찰, 국가정보원, 군대에서 근무하다가 퇴직한 지 3년이 지나지 않은 사람은 위원에서 배제하고 있다(동법 제6조 제4항). 경찰위원회의 심의 · 의결을 거쳐야 하는 사항은 다음과 같다.

① 국가경찰의 인사, 예산, 장비, 통신 등에 관한 주요정책 및 국가경찰 업무 발전에 관한 사항

② 인권보호와 관련되는 국가경찰의 운영 · 개선에 관한 사항

③ 국가경찰의 부패 방지와 청렴도 향상에 관한 주요 정책사항

④ 국가경찰 임무 외에 다른 국가기관으로부터의 업무협조 요청에 관한 사항

⑤ 제주특별자치도의 자치경찰에 대한 국가경찰의 지원 · 협조 및 협약 체결의 조정 등에 관한 주요 정책사항

⑥ 그 밖에 행정안전부장관 및 경찰청장이 중요하다고 인정하여 위원회의 회의에 부친 사항

나. 징계위원회   [III - 32]

경찰공무원에 대한 징계를 의결하기 위한 기관으로 징계위원회가 있다.
경무관 이상의 경찰공무원에 대한 징계의결은 국무총리 소속의 징계위원
회에서 하고, 총경 이하의 경찰공무원은 경찰기관 내 경찰공무원 징계위원
회에서 징계의결을 한다(경찰공무원법 제26조 제1항·제2항). 경찰공무원
징계위원회는 중앙징계위원회와 보통징계위원회로 구분된다. 전자는 경찰
청에 두고 후자는 경찰청, 지방경찰청, 경찰대학, 경찰인재개발원, 중앙경
찰학교, 경찰수사연수원, 경찰병원, 경찰서 또는 경찰청장이 지정하는 경감
이상의 경찰공무원을 장으로 하는 기관에 둔다(경찰공무원 징계령 제3조
제2항). 중앙징계위원회는 총경 및 경정에 대한 징계를, 보통징계위원회는
경감 이하 경찰공무원에 대한 징계를 심의·의결한다(동법 제4조 제1항).

5. 경찰자문기관

가. 치안행정협의회   [III - 33]

치안행정협의회는 중앙집권적 국가경찰제도 하에서 경찰행정과 지방자
치행정 간의 유기적인 협력관계를 유지할 목적으로 설립되었다. 시·도지
사(제주특별자치도지사 제외) 소속에 치안행정협의회를 두고 지방행정과
치안행정의 업무조정 및 기타 필요한 사항을 협의·조정하도록 되어 있다
(경찰법 제16조 제1항). 단순히 협의와 조정만 할 뿐 협의결과에 구속력이
없기 때문에 자문기관에 속한다.[10] 협의회는 위원장을 포함해 위원 9인으로
구성된다(치안행정협의회규정 제3조 제1항). 위원은 시·도 소속 공무원

---

10) '자문기관'은 행정기관의 자문에 응하여 행정기관에 전문적인 의견을 제공하거나, 자문을 구하는
　　사항에 관하여 심의·조정·협의하는 등 행정기관의 의사결정에 도움을 주는 행정기관을 말한다
　　(행정기관의 조직과 정원에 관한 통칙 제2조 ④).

중 시·도지사가 임명하는 2인, 지방경찰청 소속 경찰공무원 중 지방경찰
청장의 추천으로 시·도지사가 임명하는 3인, 지방행정과 치안행정에 관한
학식과 경험이 있는 자로서 지방경찰청장의 의견을 들어 시·도지사가 위
촉하는 3인으로 구성된다. 위원장은 각 시·도의 부시장 또는 부지사가 맡
는다(동법 제3조 제2항). 치안행정협의회가 협의하는 상항은 다음과 같다.

① 지역안정 및 질서유지에 관한 사항
② 민방위 및 재해대책 운영에 관한 사항
③ 질서확립운동 등 지역사회운동의 효율적 추진에 관한 사항
④ 지역주민과 경찰 간의 협조 및 요망사항
⑤ 기타 지방행정과 치안행정간 상호지원에 관한 사항과 시·도지사 및
   지방경찰청장이 회의에 부치는 사항

[Ⅲ - 34]   나. 경찰공무원 인사위원회

경찰공무원의 인사에 관한 중요사항에 대해 경찰청장의 자문에 응하기
위해 경찰청에 경찰공무원 인사위원회를 두도록 하고 있다(경찰공무원법
제4조 제1항). 인사위원회는 위원장을 포함하여 5인 이상 7인 이하의 위원
으로 구성된다. 위원장은 경찰청 인사담당국장이 담당하고 위원은 경찰청
소속 총경 이상 경찰공무원 중에서 경찰청장이 임명한다(경찰공무원 임용
령 제9조). 인사위원회는 경찰공무원의 인사행정에 관한 방침, 기준 및 기
본계획, 경찰공무원 인사에 관한 법령의 제정·개정 또는 폐지 등에 관한
사항을 심의한다(경찰공무원법 제5조). 위원장은 인사위원회의 심의사항
을 지체 없이 경찰청장에게 보고해야 한다(경찰공무원 임용령 제13조). 다
만 법적 성격이 자문기관이기 때문에 경찰청장은 위원회의 자문에 구속되
지는 않는다.

6. 경찰집행기관 [Ⅲ - 35]

경찰집행기관이란 경찰행정관청의 명령에 의해 "경찰에 관한 국가의사를 사실상 집행하고 필요한 경우 실력을 행사하여 일정한 경찰행정상 목적을 실현시키는 경찰기관"을 말한다.[11] 경찰행정관청이 경찰사무에 관한 의사를 결정하고 외부에 표시한다고 하더라도 실제로 누군가 치안현장에서 이러한 의사를 직접 수행하지 않으면 실효성이 없게 된다. 예를 들어, 폭력성 불법집회에 대해 경찰이 3회 이상 해산명령을 했음에도 자진해산하지 않는 경우, 실력을 동원하여 직접 해산시킬 수 있다. 일반적으로 경찰공무원은 경찰행정관청의 관할구역 내에서 경찰집행기관으로서 경찰업무를 수행한다. 다만 돌발사태의 진압이나 특수지역의 경비업무 수행을 위하여 타시·도에 파견하거나, 여러 관할지역에 걸쳐서 발생한 범죄의 수사를 위해 통합수사본부를 설치하는 경우 등 필요할 때 관할구역 이외에서도 경찰업무를 수행할 수 있다. 순경에서 치안총감까지 모든 경찰공무원 개인이 경찰집행기관으로서 공공의 안녕과 질서유지라는 경찰행정업무의 집행을 담당한다. 그런데 경찰집행기관은 사법경찰에 관한 사무도 담당하고 있다. 사법경찰업무에 있어서는 경위에서 경무관까지는 사법경찰관으로서, 순경에서 경사까지는 사법경찰리로서 형사소송법이 정하는 바에 따라 범인, 범죄사실과 증거에 관한 수사를 진행한다(형사소송법 제196조 제2항).

---

11) 김충남, 2008, 앞의 책, p.157.

제4절 경찰리더십

[III - 36]   **1. 경찰리더십의 의의**

리더십이란 사람들로 하여금 어떠한 공동의 목적을 향해 일하도록 만드는 과정이다.[1] 리더십은 집단 역학(group dynamics)으로서 타인에 대해 행사하는 영향력이 핵심이다. 통상적으로 리더에게는 개인이나 집단의 행동에 영향력을 미칠 수 있는 권한이 부여되어 있다. 하지만 리더가 권한을 가지고 있다고 해서 곧바로 리더십이 작동되는 것은 아니다. 리더십은 영향력을 행사하려는 주체와 영향력을 수용하는 대상 사이의 상호작용과정으로 이해해야 한다. 미국의 행정학자 허버트 사이먼(Herbert A. Simon)에 의하면 개인과 집단에 따라 리더로부터 영향을 받으려는 의사(willingness)가 다르다. 영향을 받으려는 의사가 있는 개인과 집단 사이에도 영향을 받아들이려는 규모에 있어서 차이가 난다. 사이먼은 이를 가리켜 '수용범위'(zone of acceptance)라는 용어로 표현했다.[2] 이러한 점에서 리더십은 막스 베버(Max Weber)가 주장한 권위의 개념과도 일맥상통한다고 하겠다. 베버는 권력과 권위를 의미상의 차이로 구분하였다. 권력은 타인의 의사와 상관없이 자신의 의지를 관철시킬 수 있는 힘이다. 반면 권위는 권력이 정당성을 갖추었을 때 존재한다. 그렇기 때문에 권위는 사람들을 이끌고 영향력을 미칠 수 있는 정당한 권리로 작용한다.

경찰조직에 있어서도 관리자의 리더십이 전제되지 않으면 공공의 안전과 질서유지라는 경찰목표를 달성하기 어렵다. 특히 경찰조직과 경찰업무

---

1)   Fyfe, J. J. et al., Police administration, New York: McGraw Hill, 1997, p.85
2)   Simon, H. A., Administrative behavior(3rd ed.), New York: Free Press, 1976.

는 다음과 같은 특징을 가지고 있기 때문에 리더십의 중요성이 더욱 크다고 할 수 있다. 첫째, 경찰조직은 계급 중심의 계층적 구조를 가지고 상급자와 하급자 간에 상명하복의 원리를 중요시한다. 그런데 만약 상급자가 제대로 된 리더십을 갖추지 못한 채 계급적 권위에 입각해서 규제와 통제 위주의 관리·감독을 한다면 조직 내부에 갈등과 위화감이 조성될 가능성이 높다. 둘째, 경찰조직은 다양한 입직경로를 통해 경찰인력이 유입되기 때문에 승진이나 보직 등을 둘러싸고 구성원들 간에 갈등이 소지를 가지고 있다. 경찰 관리자의 리더십은 이러한 갈등관계를 조정하고 구성원들이 서로 협력할 수 있도록 만드는 중요한 역할을 한다. 셋째, 경찰의 근무현장에는 다양한 위험요인들이 존재하고 예측할 수 없는 상황이 급박하게 전개되기도 한다. 현장에 있는 경찰관들을 효과적으로 지휘·통솔하여 신속한 대응으로 상황을 관리하기 위해서는 현장관리자에게 리더십이 필수적이다.

2. 경찰리더십의 유형

가. 리더십 특성이론

[III - 37]

오래 전부터 리더십의 정당성은 '위인'이라는 개념을 중심으로 형성되어 왔다. 과거에는 사람들이 왕족이나 귀족 출신은 일반인을 능가하는 뛰어난 능력과 자질을 보유했다고 간주했었다. 이러한 관점은 오늘날에 와서도 여전히 유효하게 작동되고 있다. 그렇기 때문에 성공적인 리더들에게서 발견되는 공통적 특징을 찾으려는 노력이 계속되고 있다. 많은 사람들이 리더와 리더가 아닌 자들 사이에 존재하는 차이점을 분석하여 리더의 자질을 확인하려고 한다. 대표적으로 리더십 특성이론을 들 수 있다. 한 특성이론은 리더들에게서 공통적으로 발견되는 5가지 특성, '빅 파이브'(big five)를 다음

과 같이 제시하였다.[3]

- 기백(surgency): 외향적 성격을 갖추고 자신감 넘치며 활동적임
- 성실성(conscientiousness): 신뢰를 불러일으키고 성실하게 조직목표를 추구함.
- 친화성(agreeableness): 긍정적 태도와 높은 공감능력을 갖추고 사교적임.
- 적응성(adjustment): 높은 수준의 자아존중감과 자아통제력을 갖춤.
- 개방성(intellectance): 호기심이 많고 학습 지향적이며 개방적으로 사고함.

미국 FBI아카데미 교육훈련에 참여한 304명의 경찰 관리자들을 상대로 바람직하지 못한 리더의 특성에 대해 설문조사를 진행한 적이 있다. 그 결과 다음과 같은 10가지의 특성이 제시되었다.[4]

- 타인에게는 소홀하고 자신에게만 집중하는 나중심주의
- 건강한 자신감을 넘어 오만한 언행을 표출함.
- 폐쇄적 사고로 타인의 말을 경청하지도 다른 생각을 존중하지도 못함.
- 하급자를 믿지 못해 세세한 업무를 일일이 챙김.
- 의사결정에 있어서 일관성이 없음.
- 낮은 수준의 직업윤리(예: 근무태만, 소극주의)
- 우유부단해서 필요할 때 행동을 취하거나 결정을 내리지 못함.
- 효과적으로 의사소통하고자 하는 의지나 능력이 없음.
- 대인관계기술이 부족함.

---

3) Allion, R. J., Leadership-The five big ideas," Strategy and Leadership, 37(3), 2009, p.412. (Swanson et al., 2017, 앞의 책, p. 225.에서 재인용)

4) Schafer, J. A., The ineffective police leader: Acts of commission and omission, Journal of Criminal Justice, 38(4), 2010, p.737. (Swanson, et al., 2017, 앞의 책, p. 217.에서 인용)

● 진실성이 결여되어 사람들의 신뢰를 얻지 못함.

나. 리더십 행동이론   [Ⅲ - 38]

리더십 특성이론이 리더들의 자질을 중심으로 설명하려고 했다면 리더
십 행동이론은 리더들이 취하는 행동 속에서 리더십의 구성요성들을 확인
한다. 리더들의 행동에 있어서 차이는 다양한 리더십 스타일로 유형화된
다. 대표적으로 '권위적-자유방임적-민주적' 리더십 스타일이 있다.[5] 권위
적 리더는 모든 결정을 단독으로 하는 경향을 보이며 업무 전반을 강력하게
통제하고 세세한 부분까지 관리한다. 반면 자유방임적 리더는 자신에게 주
어진 권한을 행사하는데 소극적인 태도를 보이고 필요할 때 리더로서 결정
을 내리지 못하며 업무 전반에 걸쳐 대체적으로 불개입적 태도로 일관한다.
민주적 리더는 의사결정과 조직운영에 있어서 모든 구성원과 부서의 참여
를 중요시한다. 권위적 리더 아래에서는 업무산출량 자체는 증가하지만 구
성원 간에 적대적이고 공격적인 태도가 형성될 위험성이 높다. 자유방임적
리더 아래에서는 업무산출량이 줄어들 뿐만 아니라 조직운영이 방만해지며
구성원들의 업무 만족도도 감소한다. 반면에 민주적 리더십은 업무적으로
는 권위적 리더십만큼 효율적인 동시에 구성원들이 리더에 의존하지 않고
보다 자율적 · 독립적으로 일한다.[6]

비슷한 맥락에서 미국의 저명한 행정학자이자 경찰학자인 제임스 윌슨
(James Q. Wilson)은 경찰활동과 경찰리더십을 3가지로 유형화했다.[7] 첫
째, 야경꾼형(watchman style)은 비공식적 방법을 통한 지역사회 질서유지

---

5) Lewin, K., Lippitt, R. & White, R., Patterns of aggressive behavior in experimentally created social climates, Journal of Social Psychology, 10, 1939.

6) White, R. & Lippitt, R., Leader behavior and member reaction in three social climates, in D. Cartwright & A. Zander (eds.), Group Dynamics: Research and Theory(2nd ed.), New York: Harper & Row, 1960.

7) Wilson, J. Q., Varieties of police Behavior: The management of law and order in eight American cities, Cambridge, MA: Harvard University Press, 1978.

를 강조한다. 경찰관들은 지역사회 내 다양한 분쟁과 갈등을 해결하는데 중
점을 둔다. 경찰리더는 현장경찰관들에게 업무수행에 있어서 폭넓은 재량
권을 허용한다. 자유방임적 리더십 스타일에 가깝다. 둘째, 법집행형(legal-
istic style)은 경찰활동에 있어서 법과 절차를 강조한다. 지역사회 내 문제
를 해결하는 방법으로 주로 법적인 수단과 공식적인 절차에 의존한다. 리더
는 업무의 효율성을 중시하고 현장경찰관들에게 최소한의 재량권만 허용한
다. 셋째, 서비스형(service style)은 경찰활동의 본질을 지역사회에 대한 서
비스 제공에서 찾는다. 경찰조직은 지역사회의 필요가 무엇인지 파악해 이
에 대한 대응력을 높이는데 주안점을 둔다. 지역사회로부터의 다양한 요구
에 민감하게 대응하기 위해서는 의사결정과정과 조직운영방식이 중앙집권
적이 아닌 분권적 형태를 띠는 것이 유리하다. 따라서 민주적 리더십 스타
일이 서비스형 경찰활동에 보다 적합하다고 하겠다.

　　리더십 스타일은 '성과중심'과 '사람중심'의 두 축에 의해 유형화되기도
한다. 〈그림III-3〉의 관리격자모형(management grid model)은 이러한 두
요인에 따라 다음과 같이 5가지 유형의 리더십을 제시하고 있다.[8]

- 무관심형(impoverished management): 사람과 성과 모두에 대한 관
  심이 낮은 형태로서 리더는 자신의 직위를 유지하는데 필요한 최소
  한의 노력만 투입함.
- 인기형(country club management): 사람에 대한 관심은 높으나 업
  무성과에 대해서는 관심이 매우 낮은 형태로서 조직구성원들과의
  원만한 관계를 유지하고 친밀한 분위기를 조성하는 데에만 주력함.
- 과업형(authority-obedience): 성과에 대한 관심은 높으나 사람에 대
  한 관심은 매우 낮은 형태로 생산성을 높이기 위해서 가급적 인간적
  인 요소를 배제함.

---

8)   Blake, R. R., & Mouton, J. S., The new managerial grid, Houston, TX: Gulf Publishing Company,
　　 1978.

- 팀형(team management): 사람과 업무성과 모두 관심이 높은 유형으로서 구성원 상호간의 협력과 신뢰를 통해 구성원들이 업무에 몰입함으로써 조직목표 달성을 추구함.
- 중도형(organization man management): 사람과 성과에 적당한 관심을 갖는 유형으로서 인간적 요소와 업무효율성을 조화시켜 적정 수준의 성과를 달성함.

〈그림 Ⅲ-3〉 관리격자모형과 리더십 유형

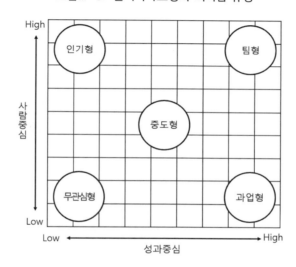

출처: Blake, R. R. & Mouton, J. S., The managerial grid, Houston, Gulf Publishing company, 1964.

다. 상황적 리더십 　　　　　　　　　　　　　　　　　　[Ⅲ - 39]

　상황적 리더십은 모든 상황에 최적인 단 하나의 리더십 유형은 존재하지 않는다는 생각에서 출발한다. 조직이 처해 있는 상황에 따라 요구되는 리더십 유형이 바뀐다는 입장이다. 따라서 유능한 리더는 우선적으로 조직구성원의 역량, 조직이 추구하는 목표, 가용 자원과 기술력 등 상황적 조건들을 잘 이해하는 능력을 갖춘 사람을 말한다.

프레드 피들러(Fred E. Fiedler)의 상황적 리더십이론은 조직이 처한 상황이 얼마나 우호적인가에 따라 필요한 리더십 유형을 구분한다.[9] '상황적 우호성'(situational favorability)은 과업구조, 리더-구성원 관계, 직위권력에 따라 결정된다. 과업구조는 구성원들에게 부여된 업무의 목적, 수행방법, 처리기준 등이 얼마나 명확하게 규정되어 있는가의 여부를 의미한다. 업무 수행방법과 절차에 대한 일반적인 지침이 존재하지 않거나 성과목표가 구체적이지 않을수록 조직관리 차원에서 비우호적인 상황이다. 리더-구성원 관계는 리더가 구성원으로부터 어느 정도의 지지와 신뢰를 얻고 있는가의 문제이다. 양자 간의 관계가 안 좋을수록 구성원에 대한 리더의 통제와 영향력은 감소하는 비우호적 상황이 만들어진다. 마지막으로 직위권력은 과업수행을 위해 리더에게 공식적으로 부여된 권력을 뜻한다. 주로 리더의 직위에 수반되는 인사권과 상벌권 등을 말한다. 직위권력이 낮을수록 리더가 구성원들에게 영향력을 미치기 어렵게 된다. 이와 같이 상황적 우호성의 세 가지 구성요소를 평가하여 상황이 매우 비우호적이거나 또는 매우 우호적인 경우에는 '과업지향적 리더십'이 보다 효과적이다. 반면에 상황이 중간 정도 수준의 우호성을 나타내면 '관계지향적 리더십'이 보다 효과적이다.

허쉬와 블랜차드(Paul Hersey & Kenneth H. Blanchard)의 상황적 리더십이론에 따르면 구성원의 성숙도(maturity)가 최적의 리더십 유형을 결정하는데 있어서 가장 중요한 요인이다.[10] 즉 구성원의 특성을 고려해서 리더십 유형을 선택해야 한다는 것이다. 성숙도란 리더가 설정한 조직목표를 달성하기 위해 요구되는 구성원의 능력과 의지의 수준을 의미한다. 능력은 '업무적 성숙도'로서 직무와 관련된 지식과 경험을, 의지는 '심리적 성숙도'로서 업무에 대한 자신감과 업무를 수행하고자 하는 의지를 의미한다. 직원

---

9) Fiedler, F. E., & Garcia, J. E., New approaches to effective leadership. New York: John Wiley & Sons, 1987, pp.52-61.
10) Hersey, P. & Blanchard, K. H., Management and organizational behavior : Utilizing human resources. Englewood Cliffs, NJ: Prentice Hall, 1977.

의 성숙도에 따른 리더십의 유형은 다음과 같다.

- 지시형(telling): 신입직원처럼 성숙도가 매우 낮은 경우 구체적인 지시·명령과 밀착감독 위주의 리더십 유형이 적절하다. 관계중심 리더십은 최소화하고 과업중심 리더십을 강조한다. 관리격자모형 중 과업형에 해당한다.
- 설득형(selling): 일정 근무연수가 지나면 업무에 대한 관심이 높아져 심리적 성숙도는 증가하는 반면 아직 업무적 성숙도는 낮은 상태이다. 관계중심 리더십은 상향조정하고 과업중심 리더십은 낮추어 균형을 맞춘다. 리더와 직원 간의 쌍방향적 소통을 통해 과업의 중요성을 강조한다. 관리격자모형 중 팀형에 해당한다.
- 참여형(participating): 근무경력이 더 쌓이면 업무적 성숙도는 높아지지만 의욕이 저하되는 시기가 된다. 과업중심 리더십보다 관계중심 리더십이 강조되어야 할 상황에 해당한다. 가급적 리더의 일방적 지시는 줄이는 대신 직원들을 의사결정과정에 참여시켜 그들의 아이디어를 공유하고 동기를 유발하기 위해 노력한다. 관리격자모형 중 인기형에 가깝다.
- 위임형(delegating): 장기간 근무로 직원의 성숙도가 능력과 의지 모두에 있어서 높은 상태에는 리더가 직원에게 책임과 권한을 과감하게 위임하는 것이 필요하다. 일반적인 업무는 직원이 자율적으로 수행하도록 맡기고 리더는 중요한 사안에 대해서만 개입한다. 과업중심 리더십과 관계중심 리더십이 모두 낮은 무관심형에 가깝다.

라. 변혁적 리더십   [Ⅲ - 40]

변혁적 리더십 이론은 제임스 번즈(James M. Burns)에 의해 처음으로 제시된 후 버나드 바스(Bernard M. Bass)에 의해 보다 구체화되었다.[11] 급변하는 환경에 어떻게 능동적으로 대처하고, 조직 차원의 변화를 이끌어 낼 것인가의 문제에 대한 해결책으로 제시된 리더십 모형이다. 기본적으로 변혁적 리더십은 상대적 개념인 거래적 리더십과 대비할 때 의미가 보다 명확해진다. 거래적 리더십은 리더가 구성원과 거래관계를 맺는 방법으로 영향력을 행사한다. 리더는 높은 성과를 달성했을 때 획득하게 될 보상(예: 승진, 성과급)을 구성원들에게 명확히 알리고, 구성원은 이러한 보상의 가치를 인식하고 성과를 높이기 위해 노력한다. 만약 직원이 업무를 수행하는 과정에 오류를 저지르는 경우 임금삭감이나 해고 등의 불이익을 부과한다. 하지만 외재적 보상과 처벌을 통해 성과를 높이려는 거래적 리더십은 구성원들의 낮은 단계 욕구를 만족시키는데 그친다는 한계가 있다. 또한 구성원들이 사적이익을 초월하여 더 높은 가치를 추구하도록 동기를 부여하지 못한다.

반면 변혁적 리더십은 구성원들이 개인적 이해관계를 초월하여 보다 높은 수준의 욕구를 충족하고 조직목표에 더욱 몰입하게 만들어 기대 이상의 성과를 달성하도록 하는 과정이다. 변혁적 리더는 구성원들의 사기를 높이기 위해 미래를 향한 비전과 공동체적 사명감을 강조한다. 이를 통해 궁극적으로 조직이 추구하는 장기적 목표에 구성원들을 동참시키려 노력한다. 아브라함 매슬로우(Abraham Maslow)의 욕구단계 중 최상위 단계인 자아실현의 욕구를 자극하는 방식으로 동기부여를 한다.[12] 목표달성으로 구성원들은 단순히 외적보상을 성취하는데 그치는 것이 아니라 내적보상을 경험하도록 유도한다. 변혁적 리더십은 다음과 같은 4가지 구성요소로 이루

---

11) Burns, J. M., Leadership, New York: Harper & Row, 1978. ; Bass, B. M., Leadership and performance, New York: Free Press, 1985.

12) 매슬로우의 욕구단계이론에 의하면 인간의 욕구는 가장 낮은 단계인 생리적 욕구에서 시작해서, 안전의 욕구, 소속감과 애정의 욕구, 존중의 욕구를 거쳐 가장 높은 단계인 자기실현의 욕구로 구성되는 위계적 구조를 가진다(Maslow, A., A theory of human motivation, Psychological Review, 50(4), 1943).

어져 있다.[13)]

- 영향의 이상화(idealized influence): 변혁적 리더는 구성원들에게 비전과 사명감을 부여하고 자긍심을 높이며 구성원들로부터 존경과 신뢰를 얻는다.
- 영감적 동기유발(inspirational motivation): 변혁적 리더는 비전에 대한 낙관적 태도와 열정을 구성원들에게 전달하고 스스로 목적 달성을 위해 몰입하는 모습을 보여줌으로써 영감을 불러일으킨다.
- 지적 자극(intellectual stimulation): 변혁적 리더는 구성원들이 창의와 혁신을 향해 진보하도록 곁에서 살피고 자극한다. 새로운 문제에 대한 해결책을 도출할 때 기존의 여러 가정(assumption), 추론방식 및 접근방법이 적절한지 재검토하도록 유도한다. 도전적인 과제를 부여하고 새로운 아이디어와 시각을 갖도록 독려한다.
- 개별적 배려(individualized consideration): 변혁적 리더는 개별 직원들의 성장과 성취에 대한 욕구에 관심을 갖고 충족시켜 주기 위해 노력한다. 코칭과 멘토링 등 직원들과의 개별적인 상호작용을 유지하고 더 높은 단계로 성장할 수 있도록 적극적으로 지원한다.

마. 서번트·윤리적 리더십   [III - 41]

서번트 리더십은 타인에 대한 봉사를 중요하게 여기며 직원과 고객의 욕구를 만족시키기 위해 헌신하는 리더십이다.[14)] 리더는 인간존중의 가치를 바탕으로 구성원 개인을 무한한 발전가능성을 가진 존재로 인식한다. 구성원들이 자신의 잠재력을 최대한 발휘할 수 있도록 기회를 제공하고 이들이

---

13) Bass, B. M., From transactional to transformational leadership: Learning to share the vision, Organizational Dynamics, 18(4), 1990.

14) Greenleaf, R. K., The servant as leader. Indianapolis: The Robert K. Greenleaf Center, 1970.

성장하고 발전해 나갈 수 있도록 지원하는 역할을 담당한다. 서번트 리더의 특징은 구성원들의 의도를 파악하기 위해 항상 경청하며 타인을 이해하는 공감능력이 높고, 공동체를 중시한다.

윤리적 리더십은 리더가 개인적 행동과 대인관계 속에 도덕적 가치를 드러내고, 구성원들과의 의사소통 또는 강화 등을 통해 도덕적으로 행동하도록 유도하는 과정을 의미한다.[15] 윤리적 리더십은 두 가지 구성요소로 이루어져 있다고 할 수 있다. 첫째, 리더 스스로가 공정과 원칙에 입각한 결정을 하며 이타적이고 타인과 사회를 보살피는 '도덕적 인간'이 되어야 한다. 둘째, 리더는 하급자에게 보편적 원칙을 환기시키고 윤리적으로 행동하도록 독려하는 '도덕적 관리자'가 되어야 한다.[16] 모든 인간은 옳고 그름을 분간할 수 있고 보편적 원칙을 따르는 도덕능력을 가진 존재라는 인간관을 전제로 한다. 윤리적 리더는 타인을 존중하고, 타인을 위해 봉사하고, 공정성을 추구하며 진실하고 공동체의 가치를 우선시한다.

서번트 리더십과 윤리적 리더십의 공통점은 업무성과 자체보다도 상위가치를 추구한다는 점이다. 인간존중, 헌신, 도덕적 원칙과 같은 근본 가치를 실현하는데 중점을 두고 있다. 미국의 경찰학자 마리아 하버펠드(Maria R. Haberfeld)는 경찰관리자가 갖추어야 할 가장 중요한 리더십 요소로서 섬김의 정신과 윤리성을 꼽았다.[17] 경찰리더는 하급자와 지역사회를 돌보고 헌신적으로 봉사하는 '선한 섬김이'로서의 책임을 다해야 한다. 보편적 가치와 원칙의 편에 서서 이에 따라 행동하는 모습을 보여야 한다. 바로 서번트 리더십과 윤리적 리더십이 강조하고 있는 내용이다.

---

15)   Brown, M. E., Trevino, L. K., & Harrison, D. A., Ethical leadership: A social learning perspective for construct development and testing, Organizational Behavior and Human Decision Processes, 97, 2005, p. 120.

16)   Swanson et al., 2017, 앞의 책, p. 247.

17)   Haberfeld, M. R., Police leadership, Upper Saddle River, NJ: Prentice-Hall, 2006, pp.19-21.

제2장 경찰인사관리 [III - 42]

핵심질문

- 경찰인사관리는 왜 중요한가?
- 어떠한 동기부여방식이 경찰조직에 가장 적합한가?
- 경찰인사행정에서 실적주의와 엽관주의 요소는 무엇인가?
- 경찰인사행정에서 계급제와 직위분류제 요소는 무엇인가?
- 경찰인사행정에서 폐쇄형과 개방형 요소는 무엇인가?
- 왜 경찰인사행정은 직업공무원제를 채택하고 있나?
- 경찰공무원으로서 져야 할 의무와 책임은 무엇인가?
- 경찰공무원은 어떻게 채용되나?
- 경찰공무원의 경력은 어떻게 관리되나?

제1절 경찰인사관리의 의의

[III - 43] **1. 경찰인사관리의 의미**

경찰인사관리는 경찰조직의 목표를 달성하기 위하여 경찰 인적자원을 효율적으로 공정하게 운용하는 제반활동을 의미한다. 보다 구체적으로는 인적자원 활용에 관한 계획을 세우고, 필요한 인력을 충원하고, 교육훈련을 통해 역량을 개발하고, 근무의욕과 사기를 고취시키며, 경찰책임을 준수하도록 통제하는 일련의 활동을 포함한다. 조직을 운영하는데 있어서 우수한 인적자원을 확보하고 유지하는 것은 조직목표를 달성하는데 있어서 무엇보다 중요한 일이다. 현대 사회가 급속히 다변화되어감에 따라 공공의 안전과 질서유지라는 경찰의 핵심적 목적을 효과적으로 달성하는 것이 더욱 어려워져가고 있다. 경찰이 다루는 사회문제들은 갈수록 다양해지고 광범위해지고 전문적으로 되어가고 있다. 이에 따라 역량을 갖춘 경찰인재를 발굴하고 양성하여 적재적소에 배치하는 인사관리의 중요성이 갈수록 높아지고 있다.

특히 경찰인력은 다음과 같은 특징을 가지고 있기 때문에 인사관리가 더욱 강조될 수밖에 없다. 첫째, 경찰인력은 노동집약형 행정서비스를 제공한다. 아무리 사무가 자동화되어도 경찰업무의 대부분은 결국 경찰관이 현장에서 직접 발로 뛰는 방식으로 수행된다. 둘째, 경찰업무는 위험한 상황에 신속히 대처하고, 예상치 못한 돌발 상황에서도 적절히 대응하며, 필요한 경우 물리적 강제력을 사용할지 순간적으로 판단하는 등 여타의 행정업무와는 다른 특성을 가지고 있다. 그렇기 때문에 현장업무는 위기대처능력, 합리적 판단능력, 민첩한 대응력 등 경찰관의 개인적 역량에 상당부분 의존해야 한다. 셋째, 국가공권력을 집행하는 경찰업무의 특성상 국민의 기본권을 제한하는 경우가 있다. 충분한 역량을 갖추지 못한 경찰관의 법집행은 자칫 국민의 기본권을 부당하게 침해하는 결과를 초래할 수 있다. 마지막으로, 제복 입은 경찰관은 그 자체로 '살아있는 인격화된 법'(living embodiment of the law)이며 법질서의 파수꾼이다.[1] 따라서 다른 어떤 공무원보다 더 높은 수준의 도덕성과 공직윤리가 요구된다.

경찰인사관리는 다음과 같은 목적을 추구한다. 첫째, 효율적인 경찰인력의 운용이다. 방대한 인적자원을 효율적으로 활용하기 위해서는 합리적인 인력수급계획을 세우고 필요에 따라 적재적소에 공급하는 것이 중요하다. 둘째, 인사운영에 있어서 합리성, 객관성, 공정성의 확보이다. 경찰관의 채용, 승진, 전보, 평가 등 인사관리 전반에 걸쳐 기준과 절차를 합리적, 객관적, 공정하게 유지하는 것은 조직원의 사기와 근무의욕에 영향을 미쳐 궁극적으로 조직의 목적달성에 기여한다. 셋째, 경찰조직의 목표와 경찰관 개개인의 욕구의 조화이다. 공공의 안전과 질서유지라는 경찰조직의 목표가 개인으로서의 경찰관에게 내면화되기 위해서는 업무에 있어서의 성취감, 자기실현의 욕구 충족이 필수적인데 효과적인 인사관리를 통해 가능하다. 넷째, 경찰조직의 효과성 향상이다. 교육훈련으로 경찰관들의 역량을 향상시키고 사기관리를 통해 근무의욕을 높여 경찰조직의 목표를 더욱 효과적으로 달성할 수 있다. 마지막으로, 환경변화에 대한 대응력 향상이다. 급변하는 환경에 부합하기 위해 기존의 인사제도를 지속적으로 개선해 나갈 필요가 있다.[2]

2. 경찰인사관리과정   [Ⅲ - 44]

경찰인사관리는 신규채용을 통해 경찰공무원의 법적관계가 발생하는 때

---

1) Hall, J., Police and law in a democratic society, Indiana Law Journal, 28(2), 1953, p.144.
2) 강용길 · 김석범 · 백창현 · 이종화, 경찰학개론, 경찰공제회, 2010, pp. 244-245.

를 시작으로 퇴직 또는 면직으로 이러한 법적관계가 소멸하는 때까지의 일
련의 과정으로 볼 수 있다. 경찰공무원의 신규채용은 외부임용이라고도 하
는데 공개경쟁채용과 경력경쟁채용으로 구분된다. 신규채용된 경찰공무원
은 내부임용을 통해 계급이나 직위가 변경된다. 상위계급으로의 이동을 승
진이라고 하고 하위계급으로의 이동을 강등이라고 한다. 여기에서 강등은
경찰공무원으로서 준수해야 할 의무를 위반한 자의 계급을 한 단계 낮추는
징계처분에 해당한다. 계급은 그대로 유지한 채 한 직위에서 다른 직위로의
수평이동을 전보라고 한다. 일정한 사유가 있을 때 경찰공무원은 휴직을 통
해 신분을 유지하면서 직위를 부여받지 않을 수 있고, 해당 사유가 없어지
면 복직을 하여 직위로 복귀할 수도 있다. 마지막으로 정년에 이르거나 결
격사유가 발생하면 퇴직하게 되고, 징계처분이나 일정한 사유로 인해 면직
을 당하게 되면서 경찰공무원으로서의 신분을 벗게 된다.

<그림Ⅲ- 4> 경찰인사관리의 과정

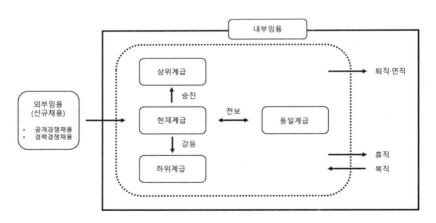

출처: 강용길 외, 경찰학개론, 경찰공제회, 2010, p. 272. (일부내용 수정)

3. 경찰인사관리와 동기부여

가. 의미 [Ⅲ - 45]

경찰인사관리는 궁극적으로 경찰인력을 운용하여 경찰조직의 목표를 효율적으로 달성하는데 목적을 두고 있다. 이를 위해서는 개인으로서 또한 집단으로서 경찰공무원의 행동이 경찰조직의 목표를 지향하도록 만드는 일이 무엇보다 중요하다. 결국 경찰목표는 경찰조직 구성원인 경찰공무원들의 활동을 통해 성취되기 때문이다. 동기부여는 조직구성원을 자극하여 조직의 목표를 달성하기 위해 열심히 노력하도록 근무의욕을 불러일으키는 과정을 말한다. 경찰공무원들로 하여금 열정을 가지고 직무에 전념하도록 동기를 부여하는 문제는 경찰인사관리의 목표달성과 직접적으로 연관되어 있다. 그동안 행정학 분야에서는 동기부여에 관한 다양한 접근방식이 제시되었다. 어떠한 동기부여 접근방식을 따를지에 의해 경찰인사관리의 방향과 성격이 상당 부분 영향을 받는다. 경찰관의 동기부여 접근방식을 강제 · 강압모형, 경제적 기계모형, 정서적 관계모형, 성장-개방체제 모형으로 구분해서 살펴보도록 하겠다.[3]

나. 강제 · 강압모형(force and coercion model) [Ⅲ - 46]

인간은 고통과 처벌을 회피하려고 할 때 동기부여가 된다는 관점을 채택하고 있다. 따라서 조직구성원이 일을 하도록 만들기 위해서는 강압적이거나 강제적인 방법을 동원해야만 한다는 입장이다. 더글라스 맥그리거(Douglas McGregor)의 X이론에 입각한 인간관을 따른다.[4] 이러한 인간관

---

3) Huse, E. F., & Bowditch, J. L., Behavior in organizations: A systems approach to managing(2nd ed.), Reading, MA: Addison-Wesley, 1977, pp. 80-100.

4) McGregor, D, The human side of enterprise, New York: McGraw-Hill, 1960.

에 따르면 인간은 기본적으로 일하기 싫어하며 가능하면 일을 회피하고자
한다. 인간은 천성적으로 소극적이고 무책임하기 때문에 억지로 시키거나
지시·명령을 받아야만 비로소 일을 한다고 간주한다. 강제·강압모형에
따르면 경찰조직의 목표에 부합하지 않는 경찰공무원들은 감찰과 징계 같
은 강압적 수단을 동원하여 관리·통제해야 한다. 하지만 이와 같은 방식은
단기적으로는 효과가 있을지 몰라도 경찰공무원들 사이에 무사안일주의와
소극주의 등의 부정적 풍토를 형성할 우려가 있다. 또한 경찰공무원들 내면
에 분노와 불만이 쌓이도록 하여 전체적으로 사기를 떨어뜨리는 부작용이
있다.

[III - 47] 다. 경제적 기계모형(economic machine model)

인간을 유형의 금전적 보상을 얻기 위해 일하는 존재라고 전제한다. 인
간에게 일이란 돈을 벌기 위한 수단에 불과하다. 아브라함 매슬로우(Abra-
ham Maslow)의 욕구단계이론에 의하면 인간이 지닌 욕구 중 가장 기본은
의식주에 대한 욕구이다.[5] 금전적 보상은 바로 이와 같은 기본적 욕구를 충
족시키는데 기여한다. 경제적 기계모형을 따를 때 가장 효과적인 동기부여
방식은 업무의 성과에 비례해서 금전적 보상을 지급하는 것이다. 마찬가지
로 경찰관리자는 경찰관들의 업무성과를 정확하게 평가하여 그 결과에 따
라 성과급, 수당 등 금전적 보상을 지급하는 방식으로 업무의욕을 고취시킬
수 있다. 하지만 경찰활동을 통해서 추구하는 공공의 안전과 질서라는 가치
를 정량적으로 평가하는데 한계가 있기 때문에 성과평가의 공정성과 객관
성을 둘러싼 논란이 있을 수 있다. 또한 경찰업무의 특성상 팀 단위의 활동
이 많기 때문에 개별 경찰관의 성과를 분리해서 평가하는 것이 어려울 뿐만
아니라, 금전적 보상을 두고 경찰관들끼리 서로 경쟁하게 되면서 화합과 협

---

5) Maslow, A., A theory of human motivation, Psychological Review, 50(4), 1943.

력을 약화시킬 우려가 있다.

라. 정서적 관계모형(affective affiliation model)

[Ⅲ - 48]

조직구성원의 업무수행에 영향을 미치는 사회적, 심리적 요인을 중요시하는 동기부여 모형이다. 인간은 조직 내 구성원들과의 사회적 관계 속에서 중요한 의미를 발견하는 존재라고 전제한다. 다른 사람들과 조화롭게 어울리고자 하는 욕구를 가지고 있고 그러한 욕구가 충족될 때 동기부여 된다. 자신이 속한 조직 내에서 스스로가 중요하다고 여겨질 때, 중요 의사결정과정에 참여하여 의미 있는 기여를 할 때 비로소 인간은 일을 향한 의욕이 생겨난다. 더글라스 맥그리거(Douglas McGregor)의 'Y이론'과 일맥상통하는 관점이다.[6] Y이론에 의하면 대부분의 사람들에게 일이란 놀이처럼 자연스러운 것이다. 기본적으로 업무에 대한 의욕을 가지고 있으며 창의적으로 일할 수 있는 잠재력을 가지고 있다. 이러한 능력이 발휘되려면 금전적 보상 외에 조직에 대한 소속감, 업무성과에 대한 인정, 그리고 자아성취감 등이 충족되어야 한다. 다시 말해, 앞에서 설명한 매슬로우의 욕구단계 중 상위에 위치한 사회적 욕구, 존중의 욕구, 자아실현 욕구가 충족되어야 함을 의미한다.

정서적 관계모형에 따르면 경찰공무원의 동기부여전략은 조직구성원들간의 교류와 화합을 증진시키고 소통을 활성화하며 의사결정과정에의 참여확대 등에 초점을 맞추어야 한다. 또한 직무수행 자체를 통해 충분한 만족감과 성취감을 느낄 수 있도록 만드는 접근방법을 택할 수도 있다. 예를 들어 경찰업무를 보다 흥미롭고 도전적으로 만들 수 있는데 이를 '직무 충실화'(job enrichment)라고 부른다.[7] 직무 충실화를 위해서는 가급적 업무에

---

6) McGregor, D, 1960, 앞의 책.
7) Herzberg, F., One more time: How do you motivate employees?" Harvard Business Review, 81(1), 1968, pp. 53-62.

있어서 통제를 줄이고 책임을 늘려야 한다. 자율성을 가지고 임무를 완수할 수 있도록 충분한 권한을 부여해야 한다. 또한 보다 도전적이고 전문적인 업무를 부여하여 역량을 향상시키는 기회를 제공한다. 하지만 현실적으로는 여전히 많은 경찰 관리자들이 하위직 경찰관에 대해 통제·관리 중심의 인사관리방법에 의존하고 있는 실정이다.

[III - 49]　　마. 성장-개방체제 모형(growth-open system model)

인간의 행동과 동기부여를 외부환경으로부터 영향을 받는 하나의 개방체제로 이해하는 모형이다. 어떤 조직의 근무환경도 외부세계로부터 단절되어 있는 경우는 없기 때문에 조직구성원들은 항상 외부로부터의 영향에 노출되어 있다. 동기부여 요인에 관하여 성장-개방체제 모형은 경제적 기계모형의 금전적 보상을 기본으로 하고 여기에 정서적 관계모형이 강조하는 사회적·심리적 요인을 추가적으로 고려한다. 동기부여의 원리는 이러한 다양한 욕구를 충족하는 데에서 비롯된다. 그런데 동기부여는 개방체제이기 때문에 외부상황의 변화에 따라 유동적인 성격을 갖는다.

예를 들어, 과거 우리나라 경찰관에게 지급되는 보수는 사기업의 임금에 비해 월등히 낮았었고 그로 인해 경찰직에는 '박봉'이라는 단어가 꼬리표처럼 붙어 다녔다. 그 당시에는 적정수준의 보수로 기본적인 욕구를 충족해 주는 것만으로도 상당한 동기부여가 되었다. 하지만 현재는 경찰보수가 상당 수준 현실화되었기 때문에 시민들로부터의 인정이나 업무를 통한 자아실현과 같은 보다 높은 단계의 욕구 충족이 중요한 동기부여 요인으로 작용한다. 또 다른 예를 들면, 1997년 IMF외환위기 이후 경찰공무원으로의 입직이 상당히 증가한 적이 있었다. 과거 높은 연봉, 안정된 직장으로 인기를 누리던 대기업들이 외환위기를 거치면서 전례 없는 구조조정을 겪게 되었고 이로 인해 사람들이 상대적으로 안정적인 공무원직을 선호하게 된 결과이다. 이와 같은 외부환경의 변화는 직업적 안정성이 보장된다는 사실 자체가

입직을 희망하는 경찰공무원과 재직 경찰공무원 모두에게 상당한 동기부여
요인으로 작용했다고 할 수 있다.

제2절 경찰인사관리의 원리

1. 엽관주의와 실적주의

[Ⅲ - 50]   가. 엽관주의와 실적주의 비교

엽관주의는 정당에 대한 공헌도와 충성심을 기준으로 정치적 조력자를 공직에 등용시키는 제도이다. 지연, 혈연 또는 인사권자와의 개인적 친분관계에 따라 인사가 이루어지는 정실주의와 유사하다. '엽관'(spoils)이란 표현은 공직이 일종의 사냥을 통해 얻은 전리품과 같다는 의미를 담고 있다. 정권을 잡은 통치자의 입장에서는 자신의 정치적 지지자들을 관료로 임명하여 정부를 운영하는 것이 국정지도력을 강화하는데 유리할 것이다. 관료가 선거를 통해 집권한 정당에 예속되기 때문에 관료들이 특권집단화 되는 것을 방지할 수 있다. 하지만 공직이 정치인의 사유물처럼 되어버리고 공무원이 정당의 하수인으로 전락해 정치적·행정적 부패를 초래한다. 또한 정권이 바뀔 때마다 매번 공무원이 대거 교체되기 때문에 행정의 일관성과 전문성이 저하되는 폐단이 있다.

실적주의는 인사행정이 공무원 개인의 능력이나 자격 등 실적을 기준으로 이루어지는 제도를 말한다. 엽관주의나 정실주의의 폐단을 극복하기 위해 도입된 제도이다. 실적주의는 다음과 같은 특징을 가지고 있다. 첫째, 모든 국민에게 공직에 취임할 수 있는 기회가 공평하게 부여되며 성별, 종교, 신분 등에 의해 차별받지 않는다. 둘째, 능력, 자격, 성적 등을 기준으로 공개경쟁을 통해 공무원이 채용된다. 셋째, 정치적 중립을 유지하기 때문에 어떤 정당이 집권하더라도 국민에게 봉사하고 공익을 추구한다. 마지막으

로 공무원으로서의 신분이 보장되기 때문에 법령에 저촉되지 않는 한 신분에 대한 위협을 받지 않는다. 실적주의는 오직 자격과 능력을 기준으로 공개경쟁을 거쳐 공무원을 채용하기 때문에 행정의 안정성과 전문성을 확보할 수 있다는 장점이 있다. 다만 실적주의가 도입되던 초기에는 정치적 영향력을 차단하기 위해 중앙인사기관에 인사 권한과 기능을 집중시키고 복잡한 절차와 규정을 제정하다보니 인사행정이 경직될 수밖에 없었다. 이로 인해 적극적으로 유능한 인재를 유치하기 보다는 소극적으로 부적격자를 탈락시키는데 치중하게 되는 단점이 노출되었다.

나. 경찰의 인사행정   [Ⅲ - 51]

우리나라 공무원 인사관리는 실적주의에 바탕을 두고 있다. 국가공무원법 제26조에서는 '공무원의 임용은 시험성적, 근무성적, 그 밖의 능력의 실증에 따라 행한다'고 규정하고 있다. 또한 동법 제40조에서도 '승진임용은 근무성적평정, 경력평정, 그 밖의 능력의 실증에 따른다'고 규정하고 있다. 경찰의 인사관리도 마찬가지로 실적주의를 기본으로 하고 있다. 경찰공무원법 제8조 제1항에 '경정 및 순경의 신규채용은 공개경쟁시험으로' 하며, 동법 제11조 제1항에 '경찰공무원은 바로 아래 하위계급에 있는 경찰공무원 중에서 근무성적평정, 경력평정, 그 밖의 능력을 실증하여 승진임용한다'고 규정하고 있다.

하지만 공무원 인사제도에 일부 엽관주의적 요소가 발견된다. 대표적인 예로 정무직 공무원을 들 수 있다. 정무직 공무원은 선거로 취임하거나 임명할 때 국회의 동의가 필요한 공무원 또는 고도의 정책결정 업무를 담당하거나 이를 보조하는 공무원을 말한다(국가공무원법 제2조 제3항). 국무총리, 장관, 차관, 대통령비서실장 등이 여기에 속한다. 경찰공무원 중에는 차관급인 경찰청장이 정치적으로 임명되는 직위인데, 다만 정무직 공무원이 아니라 특정직 공무원으로 분류된다.

2. 계급제와 직위분류제

[III - 52]   가. 계급제와 직위분류제 비교

수많은 직위와 공무원을 개별적으로 관리하는 것은 인사행정 상 불편과 낭비를 초래한다. 이 때문에 일정한 기준과 원칙에 따라 공직을 질서 있게 분류하고 배열할 필요가 있다. 공직분류체계는 크게 계급제와 직위분류제로 나뉜다.

계급제는 사람의 일반적인 능력과 자격을 기준으로 신분상의 격차를 의미하는 '계급'(rank)에 따라 공무원을 분류하는 제도이다. 직무는 개인에게 부여된 계급에 따라 부여된다. 업무의 성격보다는 공직을 수행하는 사람의 특성을 중심으로 하는 분류방법이다. 계급제의 장점은 공무원을 채용할 때 장래의 발전가능성이나 잠재력을 보고 발탁하여 내부승진을 통해 역량 있는 고위행정가로 양성하는데 유리하다. 인사관리 측면에서도 내부임용을 통해 다양한 역할을 부여할 수 있어서 인력운용의 탄력성이 높고 경력발전의 기회를 제공하기에 유리하다. 이러한 이유 때문에 계급제 하에서는 직업공무원제도를 확립하기가 용이하다. 반면에 지나치게 연공서열적 신분이나 위계를 강조하고 승진에 집착하는 문제가 발생하기 쉽다. 직위에 적합한 전문성을 가진 사람을 채용하여 배치할 수 없기 때문에 행정의 능률성이 저하된다. 순환보직을 통해 여러 직위를 거치다보니 아마추어 행정가를 양성하게 되어 행정의 전문성이 떨어진다.

직위분류제란 수많은 직위(position)를 직무의 종류와 수준에 따라 분류하여 관리하는 제도를 의미한다. 여기에서 직위란 한 사람의 공무원에게 부여할 수 있는 직무와 책임을 말하는데, 직무는 각 직위에 배당된 업무분량이고 책임은 그러한 직무를 수행하거나 감독할 의무이다. 직위분류제는 개별 직위에 내포된 직무의 특성이나 차이를 기준으로 유사한 직무를 수평적으로 분류하고, 직무의 난이도나 책임의 경중에 따라 유사한 직무를 수직적

으로 분류하는 방식이다. 직위분류제의 핵심은 사람의 특성보다는 업무의
성격을 중심으로 공직을 분류한 뒤 해당 업무에 적임자를 배치하는데 있다.
직위분류제의 장점은 동일직무에 대한 동일보수의 원칙을 따르기 때문에
보수결정이 합리적이다. 업무를 수행함에 있어 권한과 책임의 한계가 명확
하다. 업무의 분업화와 전문화를 통해 능률성이 향상된다. 반면에 단점으로
는 다방면의 역량을 갖춘 유능한 고위관리자를 육성하기에는 부적합하다.
특정 직무가 불필요하게 되는 경우 해당 직무를 수행하던 사람들도 퇴직할
수밖에 없어 신분보장 측면에서 불안하다. 또한 전문성만 강조하게 되면 서
로 다른 부문 간의 이질성이 심화되어 갈등이 발생할 우려가 있다.

<표Ⅲ- 1> 계급제와 직위분류제 비교

구 분	특 징	
	계급제	직위분류제
분류단위	계급	직위
채용기준	잠재적 · 일반적 능력	전문능력
경력발전	일반행정가	전문행정가
충원체계	폐쇄형	개방형
신분보장	강함	약함
인사이동	광범위 · 신축적	제한적 · 경직적
직업공무원제의 확립	유리	불리
공무원의 시각	종합적, 광범	부분적, 협소
행정의 전문화	장애	기여
직무수행의 형평성	낮음	높음
보수	동일계급 동일보수	동일직무 동일보수
인사관리	연공서열 중심, 상관의 자의성 개입이 용이	능력 · 실적 중심, 객관적 기준 제공
채택국가	영국, 독일, 일본	미국, 캐나다, 필리핀

나. 경찰의 인사행정   [Ⅲ - 53]

경찰인사관리는 계급제를 기본으로 하고 있다. 1829년 최초의 근대경찰
인 런던수도경찰이 창설될 당시 군대식 계급체계가 도입한 이래 전 세계 경

찰이 공통적으로 비슷한 계급체계를 따르고 있다. 우리나라 경찰은 창설 당시 7단계의 계급으로 구분되어 있다가 여러 차례의 개정을 거쳐 현재는 순경에서 치안총감까지 총 11단계의 계급으로 구성되어 있다. 경찰인사관리에서 계급이 담당하는 역할은 다음과 같다.[1]

첫째, 직위를 부여하기 위한 보직기준으로서의 역할을 한다. 경찰직위는 직무수행의 난이도와 책임의 경중에 따라 서열화되는데 상위 계급자일수록 더 많은 권한과 책임이 수반되는 직위를 점유하도록 보직기준을 설정해 놓았다. 예를 들어, 경찰청 및 지방경찰청의 과장 그리고 경찰서장의 직위에는 총경 계급을 가진 자를 배치하고 있다. 둘째, 계급은 승진제도의 기초가 된다. 경찰조직에서 승진은 하위계급에서 상위계급으로의 수직적 이동을 의미한다. 셋째, 계급정년제도의 기초가 된다. 경찰에는 계급정년제도가 있는데 승진을 하지 못한 채 동일 계급에서 법이 정한 기간이 경과하는 경우 해당자를 강제로 퇴직시키는 제도이다. 현재 경정에서 치안감까지 4개 계급을 대상으로 계급정년이 적용되고 있다.

우리나라 경찰은 계급제를 원칙으로 하되 직위분류제적 요소를 일부 가미하고 있는데 대표적으로 '경과'(警科)가 있다. 경찰공무원법 제3조에는 '경찰공무원은 그 직무의 종류에 따라 경과에 의하여 구분할 수 있다'고 규정하고 있다. 경과란 경찰업무를 그 특성에 따라서 구분하고 각 해당 업무에 적합한 경찰관을 능력과 경력을 기준으로 채용하여 경찰업무의 전문성을 높이기 위한 제도이다. 총경 이하 경찰공무원에게 부여하는 경과에는 일반경과, 수사경과, 보안경과, 특수경과(항공경과, 정보통신경과)가 있는데 수사경과와 보안경과는 경정 이하 공무원에게만 부여한다(경찰공무원 임용령 제3조 제1항). 수사경과는 범죄수사에 관한 직무, 보안경과는 보안경찰에 관한 직무, 특수경과 중 항공경과는 경찰항공기의 운영·관리에 관한 직무, 정보통신경과는 경찰정보통신의 운영·관리에 관한 직무를 담당한

---

1)   김태진, 경찰계급체계의 문제점과 개선방안, 한국공안행정학회보, 2004, p. 18.

다. 일반경과는 다른 세 가지 경과에 속하지 않는 직무를 모두 담당한다(경찰공무원 임용령 시행규칙 제19조). 경찰공무원을 신규채용할 때에는 채용분야에 따라 경과를 부여하고, 일반요원으로 채용된 자에게는 일반경과를 부여한다(동법 제22조). 특히 수사경과는 수사경찰의 전문성을 제고하여 경찰의 수사역량을 강화할 목적으로 2005년에 신설되었다. 경찰서의 수사부서에는 원칙적으로 수사경과자만 배치된다. 이러한 수사부서에는 경찰서 수사과, 형사과, 여성청소년수사계, 교통조사계 등이 있다. 수사경과자의 인원은 수사부서 정원에 따라 정해지며 수사경찰의 선발, 승진, 교육, 인사는 별도로 관리되고 있다.[2]

3. 폐쇄형과 개방형

가. 폐쇄형과 개방형 비교   [III - 54]

공무원을 신규채용하는 방식에 있어서 외부로부터 중간계층으로의 입직을 허용하는지 여부에 따라 폐쇄형 제도와 개방형 제도로 구분된다. 대부분의 국가에서는 두 가지 제도를 절충한 형태의 인사제도를 운영하고 있다.

폐쇄형 인사제도에서는 공무원이 공직에 들어올 때 계급 최하위직에 임용되며 상위 계급은 내부승진에 의해 충원되고 외부로부터의 수평이동이 원칙적으로 허용되지 않는다. 폐쇄형을 채택하고 있는 나라들은 대부분 계급제에 기초한 인사제도를 운영하고 있다. 전문가보다는 일반관리자 중심으로 조직이 운영된다. 폐쇄형의 장점은 내부승진 기회가 많기 때문에 공무원들의 사기가 높다. 장기간 근무로 인해 행정의 일관성과 안정성을 유지할 수 있다. 반면에 단점은 외부로부터 유능한 인재를 확보하는 것이 어려워져 조직의 역량이 저하된다. 공무원들이 타성에 빠져 전반적으로 공직의 침

---

2) 수사경찰 인사운영규칙(경찰청훈령 제691호, 2012. 12. 26., 전부개정)

체를 가져올 수 있다. 또한 외부환경의 변화와 요청에 능동적으로 대처하지 못할 우려가 있다.

　개방형 인사제도는 공직의 모든 계급이나 직위에 대해 외부로부터의 신규채용이 허용되는 제도이다. 공직을 외부에 개방하여 내부자와 외부자들이 모두 참여하는 공개경쟁을 통해 적임자를 채용하는 방식이다. 개방형 제도 아래에서는 일반관리자보다 전문가들이 조직에서 보다 중추적인 역할을 담당하게 된다. 개방형의 장점은 외부 전문가를 유치하여 행정의 전문성을 높일 수 있고 타 부처들 사이에 인사교류가 활성화될 수 있다. 신분보장에 따른 침체된 공직사회의 분위기를 쇄신할 수 있고, 경쟁을 통해 공무원의 자질과 역량을 향상시킬 수 있다. 단점으로는 승진기회가 축소되어 내부공무원들의 사기가 저하되고 승진적체가 가중될 수 있다. 하위계층으로의 입직에 대한 동기부여가 감소될 수 있다.

〈그림Ⅲ- 5〉 폐쇄형·개방형 공무원 임용제도 개념도

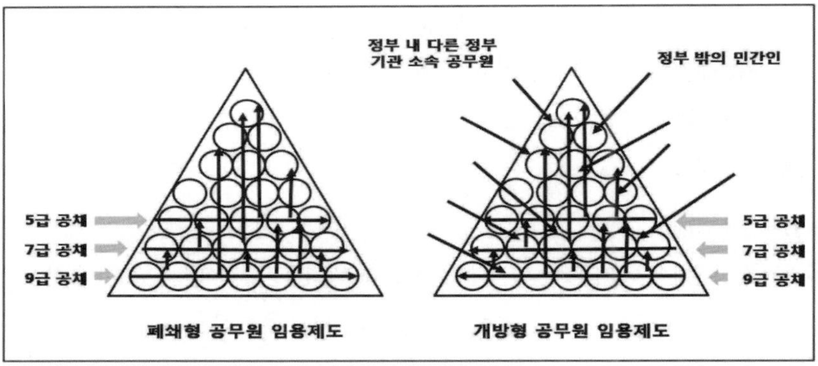

출처: 남궁근 외, 고위공무원 개방형 임용제도, 나남출판사, 2000.

[Ⅲ - 55]　　나. 경찰의 인사행정

　우리나라 공무원 인사제도는 계급제에 바탕을 둔 폐쇄형 임용체제에 일부 개방형 요소를 곁들이고 있다. 폐쇄형 임용체제는 공개경쟁채용(이하 공채)에 반영되어 있다. 공채는 특별한 학력이나 경력과 상관없이 공무원이 되길 원하는 불특정 다수인이 경쟁시험을 통해 공무원으로 채용되는 제도이다. 공무원은 공채를 거쳐 5급, 7급, 9급으로 나누어 채용되며 처음 임용할 때 정해진 계급에서 출발해서 내부승진을 통해 상위계급으로 수직 이동한다. 경찰에서는 공개경쟁시험을 거쳐 일반직 공무원 9급에 해당하는 순경을 채용하고 있다.

개방형 인사체제를 접목하기 위해 공채와 더불어 경력경쟁채용(이하 경채)으로도 공무원을 채용하고 있다. 경채는 공채로 충원하기 어려운 전문적이고 특수한 분야에 경력, 자격증, 학위 등 일정한 자격요건을 갖춘 민간경력자와 전문가를 공무원으로 채용하는 제도를 말한다. 경찰도 경채를 통해 민간분야 전문가를 경찰로 선발하고 있으며 채용분야를 지속적으로 확대하고 있다.[3] 변호사(경감), 항공(경위/순경), 범죄분석(경장), 보안사이버(경장), 사이버수사(경장), 안보범죄분석(경장), 무도(순경), 화약전문(순경) 등 다양한 분야에 걸쳐 경채를 실시하고 있다.

1999년부터는 고위직 공무원에 공직 내외의 전문가를 받아들여 공직사회의 전문성을 높이고 경쟁력을 강화하기 위해 '개방형 직위제도'를 도입하였다.[4] 핵심적 내용은 고도의 전문성이 요구되거나 효율적인 정책수립을 위해 필요하다고 판단되는 1급~3급의 실·국장급 직위를 대상으로 공개모집과 공개경쟁시험을 거쳐 공직 내외의 최적격자를 임용하는 제도이다.[5] 직무의 성격에 따라 적임자를 선발한 후 직위를 부여한다는 점에서 직위분류제적 성격이 담겨있다. 개방형 직위는 소속 장관별로 실·국장급 직위 총

---

3) 경찰의 경력채용시험 채용분야는 2015년 15개, 2016년 19개, 2017년 25개 분야로 계속 증가하고 있다(경찰백서, 경찰청, 2018)

4) 개방형 직위제의 근거법령은 국가공무원법 제28조의 4(개방형 직위)와 운영 등에 필요한 사항을 규정한 '개방형 직위 및 공무 직위의 운영 등에 관한 규정'(대통령령 제30076호, 2019. 9. 10. 일부개정)이다.

5) 박천오·한승주·유상엽, 개방형 직위 제도 성과 분석 및 발전방안 연구, 명지대학교 정부혁신연구소, 2016, p. 5.

수의 20% 범위 내에서 지정하도록 되어 있다. 경찰청이 지정한 개방형 직위는 경찰청 감사관과 경찰병원장이다.

4. 직업공무원제도

[Ⅲ - 56]　　가. 의미

　직업공무원제도는 일찍이 유럽에서 절대군주국가 시대부터 발달해 온 인사제도이다. 우수한 젊은 인재를 공직에 유치시켜 경력을 쌓아가도록 하며 정년퇴임할 때까지 명예심과 자부심을 가지고 근무하도록 보장하는 제도이다. 우리나라에서는 1948년 국가공무원법의 제정·공포와 동시에 직업공무원제도가 등장했다. 공무원의 신분을 보장하고 정치적 중립성을 확보하고자 선택한 제도였다. 이를 위해 공무원의 신분은 헌법과 법률에 의해 보장받는다. 헌법 제7조 제2항은 '공무원의 신분과 정치적 중립성은 법률이 정하는 바에 의하여 보장된다'고 규정하고 있다.

　오늘날 직업공무원제도는 실적주의와 같은 의미로 사용되기도 하지만 사실 서로 성격을 달리하는 제도이다. 실적주의는 공무원의 채용을 정치적 이해관계가 아닌 실적과 자격에 따라 하는 제도로서 엽관주의와 상반되는 개념이다. 반면 직업공무원제도는 젊은 나이에 공직에 들어와 공무원으로서 긍지를 가지고 평생 동안 근무하도록 만드는 제도이다. 그렇기 때문에 설령 실적주의가 확립되었다고 하더라도 직업공무원제도가 미흡한 경우가 있다.[6] 그러나 직업공무원제도가 제대로 정착하기 위해서 실적주의의 확립을 전제로 한다는 점에서 양자 사이에는 밀접한 관련성이 존재한다.

　또한 직업공무원제는 일반적으로 계급제와 폐쇄형 임용체계를 기본으로 하고 있다. 신규채용을 통해 젊은 인재를 최하위 계급으로 임용한 뒤 오랜

---

6)　이상안, 알기 쉬운 경찰행정학, 2008, 대명출판사, p.367

기간 근무하면서 단계적으로 승진시키는 구조는 직업공무원제의 원리와 잘 부합된다. 그러나 중간계급으로의 입직을 차단한 채 내부승진만으로 상위직을 충원할 경우 조직이 침체되고 외부환경변화에 대응하지 못하며 공직의 관료주의화가 심화될 수 있다.

경찰인사제도도 실적주의에 바탕을 둔 직업공무원제를 따르고 있다. 경찰법 제22조 제2항은 '국가경찰공무원의 임용, 교육훈련, 복무, 신분보장 등에 관한 사항은 따로 법률로 정하다'고 규정하고 있다. 또한 경찰공무원법은 '국가경찰공무원의 책임 및 직무의 중요성과 신분 및 근무조건의 특수성에 비추어 경찰공무원의 임용, 교육훈련, 복무, 신분보장 등에 관하여 국가공무원에 대한 특례를 규정함을 목적'으로 제정되었다(제1조). 여기에서 경찰공무원의 신분보장은 두 가지 의미를 가진다. 소극적 의미는 부당한 정치적 압력으로부터 권익을 보호받을 수 있다는 뜻이고, 적극적 의미는 정년까지 경찰공무원으로서 근무할 수 있도록 직업적 안정을 보장 받는 것을 말한다. 경찰공무원법 제24조에는 명시되어 있는 계급정년과 연령정년에 따라 경찰공무원은 신분이 보장된다. 또한 경찰공무원에게 교육훈련 등을 통한 능력발전의 기회를 부여하고 있다. '경찰공무원 교육훈련규정'에 의하여 재직자에 대한 교육훈련을 실시하고 교육훈련 성적을 승진에 반영하고 있다.

나. 특징   [Ⅲ - 57]

경찰의 직업공무원제도가 확립되기 위해서는 단순히 법령의 규정만으로는 충분치 않다. 우수한 젊은 인재들이 경찰에 입직해서 긍지와 보람을 가지고 안정되게 업무를 할 수 있도록 다음과 같은 요건들이 충족되어야 한다.[7] 첫째, 경찰직에 대한 사회적 평가가 높아야 한다. 둘째, 경찰관의 보수와 연금이 적정수준에서 책정되어야 한다. 셋째, 유능한 젊은 인재를 많이

---

7)   이상안, 경찰행정학, 대명출판사, 2005, pp. 368-369.

유치하기 위한 제도적 노력이 필요하다. 넷째, 채용·승진 등 인사관리에 있어서 엄격한 실적주의 원칙이 적용되어야 한다. 다섯째, 효과적인 교육·훈련과 합리적인 내부임용으로 능력을 발전시킬 기회를 주어야 한다. 마지막으로, 직급별 인력수급계획을 세워 인사행정상의 적체를 사전에 방지해야 한다.

직업공무원제도의 장점으로는 경찰공무원으로 자부심, 직업의식, 충성심, 조직과의 일체감을 높일 수 있고, 엄격한 근무규율도 기꺼이 수용하도록 만든다. 유능한 인재를 확보하여 고급 공무원으로 양성하기에 유리하다. 또한 장기간에 걸친 근무로 경찰행정의 안정성과 계속성을 확보할 수 있다. 이에 반해 단점으로는 지나치게 특권집단화, 관료주의화되어 민주적 통제가 어려워질 수 있다. 또한 신분이 보장되다보니 무사안일주의와 적당주의가 지배하는 부작용이 생겨난다.

제3절 경찰공무원

1. 경찰공무원의 의의

가. 경찰공무원의 의미   [III - 58]

경찰공무원은 공공의 안녕과 질서유지의 공적사무를 담당하는 자를 말한다. 경찰공무원은 국가공무원법의 적용을 받는 국가공무원으로서 특정직 공무원으로 분류된다. 다만 경찰공무원의 책임 및 직무의 중요성과 신분 및 근무 조건의 특수성에 비추어 그 임용, 교육훈련, 복무, 신분보장 등에 대하여 국가공무원법에 대한 특례로서 경찰공무원법을 두고 있다. 특별법 우선의 원칙에 따라 경찰공무원에게는 경찰공무원법이 우선 적용되고 국가공무원법은 보충적으로 적용된다.

공무원은 국가 또는 지방의 공적 업무를 담당한다는 점에서 다른 직종의 종사자들과 구분된다. 그렇다면 공적 업무란 무엇인가? 헌법 제1조에서 천명하고 있듯이 대한민국인 민주공화국으로서 주권은 국민에게 있고 모든 권력은 국민으로부터 나온다. 따라서 민주주의 하에서 공무원이 수행하는 공적 업무란 특정한 집단이 아닌 국민 전체의 이해를 반영하고 공공의 이익을 추구하는 업무를 의미한다고 하겠다. 헌법에서도 '공무원은 국민 전체의 봉사자이며, 국민에 대하여 책임을 진다'고 규정하고 있다(제7조 제1항). 경찰공무원은 국민 전체의 봉사자로서 법집행을 통해 사회의 안녕과 질서를 유지할 때 공평무사의 원칙에 따라 공정하고 중립적으로 직무를 수행해야 한다. 또한 국민의 위임을 받아 제정된 법률이 정해놓은 권한과 직무의 범위 안에서 충실히 직무를 수행해야 한다. 경찰공무원은 국민으로부터 부여

받은 권한을 사용하여 국민의 생명, 신체, 그리고 재산을 지키기 위해 책임 감을 가지고 최선을 다해야 하는 존재이다.

[Ⅲ - 59]   나. 경찰공무원의 성격

기본적으로 우리나라 경찰은 국가경찰체제를 따르고 있으며 경찰공무원은 국가공무원에 해당한다. 다만 예외적으로 제주특별자치도의 제주자치 경찰단 소속 경찰공무원들은 제주특별자치도 설치 및 국제자유도시 조성을 위한 특별법과 지방공무원법의 적용을 받는 지방공무원이다. 국가공무원으로서 경찰공무원은 국가공무원법 상 경력직 공무원 중 특정직 공무원에 해당한다. 경력직 공무원이란 '실적과 자격에 따라 임용되고 그 신분이 보장되며 평생 동안 공무원으로 근무할 것이 예정되는 공무원'이다(국가공무원법 제2조 제2항). 즉 실적주의와 직업공무원제도에 따라 선발되고 신분보장이 되는 공무원을 말한다. 특정직 공무원은 담당업무가 특수하여 자격과, 신분보장, 복무규율 등에 있어서 특수성을 인정할 필요가 있는 공무원을 의미한다. 경찰공무원을 비롯하여 법관, 검사, 외무공무원, 소방공무원, 교육공무원, 군인, 군무원, 헌법재판소 헌법연구관, 국가정보원 직원, 경호 공무원과 특수 분야의 업무를 담당하는 공무원으로서 다른 법률에서 특정직 공무원으로 지정하는 공무원이 해당된다.

2. 경찰공무원의 의무

[Ⅲ - 60]   가. 의미

경찰공무원은 공무를 수행하는 자로서 일반 국민에게는 부여되지 않는 의무를 부담한다. 모든 공무원에게 부과되는 의무에 더하여 경찰공무원으로서 추가적으로 부담해야 하는 의무도 있다. 종종 강제력이 수반되는 경찰업무의 특성 때문에 보다 엄격한 의무를 부과하는 것이다. 과거에는 특별권력관계라는 명목으로 행정주체에 대한 공무원의 무제한적 복종의무가 요구되었지만 오늘날에는 양자 간의 관계를 법률에 근거를 둔 권리·의무 관계로 이해하고 있다. 따라서 아무리 공무원이라고 하더라도 법률에 근거를 두지 않고 국민의 한 사람으로서 누려야 할 기본권을 함부로 제한해서는 안 된다. 경찰공무원에게 부과되는 의무를 규정하고 있는 법률로는 국가공무원법, 공직자윤리법, 경찰공무원법, 그리고 부패방지 및 국민권익위원회의 설치와 운영에 관한 법률(이하 부패방지권익위법) 등이 있다.

경찰공무원의 의무는 크게 신분상의 의무와 직무상의 의무로 구분할 수 있다. 전자는 공무원이라는 신분상의 지위에서 기대되는 규범을 의미한다. 여기에는 선서의무, 품위유지의무 등이 포함된다. 후자는 직무를 수행함에 있어서 준수해야 할 규범들로서 어떠한 행동을 요구하는 적극적 행동규범과 어떤 행동을 금지하는 소극적 행동규범으로 구성된다. 여기에는 성실의무, 청렴의무 등이 포함된다.

나. 신분상의 의무 [Ⅲ - 61]

① 선서의무

공무원은 취임할 때에 소속 기관장 앞에서 국가공무원 복무규정 제2조에 규정된 대로 선서를 해야 한다(국가공무원법 제55조). 따라서 경찰공무원이 취임할 때 소속 지방경찰청장 앞에서 '나는 대한민국 공무원으로서 헌법과 법령을 준수하고, 국가를 수호하며, 국민에 대한 봉사자로서의 임무를 성실히 수행할 것을 엄숙히 선언합니다'라고 선서해야 한다.

② 품위유지의무

경찰공무원은 직무의 내외를 불문하고 그 품위가 손상되는 행위를 해서는 안 된다(국가공무원법 제63조). 여기서 품위가 손상되는 행위란 '국가의 권위 · 위신 · 체면 · 신용 등에 영향을 미칠 수 있는 공무원의 불량하거나 불건전한 행위'를 말한다. 예를 들어 도박행위 등 건전하지 못한 오락행위를 하거나 음주운전 행위 등이 포함된다.[1]

③ 영예의 제한

경찰공무원이 외국 정부로부터 영예나 증여를 받을 경우에는 대통령의 허가를 받아야 한다(국가공무원법 제62조). 외국 정부가 공무원에게 부당한 영향력을 행사하지 못하게 하는데 취지가 있다.

④ 정치운동 및 집단행위 금지위무

공무원은 국민전체의 봉사자로서 정치적 중립성을 지켜야하기 때문에 (헌법 제7조 제2항) 정치운동은 금지된다. 공무원의 정치적 중립성의 필요성에 대하여 헌법재판소는 "공무원은 국민전체에 대한 봉사자이므로 중립적 위치에서 공익을 추구하고"(국민전체의 봉사자설), "행정에 대한 정치의 개입을 방지함으로써 행정의 전문성과 민주성을 제고하여 정책적 계속성과 안정성을 유지하고"(정치와 행정의 분리설), "정권의 변동에도 불구하고 공무원의 신분적 안정을 기하고 엽관제로 인한 부패, 비능률 등의 폐해를 방지하며"(공무원의 이익보호설), "자본주의의 발달에 따르는 사회경제적 대립의 중재자, 조정자로서의 기능을 적극적으로 담당하기 위해서"(공적 중재설)라고 판시하고 있다.[2]

경찰공무원은 정당이나 그 밖의 정치단체의 결성에 관여하거나 이에 가입할 수 없다. 경찰공무원은 선거에 있어서 특정정당 또는 특정인의 지지나 반대하기 위한 행위를 해서는 안 된다. 다른 공무원에게 정치운동을 하도록 요구하거나 정치적 행위에 대한 보상 또는 보복으로서 이익 또는 불이익을

---

1)   최선우, 경찰학, 도서출판 그린, 2017, p. 337.
2)   헌재 1995. 5. 25. 91헌마67 결정.

약속해서도 안 된다(국가공무원법 제65조).[3] 또한 경찰공무원은 노동운동
이나 그 밖에 공무 외의 일을 위한 집단행위를 하여서는 아니 된다(헌법 제
33조 제2항, 국가공무원법 제66조 제1항). 경찰공무원에게는 개인적 이익
을 관철시키기 위해 노동조합을 결성하거나 단체교섭 및 단체행동을 하는
것이 허용되지 않는다.

⑤ 영리업무 및 겸직금지

경찰공무원은 공무 외에 영리를 목적으로 하는 업무에 종사하지 못하며
소속 기관장의 허가 없이 다른 직무를 겸할 수 없다(국가공무원법 제64조
제1항). 여기에서 영리를 목적으로 하는 업무에는 공무원이 해당 업무에 종
사함으로써 공무원의 직무 능력을 떨어뜨리거나, 공무에 대하여 부당한 영
향을 끼치거나, 국가의 이익과 상반되는 이익을 취득하거나, 정부에 불명예
스러운 영향을 끼칠 우려가 있는 업무가 포함된다(국가공무원 복무규정 제
25조).

⑥ 재산등록 · 재산신고 의무

공직자윤리법은 공직자의 부정한 재산 증식을 방지하고 공무집행의 공
정성을 확보하는 등 공익과 사익의 이해충돌을 방지하여 국민에 대한 봉사
자로서 가져야 할 공직자의 윤리를 확립할 목적으로 제정되었다. 경찰공무
원 중 재산등록의무는 총경 이상에게 부과된다(동법 제3조 제1항). 등록의
무자 본인뿐만 아니라 배우자, 본인의 직계존속 · 직계비속이 소유한 재산
을 등록해야 하고 매년 재산의 변동사항을 신고해야 한다(동법 제4조 제1
항, 제6조 제1항). 또한 치안감 이상의 경찰공무원은 재산등록과 함께 재산

---

3) 공무원에게 금지된 선거운동행위에는 1. 투표를 하거나 하지 아니하도록 권유 운동을 하는 것, 2.
서명 운동을 기도(기도) · 주재(주재)하거나 권유하는 것, 3. 문서나 도서를 공공시설 등에 게시하거
나 게시하게 하는 것, 4. 기부금을 모집 또는 모집하게 하거나, 공공자금을 이용 또는 이용하게 하는
것, 5. 타인에게 정당이나 그 밖의 정치단체에 가입하게 하거나 가입하지 아니하도록 권유 운동을
하는 것 등이 포함된다(국가공무원법 제65조 ②).

등록사항 및 재산변동사항 신고내용을 관보 또는 공부에 게재하여 공개해야 한다(동법 제10조 제1항).

[III - 62]　　　다. 직무상의 의무

①　법령준수 및 성실의무

경찰공무원은 법령을 준수하며 직무를 성실히 수행할 의무를 진다(국가공무원법 제56조). 공무원이 준수해야 할 법령에는 법률과 법규명령뿐만 아니라 모든 성문법 및 불문법을 포함한다고 봐야 한다. 만일 경찰공무원이 법령을 위반하게 되면 그 행위는 위법한 행위가 되어 무효·취소되고 공무원 자신에게는 징계책임, 형사책임, 민사책임이 따르게 된다. 성실의무는 공무원의 가장 기본적인 의무로서 직무를 수행함에 있어 자신의 인격과 양심을 다해 최대한 공익을 추구해야함을 요구한다. 성실이란 다분히 윤리적 요건이기는 하지만 국가공무원법에 규정되어 있는 법적인 의무이며 공무원이 이를 위반하면 징계처분을 받게 된다.

②　복종의무

경찰공무원은 직무를 수행함에 있어 소속 상관의 직무상 명령에 복종할 의무를 진다(국가공무원법 제57조). 소속 상관은 경찰공무원의 직무에 관해서 지휘·감독할 수 있는 권한을 가진 기관을 말한다. 직무상 명령은 직무의 수행과 직간접적으로 관련 있는 일체의 명령으로 개별적·구체적이거나 일반적·추상적인 명령도 모두 포함된다.[4] 명령에 복종한다는 것은 명령을 이행함을 의미한다. 하지만 명백히 위법한 명령에 대해서는 복종을 거부해야 한다. 만약 직무명령이 위법함을 알면서도 복종했다면 비록 소속 상관의 명령이 있었다고 하더라도 복종한 공무원도 책임을 면할 수 없다.

---

4)　최선우, 2017, 앞의 책, p. 333.

③ 직장이탈 금지의무

경찰공무원은 소속 상관의 허가 또는 정당한 사유가 없으면 직장을 이탈하지 못한다(국가공무원법 제58조 제1항). 여기서 직장이란 반드시 공간적 의미로서 소속부서에 국한되는 것이 아니라 실제 직무를 수행하고 있는 근무지 또는 근무장소를 의미한다고 하겠다. 경찰공무원은 상사의 허가를 받거나 그 명령에 의한 경우를 제외하고는 직무와 관계없는 장소에서 직무수행을 해서는 안 된다(경찰공무원 복무규정, 제8조). 또한 휴무일 또는 근무시간 외에 2시간 이내에 직무에 복귀하기 어려운 지역으로 여행을 하고자 할 때에는 소속 경찰기관의 장에게 신고하도록 되어 있다(동법 제13조). 이와 같은 규정은 경찰공무원이 직무에 전념하도록 부과되는 의무로서 위반할 경우 직장이탈에 해당하게 된다.

④ 친절·공정의무

경찰공무원은 국민 전체의 봉사자로서 친절하고 공정하게 직무를 수행해야 한다(국가공무원법 제59조). 친절과 공정은 윤리적 요소가 강하지만 법률에 근거를 둔 법적 의무로서 위반하게 되면 징계처분의 사유가 된다.

⑤ 종교중립의무

경찰공무원은 종교에 따른 차별 없이 직무를 수행해야 한다. 만약 소속 상관이 종교중립의무를 위배되는 직무상 명령을 한 경우 이에 따르지 아니할 수 있다(국가공무원법 제59조의2).

⑥ 비밀엄수의무

경찰공무원은 재직 중은 물론 퇴직 후에도 직무상 알게 된 비밀을 엄수해야 한다(국가공무원법 제60조). 비밀엄수의무를 위반하게 되면 징계처분

을 받을 뿐만 아니라 형법상 피의사실공표죄(제126조)[5] 또는 공무상비밀
누설죄(제127조)로 형사처벌을 받을 수 있다. 만약 업무처리 중 알게 된 비
밀을 이용하여 재물 또는 재산상의 이익을 취득하거나 제3자로 하여금 취
득하게 한 경우에는 부패방지권익위법에 의해 처벌받을 수 있다(제7조의2,
제86조).

⑦ 청렴의무

공직자의 청렴의무에 대해 부패방지권익위법 제7조는 '공직자는 법령
을 준수하고 친절하고 공정하게 집무하여야 하며 일체의 부패행위와 품위
를 손상하는 행위를 하여서는 아니 된다'고 상당히 포괄적으로 규정하고 있
다. 다만 이중 부패행위를 '공직자가 직무와 관련하여 그 지위 또는 권한을
남용하거나 법령을 위반하여 자기 또는 제3자의 이익을 도모하는 행위', '공
공기관의 예산사용, 공공기관의 재산의 취득·관리·처분 또는 공공기관을
당사자로 하는 계약의 체계 및 그 이행에 있어서 법령에 위반하여 공공기관
에 대하여 재산상 손해를 가하는 행위' 등으로 정의하고 있다(동법 제2조).
따라서 부패행위를 중심으로 볼 때 청렴의무는 공무원이 권한을 남용하거
나 법령을 위반하여 재산상의 이익을 취득하거나 공공기관에 손해를 끼치
는 행위를 금지하고 있다고 하겠다. 이와 비슷하게 국가공무원법이 규정하
고 있는 청렴의무도 금전적 이득과 관련한 비위를 금지하고 있다. 공무원
은 직무와 관련하여 직접적이든 간접적이든 사례·증여 또는 향응을 주거
나 받을 수 없다. 또한 공무원은 직무상의 관계가 있든 없든 그 소속 상관에
게 증여하거나 소속 공무원으로부터 증여를 받아서는 아니 된다(국가공무
원법 제61조). 청렴의무의 위반한 경찰공무원은 징계처분을 받을 뿐만 아

---

5) 형법 제126조(피의사실공표죄) 검찰, 경찰 기타 범죄수사에 관한 직무를 행하는 자 또는 이를 감독
하거나 보조하는 자가 그 직무를 행함에 당하여 지득한 피의사실을 공판청구 전에 공표한 때에는 3
년 이하의 징역 또는 5년 이하의 자격정지에 처한다.
형법 제127조(공무상비밀의 누설죄) 공무원 또는 공무원이었던 자가 법령에 의한 직무상 비밀을 누
설한 때에는 2년 이하의 징역이나 금고 또는 5년 이하의 자격정지에 처한다.

니라 경우에 따라서는 형법상 수뢰죄(형법 제129조~제135조)로 형사처벌을 받을 수도 있다.

⑧ 부패행위 신고의무

공직자는 그 직무를 수행하는 과정에 다른 공직자의 부패행위를 알게 되었거나 부패행위를 강요 또는 제의받은 경우에는 지체 없이 이를 수사기관·감사원 또는 국민권익위원회에 신고해야 한다(부패방지권익위법 제56조). 일반인들의 경우엔 부패행위를 알게 된 때에는 국민권익위원회에 신고할 수 있다고 규정함으로써 신고가 재량행위에 해당하지만(동법 제55조) 공직자의 신고는 의무사항으로 규정하고 있다.

⑨ 경찰공무원의 특수한 직무상 의무

경찰공무원이 수행하는 직무의 특수성으로 인해 부과되는 별도의 의무는 경찰공무원법에 규정되어 있다. 첫째, 허위보고 금지의무로서 경찰공무원은 직무에 관하여 허위의 보고나 통보를 하여서는 아니 된다(경찰공무원법 제18조 제1항). 둘째, 지휘권 남용 등의 금지의무로서 전시·사변 기타 이에 준하는 비상사태이거나 작전수행 중인 경우 또는 많은 인명 손상이나 국가재산 손실의 우려가 있는 위급한 사태가 발생한 경우, 경찰공무원을 지휘·감독하는 사람은 정당한 사유 없이 그 직무 수행을 거부 또는 유기하거나 경찰공무원을 지정된 근무지에서 진출·퇴각 또는 이탈하게 해서는 안된다(동법 제19조). 셋째, 제복착용 등의 의무로서 경찰공무원은 특수한 경우를 제외하고 제복을 착용해야 하며 직무 수행을 위해 필요한 경우 무기를 휴대할 수 있다(동법 제20조).

3. 경찰공무원의 책임

[Ⅲ - 63] 가. 의미

경찰공무원의 책임이란 경찰공무원으로서 준수해야 할 의무를 위반하여 받게 되는 법률상의 제재나 불이익을 말한다. 공무원관계 내부적으로 부과되는 공무원법상 징계책임과 함께 형법상 범죄를 구성할 때 지게 되는 형사책임, 그리고 민법상 불법행위로 인한 손해에 대한 민사책임, 그리고 국가에 대해 끼친 손해에 대한 변상책임이 있다.

[Ⅲ - 64] 나. 징계책임

징계란 공무원관계의 질서를 유지하기 위해 공무원의 의무위반에 대해 과하는 행정상 제재를 의미한다. 그 제재로서의 벌을 징계벌이라고 하고 그 벌을 받을 지위를 징계책임이라고 한다. 징계벌과 형벌은 구별되기 때문에 공무원의 동일한 행위에 대해서 양자를 병행해서 부과할 수 있다. 징계사유가 발생하면 징계권자는 반드시 징계 의결을 요구해야 하고 그 결과에 따라 징계처분을 해야 하는 점에서 기속성이 인정된다(국가공무원법 제78조). 다만 징계의 종류 중 어느 것을 선택할지에 대해서는 재량성이 인정된다. 징계위원회가 징계사건을 의결할 때에는 대상자의 소행, 근무성적, 공적, 개전의 정과 징계의결을 요구한 자의 의견을 참작해야 한다(경찰공무원 징계령 제16조).

징계권은 임용권자가 행사하는 것이 원칙이다. 경찰공무원법상 경찰공무원에 대한 징계는 반드시 징계위원회를 거쳐 징계위원회가 설치된 소속기관의 장이 하되, 국가공무원법에 의하여 국무총리 소속하에 설치된 징계위원회에서 의결한 징계는 경찰청장이 행한다(경찰공무원법 제27조). 징계위원회는 징계심의대상자의 계급에 따라 구분하여 운영하고 있다. 경무관

이상의 경찰공무원에 대한 징계의결은 국가공무원법(제81조) 및 공무원 징계령(제2조, 제3조)에 따라 국무총리 소속으로 설치된 '징계위원회'에서 한다(경찰공무원법 제26조 제1항). 총경 이하의 경찰공무원에 대한 징계의결은 경찰공무원 징계령(제3조)으로 정하는 경찰기관에 설치된 '경찰공무원 징계위원회'에서 한다(경찰공무원법 제26조 제2항).

법률에 규정되어 있는 징계사유는 다음과 같다. ① 국가공무원법과 국가공무원법에 의한 명령을 위반하였을 때, ② 직무상의 의무(다른 법령에서 공무원의 신분으로 인하여 부과된 의무를 포함한다)를 위반하거나 직무를 태만히 한 때, ③ 직무의 내외를 불문하고 그 체면 또는 위신을 손상하는 행위를 한 때 등이다(동법 동조).

징계의 종류는 징계효력의 경중에 따라 중징계와 경징계로 구분된다. 중징계에는 파면, 해임, 강등, 정직이 있고, 경징계에는 감봉과 견책이 있다(국가공무원법 제79조, 경찰공무원 징계령 제2조). 또한 징계효력의 유형에 따라 배제징계와 교정징계로 구분된다. 배제징계는 공무원의 신분을 완전히 해제함을 내용으로 하며 파면과 해임이 여기에 해당한다. 교정징계는 공무원의 신분을 보유하면서 신분상·보수상 이익의 일부를 제한함을 내용으로 하고 강등, 정직, 감봉, 321견책이 이에 포함된다.

① 파면

경찰공무원의 신분을 박탈하여 공무원관계를 배제하는 징계처분이다. 파면된 자는 다시 경찰공무원으로 임용될 수 없다(경찰공무원법 제7조 제2항 제7호). 퇴직급여와 퇴직수당의 일부를 감액하여 지급 받는다(공무원연금법 제64조 제1항).

② 해임

파면과 마찬가지로 공무원관계를 배제하는 징계처분이며 해임된 자는 다시 경찰공무원으로 임용될 수 없다(경찰공무원법 제7조 제2항 제7호). 그

러나 파면과 다르게 퇴직급여와 퇴직수당에 감액이 없다. 다만 금품비리의
사유로 해임된 경우에는 감액을 한다(공무원연금법 제64조 제1항 제3호).

③ 강등

1계급 아래로 직급을 내리는 처분으로 경찰공무원의 신분은 보유하나 3
개월간 직무에 종사하지 못하며 그 기간 중 보수는 전액 감한다(국가공무원
법 제80조 제1항).

④ 정직

경찰공무원의 신분은 보유하나 1개월 이상 3개월 이하의 기간 동안 직무
에 종사하지 못하고 그 기간 중 보수는 전액 감하는 징계처분이다(국가공무
원법 제80조 제3항).

⑤ 감봉

1개월 이상 3개월 이하의 기간 동안 보수의 1/3을 감하는 징계처분이다
(국가공무원법 제80조 제4항).

⑥ 견책

공식적인 훈계·경고 조치로서 6개월 동안 승진·승급이 제한된다(국가
공무원법 제80조 제5항).

[Ⅲ - 65]   다. 형사책임

경찰공무원이 지는 형사상 책임은 경찰행정형벌 책임과 협의의 형사책
임으로 구분된다. 경찰행정형벌 책임은 경찰공무원이 국가공무원법, 경찰
공무원법 등 행정법규를 위반한데 대하여 형법이 정한 벌을 받게 되는 경우
를 말한다. 경찰공무원으로서 전시·사변, 그 밖에 이에 준하는 비상사태

이거나 작전 수행 중인 경우에 ① 직무태만 또는 유기금지(동법 제18조 제2항), ② 지휘권 남용 등의 금지(동법 제19조), ③ 직장 이탈금지(국가공무원법 제58조 제1항)를 위반한 경우에 3년 이상의 징역이나 금고에 처한다. 그리고 이와 같은 상황에서 ④ 거짓보고 등의 금지(경찰공무원법 제18조 제1항), ⑤ 복종의 의무(국가공무원법 제57조)를 위반한 경우에는 7년 이하의 징역이나 금고에 처한다(경찰관공무원법 제31조 제1항). 만약 집단 살상의 위급 상태가 발생한 상황에서 ①에서 ⑤까지의 의무위반행위를 한 경우 7년 이하의 징역이나 금고에 처하도록 되어 있다(동법 제31조 제2항). 시험 또는 임용의 방해금지(국가공무원법 제44조), 인사에 관한 부정한 행위금지(동법 제45조), 집단행위금지(동법 제66조) 등을 위반한 경우에는 2년 이하의 징역 또는 200만 원 이하의 벌금에 처하고(경찰공무원법 제31조 제4항), 정치활동금지(국가공무원법 제65조)를 위반한 경우에는 3년 이하의 징역과 3년 이하의 자격정지에 처한다(경찰공무원법 제31조 제3항).

협의의 형사책임은 경찰공무원이 형법상의 공무원의 직무에 관한 죄(형법 제122조~제134조)를 범한 경우에 받게 되는 책임을 말한다. 협의의 형사책임은 직무범과 준직무법으로 나눌 수 있다. 직무범은 경찰공무원이 수행하는 직무행위 자체가 불법성을 갖는 범죄로서 직무유기죄(형법 제122조), 직권남용죄(제123조), 불법체포·불법감금죄(제124조), 폭행·가혹행위죄(제125조), 피의사실공표죄(제126조), 공무상 비밀누설죄(제127조), 선거방해죄(제128조) 등이 포함된다. 준직무범은 직무행위 자체가 범죄를 구성하는 것이 아니라 행위자가 공무원의 신분이기 때문이거나 행위가 공무원의 직무와 관련성을 갖기 때문에 범죄에 해당하는 경우이다.[6] 여기에는 수뢰·사전수뢰죄(제129조), 제3자 뇌물제공죄(제130조), 수뢰 후 부정처사·사후수뢰죄(제131조), 알선수뢰죄(제132죄), 그리고 뇌물공여죄(제133조)가 포함된다.

[III - 66]   라. 민사책임과 변상책임

경찰공무원이 직무상 불법행위로 인하여 국민에게 손해를 끼쳤을 때 피해자에게 직접 그 손해를 배상해야 할 책임을 진다. 경찰공무원이 직무를 집행하면서 고의 또는 과실로 법령을 위반하여 타인에게 손해를 초래한 경우 헌법(제29조 제1항)과 국가배상법(제2조 제1항)에 의해 국가는 그 손해에 대한 배상 책임을 진다. 그렇다고 하더라도 경찰공무원 자신의 책임이 면제되지 않으며 경찰공무원 개인도 자신이 초래한 피해에 대하여 손해배상 책임을 진다. 따라서 피해자인 국민은 국가와 경찰공무원을 대상으로 선택적으로 손해배상 청구를 할 수 있다. 만약 국가가 손해배상을 하였다면 해당 경찰공무원에게 구상권을 행사할 수 있다. 이때 경찰공무원에게는 국가에 대해 초래한 재산상의 손해를 부담해야 할 변상책임이 발생한다. 다만 경찰공무원에게 고의 또는 중대한 과실이 있는 경우에만 그 공무원에게 구상을 할 수 있다(국가배상법 제2조 제2항). 따라서 경찰공무원에게 경과실(예: 가벼운 주의의무 위반)만 있다면 피해자는 오로지 국가만을 상대로 손해배상청구를 할 수 있고 경찰공무원 개인은 민사책임과 변상책임을 부담하지 않는다.

제4절 경찰인사관리과정

1. 경찰공무원의 채용

가. 의미   [Ⅲ - 67]

경찰공무원의 채용이란 특정인에게 경찰공무원의 신분을 부여하여 공무원 관계를 발생시키는 행위를 의미한다.[1] 종종 임용과 채용이 혼용되기도 하지만 의미에서 차이가 있다. 임용은 공무원 관계의 발생, 변경, 소멸의 원인이 되는 모든 행위를 의미하는데 반해 채용은 공무원 관계의 발생에 해당하는 신규임용만을 지칭한다는 점에서 다르다. 모든 국민은 법률이 정하는 바에 의하여 공무담임권을 가진다(헌법 제25조). 누구나 대한민국 국민이면 공무원이 되어 공무를 담임할 수 있으며 이러한 공무에는 행정부, 사법부의 직무뿐만 아니라 국회의원, 지방의원 및 기타 일체의 공공단체의 직무가 포함된다. 다만 공무담임권이 모든 국민이 현실적으로 이와 같은 공무를 담당할 수 있다는 것을 의미하는 것은 아니며, 공무를 담임할 수 있는 평등한 기회가 보장됨을 의미한다고 하겠다. 따라서 경찰공무원도 원칙적으로 균등한 기회와 동등한 조건 하에서 공개경쟁시험을 통해 채용되지만, 법률이 정하는 바에 따라 일정한 자격요건을 갖춘 자만이 경찰공무원으로 선발될 수 있다. 경찰공무원의 채용에 관한 사항은 경찰공무원법과 경찰공무원임용령에 규정되어 있다.

---

1) 정진환, 경찰행정론, 대영문화사, 2006, p.172.

[Ⅲ - 68]　　나. 신규채용의 종류

　　경찰공무원의 신규채용은 공개경쟁채용과 경력경쟁채용으로 구분된다. 공개경쟁채용은 신규채용 시 불특정 다수인을 대상으로 경쟁시험을 실시하여 공무원으로 채용하는 제도이다. 실적주의에 입각해서 균등한 기회를 보장하고 보다 우수한 인적자원을 공무원으로 선발하는데 목적이 있다. 경찰공무원 중 경정 및 순경의 신규채용은 공개경쟁시험으로 한다고 규정하고 있다(경찰공무원법 제8제 제1항). 또한 경위의 신규채용 중 대통령령으로 정하는 자격을 갖추고 공개경쟁시험으로 선발된 사람, 즉 '경찰간부후보생'으로서 교육훈련을 마치고 정하여진 시험에 합격한 사람을 임용하는 것도 공개경쟁채용에 해당한다.

　　경력경쟁채용은 공개경쟁채용시험으로는 충원이 곤란한 분야에 대하여 채용하는 제도로서 관련 직위의 우수전문인력 또는 유경험자를 선발할 목적으로 실시된다. 경찰공무원의 경력경쟁채용은 경력 등 응시요건을 정하고 이에 해당하는 다수인을 대상으로 경쟁시험을 거쳐 선발한다. 급변하는 사회 속에서 치안수요가 점차 다양해지면서 공개경쟁채용시험만으로는 충원하기 곤란한 특수 분야에 대한 전문인력을 확보할 필요성이 높아졌다. 경력경쟁채용시험으로 경찰공무원을 신규채용할 수 있는 경우는 법규에 명시되어 있다(경찰공무원법 제8조 제3항). 공개경쟁시험으로 임용하는 것이 부적당한 경우에 임용예정 직무에 관련된 자격증 소지자를 임용하는 경우, 임용예정직에 상응하는 근무실적 또는 연구실적이 있거나 전문지식을 가진 사람을 임용하는 경우, 외국어에 능통한 사람을 임용하는 경우 등이 여기에 해당한다. 예를 들어, 일반대학교 경찰행정 관련 전공자를 대상으로 경력경쟁채용시험을 실시하는데 이는 '임용예정직에 상응하는 근무실적 또는 연구실적이 있거나 전문지식을 가진 사람을 임용하는 경우'라고 할 수 있다.[2]

---

2)　경찰공무원 임용령 제4항에 의해 2년제 이상 대학의 경찰행정 관련 학과를 졸업한 사람(법령에 따라 이와 같은 수준의 학력이 있다고 인정되는 사람 포함)과 4년제 대학의 경찰행정 관련 학과에 재

경찰대학을 졸업한 자를 경위로 신규채용하는 것은 일종의 경력경쟁채용에 해당한다. 경찰대학은 국가치안 부문에 종사하는 정예경찰간부를 양성하고 치안행정의 발전에 기여하기 위한 특수목적을 위해 설립되었다. 경찰대학의 학사학위과정을 마친 졸업자는 경찰공무원법에 따른 경위로 임명한다(경찰대학설치법 제8조, 경찰공무원법 제8조 제2항).

다. 임용 및 응시자격 [Ⅲ - 69]

경찰공무원은 신체 및 사상이 건전하고 품행이 방정(方正)한[3] 사람 중에서 임용한다(경찰공무원법 제7조 제1항). 신체적 조건은 신체검사와 체력검사를 통해 평가하고 사상과 품행은 적성검사와 면접시험을 통해 확인한다. 아울러 경찰공무원으로 임용될 수 없는 결격사유도 법으로 명시하고 있다. ① 대한민국 국적을 가지지 아니한 자, ② 복수국적자, ③ 피성년후견인 또는 피한정후견인[4], ④ 파산선고를 받고 복권되지 아니한 사람, ⑤ 자격정지 이상의 형을 선고받은 사람, ⑥ 자격정지 이상의 형의 선고유예를 받고 그 유예기간에 있는 사람, ⑦ 공무원 재직기간 중 직무와 관련하여 횡령·배임 및 업무상 횡령·배임을 저질러 300만 원 이상의 벌금형을 선고받고 형이 확정된 후 2년이 지나지 아니한 사람, ⑧ 성폭력범죄를 저질러 100만원 이상의 벌금형을 선고 받고 형이 확정된 후 3년이 지나지 아니한 사람[5], ⑨ 미성년자를 대상으로 성폭력범죄 또는 아동·청소년 대상 성범죄를 저질러 형 또는 치료감호가 확정된 사람[6], ⑩ 징계에 의해 파면 또는

학 중이거나 재학했던 사람으로서 경찰행정학 전공 이수로 인정될 수 있는 과목을 45학점 이상 이수한 사람에 대해서는 동조 3항에 규정한 3년 이상의 근무경력 또는 연구경력 요건을 적용하지 않는다.

3) '방정하다'의 사전적 의미는 '말이나 행동이 바르고 점잖다'이다.

4) 피성년후견인과 피한정후견인은 과거에 각각 금치산자와 한정치산자로 불리었다.

5) 성폭력범죄의 처벌 등에 관한 특례법 제2조에 규정된 죄

6) 성폭력범죄의 처벌 등에 관한 특례법 제2조 및 아동·청소년의 성보호에 관한 법률 제2 제2호에 규정된 죄

해임처분을 받은 사람 등은 경찰공무원이 될 수 없다(경찰공무원법 제7조 제2항). 결격사유에 해당하는 사람을 경찰공무원으로 임용하는 행위는 무효에 해당하고 재직 중 이와 같은 사유가 발생하면 당연퇴직으로 처리된다.

경찰공무원 채용시험에 응시하려는 사람은 법령이 정한 응시연령과 신체조건 등을 충족해야 한다. 응시연령은 응시시험의 종류와 계급에 따라 다르게 규정되어 있다. 공개경쟁채용시험의 경우 순경은 18세 이상 40세 이하, 경정 이상은 25세 이상 40세 이하이다. 또한 경찰간부후보생 공개경쟁 선발시험은 21세 이상 40세 이하이다. 경력경쟁채용시험의 경우에는 순경·경사·경장은 20세 이상 40세 이하, 경감·경위는 23세 이상 40세 이하, 경정 이상은 27세 이상 40세 이하이다(경찰공무원 임용령 제39조 제1항, 제2항). 경찰공무원 채용시험에 응시연령의 상한을 둔 취지는 국민의 생명과 재산을 보호하는 경찰업무를 효율적으로 수행하기 위해서는 최소한도의 제한은 허용될 필요가 있기 때문이다. 응시연령의 한계는 경찰업무의 특성, 인사제도 그리고 인력수급 등을 전반적으로 고려하여 입법기관이 결정할 사항이며, 이 경우 국민의 공무담임권에 대한 침해의 최소성 원칙을 준수하여 합리적으로 결정되어야 한다.[7]

신체조건의 경우 채용시험 응시자는 법령에 정해 놓은 체격, 시력, 색신, 청력, 혈압, 사시, 문신 등에 있어서의 기준을 충족해야 한다(경찰공무원 임용령 시행규칙 제34조2, 별표5). 이중 체격에 관해서는 '사지가 완전'할 것을 요구하고 있다. 사지의 완전성에 대한 구체적인 내용은 팔다리와 손·발가락의 완전성, 척추만곡증(허리 휘는 증상), 내반슬(오다리), 상지관절의 정상여부, 하지관절의 정상여부로 구분하여 규정하고 있다(경찰공무원 채용시험에 관한 규칙 제10조 제1항 별표1). 그런데 이와 같은 신체기준을 충족하지 못했다는 이유만으로 경찰채용과정에서 대상자를 원천적으로 배제하는 것은 헌법상 기본권을 침해할 우려가 있다. 예를 들어, 2018년 왼손 약

---

7) 헌재 2012. 5. 31. 2010헌마278

지(넷째 손가락)가 없다는 이유로 경찰공무원 응시를 하지 못한 진정사건에서 국가인권위원회는 사지의 완전성 신체기준에 대해 합리적인 이유 없이 평등권을 침해한 차별행위로 결정했다. 단순히 신체결손이나 변형만으로 무조건 경찰직무 수행에 기능적 제한이 발생할 것으로 단정하여 응시 기회 자체를 차단해서는 안 된다는 취지이다. 경찰공무원 신규채용과정에 신체검사를 하는 목적은 직무수행에 필요한 신체조건과 건강상태를 검정하는 데 있다(경찰공무원 임용령 제35조 제1항 제1호). 따라서 응시자의 신체조건으로서 사지의 완전성은 경찰관직무 수행의 적합성을 판단하기 위한 필수조건인 한도 내에서 정당화 될 수 있다고 봐야 한다. 응시자격으로서의 신체조건과 경찰직무수행능력 사이에 직접적 연관성이 입증되어야 한다. 과도한 수준의 응시제한은 국민의 공무담임권(헌법 제25조)와 평등권(동법 제11조 제1항)을 침해할 우려가 있기 때문이다.[8]

라. 신규채용과정

[III - 70]

경찰공무원의 신규채용과정은 채용시험의 실시, 채용후보자 명부 등재, 시보임용과 정식임용의 순서로 이루어진다. 채용시험은 원칙적으로 계급별로 실시하지만 결원보충을 원활히 하고자 필요한 경우 직무분야별·근무예정지역 또는 근무예정기관별로 구분하여 실시할 수 있다(경찰공무원 임용령 제32조). 채용시험의 방법에는 신체검사, 체력검사, 필기시험, 종합적성검사, 면접시험. 실기시험, 서류전형이 있다(동법 제36조). 시험의 출제수준은 계급에 따라 차등을 두고 있다. 경위 이상 및 경찰간부후보생에게는 경찰행정의 기획 및 관리에 필요한 능력·지식을 검정할 수 있는 정도, 경사 및 경장에게는 경찰업무수행에 필요한 전문적 능력·지식을 검정할 수 있는 정도, 그리고 순경에게는 경찰업무수행에 필요한 기본적 능력·지식

---

8) 박원규, 장애를 가진 사람은 경찰관이 될 수 없는가? 경찰공무원 채용에 있어 사지의 완전성에 대한 헌법적 태도, 공법학연구, 19(3), 2018, pp. 169-195.

을 검정할 수 있는 정도로 출제한다(동법 제42조).

경찰공무원 임용권자는 신규채용시험에 합격한 사람(경찰대학 졸업생과 경찰간부후보생 포함)을 성적 순위에 따라 채용후보자 명부에 등재하여야 한다. 신규채용은 채용후보자 명부의 등재순위에 따르는데 다만 채용후보자가 경찰교육기관에서 신임교육을 받은 경우에는 그 교육성적 순위에 따른다(경찰공무원법 제9조). 채용후보자 명부를 작성하는 이유는 대부분 동시에 임용되지만 만약 인력 수요 사정에 의해 순차적으로 임용하게 되는 경우에 임용서열을 정하기 위함이다.[9]

신규임용된 사람을 정식임용 전에 일정기간 동안 시범적으로 보직을 명하는 데 이를 시보임용이라고 한다. 시보임용은 일차적으로 경찰관으로서 후보자의 적격성을 판별하는데 목적으로 두고 있다. 따라서 경찰관이 되기에 부적합하다고 판단이 되는 후보자는 정규임용에서 제외된다. 아울러 시보임용은 경찰관으로서 후보자의 자질과 적성을 확인하는데도 목적이 있다. 또한 본격적으로 경찰업무를 시작하기 전 후보자가 현장과 경찰실무에 대해 적응할 수 있는 준비기간을 제공하려는 목적도 수행한다.

경정 이하의 경찰공무원을 신규채용 할 때에는 1년 간 시보로 임용하고 그 기간이 만료되는 다음 날 정규 경찰공무원으로 임용한다(경찰공무원법 제10조 제1항). 시보임용 경찰공무원의 적격성에 대한 심사는 임용권자 또는 임용제청권자 소속의 '정규임용심사위원회'에서 실시한다(경찰공무원 임용령 제20조 제3항). 만약 시보임용기간 중 시보임용자의 근무성적 또는 교육훈련성적이 불량할 때에는 공무원의 신분보장에 대한 권리에도 불구하고 면직시키거나 면직을 제청할 수 있다(경찰공무원법 제10조 제3항). 경찰대학 졸업자와 경찰간부후보생으로 정해진 교육과정을 마친 사람, 공개경쟁 채용시험을 통해 상위계급으로 임용되는 경찰공무원 등은 시보임용을 거치지 않고 임용된다.

---

9)   조철옥, 경찰학개론, 대명출판사, 2008, p. 311.

2. 경찰공무원의 경력관리

가. 승진

[Ⅲ - 71]

승진은 하위직급에서 상위직급으로의 임용을 의미한다. 경찰승진은 순경부터 치안총감까지 총 11개의 계급을 따라 하위계급에서 상위계급으로 수직 이동하는 것을 말한다. 일반적으로 승진을 하면 더 많은 책임과 권한이 수반되는 직무를 담당하게 된다. 경찰의 직업공무원제도를 유지하는데 승진은 중요한 역할을 담당하고 있다. 젊은 나이에 하위계급으로 입직한 경찰공무원은 단계적인 승진을 거쳐 퇴직할 때까지 보람과 자부심을 가지고 직무에 전념하도록 하게 된다. 승진은 경찰관에게 지위의 상승, 보수의 증가와 더불어 자기성취를 위한 중요한 수단이 된다. 경찰승진은 일반승진, 근속승진, 그리고 특별승진으로 구분된다.

일반승진에는 심사승진과 시험승진이 있는데 경무관 이하 계급으로의 승진은 승진심사에 의하도록 되어 있다. 다만 경정 이하 계급으로의 승진은 대통령령으로 정하는 비율에 따라 승진시험과 승진심사를 병행할 수 있도록 하고 있다(경찰공무원법 제11조 제2항). 승진심사를 할 때에는 바로 아래 하위계급에 있는 경찰공무원 중에서 근무성적평정, 경력평정, 그 밖의 능력을 실증하여 임용한다(동조 제1항). 이와 같이 경찰승진은 기본적으로 실적주의에 입각하고 있다. 그러나 치안감, 치안정감, 치안총감에 대해서는 경찰공무원법에서 별도의 승진 규정을 두고 있지 않아 실적주의가 아닌 엽관주의적 요소가 반영된 것으로 볼 수 있다.[10]

근속승진은 한 계급에서 일정기간 동안 성실히 근무한 자를 자동적으로 상위계급으로 승진시키는 것을 말한다. 근속승진제도는 하위직 경찰공무원들 간에 승진경쟁이 과열되어 업무에 지장이 초래되는 문제를 해소하고

---

10) 최선우, 경찰학, 도서출판그린, 2017, p. 375.

자 도입되었다. 근속승진 대상자가 되기 위한 최소 재직기간은 계급에 따라 차등을 두고 있다. 순경에서 경장은 4년 이상, 경장에서 경사는 5년 이상, 경사에서 경위는 6년 6개월 이상, 경위에서 경감은 10년 이상이다(경찰공무원법 제11조의2).

특별승진은 법령에 정한 특별한 사유가 있는 경우 경찰공무원을 승진심사를 거치지 않고 승진시키는 것을 말한다. 기본적으로 1계급 특별승진시킬 수 있지만 경위 이하의 경찰공무원 중 모든 경찰공무원의 귀감이 되는 공을 세우고 전사하거나 순직한 사람에 대해서는 2계급 특별승진시킬 수 있다(경찰공무원법 제14조 제1항). 특별승진 대상이 되는 자에는 ① 국가공무원법 제40조의4 제1항 제1호부터 제4호까지의 규정[11] 중 어느 하나에 해당하는 사람, ② 전사하거나 순직한 사람, ③ 직무 수행 중 현저한 공적을 세운 사람이 포함된다.

[III - 72] 나. 전보

전보란 동일한 계급에 속하는 어떤 직위에서 다른 직위로 수평이동 하는 것을 의미한다. 경찰공무원법에서는 '경찰공무원의 동일 직위 및 자격 내에서의 근무기관이나 부서를 달리하는 임용'으로 정의하고 있다(제1조의2 제2호). 경찰의 전보는 동일 계급 내에서 이루어지는 보직변경을 말한다. 예를 들어, A경찰서의 생활안전과장인 경정 계급의 경찰관이 B경찰서의 생활안전과장으로 발령이 나거나, 같은 A경찰서 내에서 여성청소년과장으로 이동하는 경우이다. 경찰공무원이 같은 직위에서 장기간 근무하거나 또는 너무 자주 전보를 하게 되면 업무 능률이 저하되는 문제가 발생하기 때문

---

11) 1. 청렴하고 투철한 봉사 정신으로 직무에 모든 힘을 다하여 공무 집행의 공정성을 유지하고 깨끗한 공직 사회를 구현하는 데에 다른 공무원의 귀감이 되는 자, 2. 직무수행 능력이 탁월하여 행정 발전에 큰 공헌을 한 자, 3. 경찰조직의 능률화, 경제화에 기여하는 제안의 채택·시행으로 국가 예산을 절감하는 등 행정 운영 발전에 뚜렷한 실적이 있는 자, 4. 재직 중 공적이 특히 뚜렷한 자가 명예퇴직 할 때.

에 특별한 사정이 없으면 전보는 정기적으로 실시해야 한다(경찰공무원 임용령, 제26조). 임용권자는 특별한 경우가 아니면 경찰공무원이 해당 직위에 임용한 날부터 1년 이내에 다른 직위로 전보할 수 없다(동법 제27조 제1항). 또한 특별히 전문성이 요구되어 별도로 지정·관리되는 전문직위[12]에 임용된 경찰공무원은 해당 직위에 임용된 날부터 3년의 범위에서 경찰청장이 정하는 기간이 지나야 다른 직위에 전보할 수 있다(동법 제25조 제1항).

다. 교육훈련   [Ⅲ - 73]

경찰공무원의 교육훈련이란 경찰공무원이 직무를 수행하기 위해 필요한 지식·기술과 경찰공무원에게 적합한 태도·가치관을 제공하는 활동이다. 교육은 일반적이고 포괄적인 내용을 다루며 개인의 잠재적인 능력, 가치관, 태도를 계발하는데 중점을 두고 있다. 반면 훈련은 경찰관의 직무수행에 직접적으로 필요한 구체적인 지식, 기술 및 방법을 익히는 것을 강조한다. 교육훈련의 목적은 크게 경찰조직 차원과 경찰관 개인 차원으로 구분해 볼 수 있다. 경찰조직 차원에서는 교육훈련을 통해 유능한 경찰관을 육성하여 주어진 직무를 책임을 다해 능률적으로 수행하도록 하여 조직이 추구하는 목적을 성취하는데 목적이 있다. 경찰관 개인 차원에서 보면 교육훈련은 자신의 능력을 계발하여 자기발전과 자아실현의 기회가 되며 업무적 역량을 인정받아 승진의 가능성을 높이고 궁극적으로 보다 만족스러운 경찰생활을 영위하는데 목적이 있다.

경찰청장은 모든 경찰공무원에게 균등한 교육훈련의 기회가 주어지도록 교육훈련에 관한 종합적인 기획 및 조정을 해야 하며 교육훈련을 위한 교육훈련기관을 설치·운영할 수 있다(경찰공무원법 제17조 제1항, 제2항). 교육훈련의 종류에는 신임교육, 기본교육, 전문교육, 위탁교육, 직장훈련, 기

---

12) 경찰공무원 인사운영 규칙 제36조 ~ 제40조

타 교육훈련 등이 있다. 이중 신임교육, 기본교육, 그리고 전문교육은 경찰대학, 경찰인재개발원, 중앙경찰학교, 그리고 경찰수사연수원 등 경찰교육기관에서 실시되는 학교교육에 해당한다. 신임교육은 공개경쟁시험이나 경력경쟁시험에 의해 신규채용된 사람들을 대상으로 임용을 전제로 실시되는 교육이다. 교육내용은 경찰관으로서 갖추어야 할 소양교육, 직무수행에 필요한 기초지식, 실무에 필요한 법규정 및 체력연마와 체포술 등으로 구성된다. 기본교육은 승진한 재직경찰관을 대상으로 계급별로 실시하는 교육으로서 승진된 계급의 직무와 관련된 각종 지식과 기술을 익히고, 리더십과 인격을 향상시키는데 목적이 있다. 전문교육은 경정 이하의 경찰공무원을 대상으로 각 기능별 직무와 관련된 전문기술을 향상시키기 위해 마련된 교육훈련과정이다.

위탁교육은 경찰공무원으로 하여금 해당 전문분야에 대한 지식을 습득하도록 국내외 교육기관에 경찰공무원을 위탁·파견하여 교육을 받도록 하는 교육훈련제도이다. 경찰청장은 교육훈련을 위하여 필요하면 경찰공무원을 국내외의 교육기관에 위탁하여 일정 기간 교육훈련을 받게 할 수 있다 (경찰공무원법 제17조 제3항). 위탁교육은 외국의 각급 교육훈련기관 등에 파견하여 실시하는 국외파견교육과 국내유관기관 또는 교육훈련기관에 위탁하여 실시하는 국내위탁교육으로 구분할 수 있다.

직장훈련이란 경찰기관의 장이 소속 경찰공무원의 직무수행능력을 향상시키기 위해 일상 업무를 통해 행하는 훈련이다. 경정 이하의 공무원에 대해서만 실시되며, 직장교육, 체력단련(무도훈련 및 체력검정), 그리고 사격훈련으로 이루어진다. 마지막으로 기타교육훈련에는 경찰기관 장의 명에 의하거나 경찰공무원 스스로 실시하는 직무관련 학습·연구활동이 있다. 대표적으로 2013년부터 경찰청이 도입한 '상시학습제도'가 여기에 속한다. 조직 내 학습문화를 정착시키고 개인의 직무역량을 강화하기 위해 매년 일정시간의 교육을 의무화하는 제도이다.

라. 퇴직과 면직

[III - 74]

경찰공무원의 법적관계는 퇴직과 면직으로 소멸된다. 퇴직은 임용권자의 의사와 상관없이 일정한 사유가 발생하면 당연히 경찰공무원의 신분을 상실하는 것을 의미한다. 경찰공무원이 법에서 정해 놓은 정년에 이르렀거나 또는 경찰관임용에 있어서 결격사유에 해당할 때 퇴직하게 된다. 경찰공무원의 정년에는 연령정년과 계급정년이 있다. 연령정년은 60세로 하고 있고 계급정년은 경정 14년, 총경 11년, 경무관 6년, 치안감 4년으로 하고 있다(경찰공무원법 제24조 제1항). 다만 수사, 정보, 외사, 보안 등 특수 부문에 근무하는 공무원으로 전문직위에 임용된 사람 중에서 경찰청장은 정년연장 대상 공무원을 지정할 수 있고 지정을 받은 사람은 총경 및 경정의 경우에는 3년의 범위에서 계급정년을 연장할 수 있다(동법 제24조 제3항, 경찰공무원 임용령 제49조). 정년 연장을 실시할 때에는 인력수급관계, 직무의 특수성, 연장대상자의 건강상태 및 직무수행능력 등을 고려하여 정년연장심사위원회의 심사를 거쳐야 한다(경찰공무원 임용령 제48조). 다음으로 경찰공무원법 제7조 제2항은 경찰관채용에 있어서의 결격사유를 규정하고 있는데 만약 이에 해당하는 사유가 경찰관으로 재직하는 도중에 발생하면 당연히 퇴직하게 된다.[13]

면직이란 경찰공무원의 신분을 상실시키는 행정행위로서 공무원 자신의 의사에 의한 의원면직과 자신의 의사와 관계없이 이루어지는 강제면직이 있다. 의원면직은 경찰공무원 자신의 의사표시에 의해 공무원 관계를 소멸시키는 행위이다. 다만 경찰공무원의 사의표시가 있다고 하더라도 임용권

---

13) 다만 같은 항 제4호(파산선고를 받고 복권되지 아니한 사람)의 경우에는 '채무자 회생 및 파산에 관한 법률'에 따라 신청기한 내에 면책신청을 하지 아니하였거나 면책불허가 결정 또는 면책취소가 확정된 경우만 해당한다. 또한 같은 항 제6호(자격정지 이상의 형의 선고유예를 선고받고 그 유예기간 중에 있는 사람)는 형법 제129조부터 제132조까지, 성폭력범죄의 처벌 등에 관한 특례법 제2조, 아동·청소년의 성보호에 관한 법률 제2조 제2호 및 직무와 관련하여 형법 제355조 또는 제356조에 규정된 죄를 범한 사람으로서 자격정지 이상의 형의 선고유예를 받은 경우에만 해당한다(경찰공무원법 제21조, 개정 2019. 12. 3, 시행 2020. 6. 4).

자에 의한 면직처분이 있기까지는 공무원관계가 유지되며 만약 사의를 표시하고 한 후 면직처분이 있기 전에 직장을 무단이탈하면 징계 등의 사유가 된다. 명예퇴직은 의원면직의 특별한 경우에 해당한다. 경찰공무원으로 20년 이상 근속한 자가 정년 전에 스스로 퇴직하면 예산의 범위에서 명예퇴직 수당을 지급할 수 있다. 또한 직제와 정원의 개폐 또는 예산의 감소 등에 따라 폐직 또는 과원이 되었을 때에 20년 미만 근속한 자가 정년 전에 스스로 퇴직하면 예산의 범위에서 수당을 지급할 수 있다(국가공무원법 제74조의2 제1항, 제2항).

강제면직이란 경찰공무원의 의사와 상관없이 임용권자가 일방적으로 공무원관계를 소멸시키는 행위이다. 여기에는 징계면직과 직권면직이 있다. 징계면직은 법령에서 정한 경찰공무원의 의무를 위반하여 징계처분으로 내려지는 파면과 해임을 말한다. 직권면직은 법령이 정해 놓은 일정한 사유에 해당될 때 임용권자가 해당 경찰관을 직권으로 면직시키는 것을 말한다. 직권면직의 사유는 다음과 같이 4가지이다(경찰공무원법 제22조 제1항). 첫째, 국가공무원법 제70조 제1항 제35부터 제5호까지의 규정 중 어느 하나에 해당될 때이다. 여기에는 직제와 정원의 개폐 또는 예산의 감소 등에 따라 폐직 또는 과원이 되었을 때, 휴직기간이 끝나거나 휴직 사유가 소멸된 후에도 직무에 복귀하지 아니하거나 직무를 감당할 수 없을 때, 직위해제에 따라 대기 명령을 받은 자가 그 기간에 능력 또는 근무성적의 향상을 기대하기 어렵다고 인정된 때가 포함된다. 둘째 경찰공무원으로는 부적합할 정도로 직무 수행능력이나 성실성이 현저하게 결여된 자의 경우이다. 지능이 저하되고 판단력이 부족하여 경찰업무를 감당할 수 없는 경우 또는 책임감의 결여로 직무수행에 성의가 없고 위험한 직무를 고의로 기피하거나 포기하는 경우에 이에 해당한다(경찰공무원 임용령 제47조 제1항). 셋째, 직무를 수행하는 데에 위험을 일으킬 우려가 있을 정도의 성격적 또는 도덕적 결함이 있는 자의 경우이다. 여기에는 인격장애, 알코올·약물중독 그 밖의 정신장애로 인하여 경찰업무를 감당할 수 없는 경우나 사행행위 또는 재산의 낭비로 인한 채무과다, 부정한 이성관계 등 도덕적 결함이 현저하여 타인의 비난을 받는 경우가 해당한다(동조 제2항. 마지막으로 해당 경과에서 직무를 수행하는 데 필요한 자격증의 효력이 상실되거나 면허가 취소되어 담당 직무를 수행할 수 없게 되었을 때이다.

제4편

경찰활동

[Ⅳ - 1]   제1장 사전적 예방활동

핵심질문

- 경찰의 범죄예방활동에는 어떤 유형이 있나?

- 전통적 순찰방식은 왜 범죄예방에 효과가 없나?

- 핫스팟 경찰활동은 왜 범죄예방에 효과가 있나?

- 지역사회 경찰활동은 전통적 경찰활동과 어떻게 다른가?

- 경찰활동에 있어서 지역사회의 참여와 협력을 확보하는
  방안은 무엇인가?

- 한국경찰에 지역경찰제가 도입된 취지와 과정은
  무엇인가?

- 문제지향 경찰활동은 어떻게 지역의 문제를 해결하는가?

- 집중적 범죄억제는 어떤 원리로 범죄를 예방하는가?

- 셉테드의 범죄예방 원리는 무엇인가?

- 한국경찰은 어떻게 문제지향 경찰활동을
  실시하고 있는가?

제1절 경찰 범죄예방의 기초

1. 범죄예방의 의의

가. 범죄예방의 개념적 정의   [IV - 2]

범죄예방은 범죄의 발생을 사전에 막기 위해서 취해지는 조치이다. 범죄예방이라는 개념이 성립하기 위해서는 두 가지 전제조건이 충족되어야 한다. 첫째, 범죄현상에 대한 예측가능성이 있어야 한다. 인간행동과 사회현상 내에 존재하는 규칙성과 반복성을 이해할 때 범죄현상에 대한 예측이 가능해진다. 과학적 방법을 통해서 이러한 규칙성과 반복성을 발견할 수 있고 이를 바탕으로 범죄의 원인을 보다 객관적으로 분석하여 인과관계를 규명할 수 있다는 믿음이 범죄예방의 바탕에 깔려 있다. 둘째, 특정한 개입을 통한 변화가능성이 전제되어야 한다. 인간행동의 가변성과 사회조건의 개선 가능성을 바탕으로 범죄예방을 둘러싼 논의가 이루어진다. 범죄를 줄이기 위한 국가기관 및 사회기관들의 다양한 노력과 정책들, 그리고 여기에 수반되는 인력과 예산은 결국 현재 상태로부터의 변화가능성에 의해 정당화 될 수 있는 것이다.

범죄예방의 일반적 의미에 대해서는 큰 이견이 없으나 구체적으로 범죄예방의 개념 안에 어떠한 요소들이 포함될지에 관해서는 다양한 견해가 존재한다. 이에 관한 주요 쟁점은 다음과 같다.

첫째, 범죄예방활동의 주체를 공적분야에만 한정할 것인지, 사적분야까지 확대할 것인지에 관한 문제이다. 전통적으로 범죄예방은 국민의 생명·신체·재산의 보호 의무를 진 국가기관의 사무영역으로 이해되어 왔다. 하지만 현대사회 속에서 범죄가 갈수록 다양화, 전문화, 광역화되고 있기 때문에 국가기관만으로는 효과적으로 범죄를 예방하는데 한계가 있다. 따라서 오늘날에는 경찰을 포함한 국가기관이 지역주민, 민간단체 등 다양한 사적주체들과의 유기적 협력관계 속에서 범죄예방활동을 전개하기 위한 방법들을 모색하고 있다.

둘째, 범죄예방의 개념 속에 범죄를 발생시키는 근본적인 원인적 메커니즘을 반영할 것인가의 문제이다. 범죄의 원인을 탐구하는 범죄학적 관점에서 보면 범죄란 다양한 개인적·환경적 원인에서 비롯되는 사회현상이다. 예를 들어, 학교폭력을 일삼는 청소년은 타고난 기질, 열악한 가정환경, 학교생활 부적응, 교육기회 불평등과 같은 다양한 차원의 원인들이 작용한 결과이다. 그런데 오늘날 정부의 범죄예방정책이 상황적 범죄예방 패러다임(아래에서 자세히 설명함) 중심으로 이루어지다보니 종종 겉으로 드러난 현상에만 초점을 맞추는 대응에 의존하게 된다. 예를 들어, 학교폭력을 예방하기 위해 학교내 CCTV 설치확대와 학교전담경찰관 배치 등 단순히 범행기회를 차단하고 범행을 억제하는 경우이다. 그러나 범죄행위의 근본적 원인에 대한 이해 없이 추진되는 대책만으로는 예방효과를 기대할 수 없거나 기껏해야 단기적인 미봉책에 그치는 경우가 생긴다.

셋째, 범죄예방의 범주 안에 범죄억제(crime deterrence)를 포함시킬 것인지의 문제이다. 범죄억제란 형벌의 두려움을 통해 개인으로 하여금 범죄를 저지르지 못하도록 만드는 것을 말한다. 가장 단순하게는 형벌의 제정과 부과를 통해서 이러한 억제효과를 기대할 수 있다. 범죄학을 포함한 사회과학분야에서 발전해온 범죄예방이론에서는 범죄억제를 형법학의 영역으로 구분한다. 주류 범죄학의 입장에 따라 과학적 방법을 통한 원인규명을 범죄예방의 필수요소로 간주할 때 범죄억제가 설 자리는 없어진다. 하지만 실질적으로 경찰 등 국가기관이 범죄를 예방하기 위해 수행하는 활동의 상당 부분이 위반행위에 대한 처벌을 전제로 하고 있는 점을 고려할 때 범죄억제 역시 범죄예방의 영역에 포함시키는 것이 타당할 것이다.

마지막으로, 범죄예방활동의 궁극적 목표를 범죄발생의 감소에만 한정할 것인지, 아니면 범죄에 대한 두려움의 감소도 포함할 것인지의 문제이다. 일반적으로 범죄예방활동의 주된 목표는 객관적 지표로서의 범죄율을 낮추는데 있다. 하지만 시민이 주관적으로 체감하는 안전에 대한 인식이 객관적 차원의 범죄발생 정도와 항상 비례하는 것은 아니다. 정부가 효과적인 범죄예방정책으로 객관적인 통계수치 상의 범죄율을 낮춘다고 해도 시민이 느끼는 범죄에 대한 두려움은 변하지 않거나, 때로는 어떤 특정 요인에 (예: 잔혹한 범죄에 대한 언론보도) 의해 증가할 수도 있다. 정부기관에 의한 활동의 궁극적 수혜자가 시민이라는 점을 고려할 때 범죄예방정책으로 기대하는 효과를 단순히 객관적 지표의 변화뿐만 아니라 시민의 주관적 체감안전도의 향상에까지 확장시키는 것이 타당할 것이다.

나. 범죄예방의 중요성   [Ⅳ-3]

범죄예방은 사전적으로 이루어지는 활동이라는 점에서 이미 발생한 범죄에 대한 사후적 대응인 범죄수사나 형벌의 집행과 다르다. 형벌을 통한 사후적 대응과 비교할 때 범죄예방은 다음과 같은 장점을 가지고 있다.[1]

① 범죄예방은 인간적이다. 범죄행위는 피해자에게 신체적·정신적 고통과 재산적 손실을 야기한다. 이러한 피해는 범죄자의 처벌을 통해서 원상회복될 수 없다. 또한 범죄자에게 입장에서 보면 형벌 자체가 해악이라고 볼 수 있으며 사회 전체적으로도 막대한 사회적 비용에 해당한다.
② 범죄예방은 효과적이다. 전과자들의 높은 재범률이 나타내듯이 형벌을 통한 범죄억제효과는 매우 제한적이다. 오히려 형벌로 인한 낙인효과가 재범을 부추긴다.

---

1) 최준혁, 사전예방 중심의 형사정책: 예방의 의미, 방법, 한계에 대하여, 형사정책연구, 25(2), 2014, pp. 216-217.

③ 범죄예방은 사회적이다. 형벌의 본질은 위반행위자를 향한 사회적 비난과 책임추궁이다. 범죄행위에 영향을 미쳤던 환경적 요인들은 양형단계에서 참작사유로만 고려될 뿐 형벌은 이러한 요인들을 개선하지 못한다.

④ 범죄예방은 경제적이다. 범죄자를 검거하고 처벌하기 위해 막대한 국가예산이 소요된다. 또한 형벌은 범죄자의 경제적, 사회적 능력을 감소시키고 그 가족구성원들에게도 타격을 주어 사회 전체적으로 상당한 비용을 치르도록 한다.

2. 범죄예방의 유형[2]

[IV - 4]   가. 상황적 범죄예방

상황적 범죄예방은 범행기회를 감소시키고 검거위험을 증가시켜서 범죄발생을 예방하는 방법이다. 주로 구체적인 형태의 범죄(예: 미혼여성 밀집 원룸촌 대상 주거침입)를 대상으로 하여, 범죄를 둘러싼 즉각적인 환경을 관리·설계·조작하여 범죄의 실행을 더욱 어렵고 위험하게 만드는 다양한 전략을 구사한다. 상황적 범죄예방의 배경이 되는 범죄학이론에는 합리적 선택이론, 일상활동이론, 범죄패턴이론 등이 포함된다. 합리적 선택이론은 범죄를 범죄자가 상황적 정보를 최대한 활용하여 내리는 일련의 합리적 선택들로 이루어지는 목적 지향적 행위라고 본다. 이때 범죄자는 행위로 인해 발생할 수 있는 비용을 최소화하면서 동시에 최대의 이익을 얻으려고 노력하는 자이다. 일상활동이론은 범행기회를 형성하는 세 가지 요인인 잠재적 범죄자, 적절한 범행대상, 그리고 보호인의 부재가 동일한 시간과 장소에 존재할 때 범죄가 발생한다고 주장한다. 범죄를 예방하기 위해서 주로 범행

---

2) 가장 대표적인 범죄예방 유형론으로는 Paul J. Brantingham & Frederic L. Faust(1976)의 '1차 예방, 2차 예방, 3차 예방' 개념적 모형과 Michael H. Tonry & David P. Farrington(1995)의 상황적·지역사회 기반·발달적·법집행을 통한 범죄예방 모형이 있다. 본서에서는 후자의 모형에 따라 범죄예방을 분류하였다.

대상으로서의 매력성을 제거하고 취약한 대상에게 보호인을 제공하여 범행 기회를 감소시키는 전략을 추구한다.

경찰이 수행하는 범죄예방활동이 상당 부분 상황적 범죄예방의 원리를 적용하고 있다. 예를 들어, 여성 1인 가구 밀집지역에 대해 경찰의 순찰을 강화하는 것은 공식적 감시기능을 강화하는 조치이다. 아파트 입구 현관문에 반사경을 부착하는 것은 익명성을 감소시켜 범행에 수반되는 위험을 증가시키기 위한 조치이다. 이와 같은 활동의 공통점은 범죄와 관련된 환경의 조건들을 변화시켜 범행기회를 감소·차단하려는데 있다.

나. 지역사회 기반 범죄예방   [IV - 5]

지역사회 기반 범죄예방은 지역사회에서 범죄를 유발하는 사회적 조건들을 변화시켜 범죄를 예방하려는 접근방법이다. 지역사회의 범죄위험요인(예: 무질서, 경제적 열악성)은 감소시키고, 보호요인(예: 지역사회 결속, 사회적 자본)은 증진시키는 방법을 구사한다. 지역사회 기반 범죄예방의 배경이론에는 사회해체이론, 깨어진 유리창이론이 있다. 사회해체이론은 빈곤, 민족적 다양성, 주거불안정성, 주민 간의 결속력 약화 등이 범죄에 대한 비공식적 통제기제를 약화시켜 범죄를 증가시킨다고 주장한다. 깨어진 유리창이론은 지역사회의 무질서 행위나 환경을 그대로 방치하면 머지않아 지역사회의 낙후가 가속화되고 결국 중대한 범죄의 증가로 이어진다는 이론이다.

지역사회 기반 범죄예방에서 제시하는 범죄예방 접근방법은 크게 두 가지로 정리할 수 있다. 첫째, 공동체로서의 지역사회 회복이다. 공동의 노력을 통해 자체적으로 지역의 문제를 해결해 나갈 수 있는 결속력이 강한 협력적 지역사회를 만드는 것이다. 또한 지역주민들에게 공동체 구성원으로서 지켜야할 의무와 책임을 강조하는 등 시민적 도덕성을 높이기 위한 노력도 전개한다. 둘째, 열악한 사회경제적 여건을 개선하는 것이다. 경제적 취약계층에 대한 지원, 낙후한 지역 환경의 개선을 추진한다. 또한 지역주민들의 전반적인 복지수준과 삶의 질을 향상시키기 위해 노력한다. 나아가 지역사회의 경제와 투자를 활성화시키기 위한 정책을 도입하기도 한다.

경찰의 지역사회 기반 범죄예방활동은 지역사회 경찰활동의 패러다임 아래에서 추진되고 있다. 지역사회 구성원들이 지역의 범죄 및 무질서 문제를 해결하는데 적극적 주체로서 참여할 수 있도록 협력치안의 기반을 조성하고 지원하는 역할을 경찰이 담당한다. 지역주민들로 구성된 자율방범대 활동을 지원하는 것이 대표적인 사례이다. 또한 경찰은 지방정부가 추진하는 지역환경 개선사업 등의 범죄예방 관련 사업에 참여하기도 한다.

[Ⅳ-6] 　다. 발달적 범죄예방

발달적 범죄예방은 개인, 가정, 학교 그리고 지역사회에 자원을 투입하여 아동과 청소년이 장래에 범죄자로 성장하지 못하도록 미연에 방지하는 전략을 말한다. 이러한 예방 전략은 두 단계로 이루어진다. 첫 번째 단계에서 범죄에 가담할 가능성을 높이는 요인들이 정확히 무엇인지 확인하고, 다음 단계에서 확인된 요인들에 대해 구체적인 조치를 취함으로써 범죄발생 위험성을 제거하거나 낮춘다. 주로 아동기와 청소년기를 대상으로 추진되며 각 연령대에 주로 작동하는 위험요인을 감소시키는 반면 보호요인은 증진시키는 전략을 취한다. 대표적인 위험요인은 다음과 같다.

아동과 청소년의 반사회적 행위를 유발하는 개인적 위험요인에는 낮은 지능, 낮은 공감능력, 높은 충동성, 사회인지적 기술의 결여 등이 있다. 가족위험요인으로는 부모의 부적절한 자녀양육, 부모결별, 가정폭력, 부모나 형제의 범죄행위, 낮은 사회경제적 지위 등이 있다. 학교·또래 위험요인으로는 폭력적 학교문화, 위기학생에 대한 대체 기회 부족, 부적절하고 일관성 없는 훈육, 또래로부터의 부정적 영향 등을 들 수 있다.

발달적 범죄예방 전략은 주로 교육부, 보건복지부, 여성가족부와 같은 정부기관이나 아동·청소년 관련 민간기관에서 주로 적용하고 있다. 반면 법집행 중심의 전통적 경찰활동에 있어서 발달적 범죄예방 전략은 큰 비중을 차지하고 있지 않다. 다만 근래 들어 점차 경찰의 범죄예방활동에 있어서 아동·청소년 등 사회적 약자를 대상으로 한 범죄의 중요성이 높아지면서 발달적 범죄예방이 일부 적용되고 있다. 대표적으로 경찰청과 경찰서의 여성청소년 담당부서에서 실시하고 있는 학교폭력전담 경찰관과 학대전담 경찰관이 있다.[3] 학교폭력전담 경찰관은 학교에 배치되어 학교폭력예방교육과 학생들을 선도하는 역할을, 학대전담경찰관은 미취학, 장기결석 아동에 대해 점검하고 아동학대 우려가 높은 아동에 대해 지속적으로 모니터링을 실시하여 아동학대의 위험성을 감소시키는 역할을 담당하고 있다.

라. 법집행을 통한 범죄억제   [Ⅳ - 7]

법집행을 통한 범죄억제는 형벌에 대한 두려움을 불러 일으켜 사람들로 하여금 범죄를 저지르지 못하게 하는 전략으로 일반 억제와 특별 억제로 나뉜다. 일반 억제는 범죄를 저지를 가능성이 있는 잠재적 범죄자들로 하여금 사전에 범죄행위를 억제하게 만드는 효과이고, 특별억제는 이미 범죄를 저질러서 처벌을 받은 사람이 재차 범죄를 저지르지 못하도록 하는 효과를 말한다.

범죄억제 전략은 고전주의 범죄학에서 유래한 범죄억제이론을 배경으로 하고 있다. 범죄억제효과가 나타나기 위해서는 형벌의 엄격성, 확실성, 신속성이 충족되어야 한다. 엄격성은 범죄행위에 따르는 형벌이 범죄를 억제하기에 충분할 정도로 엄격함을 의미한다. 형벌로 인해 초래되는 손실(고통)이 범죄로부터 얻는 이득(쾌락)을 초과할 때 범죄가 억제될 수 있다. 확실성은 범죄를 저지른 자가 체포되고 처벌 받을 개연성이 높을 것을 요구한

---

3) 2010년 이후부터 주요 경찰서에 청소년 범죄예방 업무를 전담하기 위한 여성청소년과가 만들어졌고 2013년에는 전국의 모든 지방청에 여성청소년과가 신설되었다.

다. 범죄억제효과를 높이는 데에는 엄격성보다 확실성이 훨씬 중요한 역할을 한다. 신속성은 범죄를 저지른 이후 얼마나 신속하게 검거되고 처벌을 받는가의 문제이다. 범죄행위와 처벌 사이의 시간적 간격이 줄어들수록 처벌이 범죄의 필연적 결과로 인식되기 때문에 억제효과가 높아진다.

법집행기관인 경찰이 실시하는 활동의 상당 부분이 형벌의 확실성 및 신속성과 관련되어 있다. 순찰활동은 경찰의 가시성을 높여 잠재적 범죄자로 하여금 위법행위 후 체포될 개연성이 높다고 인식하게 만드는 효과가 있다. 위법행위에 대한 단속을 강화하는 '무관용 경찰활동'(zero tolerance policing) 역시 처벌의 확실성을 높여 범죄를 억제하는 전략이다. 사후적 대응활동이기는 하지만 신속한 신고출동과 효과적인 범죄수사도 체포와 처벌의 확실성과 신속성을 높임으로써 일반 억제효과를 기대할 수 있도록 한다.

제2절 순찰활동과 범죄예방

1. 순찰활동의 의의와 종류

가. 순찰활동의 의의 [IV - 8]

순찰활동은 지역경찰의 범죄예방활동 중 가장 기본적이고 중요한 활동이다. 일차적으로 순찰활동은 잠재적 범죄자들에게 경찰의 존재를 인식시켜 범죄를 억제하도록 만든다. 시민들의 입장에서는 주변에서 이루어지는 경찰활동을 체감할 수 있기 때문에 범죄에 대한 두려움이 낮아진다. 경찰관의 입장에서는 시민들과 접촉할 기회를 자주 갖게 되면서 지역사회를 더욱 잘 이해할 수 있게 되고 시민들과 친밀하고 협력적인 관계를 조성하는데 유리하다. 또한 범죄, 무질서, 각종 지역문제에 대한 정보를 수집하여 범죄예방정책을 수립하고 시행하는데 활용할 수도 있다.

예방적 측면 외에 이미 발생한 사건에 대한 사후적 대응의 측면에서도 순찰활동은 중요한 기능을 한다. 순찰활동 중 경찰관이 위반행위를 직접 발견할 수도 있고, 시민의 신고로 출동하는 경우보다 신속하게 현장상황에 대응할 수 있다. 또한 순찰 중 의심스러운 사람이나 차량에 대한 검문검색을 실시하여 범죄자를 검거할 수도 있다 종합해 보면 순찰활동은 크게 두 가지 목표를 수행한다고 볼 수 있다. 첫째, 지역사회에서 발생하는 범죄, 무질서, 각종 위험을 사전에 예방한다. 둘째, 이미 발생한 사건에 대해 피해를 최소화하기 위한 사후적 조치와 대응을 가능하게 한다.

[IV - 9]   나. 순찰의 종류

순찰의 종류는 순찰노선, 순찰인원, 순찰복장, 그리고 순찰수단에 따라 구분할 수 있다.[1]

첫째, 순찰노선에 따라 정선순찰, 난선순찰(임의선찰), 요점순찰(집중순찰)로 구분할 수 있다. 정선순찰은 미리 설정해 놓은 여러 개의 순찰노선을 따라 순찰하는 방식이다. 난선순찰은 순찰노선을 미리 정해 놓지 않고 담당 구역의 특성과 상황에 따라 임의로 순찰하는 방식이다. 요점순찰은 범죄나 무질서가 집중적으로 발생하는 취약장소를 중심으로 순찰하는 방식이다.

둘째, 순찰인원에 따라 단독순찰, 복수순찰, 합동순찰 등으로 구분된다. 단독순찰은 경찰관 1인이 실시하는 순찰이고 복수순찰은 2인 이상이 함께 실시하는 순찰방식이다. 합동순찰은 경찰관이 지원경력 또는 협력단체의 회원들과 조를 이루어 순찰하는 방식이다. 예를 들어, 지역의 주민자율방범대와 경찰관이 조를 편성해서 실시하는 협력방범활동을 말한다.

셋째, 순찰복장에 따라 경찰관 제복을 착용하고 실시하는 제복순찰과 사복을 착용하고 실시하는 사복순찰로 구분할 수 있다. 제복순찰이 일반적인 형태이고 사복순찰은 예외적으로 실시된다. 제복순찰은 경찰활동의 가시성을 높여 잠재적 범죄자들에게는 범죄억제효과를 향상시키고 시민들에게는 안전감을 제공하는데 유리하다. 사복순찰은 범죄를 수사하거나 경찰신분노출이 임무수행을 방해한다고 판단될 때와 같이 특별한 상황에서 실시된다.

넷째, 순찰수단에 따라 도보순찰, 자동차순찰, 오토바이순찰, 자전거순찰 등으로 구분된다. 도보순찰은 경찰의 가장 기본적인 형태의 순찰방식이다. 장점으로는 순찰대상에 제약이 덜하고 지역사회 내 취약요인들을 보다 치밀하게 관찰할 수 있다. 시민들과의 밀접한 접촉이 가능해서 여론을 청취

---

1) 강용길 · 김현정 · 박종철 · 이영돈, 생활안전경찰론, 경찰대학 출판부, 2018, p. 73-76

하고 필요한 정보를 제공하는데 유리하다. 또한 순찰에 수반되는 별도의 비용이 없다는 것도 장점 중의 하나이다. 반면 도보로 순찰할 수 있는 지역의 범위가 제한적이기 때문에 순찰의 가시적 효과가 적다. 또한 기동성이 떨어지고 휴대할 수 장비가 제한적이라는 점, 그리고 경찰관의 체력 소모 등이 단점으로 꼽힌다. 자동차순찰은 일반예방적 순찰활동과 신고사건에 대한 대응의 임무를 수행하는데 활용된다. 장점은 지역의 치안여건에 따라 임의순찰, 집중순찰, 정선순찰 등 다양한 순찰방식을 적용할 수 있다는 점이다. 넓은 지역을 순찰할 수 있기 때문에 순찰의 가시적 효과 측면에서 가장 유리하다. 또한 다양한 장비의 탑재가 가능하고 기동력이 높기 때문에 신고사건에 대응하고 처리하는데 적합하다. 반면 경찰관이 주로 차량 안에 머무르다보니 시민들과 직접적으로 접촉할 기회가 차단된다. 도로가 아닌 곳은 원천적으로 순찰대상에서 배제된다는 한계가 있다. 또한 운영에 많은 비용이 소요된다. 오토바이순찰과 자전거순찰은 도보순찰과 자동차순찰의 장점은 살리고 단점은 보완하기 위한 절충적 형태의 순찰방법이다. 장점은 자동차순찰이 어려운 조건과 상황에서도 일정한 기동성을 가지고 순찰을 실시할 수 있다는 점이다. 자동차가 지날 수 없는 좁은 골목길을 순찰하는데 적합하다. 특히 오토바이순찰은 출퇴근 시간대와 같이 교통이 혼잡한 상황에서 자동차순찰을 대체할 수 있다. 자동차순찰에 비해 상대적으로 시민들과의 접촉이 용이하고 유지비용도 저렴하다. 반면에 오토바이순찰은 사고의 위험이 높고 자전거순찰은 기동성이 제한적이라는 단점이 있다.

2. 전통적 순찰방식과 범죄예방 [IV - 10]

로버트 필 경이 최초의 근대적 형태의 경찰을 창설할 때부터 경찰의 가장 중요한 임무는 범죄예방에 있었다. 1930년대 미국에서 경찰 전문화 시대가 열리면서 도입된 '경찰활동 표준 모델'(Standard Model of Policing)의 5가지 대표적 경찰활동전략 중에도 '지역사회 전역에 대한 임의순찰'이 포함되어 있다.[2] 거리에 배치된 경찰관이 무작위로 순찰을 실시하면 경찰의 가시성과 편재성이 높아져서 잠재적 범죄자들에 의한 범죄행위가 효과적으로 억제될 것이라고 기대되었다.

그런데 이와 같은 전통적 방식의 임의순찰을 통한 범죄예방효과에 대한 믿음은 1972년부터 1973년까지 미국 미주리 주, 캔자스시티에서 수행된 '예방순찰 실험연구'에 의해 심각한 도전을 받게 되었다.[3] 캔자스시티 경찰서의 협조 속에 경찰학자들에 의해 주도된 이 실험연구의 목적은 과연 무작위로 실시되는 차량순찰이 범죄 발생에 무슨 영향을 미치는지를 경험적으로 확인하는데 있었다. 관할지역의 순찰구역 15군데를 3개의 집단으로 무작위로 구분한 뒤, 첫 번째 5개 구역에서는 순찰을 아예 실시하지 않고, 두 번째 5개 구역에서는 평소보다 순찰의 양을 2~3배 늘려 실시하고, 마지막 5개 구역에서는 평소와 비슷한 수준의 순찰을 실시했다. 연구결과 경찰의 순찰 규모는 범죄발생에 아무런 영향을 미치지 않는 것으로 나타났다. 뿐만 아니라 경찰이 더 자주 순찰을 한다고 해서 지역주민들이 더 안심해하거나 경찰에 대해 더 호의적인 태도를 갖는 것도 아니었다. 그렇다면 사회통념과 달리 어째서 순찰은 범죄의 발생과 치안만족도 등에 아무런 영향을 미치지 않았던 것일까? 이 연구의 결과를 통해 순찰에 관한 두 가지 중요한 결론에 도달할 수 있었다. 첫째, 범죄발생과 치안만족도에 영향을 미치는 주된 요인은 '얼마나 많이 순찰하느냐'가 아니라 '어떤 방식으로 순찰하느냐'라는 사실이다. 둘째, 한정된 경찰력을 동원하여 전체 관할지역에 대한 순찰의 규모를 두세 배 정도 늘리는 것만으로 추가적인 범죄예방 효과를 기대하기 어렵다는 점이다.

그렇다면 도보순찰은 어떨까? 1970년대 후반 미국 뉴저지 주의 뉴와크

---

2) 미국에서 프로페셔널 시대의 도래와 함께 도입된 표준적 경찰활동으로서 Weisburd 와 Eck(2004)는 5가지의 경찰활동전략을 제시하고 있다. 1) 지역사회 전역에 대한 무작위 순찰, 2) 긴급신고에 대한 신속한 대응, 3) 일반적인 강력 단속 정책, 4) 일반적인 범죄수사, 5) 경찰관서의 규모 확대이며 이 중 첫 번째부터 세 번째의 범죄예방효과에 대한 경험적 증거가 약하다고 분석하고 있다.

3) Kelling, G. L., Pate, T., Dieckman, D., & Brown, C. E., The Kansas City Preventive Patrol Experiment, Washington D.C.: Police Foundation, 1974.

시에서 도보순찰의 예방효과에 대한 실험연구가 실시되었다.[4] 그때까지만
해도 미국경찰의 가장 전통적인 순찰방식은 차량순찰이었다. 그런데 연구
자들은 경찰관들을 순찰차에서 내리게 한 후 걸어서 관할구역을 순찰하게
만들었다. 그리고는 이러한 순찰방식의 변화가 범죄율, 범죄두려움, 시민의
경찰에 대한 인식에 미치는 영향을 조사했다. 분석을 통해 연구자들은 몇
가지 긍정적인 효과를 발견했다. 더 많은 시민들이 경찰관들의 순찰활동을
지각하고 있었고 더 안전하다고 느끼고 있었다. 또한 차량순찰을 할 때보다
경찰서비스에 더 높은 만족감을 드러냈다. 이와 같은 결과는 도보순찰을 통
해 시민들과 경찰관들 사이에 보다 직접적인 접촉과 소통이 늘어난 때문인
것으로 분석되었다. 하지만 도보순찰로의 순찰방식 변화가 순찰구역의 범
죄율을 낮추지는 못했다. 공식범죄통계와 범죄피해조사 모두에 있어서 순
찰방식 변화 전후를 비교할 때 범죄율의 감소는 발견되지 않았다.

하지만 이러한 순찰실험 연구결과를 바탕으로 순찰활동은 범죄예방효과
가 없다고 단정할 수는 없다. 문제는 순찰활동 자체에 있는 것이 아니라 순
찰방식에 있다고 해석하는 것이 보다 타당하다. 예를 들어, 대도시처럼 넓
은 지역을 관할하는 경찰기관이 도시 전체에 순찰인력을 무작위로 분산시
키는 방식으로 범죄예방효과를 기대하기 어렵다. 통상적으로 범죄의 발생
양상이 무작위적 분산이 아니라 특정인을 대상으로, 무엇보다 특정 지점에
집중해서 발생하는 경향을 보이기 때문이다. 이러한 범죄발생의 특성을 고
려하지 않은 임의적 난선순찰방식으로는 차량순찰, 도보순찰을 막론하고
예방효과를 기대하기 어렵다고 하겠다.

---

4) Police Foundation, The Newark Foot Patrol Experiment. Washington, D.C: Police Foundation,
    1981.

3. 핫스팟 경찰활동

[IV - 11] **가. 핫스팟 경찰활동의 의의**

핫스팟 경찰활동은 범죄가 자주 발생하는 지점에 경찰력을 집중적으로 배치하여 범죄예방효과를 극대화하려는 경찰활동전략을 의미한다. 일련의 과학적 연구들을 통해 핫스팟 경찰활동은 범죄와 무질서를 감소시키는데 효과성이 높다는 사실이 경험적으로 입증되었다.[5] 핫스팟 경찰활동의 높은 범죄예방효과성은 범죄발생의 공간적 군집성과 밀접한 관련성이 있다. 범죄는 도시 전체에 골고루 퍼져서 발생하는 것이 아니라 범죄를 유발시키는 사회적·물리적 환경을 가진 특정한 지리적 공간에 집중되어 범죄취약지역, 즉 '핫스팟'(hot spots)을 형성한다.[6] 미국 경찰학자 로렌스 서먼(Laurence W. Sherman)은 전체 경찰신고의 50% 이상이 분석대상 도시의 3.3%에 해당하는 주소지에서 생성되었다는 사실을 밝혀낸 후 이를 근거로 앞으로는 누가 범죄를 저지르는지 아는 것보다 어디에서 범죄가 발생하는지를 아는 것이 범죄예방에 훨씬 더 중요하다고 주장했다.[7] 범죄의 공간적 분포를 분석하여 핫스팟의 위치를 확인한 뒤 그곳을 경찰의 범죄예방 역량을 집중시키면 보다 효율적인 예방활동이 가능해진다는 것이다.

[IV - 12] **나. 핫스팟에 대한 경찰의 대응전략**

---

5) Braga, A. A., The effects of hot spots policing on crime, The Annals of the American Academy of Political and Social Science, 578(1), 2001.

6) Sherman, L. W. & Weisburd, D., General deterrent effects of police patrol in rime 'hot spots': A randomized, controlled trial, Justice Quarterly, 12(4), 1995.

7) Sherman, L. W., Police crackdowns: Initial and residual deterrence. In M. Tonry & N. Morris(Eds.), Crime and Justice: A Review of Research (pp. 1-48, Vol. 12). Chicago, IL: University of Chicago Press, 1990.

핫스팟에 대한 경찰의 범죄예방전략을 크게 두 가지로 구분할 수 있다.[8] 첫 번째 전략은 범죄 신고가 빈번하게 발생하는 우범지역을 집중적으로 순찰하거나 불법행위에 대한 단속과 검문검색을 강화하는 것이다. 경찰의 법집행력을 취약지점에 집중시켜 치안활동의 가시성을 높여 범죄를 억제하려는 전략이다. 그렇다면 경찰관이 핫스팟에서 얼마나 오랫동안 순찰근무를 하는 것이 가장 효율적일까? 미국 경찰학자 크리스토퍼 코퍼(Christopher S. Koper)는 경찰관이 핫스팟에서 근무하다가 그 지점을 떠난 후부터 최초의 법위반 또는 무질서 행위가 발생하는 데까지 소요된 시간을 측정하였다.[9] 그 결과 기본적으로 경찰관이 핫스팟에 오래 머무를수록 경찰관이 떠난 후에 최초의 법위반 또는 무질서 행위가 발생하는 데까지 걸리는 시간이 증가했다.[10] 일종의 '잔여효과'(residual effect)로서 경찰관이 해당 지점을 벗어났음에도 불구하고 여전히 경찰관이 그곳에 머물러 있는 것과 같은 억제효과가 잠재적 범죄자들에게 작동하고 있음을 의미한다. 그런데 흥미롭게도 이와 같은 경찰관 체류시간과 잔여효과 사이의 비례관계는 경찰관의 체류시간이 14~15분 정도까지만 유효했고 그 이후에는 오히려 반비례 관계로 역전되기 시작했다. 다시 말해 경찰관이 핫스팟에 머무르는 시간이 14~15분일 때 잔여효과가 정점에 이르는데 그 이상 머무르다 떠나면 오히려 잔여효과가 감소한다는 것이다. 이러한 결과는 경찰관이 특정 핫스팟에 너무 오래 머무르다 떠나게 되면 조만간 경찰관이 다시 돌아오는 일은 없을 것이라는 믿음이 잠재적 범죄자들에게 생기기 때문으로 해석된다. 결국 핫스팟 경찰활동의 예방효과를 극대화하기 위해서는 무조건 핫스팟에서 오래 근무하기보다는 집중근무시간을 적절히 조절함으로써 '경찰 현재성'(police presence)에 대한 불확실성을 극대화하는 것이 중요하다. 여러 핫스팟들을 설

---

8) Braga, A. A. & Weisburd, D. L., Policing problem places: Crime hot spots and effective prevention, New York: Oxford University Press, 2010, p. 159.

9) Koper, C. S., Just enough police presence: Reducing crime and disorderly behavior by optimizing patrol time in crime hot spots. Justice Quarterly, 12, 1995.

10) 연구결과에 의하면 경찰관이 취약지점에서의 근무시간을 1분 늘릴 때마다 경찰이 떠난 후 최초의 위반 또는 무질서 행위의 발생시간이 23분씩 증가했다.

정해 놓고 불예측적인 순서에 따라서 순회하는 식으로 순찰을 하는 것도 불확실성을 높이는 방법 중의 하나이다.[11]

　두 번째 전략은 단순히 경찰력을 집중시키는 데에 그치는 것이 아니라 취약지점에 존재하는 범죄유발 위험요인들에 대해 보다 능동적이고 선제적인 조치를 취하는 방식이다. 범죄취약지점이 형성되는 근본적인 원인을 객관적으로 분석한 뒤 문제의 원인 자체를 해결하기 위해 지역사회의 관련 주체들과 더불어 다양한 방법들을 적용하는 전략이다. 후술하게 될 문제지향 경찰활동의 기본 전략을 말한다. 미국 플로리다 주 잭슨빌 시에서 실시한 한 연구에서는 집중순찰 중심의 핫스팟 대응전략과 문제지향 경찰활동의 범죄예방효과를 비교하였다.[12] 3개월의 실험기간 동안 집중순찰이 실시된 지역의 범죄율이 의미 있는 수준으로 감소하였다. 그러나 실험기간이 종료되고 집중순찰을 멈추자 곧바로 범죄율은 다시 증가하였다. 반면 문제지향 경찰활동이 실시된 지역에서는 실험기간 동안에는 범죄율에 있어서 큰 변화가 없었다. 그런데 실험이 종료된 이후부터 범죄예방 효과가 나타나기 시작하더니 최종적으로 폭력범죄가 33%나 감소하였다. 이러한 결과는 핫스팟의 범죄문제를 해결하기 위한 방법으로 단기적으로는 집중순찰이 효과적일지 몰라도 범죄예방효과가 장기적으로 지속되도록 하려면 문제해결 중심적 접근방법이 더 적합하다는 사실을 보여준다.

[IV - 13]　　다. 핫스팟 경찰활동의 평가

　지난 수십 년 동안 취약지점 집중순찰의 범죄예방 효과성에 관한 여러 평가연구들이 실시되어 왔다. 대표적으로 1995년 미국 미니애폴리스 시에서 실시된 연구에서는 경찰신고가 집중되는 110개의 핫스팟을 실험군과 통

---

11)　Sherman, L. W., 1990, 앞의 논문.
12)　Taylor, B., Koper, C.S., & Woods, D. J., A randomized controlled trial of different policing strategies at hot spots of violent crime. Journal of Experimental Criminology, 7, 2011.

제군으로 나눈 뒤 실험군 핫스팟에 다른 지역보다 두 배 많은 순찰인력을 투입하여 예방활동을 펼쳤다. 그 결과 다른 지역과 비교할 때 실험군 핫스팟에서의 경찰신고 횟수가 6~13% 정도 감소한 것으로 나타났다.[13] 미국 뉴저지 주의 '저지시티 마약거래 핫스팟 연구'에서도 56개의 마약 핫스팟 중 실험대상 지역을 선정하여 정복경찰관의 순찰과 단속을 증가시킨 후 마약범죄의 변화를 관찰하였다. 그 결과 실험지역에서의 마약거래행위가 통제지역에 비해 절반 정도로 감소한 것으로 나타났다.[14] 핫스팟 경찰활동의 범죄예방 효과는 순찰방식을 변경했을 때에도 유지되는 것으로 나타났다. 2010년 미국 펜실베니아 주, 필라델피아 시에서 실시한 연구에서는 도보순찰을 핫스팟 경찰활동의 접목을 시도했다. 필라델피아 시 관할지역에 분포된 120개의 폭력범죄 핫스팟 중에서 실험지역을 선정한 후 12주 동안 정복경찰관으로 하여금 도보순찰을 집중적으로 실시하게 하였다. 그 결과 통제지역의 범죄발생 변화량을 고려했을 때 실험지역에서의 강력범죄 발생이 23%가량 감소한 것으로 분석되었다.[15]

그런데 특정 지역만을 대상으로 선별적으로 이루어지는 순찰과 단속은 법집행 활동의 정당성을 약화시킬 우려가 있다.[16] 경찰의 공격적인 법집행 활동은 대상 지역의 주민들에게 불안을 야기할 수 있고 지역사회와 경찰 간의 유대감이나 협력관계를 약화시킬 수 있다. 더욱이 통상적으로 핫스팟은 저소득층이 밀집한 낙후된 지역일 가능성이 높다. 미국처럼 인종·민족적 다원화된 국가에서는 주로 소수민족 지역사회가 핫스팟 경찰활동의 대상이 된다. 비록 범죄발생통계나 신고통계 등 객관적 자료를 근거로 객관적 기준에 의해 핫스팟을 선정하더라도 자칫 특정지역에 대한 경찰의 과도한 공권

---

13) Sherman L. W. & Weisburd, D, 1995, 앞의 논문.

14) Weisburd, D. & Green, Lorraine, Policing drug hot spots: The Jersey City drug market analysis experiment, Justice Quarterly, 12(4), 1995.

15) Ratcliffe, J. H., The Philadelphia foot patrol experiment: A randomized controlled trial of police patrol effectiveness in violent crime hotspots, Criminology, 49(3), 2011.

16) Braga, A.A. & Weisburd, D. (2010). Policing problem places: Crime hot spots and effective prevention. New York, NY: Oxford University Press.

력 사용, 차별적 법집행과 같은 논란이 야기될 수 있다. 경찰활동은 객관적 차원에서 위법적 요소가 없도록 합법성(lawfulness)을 충족되어야 할 뿐만 아니라 주관적 차원에서도 시민들이 경찰활동이 정당하다고 느끼는 법적정 당성(legitimacy)을 충족해야 한다. 아무리 객관적으로 합법적인 경찰활동 이라고 해도 시민들이 경찰활동을 정당하다고 인정하지 않으면 경찰의 법 집행을 수용하지 않을 가능성이 높아진다. 핫스팟 경찰활동의 법적 정당성 을 높이기 위해서는 지역사회 경찰활동 패러다임을 접목시킬 필요가 있다. 경찰이 핫스팟을 선정하는 단계에서 지역사회로부터 충분히 의견을 청취하 고, 의사결정과정에 지역사회 구성원들의 참여를 보장하며, 정보의 투명성 과 접근성을 보장할 때 경찰활동에 대한 법적정당성이 확보될 것이다.

4. 한국경찰의 순찰활동

[IV - 14]   가. 순찰근무방식

지역경찰조직 및 운영에 관한 규칙 제25조는 순찰근무의 방식, 임무, 유 의사항에 관해 규정하고 있다. 순찰근무는 수단에 따라 112순찰, 방범 오 토바이 순찰, 자전거 순찰 및 도보순찰로 구분하고 있는데, 112순찰은 자동 차순찰을 의미한다. 112순찰근무와 야간 순찰근무를 할 때에는 반드시 2인 이상의 경찰관이 함께 근무하는 복수순찰을 하도록 되어 있다. 실무적으로 자동차순찰을 실시하는 도중에 112신고사건을 처리해야 하는 경우가 많은 데 이때 경찰관 단독으로는 효과적으로 대응하기 어렵거나 경찰관에게 위 해가 발생할 가능성이 높은 상황이 종종 발생하기 때문이다. 야간 순찰의 경우는 심야시간대에 폭력사건(예: 주취폭력)이 집중되기 때문에 경찰관의 안전을 고려한 규정이다.

순찰근무자가 수행해야 할 업무로서 ① 주민여론 및 범죄첩보 수집, ② 각종 사건사고 발생시 초동조치 및 보고와 전파, ③ 범죄 예방 및 위험발생발지 활동, ④ 경찰사범의 단속 및 검거, ⑤ 경찰방문 및 방범진단, ⑥ 통행인 및 차량에 대한 검문검색 등이 규정되어 있다(동 규칙 제25조 제3항). 이 중 주민여론 및 범죄첩보 수집, 범죄 예방 및 위험발생 방지 활동, 그리고 경찰방문 및 방범진단이 사전적 예방활동에 해당하고 각종 사건사고 발생 시 초동조치 및 보고·전파와 경찰사범의 단속 및 검거는 사후적 대응활동에 해당한다고 하겠다. 통행인 및 차량에 대한 검문검색은 사전적 예방활동과 사후적 대응활동이 중첩되는 경우에 해당한다. 예를 들어, 곧 범죄를 저지를 것처럼 보이는 사람을 제지하는 경우는 사전적 활동에, 이미 범죄를 저지른 것으로 의심되는 자를 멈춰 세운 뒤 확인하는 경우는 사후적 활동에 해당한다.

순찰근무를 하는 경찰관은 다음과 같은 사항들에 유의하여야 한다(동 규칙 제25조 제4항). ① 문제의식을 가지고 면밀히 관찰해야 한다. 순찰활동은 지역사회 내의 취약요인들을 파악하기 위한 중요한 과정으로 이해해야 한다. 근무자에게는 단순히 현존하는 위험뿐만 아니라 장래에 위험을 야기할 가능성이 있는 요소들을 세심하게 살피는 자세가 요구된다. 또한 후술할 문제지향 경찰활동에서 강조하는 바와 같이 경찰활동을 통해 지역에서 발생하는 다양한 문제들의 근본적 원인을 파악하여 이를 해결해 나아가야 한다. 따라서 순찰근무자는 지역사회의 문제를 바라볼 때 인과관계적 메커니즘 차원에서 분석하는 자세가 요구된다. ② 시민을 정중하고 친절하게 대해야 한다. 오늘날 경찰이 가진 자원과 역량만으로 범죄를 예방하기 어렵다. 경찰과 시민들 간에 협력적 관계를 맺어 공동의 노력으로 지역사회의 치안을 유지하는 접근방법이 요구된다. 이를 위해서 경찰은 시민을 대할 때 정중하고 친절한 자세로 신뢰와 협조를 얻으려는 노력을 해 나가야 한다. ③ 순찰근무 중 발생할 수 있는 돌발 상황에 대한 대비와 경계를 철저히 해야 한다. 순찰근무는 양면성을 띄고 있다. 특별한 상황이 발생하지 않을 때 순찰근무는 지루하리만큼 반복적이고 단조롭다. 그러나 평온한 상황 속에는 순식간에 폭력적으로 돌변할 수 있는 위험성이 내포되어 있기 때문에 경계가 필요하다. ④ 지속적으로 치안상황을 확인하고 신속하게 대응해야 한다. 순찰근무 중 무전을 청취하면서 관내에서 발생하는 각종 상황들에 지속적으로 주의를 기울어야 한다. 그러다가 현장출동 지령이 떨어지거나 경력지원 요청이 있으면 신속하게 대응해야 한다.

[IV - 15]　　나. 순찰방식의 변화

　　한국경찰의 전통적인 순찰방식은 지구대와 파출소를 중심으로 대략적인 순찰선을 지정한 뒤 경찰관의 재량에 따라 자율적으로 순찰하는 임의순찰에 가까웠다. 하지만 미국 캔자스시티 순찰실험 결과가 보여주듯이 이러한 순찰방식으로는 효과적으로 범죄를 예방하기도, 주민들의 범죄두려움을 낮추기도 어렵다. 더욱이 지구대와 파출소의 제한된 순찰인력은 112신고가 집중되는 야간에는 주로 신고사건 처리업무에 매달리다보니 범죄취약시간대에 예방목적의 순찰활동을 실시한다는 것은 현실적으로 불가능에 가까웠다.

　　2014년 경찰청은 경찰서 산하에 기동순찰대를 신설하여 이러한 문제를 해결하고자 했다. 기동순찰대는 평상시 주로 범죄취약지역인 핫스팟에 대해 집중순찰을 실시하고, 중요범죄사건이 발생하는 경우 즉각적인 초기대응을 담당하도록 했다. 해당 경찰서의 관할구역 전체를 대상으로 야간 및 새벽시간대 중심으로 범죄취약지역을 대상으로 한 범죄예방활동을 실시하였다. 경찰청이 운영하는 지리적 범죄분석 도구인 '지오프로스'(Geopros)를 활용하여 범죄발생과 112신고가 집중되는 지점을 확인하여 범죄취약지역으로 선정하였다.

　　근래에는 여성·아동 등 범죄취약계층에 초점을 맞춘 집중순찰을 강화하고 있는데, 대표적으로 '안심귀갓길' 및 '여성안심구역'의 지정을 들 수 있다. 처음에 안심귀갓길은 야간시간대에 여학생들을 순찰차에 탑승시켜 귀갓길 안전을 돕기 위한 목적으로 도입되었다. 현재의 안심귀갓길 프로그램

은 밤늦게 귀가하는 여성들이 안심하고 이동할 수 있는 경로를 지정해 놓고
순찰인력을 집중시켜 범죄의 위험과 범죄 불안감을 낮추는 목적으로 활용
되고 있다. 여성안심구역 지정도 비슷한 취지의 프로그램인데 다만 그 대상
이 귀갓길 수준보다 확대되어 있다. 재개발지역이나 1인 가구 밀집지역처
럼 여성을 대상으로 하는 범죄의 발생이 우려되는 지역 전체를 대상으로 취
약시간대에 집중순찰을 실시하는 제도이다.[17]

　그동안은 지구대·파출소 중심의 임의순찰과 경찰서 중심의 집중순찰을
막론하고 치안서비스 공급자인 경찰이 순찰의 시간·대상·방법·규모를
결정했다. 반면 정작 치안서비스의 수요자인 지역주민은 순찰제도 운영에
관한 의사결정과정에서 철저히 배제되어 있었다. 이 때문에 경찰의 순찰장
소가 실제로 불안감 때문에 지역주민들이 경찰에게 순찰을 원하는 장소와
일치하지 않는다는 지적이 있어왔다. 최근 경찰청은 종전의 경찰 위주 순찰
방식으로는 시민의 체감안전도를 높이는데 한계가 있다고 판단하고 기존의
순찰방식에 '탄력순찰'을 가미하고 있다. 탄력순찰이란 순찰대상지역을 선
정할 때 지역주민의 요구량이 반영되도록 하는 방식이다. 주민은 경찰청이
운영하는 '순찰신문고' 홈페이지를 방문하거나, 휴대폰의 '스마트 국민제보'
모바일 앱을 사용하거나 또는 경찰관서에 직접 방문해서 희망하는 순찰시
간과 장소를 신청할 수 있다. 경찰은 주민들의 순찰요구량과 112신고통계
자료 분석결과를 종합적으로 고려하여 순찰지역의 우선순위를 결정하게 된
다.

---

17)　윤우석, 경찰 안심귀갓길 조성사업의 효과성 분석: 2016년 구미시 실험사례를 중심으로, 한국경찰
　　학회보 제20권 제1호, 2018, p.193-194.

제3절 지역공동체와 경찰활동

[IV - 16]   ## 1. 지역사회 경찰활동의 의의

오랜 지방자치의 역사를 가진 영미법계에서는 치안의 영역에 있어서도 '자경주의'(vigilantism) 전통이 강하다. 영국경찰의 역사에서 살펴보았듯이 근대적 모습의 경찰이 만들어지기 전까지 지역주민들로 구성된 무보수 봉사조직에 의해 지역치안이 유지된 바 있다. 런던도시경찰 창설 당시에도 이러한 정신은 그대로 이어져 로버트 필이 제시한 경찰원칙 속에도 '경찰이 시민이고 시민이 경찰'이며 '경찰은 지역사회의 복지와 이익을 위해 봉사할 것'이 강조되어 있다. 영국경찰 모델을 수입해서 만들어진 미국경찰 역시 초창기에는 이러한 모습을 띠었다.

그러다가 20세기 들어서 '프로페셔널리즘 운동'의 시작과 함께 경찰의 정치적 중립성과 전문성을 추구하면서 경찰의 업무의 효율성, 중앙집권적 명령체계, 엄격한 교육과 훈련 등이 강조되기 시작했다. 경찰업무는 엄격한 법집행을 통한 범죄통제 중심으로 간소화되었다. 그런데 이러한 경찰 패러다임의 변화는 지역사회와 경찰 간의 갈등을 불러일으켰다. 특히 소수민족과 저소득층이 밀집한 지역사회에서 갈등이 심했고 일련의 폭동으로까지 이어졌다. 인종폭동의 원인을 조사하기 위해 소집된 '커널 위원회'(the Kerner Commission)은 최종조사보고서에서 프로페셔널리즘에 기반을 둔 경찰활동 방식이 경찰과 지역사회와의 관계를 악화시켰고 폭동의 원인으로 작용했다고 결론 내렸다. 경찰업무의 효율성과 전문성만을 추구하다보니 경찰이 지역사회 일부분이며 지역사회를 위한 봉사자라는 사실을 간과한 결과였다.

이러한 문제점에 대한 반성으로 새로이 등장한 경찰 패러다임이 '지역사회 경찰활동'(community policing)이다. 지역사회 경찰활동은 지역치안 문제에 있어서 지역사회가 경찰의 파트너로 참여하는 것을 강조한다. 경찰과 지역사회의 공동의 노력을 통해 전반적인 삶의 질을 향상시킬 뿐만 아니라 지역주민 스스로가 필요한 치안의 양과 질을 결정함과 동시에 치안활동의 주체가 된다. 경찰의 역할은 단순히 범죄를 통제하는데 그치는 것이 아니라 지역주민들의 두려움 감소, 질서의 유지, 지역사회 환경 개선에 이르기까지 확대된다.

지역사회 경찰활동에서 특히 중요한 점은 지역사회의 필요와 문제에 대해 경찰이 얼마나 민감하게 반응하는가 하는 것이다. 이러한 문제는 지역사회 경찰활동이 촉발된 주요 원인이 경찰에 대한 지역주민들의 신뢰 감소였다는 사실과 관계가 있다. 시민들의 입장에서는 경찰이 공권력을 보유한 국가기관으로 멀리 떨어져 존재할 때보다 '이웃과 같은 경찰'(neighborhood police)로서 자신들이 당면한 문제에 즉각적으로 반응해 줄 때 보다 많은 신뢰를 보낸다. 영국 시민 1만 3천여 명을 상대로 실시한 설문조사에서 시민들이 원하는 경찰서비스는 '문제에 대한 조치를 취해주고', '문제에 대해 반응해 주고', '손쉽게 접근할 수 있고', '신고했을 때 신속히 출동하고', '신고처리에 대한 피드백을 제공'하는 것으로 나타났다.[1] 그런데 흥미로운 점은 경찰과 접촉한 사람일수록 그렇지 않은 사람에 비해 경찰에 대한 불만의 정도가 높다는 사실이다.[2] 이러한 결과가 시민들이 경찰들과 접촉하기를 꺼려한다는 점을 나타낸다기보다는 시민들을 대하는 경찰의 태도에 의해 신뢰도와 만족도가 크게 영향을 받는다는 점을 나타내고 있다. 시민들이 경찰에게 불만을 갖게 되는 원인은 경찰의 무례한 태도나 시민을 무시하는 태도가 주요하다. 이런 점에서 본다면 지역주민들이 경험하는 문제에 대한 경찰

---

1) Casey, L., Engaging communities in fighting crime, London: Cabinet Office, 2008.
2) Blaug, R., Horner, L., & Lekhi, R, 2006, Public value, citizen expectations and user commitment: a literature review, London: The Work Foundation.

의 반응도(responsiveness)를 향상시켜 신뢰관계를 구축하기 위해서는 경찰활동의 내용(substance)뿐만 아니라 경찰활동의 양식(style)도 함께 개선되어야 할 필요가 있다고 하겠다.

〈표IV-1〉 전통적 경찰활동과 지역사회 경찰활동의 비교

질문	전통적 경찰활동	지역사회 경찰활동
경찰은 누구인가?	주로 법집행을 책임지는 정부기관이다.	경찰이 시민이고 시민이 경찰이다. 경찰은 모든 시민들의 의무에 항상 관심을 기울이도록 고용된 공무원이다.
경찰과 다른 공공서비스 기관과의 관계는?	업무의 우선순위를 놓고 종종 갈등한다.	경찰은 삶의 질을 향상시킬 책임 있는 공공서비스 기관들 중 하나이다.
경찰의 역할은?	범죄의 해결	광범위한 지역문제 해결
경찰의 업무효율성은 어떻게 측정되나?	적발건수와 검거율	범죄와 무질서 제거
최우선 순위는 무엇?	범죄와 폭력	지역사회를 어지럽히는 모든 문제
경찰이 특별히 취급하는 대상은?	사건	시민의 문제와 걱정거리
경찰의 효과성은 무엇이 결정하는가?	대응시간	시민의 협조
시민의 서비스 요청에 대한 경찰의 시각은?	'진짜' 경찰업무가 없는 경우에만 대응한다.	경찰의 중요한 역할이자 대단한 기회이다.
경찰에게 프로페셔널리즘은 어떤 의미인가?	심각한 범죄에 신속하고 효과적으로 대응하는 것	지역사회와의 밀접한 상호작용을 유지하는 것
가장 중요한 정보란 무엇인가?	범죄정보(특정 범죄 또는 일련의 범죄 관련 정보)	범죄자정보(개인 또는 집단의 활동사항 관련 정보)
경찰 책임성의 가장 핵심적 내용은?	중앙집권, 규칙과 규정 준수, 법치행정	지역공동체의 필요에 대한 책임성 강조
중앙부서의 역할은?	요구되는 규칙과 지시를 제공하는 것	조직적 가치를 전파하는 것
언론 접촉 부서의 역할은 무엇인가?	현장경찰관들에 대한 비판적 여론을 차단하는 것	지역사회와의 원활한 소통창구

경찰은 위반행위에 대한 소추를 어떻게 생각하는가?	경찰활동의 중요한 목표이다	경찰활동의 여러 도구 중 하나이다.

출처: Sparrow, M. K. Implementing community policing, Perspectives on Policing. U.S. Department of Justice, 1988, p.8-9.

2. 지역사회 경찰활동의 구성요소

지역사회 경찰활동은 철학적, 전략적, 전술적, 조직적 차원에서 다음과 같은 요소들로 구성되어 있다.[3]

가. 철학적 요소   [IV - 17]

철학적 요소는 지역사회 경찰활동의 근간을 이루는 핵심적 사상과 믿음을 의미한다. 여기에는 시민참여(citizen input), 광범위한 경찰기능(broad function), 인격적 서비스(personal service)가 포함된다.

첫째, 경찰활동의 목적과 우선순위를 결정할 때 시민의 참여가 필수적이다. 민주주의 사회에서 시민은 치안서비스의 방식을 결정하는데 영향력을 행사할 수 있어야 한다. 경찰기관은 양방향 소통으로 시민의 요구를 경청하고 이러한 요구에 부응해야 할 책임을 진다. 바로 경찰활동의 민주적 모형에 해당한다고 말할 수 있다. 경찰의 입장에서는 시민참여를 증진시키는 것이 시민으로부터 지지와 협력을 이끌어 낼 수 있는 좋은 방법이 된다. 이를 위해 경찰서들은 시민들로 구성된 자문위원회를 운영하고, 여론을 수렴하기 위해 시민공청회를 개최하고, 정기적으로 치안만족도 조사를 실시한다.

둘째, 경찰활동이 위법행위에 대한 단속과 검거 중심의 법집행활동에서 보다 폭넓은 활동영역으로 확대되어야 한다. 경찰은 시민들의 범죄두려움

---

3) Cordner, G., Elements of community policing in Policing Perspectives: An Anthology, eds. L. Gaines and G. Cordner, Los Angeles, CA: Roxbury Publishing Company, 1999, pp. 137-149.

을 감소시키고, 전반적인 지역의 질서를 유지하는 역할을 담당한다. 가해자를 검거할 뿐만 아니라 피해자를 지원하는 역할도 맡는다. 더 나아가 지역사회 내에 존재하는 다양한 갈등과 문제들을 해결하여 전반적인 안전수준과 삶의 질을 높이는 역할까지도 담당할 것을 요구받는다. 이를 위해 경찰은 단순히 수동적으로 신고에 대응하는 방식의 치안활동을 탈피하여 보다 능동적·선제적으로 지역공동체의 문제를 해결하기 위해 노력해야 한다.

셋째, 경찰관들은 자신들이 상대하는 시민들을 하나의 인격적 주체로 여기며 친밀한 태도를 보여야 한다. 경찰과 시민들 사이의 보다 인격적 관계가 형성되면 시민들을 경찰을 지역공동체의 일원으로 인식하게 될 것이다. 또한 치안서비스에 대한 시민들의 만족감이 향상되어 지역문제를 해결하기 위한 경찰과의 협력적 관계를 조성하는데 유리해진다. 경찰관이 민원인이나 피해자들에게 명함을 제공하거나, 사후확인 전화를 하거나 경찰기관이 상징이나 슬로건을 사용하여 친근한 이미지를 만드는 등의 방법 등이 경찰기관이 취하는 인격적 서비스의 사례에 해당한다.

[IV - 18]   나. 전략적 요소

지역사회 경찰활동의 철학적 요소들을 행동을 전환시키기 위해 필요한 주요 실행개념들이다. 여기에는 경찰운용 방향전환(reoriented operations), 예방중심(prevention emphasis), 그리고 담당구역 중심(geographic focus)이 포함된다.

첫째, 기존에 해 오던 경찰운용방식을 전면적으로 재검토하여 새로운 방향으로 전환시킨다. 순찰방식에 있어서도 시민들과의 보다 직접적인 대면과 상호작용의 기회를 늘리기 위해 가급적 차량순찰에 대한 의존도를 낮추고 도보순찰의 비중을 높인다. 아울러 차량순찰과 신고출동과 같은 전통적 경찰활동의 효율성을 더욱 높여서 지역사회 경찰활동을 위한 시간과 자원을 최대한 확보하려고 노력한다. 범죄수사의 분야에 있어서도 가해자 조사

중심의 수사관행을 벗어나 피해자에 대한 사후관리와 후속조치를 실시하는 것도 여기에 해당된다.

둘째, 사후적 대응보다 사전적 예방 중심의 경찰활동을 전개한다. 범죄 취약지점을 분석하고 반복적으로 문제를 일으키는 근본적 조건들을 확인하여 적절한 수단을 통해 개입한다. 이때 다양한 범죄예방 전략들을 고려하며 지역사회에 존재하는 자원을 적극적으로 활용한다. 예를 들어, 청소년비행의 문제에 대해서도 단순히 위법행위를 단속하고 비행청소년들을 처벌하는 것이 아니라 학교와 가정 그리고 지역사회 내에 존재하는 위험요인들을 제거하기 위해 지역사회 내의 다양한 주체들과 리소스를 활용할 수 있다. 청소년들을 선도하기 위해 멘토링, 교육지도, 레크레이션 등의 프로그램을 운영할 수도 있다. 상황적 범죄예방 전략을 적용하여 청소년비행 취약지점의 낙후된 환경을 개선할 수 있다.

셋째, 경찰활동의 전문성과 책임성을 담당구역 중심으로 전환한다. 전통적 경찰활동의 책임성은 주로 시간을 중심으로 이루어져 왔다(예: 주간순찰 vs. 야간순찰). 또한 전통적 경찰활동에서는 경찰의 전문성이 기능 중심으로 정의되었다(예: 범죄예방, 범죄수사, 교통 등). 지역사회 경찰활동에서는 경찰관들이 자신에게 배정된 구역을 중심으로 전문성과 책임성을 높일 것을 강조한다. 이를 통해 경찰관은 자신의 구역에 대한 이해도를 높이고 주민들과 친밀한 유대관계를 형성하게 된다. 순찰구역별 전담경찰관을 배치하고 지리적 구분을 따라 순찰팀을 구성하는 등의 제도가 여기에 해당한다.

다. 전술적 요소   [Ⅳ - 19]

지역사회 경찰활동의 철학과 전략을 구체적인 프로그램으로 전환하여 실행하기 위해 요구되는 요소들이다. 여기에는 긍정적 상호작용(positive interaction), 파트너십(partnerships), 문제해결(problem solving)이 포함된다.

첫째, 경찰과 시민들 간의 접촉을 긍정적 상호작용의 기회로 만들어야 한다. 소극적 의미로는 법집행과정에 불가피하게 수반되는 경찰-시민 접촉의 부정적 속성을 최소화하기 위해 노력하는 것을 말한다. 이를 위해 절차적 공정성을 준수하면서 법집행을 수행하고 시민에게 의견개진의 기회를 충분히 제공하며 친절하고 인격적으로 시민을 대우해야 한다. 적극적 의미로는 순찰과 신고출동 등 경찰활동 속에서 시민들과 보다 적극적으로 소통하는 것을 말한다. 시민들과 접촉할 때 경찰관은 그들의 필요와 요구사항을 세밀히 파악하고 시민들로부터 신뢰를 획득하기 위한 좋은 기회로 활용해야 한다.

둘째, 지역사회 내의 다양한 주체들 간 파트너십을 형성해야 한다. 경찰, 지자체, 학교 등 공적주체와 시민단체, NGO 등 사적주체들이 상호협력하고 각자 보유한 자원과 권한을 이용하여 지역사회의 안전문제에 대한 해결방안을 도출하기 위해 노력한다. 파트너십 형성이란 주체들 간에 대등한 동반자적 협력관계를 맺는다는 것을 의미한다. 따라서 자칫 경찰이 주도하고 나머지 주체들이 보조하는 방식으로 진행되지 않도록 유의해야 한다. 이러한 방식으로는 적극적인 협력과 자발적인 참여를 이끌어내기 어려워 파트너십이 단순히 형식적 네트워크 정도에만 머무르게 될 위험이 있기 때문이다.

셋째, 사건지향적 경찰활동이 아닌 문제해결 지향적 경찰활동이 되어야 한다. 전통적 경찰활동은 겉으로 드러난 현상 자체에 효율적으로 대응하는 것에만 치중해 왔다. 사건이 발생해서 신고가 들어오면 신속하게 현장에 도착해서 발생사건의 성격과 유형에 따라 적절히 대응하는 것을 우선시했다. 이에 반해 문제해결 지향적 경찰활동은 이러한 신고사건을 반복적으로 유발시키는 구체적이고 근본적인 원인이 무엇인지 파악하여 최선의 해결책을 도출하는데 중점을 둔다.

라. 경찰조직 요소　　　　　　　　　　　　　　　　　　　　　[IV - 20]

지역사회 경찰활동이 성공적으로 실시되기 위해서는 경찰조직의 차원에
서 볼 때 조직·행정·관리·감독 등에 있어서 상당한 정도의 혁신이 전제
되어야 한다. 요구되는 경찰조직 혁신의 내용을 구조(structure), 관리(man-
agement), 정보(information)의 측면으로 나누어 볼 수 있다.

첫째, 지역사회 경찰활동은 전통적 경찰조직의 재구조화를 필요로 한다.
계급 간의 위계가 강조된 기존의 피라미드형 경찰조직은 반복적이고 정형
화된 경찰활동에 최적화되어 있다. 이러한 조직구조는 현장경찰관들의 폭
넓은 재량권과 담당구역에 대한 책임성, 전문성을 바탕으로 지역사회와의
협력치안을 지향하는 지역사회 경찰활동의 이념을 담아내기 부적합하다.
경찰조직의 재구조화를 통해 하위계급 경찰관들에게 보다 광범위한 권한과
책임을 위임하여 담당구역에서 발생하는 문제에 대해 책임감과 자율성을
가지고 업무를 수행할 수 있도록 해야 한다. 조직 내 계층 간 높이를 낮추고
상급자와 하급자 사이의 소통을 향상시켜 관료제의 단점인 경직성과 비효
율성을 개선해야 한다.

둘째, 지역사회 경찰활동에 부합되는 관리·감독방식과 리더십이 필요
하다. 지역사회 경찰활동이 궁극적으로 추구하는 가치와 수행되어야 할 사
명이 모든 의사결정, 교육, 각종 지침 등에 반영이 될 수 있도록 명문화해야
한다. 관리자가 직원을 관리할 때에는 엄격히 규칙과 규정을 적용하여 행동
을 제약하는 것보다 성공적으로 업무를 수행할 수 있도록 옆에서 코치하고
지도하는 것이 바람직하다. 현장경찰관들이 상상력과 창의성을 충분히 발
휘할 수 있도록 업무에 있어서 재량을 부여하고 과감히 권한을 위임하는 것
이 필요하다.

셋째, 지역사회의 문제를 분석·해결하고 효과를 평가하기 위해서는 보
다 정확하고 객관적인 정보를 사용하는 것이 중요하다. 우선 경찰활동에 대
한 수준 높은 분석을 위해서 경찰기능에 대해 광범위한 정보를 수집하고 생

산할 수 있는 정보체계를 갖추어야 한다. 범죄관련 정보들을 분석하여 범죄 발생 현황과 실태를 파악하고 이를 예방활동에 활용한다. 경찰관 개인의 성과를 평가할 때에는 검거율 등 정량적 평가기준 대신에 지역사회 경찰활동의 품질과 문제해결 지향적 활동의 구체적 내용에 대한 정성적 평가를 실시한다. 경찰관서를 평가할 때에도 범죄율, 출동시간 등 전통적인 평가기준 대신에 치안만족도, 범죄두려움, 지역사회 문제해결 정도 등 보다 다양한 지표들을 사용하는 것이 바람직하다.

3. 지역사회 참여와 협력

[IV - 21]　　가. 의의

지역사회 경찰활동의 성패는 지역사회의 적극적인 참여에 의해 좌우된다고 해도 과언이 아니다. 지역사회 경찰활동은 한마디로 '지역사회 공동생산 모형'(community co-production model)이라고 말할 수 있다. 공동생산이란 공공서비스의 공급에 일반시민과 같이 서비스의 직접적인 수혜자가 되는 사람들이 적극적으로 개입하는 것을 의미한다.[4] 따라서 지역사회 경찰활동은 경찰이 주도하는 치안활동에 지역사회가 단순히 협력하거나 보조한다는 의미 이상을 갖고 있다. 경찰과 지역사회는 상호 협력하는 공동운명체로서 지역문제에 대해 함께 책임을 지고 치안서비스 공급에 공동으로 참여하는 파트너십을 형성한다는 점이 지역사회 경찰활동의 요체라고 하겠다.

이런 의미에서 지역사회 경찰활동은 일종의 '거버넌스'(governance)에 해당된다. 거버넌스는 여러 주체들이 함께 참여하여 다스리는 방식을 말하며, '협치'와 같은 의미다. 과거 정부가 일방적으로 정책을 강요하던 방식에

---

4) 김동복 · 김성환, 적극적 시민참여활동을 위한 Third Party Policing의 도입방안, 한국콘텐츠학회논문지, 10(12), 2010.

서 벗어나서 공공부문, 민간부문, 비정부기구 등 다양한 주체들이 더불어 정책을 결정하고 집행하는 방식을 말한다.[5] 거버넌스는 여러 주체들이 대 등한 위상을 가지고 참여한다는 점에 특징이 있다. 중앙정부, 지자체, 지역 주민, NGO 등 다양한 주체들이 동반자적 관계를 유지하면서 의사결정과정 과 정책실행과정에 참여한다. 참여 주체들 사이에는 정책 네트워크가 형성 되어 있다는 점을 특징으로 하는데, 유기적으로 결합된 네트워크를 바탕으 로 지역의 공동의 문제들을 해결해 나가는 것이다.

나. 제3자 경찰활동과 치안책임의 공유   [IV - 22]

'제3자 경찰활동'(third party policing)은 지역주민들에게 치안책임을 분 담시켜 범죄예방의 효과를 높이는 전략이다. 개념적으로는 "범법과 무관한 사람들로 하여금, 그들의 일상생활과는 상관이 없지만, 다른 사람들의 질서 위반을 간접적 수단으로 최소화하거나 혹은 범죄가 발생할 가능성을 줄이 기 위해 계획된 행동들에 동참해줄 것을 설득하거나 강제하는 경찰활동"을 의미한다.[6] 여기에서 제3자의 범위에는 건물책임자, 환경감시원, 사회단 체종사자, 업소주인, 지방정부 공무원, 기타 경찰업무를 도울 의사나 능력 을 가진 모든 사람이 포함된다. 통상 자발적인 협력을 이끌어내려고 하지만 경우에 따라서는 협력할 의사가 없는 사람에게 강제적 수단을 통해 협력의 무를 부과하기도 한다. 특히 불법행위나 무질서가 반복적으로 발생하는 상 황과 장소에 대한 관리책임이 있는 사람에게 이러한 강제적 수단을 적용한 다. 예를 들어, 주취폭력이 빈발하는 주점의 업주, 마약거래의 소굴이 된 건 물의 건물주에게 범죄발생에 대한 도의적 또는 법적 책임을 물을 수 있다.

영국의 경찰학자 마이클 스콧(Michael S. Scott)은 지역사회의 다른 주체

---

5) 조병인·손창완, 한국경찰의 협력치안 실태와 개선방안 연구, 형사정책연구, 22(3), 2011, p. 257.

6) Burger, M. E. & Mazerolle, L. G., Third party policing : A theoretical analysis of an emerging trend. Justice Quarterly, 15(2), 1999. (조병인·손창완, 2011, 앞의 논문 p.261-262에서 재인용)

들로 하여금 치안책임을 공유하게 만들기 위한 다양한 단계적 방법들을 제시하고 있다.[7] 압박의 정도가 가장 낮은 단계부터 가장 높은 단계의 순서로 설명하면 다음과 같다.

① 교육과 홍보

다양한 범죄예방교육과 홍보물을 통해 시민들에게 범죄에 대한 정보와 범죄피해를 당하지 않는 요령, 피해를 당했을 때 대처법 등에 대해서 교육한다. 또한 법위반의 가능성이 높은 대상자들(예: 비행청소년)에게는 위법행위의 심각성을 알리고 부주의나 태만으로 인해 법을 어기지 않도록 안내한다.

② 직접적인 비공식적 요청

경찰이 문제에 대해 책임이 있는 특정인에게 구체적인 조치를 취하라고 직접적으로 요청을 한다. 비록 법적 의무를 수반하지 않는 비공식적 요청이지만 경찰이 요청했기 때문에 당사자는 요청을 무시했을 때 어떠한 결과가 발생할 수도 있다고 여기고 행동을 취할 수 있다. 예를 들어, 건설업자에게 건물을 지을 때 주거침입의 가능성을 낮추는 방식으로 출입구, 잠금장치, 창문을 설계하라고 요청할 수 있다.

③ 공격적이고 적극적인 요구

직접적인 비공식적 요청이 받아들여지지 않을 때 경찰은 문제에 대해 책임이 있는 당사자에게 보다 공격적이고 적극적인 요구를 할 수 있다. 통상 경찰은 해당 문제의 발생실태와 함께 상대방이 그 문제에 대해 일정한 책임이 있다는 사실을 입증할만한 자료를 제시하여 그에게 문제해결에 대한 의

---

7) Scott, M., Policing for prevention: Shifting and sharing the responsibility to address public safety problems. In N. Tilley(ed.), A Handbook for Crime Prevention and Community Safety. London: Willan Publishing, 2011, pp. 385-409.

무감이 생겨나도록 한다. 예를 들어, 미국 세인트루이스 경찰서는 주거용도 건물이 마약거래 장소로 사용되는 문제를 해결하고자 해당 주거지의 매매자금을 대출해준 금융업체에게 조치를 취하도록 요구하였고 자신들의 투자가 범죄에 악용된다는 점을 인식한 금융업체가 대출금을 회수함으로써 거주자를 떠나도록 만들었다.[8]

④ 문제해결 역량을 갖춘 다른 서비스기관에게 의뢰

범죄예방에 대한 책임 일부를 지역사회 내 정부기관 또는 비영리기관 등이 담당하도록 한다. 경찰이 다루는 문제들의 상당 부분은 이러한 기관들이 담당업무를 제대로 수행하지 못해서 발생하기도 한다. 버려진 빈집이나 방치된 공원, 제대로 치료 받지 못한 마약중독자, 잘 관리되지 못한 정신질환자 등이 지역사회 내 문제를 야기한다. 경찰은 담당 기관에게 이러한 문제들을 우선적으로 해결하도록 요구해야 한다. 예를 들어, 영국 랭커서 경찰은 지역 내 쓰레기 처리장이 범죄자들이 도난차량을 거래하는 장소로 사용되는 문제를 해결하기 위해 시청의 환경 담당부서에게 문제를 의뢰하였다. 담당부서는 해당 쓰레기 처리장을 환경기준 위반으로 단속하였고 결국 사업을 그만두도록 만들었다.

⑤ 새로운 부서의 신설 촉구

지역의 어떤 문제가 경찰 또는 기존의 다른 주체가 나서서 해결하기 어려울 경우에는 그 문제를 전담할 새로운 부서의 신설을 촉구한다. 예를 들어, 미국 캘리포니아 주 글렌데일 경찰은 주간시간대에 인력시장 주변 노상에 모여든 노동자들이 야기하는 음주, 시비, 소란, 쓰레기 투기, 교통 혼잡 등 무질서 문제를 해결하고자 노동자들이 모일 수 있는 별도의 센터를 설립

---

8) Hope, T., Problem-oriented policing and drug market locations: Three case studies, in R. Clarke (ed.) Crime Prevention Studies, II. Monsey NY: Criminal Justice Press and Cullompton: Willan Publishing, 1994.

하고자 했다. 이를 위해 지역의 건축자재 납품업체로부터 시설을 짓는데 필요한 자재를 기부 받고, 교통당국으로부터는 토지를 제공받아 센터 건물을 건축하였고, 민간자선단체로부터는 봉사자들을 후원 받아 센터를 운영한 바 있다.

⑥ 신상을 공개하여 망신주기

문제발생에 책임이 있는 주체가 그 문제를 해결하기 위한 노력을 기울이지 않는 경우 대중에게 신상을 공개하는 방식으로 압박한다. 이러한 방식은 명성을 중요하게 여기는 개인, 사업체, 기관에게 적용할 때 더욱 효과적이다. 예를 들어, 경찰서에서 범죄예방 차원의 안전기준에 따라 자동차, 경보체계, 주택, 아파트, 주차장 등을 평가하고 순위를 매겨 대중에게 공개하는 방법을 통해 압박할 수 있다.

⑦ 경찰서비스 제공 거부

경찰이 범죄피해 위험성을 낮추기 위한 예방조치를 취하라고 사전에 요청했음에도 불구하고 이를 거부하여 결국 문제가 발생한 경우에 경찰이 더 이상 그 문제와 관련한 서비스를 제공하지 않는 방법을 취할 수 있다. 예를 들어, 만약에 어떤 셀프서비스 주유소에서 운전자가 휘발유 값을 지불하지 않고 도주하는 사건이 자주 발생하는데 경찰이 확인해 보니 선불 시스템이 마련되어 있지 않은 것이 주된 원인으로 분석되었다. 그래서 경찰이 주유소 측에 이러한 시스템을 마련하라고 요구하였으나 업주가 이를 거부하였고 이후 동일한 사건이 발생한다면 이후 경찰이 주유소 측으로부터 요청이 있더라도 공식적 조치를 취하지 않는 방법이다.

⑧ 비용 청구

경찰서비스로 인해 직접적인 이득을 얻는 개인으로부터 소요된 비용을 청구한다. 경찰서비스는 공공재로서 모든 납세자들이 공평하게 누려야 함에도 만약 특정 개인이 지나치게 많은 경찰자원을 사용했다면 이에 대한 비용을 지불하도록 하는 것이다. 대표적으로 업주가 경보시스템에 대한 관리를 소홀히 하여 오작동 신고가 반복적으로 발생한다면 불필요한 경찰출동을 위해 소요된 비용을 업주에게 청구하는 것이다.

⑨ 법률 제정을 통한 강제

특정 사업체나 조직, 개인에게 법률을 통해 안전과 질서를 유지할 책임을 부과하는 방법이다. 대표적인 예로 술을 취급하는 업소 측이 사업장 내에서 범죄나 무질서를 예방하기 위한 조치를 의무적으로 취하도록 하는 것이다.

⑩ 민사소송 제기

개인이나 조직에게 예방적 조치에 대한 책임을 부과하기 위해 경찰이 민사소송을 제기하는 방법이다. 예를 들어, 미국 캘리포니아 주 오클랜드 경찰은 한 모텔 프랜차이즈 회사가 마약거래, 성매매, 기타 관련 범죄의 발생을 적절히 통제하지 않았다는 이유로 이로 인해 발생한 피해에 대해 민사소송을 제기한 바 있다.

4. 한국경찰의 지역사회 경찰활동

가. 경찰 대개혁과 파출소   [IV - 23]

미국에서 만들어진 지역사회 경찰활동이라는 용어가 우리나라 경찰에 처음으로 소개된 계기는 1999년 경찰청이 추진했던 '경찰 대개혁 100일 작전'이다. 사실 우리나라는 이미 그 전부터 오랫동안 파출소를 중심으로 지역사회 밀착형 경찰활동을 실시해왔다. 소규모 지역 단위마다 설치되어 있는 파출소는 순찰활동의 거점기지이자 정부기관의 도움이 필요한 주민들을 위한 창구 역할을 해 왔다. 그렇지만 이러한 전통적인 파출소 중심 치안 활동 속에 지역사회 경찰활동의 이념과 취지가 담겨 있지는 않았다. 처음에 파출소가 도입된 목적은 지역사회 경찰활동의 근본취지처럼 지역사회에 맞춤형 서비스를 제공하고 경찰과 시민 간의 협력관계를 조성하려는 데에 있지 않았다. 일제강점기에는 한국 사람에 대한 통제와 감시가 주된 기능이었고 군사정권 아래에서는 지역사회의 동향에 관한 정보를 수집하여 질서를 유지시키는 역할을 담당했다. 또한 파출소는 정부의 정책을 주민들에게 일방적으로 배포하고 친정부적 여론을 형성하는데 기여했다. 그렇기 때문에 우리나라의 전통적 파출소제도는 형식적으로는 지역사회 경찰활동의 모습을 일부 띄고 있지만 실질적으로는 지역사회 경찰활동의 내용을 담고 있었다고 보기는 힘들었다.[9]

1999년 경찰 대개혁은 한국경찰이 오랜 기간 정치권력의 하수인이 되어 시민들을 억압하고 통제하는 도구로서의 이미지를 탈피하고 시민을 위한 서비스 중심 경찰로 거듭나기 위하여 취한 노력의 일환이었다. 이를 위해 한국경찰이 도입하고자 한 것이 바로 지역사회 경찰활동 패러다임이었다. 지역사회 경찰활동의 이념을 구현하고자 다음과 같이 다양한 시도와 노력이 이루어졌다. 첫째, 순찰방식을 개선했다. 미리 정해 놓은 순찰선을 따라 이루어지던 순찰방식에서 탈피해서 경찰관의 판단과 재량에 따라 취약지점을 중심으로 순찰하도록 하였다. 둘째, 경찰활동에 대한 시민들의 이해를 증진시키고 그들로부터 협조와 지원을 얻기 위해 '시민경찰학교'를 운영하고 지역사회 공청회를 개최했다. 셋째, 치안취약계층을 중심으로 범죄예방 목적의 방문을 주기적으로 실시했다. 마지막으로 지역치안활동에 시민들의 참여를 독려하기 위해 자원봉사자로 구성된 '자율방범대'를 조직해서 운영하였다.

하지만 파출소 중심의 치안활동은 지역사회 경찰활동의 이념을 제대로

9) Roh, S., Kwak, D. & Kim, E., Community policing and fear of crime in Seoul: a test of competing models, Policing: An International Journal of Police Strategies & Management, 36(1), 2013.

구현하기에는 여러 한계를 안고 있었다. 첫째, 파출소의 근무인력이 부족했다. 특히 1990년대 초기부터 시범적으로 실시해오던 파출소 3교대제가 2001년부터 전면적으로 실시되면서 경찰력 부족 현상은 더욱 심화되었다. 2003년도에 근무인원이 13명에도 미치지 못하는 파출소가 전체의 42%에 이르다보니 지역사회 경찰활동을 실질적으로 구현하기에 절대 인력이 부족한 상황이었다.[10] 둘째, 치안수요를 반영하지 않은 채 단순히 행정구역을 기준으로 파출소를 설치하고 운영하다 보니 경찰인력의 운용방식이 비효율적이었다. 이로 인해 범죄와 무질서가 급증하고 있는 신흥 도심지역에서는 파출소 인력이 부족해 출동경찰관에 대한 집단폭력이 발생하고 파출소 난동에조차 제대로 대응하지 못하는 상황에까지 이르렀다. 마지막으로 파출소가 하나의 관서형태로 운영되다보니 경찰서로부터 하달된 지시·명령의 처리와 보고서의 작성 등 각종 행정사무를 처리에 많은 시간과 노력이 소요되었다. 이로 인해 정작 본연의 업무인 범죄예방활동에 충분한 시간과 인력을 투입하지 못하는 문제가 있었다.[11] 이러한 실정이다 보니 지역사회 경찰활동이 요구하는 지역주민들과의 동반자적 관계를 통한 예방중심 치안활동은 그저 현실성이 없는 얘기처럼 되고 말았다.

　나. 지역경찰제의 도입과 내용　　　　　　　　　　　　　[IV - 24]

　'지역경찰'이라는 용어는 2003년 9월 1일부터 지역경찰제가 시행되면서 사용되기 시작했다. 종전에는 경찰서 내근부서에 근무하는 경찰관들에 대한 상대적 개념으로 파출소 근무자들을 '외근경찰'이라고 불렀었다. 지역경찰은 "치안구역 내 범죄의 예방 및 신속한 대응, 질서유지, 봉사활동 등 전반적인 치안수요를 책임지고 해결하는 경찰"이라고 정의할 수 있다.[12] '지

---

10)　강용길·김현정·박종철·이영돈, 생활안전론, 경찰대학출판부, 2018, p. 16.
11)　허용훈, 지역경찰제도에 대한 경찰관의 수용태도에 관한 연구, 지방정부연구, 2004, 8(3), 1-24, p.5.
12)　이창무, 경찰 범죄예방 활동의 질적 평가: 지역경찰제를 중심으로, 한국경찰학회보 8(1), 2006, p. 56.

역경찰 조직 및 운영에 관한 규칙' 제2조는 지역경찰의 임무를 '관할지역의 실태를 파악하고 그에 알맞은 활동을 하고, 항상 즉응체제를 유지하여 경찰업무 전반에 걸쳐 초동조치를 함으로써 주민생활의 안전과 평온을 확보'하는 것으로 규정하고 있다.

지역경찰제가 도입된 배경은 앞에서 설명한 바와 같이 기존의 파출소제도가 지닌 한계를 극복하기 위해서였다. 첫째, 파출소에 분산되어 있는 경찰인력과 장비를 통합하여 보다 효율적으로 운영하고자 했다. 둘째, 각종 치안상황에 대한 신속하고 강력한 대응능력을 갖추고자 했다. 셋째, 순찰업무와 대민 봉사업무를 분리하여 순찰업무의 전문성을 높이고자 했다. 마지막으로 지역사회에 대한 봉사와 협력을 강화하고자 했다. 이를 위해 지역실정과 치안수요를 고려하여 경찰서 관할을 3~5개의 권역으로 구분하고 종전의 2~4개 파출소를 묶어 하나의 '순찰지구대'로 통합했다. 순찰지구대 근무자들로 하여금 범죄예방과 진압을 위한 순찰과 신고출동업무를 전담하도록 했다. 나머지 파출소는 주민봉사와 지역협력 활동을 담당하는 '치안센터'로 전환하였다. 치안센터는 설치목적에 따라 검문소형과 출장소형으로 구분된다. 검문소형 치안센터는 주로 군사 목적이나 수배자 검문 목적으로 사용되는 반면 출장소형 치안센터는 지역사회의 치안을 담당한다. 출장소형 치안센터는 범죄예방 순찰 및 위험발생 방지, 방문 민원 접수 및 처리, 사건사고 발생시 초동조치, 주민여론 청취 등 지역사회 경찰활동 등을 담당하고, 아울러 치안센터장은 타기관과의 협조 등 협력방범활동도 수행한다.

지역경찰제의 도입은 경찰자원의 효율적 운용과 지역경찰관들의 근무여건 향상이라는 측면에서 일정한 성과를 거두었다고 평가할 수 있다. 먼저 집단폭력 등 중요범죄가 발생하는 현장에 여러 대의 순찰차와 경찰관들을 집중시킬 수 있게 되면서 상황 대응력이 한층 높아졌다. 또한 순찰업무와 지역사회 협력방범활동을 분리하여 운영하면서 지역사회 중심의 다양한 치안활동을 펼칠 수 있는 여건이 마련되었다. 근무인력을 통합적으로 운영함으로써 근무교대방식이 개선되어 지역경찰관들의 직무만족도가 향상되었다.

이에 반해 순찰지구대 중심의 지역경찰제는 몇 가지 문제점을 가지고 있
다. 첫째, 파출소에 비해 관할구역이 넓다보니 도보순찰 대신 순찰차 중심
의 순찰활동을 전개할 수밖에 없다. 이로 인해 지역주민들과 소통할 기회가
줄어들고 지역사회의 문제를 근거리에서 파악하기가 어렵다. 둘째, 치안센
터로 전환된 파출소는 심야시간대에는 운영을 하지 않다보니 예전 파출소
의 24시간 상근체제에 익숙한 주민들이 불안감을 호소하는 문제가 있다. 마
지막으로, 치안수요가 적고 노년층이 많이 거주하는 농어촌에는 지구대 운
영이 오히려 비효율적이라는 비판이 있다.[13]

지역경찰제는 지역사회 경찰활동이 지향하는 이념을 일정부분 반영하고
있다. 지역경찰관서의 운영과 범죄예방활동이 지역적 특성에 초점을 맞추
어 이루어진다는 점, 치안센터를 두고 협력치안활동과 대민봉사활동을 전
담하도록 한 점 등이 그러하다. 그럼에도 현행 지역경찰제에는 지역사회 경
찰활동의 핵심적 요소가 상당 부분 결핍되어 있어 그 자체를 지역사회 경찰
활동과 동일시 하기는 어렵다. 예를 들어, 지역사회를 치안활동의 대등한
파트너로 참여시킨다던지, 지역사회 맞춤형 문제해결을 지향한다던지, 지
역경찰관들에게 자율성과 재량권을 충분히 부여한다던지 하는 요소들은 제
대로 반영되어 있지 않다.[14] 사실 경찰청이 지역경찰제를 도입한 가장 큰
이유는 치안현장의 경찰인력 부족과 비효율적 운용방식을 개선하는데 있었
다. 그렇기 때문에 지구대 체제로의 전환으로 거둔 가장 큰 성과 역시 현장
상황 대응력과 근무여건의 향상이었다. 결론적으로 현행 지역경찰제는 애
초부터 지역사회 경찰활동의 이념을 구현하고자 도입한 제도가 아니었기
때문에 이러한 한계가 있을 수밖에 없었다.

---

13) 이러한 문제점과 주민들의 요청에 의해 2006년부터 농어촌을 중심으로 예전의 파출소 체제로 복
  귀하는 지역이 늘어나기 시작했고 그 결과 2005년에 총 220개였던 파출소가 2017년에는 총 2,004
  개로 증가하였다.
14) 이창무, 2006, 앞의 논문, p. 56.

[IV - 25]   다. 지역사회 협력체계

지역사회와 경찰 간의 협력치안 구현을 목적으로 한 다양한 형태의 제도들이 존재한다. 전국 광역자치단체에는 치안행정협의회와 지역치안협의회, 전국 기초자치단체에는 지역치안협의회, 그리고 읍면동 단위에는 생활안전협의회와 자율방범대 등이 대표적이다. 치안행정협의회와 지역치안협의회는 지방자치단계가 구심점이 되어 운영하고 경찰이 여기에 참여하는 형태인 반면, 생활안전협의회와 자율방범대는 경찰이 자율적으로 운영하는 단체라는 점에서 차이가 있다.

치안행정협의회는 경찰법 제16조를 근거로 지방행정과 치안행정의 업무를 조정하고 기타 필요한 사항을 협의·조정할 목적으로 시·도지사 소속으로 설립된다. 1991년 경찰법이 제정될 때부터 현재까지 유지되고 있는 제도로서 반드시 설립해야 하는 강제사항에 속한다. 그만큼 중앙정부기관인 경찰과 지방행정기관 간에 치안 부분에 있어서 협력의 중요성이 강조되고 있다고 말할 수 있다. 하지만 실제 운영에 있어서는 유명무실화되어 있다. 치안행정협의회는 단지 협의와 조정하는 기능을 담당할 뿐 법적 구속력이 수반되는 의결권을 가지고 있지 않다. 또한 협의회를 운영하기 위해 필요한 예산을 편성하거나 실무기구를 구성한 사례도 없다. 그러다보니 실제로 치안행정협의회가 개최되는 경우는 매우 드문 실정이다.[15]

지역치안협의회는 지방자치단체에게 자치조례를 제정하도록 허용한 지방자치법 제22조를 근거로 설립된 단체이다.[16] 2008년 경찰청이 전국 광역 및 기초 자치단체 단위별로 지역치안협의회 설립을 추진하였다. 막대한 사회적·경제적 비용을 유발하는 기초질서 및 교통질서 위반행위를 예방하고 법질서를 확립하는데 설립목적을 두고 있었다. 위원은 지역단위별로 지방

---

15) 조병인·손창완, 2011, 앞의 논문, p. 266.
16) 지방자치법 제22조(조례) 지방자치단체는 법령의 범위 안에서 그 사무에 관하여 조례를 제정할 수 있다.

정부와 지방의회, 경찰관서, 교육기관, 소방서, 시민단체 등의 대표들로 구성하였다. 지역치안협의회의 임무는 ① 법·질서 확립 정책(사업) 총괄 협의·조정 및 추진성과 점검·평가, ② 예산·인력, 시설·장비 등 공동 활용 및 관련사업 공동 추진, ③ 지역사회 안정과 발전에 대한 주민요구와 건의사항의 수렴 및 반영 등이다.[17] 지역사회 문제에 관해 여러 기관들이 함께 모여 대응전략을 논의하고 유기적인 협력관계 속에서 문제를 해결해 나가고자 하는 취지의 협의회이다. 지역치안협의회가 안고 있는 문제점으로는 광역자치단체에 설치된 치안행정협의회와 큰 차이가 없다는 점, 협의회 참여기관에 법무부 및 검찰 산하조직이 포함되어 있지 않다는 점, 그리고 실질적인 활동이 미약하다는 점 등이 있다.

생활안전협의회는 2003년 순찰지구대 중심의 지역경찰제가 도입되면서 만들어졌다. 종전에 파출소 단위로 운영되는 방범협의회를 해체하고 경찰과 지역사회 간의 새로운 치안협력 네트워크를 구축하기 위해 신설되었다. 지구대나 파출소 단위로 설립되며 주민 대표, 시민단체 대표, 안전 분야 전문가 등으로 구성된다. 주된 기능은 지역주민으로부터 지역치안에 관한 의견을 수렴하고, 자율방범조직 등 협력단체와 원활히 협조하고, 지역안전 캠페인 등 지역주민과 협력방범활동을 실시하는 것이다. 생활안전협의회가 가지고 있는 문제점으로는 협의회 위원들의 전문성 결여와 정보부족으로 '보여주기식'의 형식적인 운영으로 흐를 가능성이 높고, 위원들 간에 신뢰에 바탕을 둔 파트너십이 형성되기 어렵고, 경찰서에 충분한 자체 운영예산이 확보되지 않은 경우 자칫 민경유착의 우려도 있다.

마지막으로 자율방범대는 지역주민들이 자율적으로 조직하여 지구대 및 파출소와 협력관계를 맺고 범죄예방활동을 펼치는 자원봉사조직이다. 각 경찰서의 지구대장 또는 파출소장의 소속에 두며 통상 3~5명이 한 조를 이루어 원칙적으로 경찰관과 합동으로 순찰한다. 2018년 기준 전국에 4,287

---

17) 경찰청, 지역안전 확보와 법질서 확립을 선도하는 지역치안협의회 운영우수사례집, 2008, pp. 14-16.

개 자율방범대가 있고 약 10만 명의 대원이 활동하고 있다.[18] 주요 임무는 ① 취약지역에 대한 순찰 및 현행범 체포 등 범죄예방활동, ② 범죄현장 및 범죄용의자 발견 시 신고, ③ 경찰관과 합동근무 시 신고출동, ④ 청소년 선도·보호 및 미아·가출인 보호, ⑤ 관내 주요 행사시 질서유지 및 기타 경찰업무 보조 등이다.[19] 자율방범대의 한계점으로는 전적으로 자원봉사자들의 자발적 참여 의지에 의존할 수밖에 없는 구조인데 생업에 손해를 끼치거나 피곤을 무릅쓰고서 봉사활동에 적극적으로 참여할 것을 기대하기에는 무리가 있다.[20]

5. 지역사회 경찰활동의 평가

[IV - 26]   가. 범죄예방효과

지역사회 경찰활동의 범죄예방효과는 범죄발생률, 범죄두려움, 지역사회 무질서, 치안서비스 만족도, 경찰의 법적정당성에 대한 시민의 인식 차원에서 살펴볼 수 있다. 국내외 연구들의 결과를 종합해 볼 때 지역사회 경찰활동으로 인한 가장 긍정적인 효과는 경찰 및 경찰활동에 대한 시민들의 주관적 인식에서 나타난다. 대부분의 연구들에서 지역사회 경찰활동을 실시하는 지역의 시민일수록 경찰이 지역사회에서 범죄예방과 질서유지 활동을 효과적으로 수행한다고 인식하고 있었다. 또한 경찰이 시민들을 존중하며 공정하게 대하고 있다고 인식하여 경찰에 대한 높은 신뢰도를 나타냈다.[21] 반면 지역사회 경찰활동이 시민의 체감안전도와 범죄두려움에 미치

---

18) 경찰청, 2019 경찰백서, 2020.

19) 경기도 지방경찰청 자율방범대 관리운영규칙(예규 제87호) 제12조(임무)

20) 경찰청에서는 유관기관과의 협력을 통해 자율방범대 대원들에 대한 민방위 기본교육의 면제, 단체 상해보험 가입, 검거유공자에 대한 포상과 보상금 지급의 제도로 봉사활동을 지원하고 있다.

21) Gill, C., Weisburd, D., Telep, C. W,, Vitter, Z., & Bennett, T., Community-oriented policing to reduce crime, disorder and fear and increase satisfaction and legitimacy among citizens: A systematic review, Journal of Experimental Criminology, 10, 2014.

는 영향에 관해서는 연구들마다 엇갈린 결과들이 보고되어 왔다. 우리나라 에서 실시한 연구에서도 지역사회 경찰활동은 범죄두려움을 낮추거나,[22] 아무 영향이 없거나,[23] 오히려 높인다는 결과가[24] 나오기도 하였다. 지역 사회 경찰활동이 범죄와 무질서의 발생에 직접적으로 미치는 영향에 대한 경험적 증거들도 부족하다.[25] 또한 지역사회 경찰활동의 구체적인 프로그 램에 따라 범죄예방 효과가 다르게 나타나기도 한다.[26]

지역사회 경찰활동이 범죄나 무질서를 감소시키는 영향이 연구들을 통 해 일관되게 확인되지 않는다는 사실이 지역사회 경찰활동의 이론적 결함 을 증명한다고 성급하게 판단해서는 안 된다. 첫째, 현실적으로 지역사회 경찰활동의 이념을 경찰실무에 제대로 구현한 경찰기관은 찾아보기 어렵기 때문이다. 앞서 설명했던 지역사회 경찰활동의 구성요소 중 단지 일부만을 피상적으로 적용한 사례가 많은 경우를 차지한다. 예를 들어, 지역사회 경 찰활동의 핵심 중 하나는 지역사회가 범죄예방활동의 주체로 참여하는 것 인데 사실 현실에서는 경찰이 기획하고 주도하는 활동에 지역주민들이 수 동적으로 또는 명목상 참여하고 있는 실정이다. 둘째, 애초에 지역사회 경 찰활동의 범죄예방을 위한 하나의 전략으로서 제시된 것이 아니라 경찰활 동 전반에 걸친 새로운 패러다임으로 등장했다. 그렇기 때문에 범죄예방 차 원의 구체적인 실행전략이 미흡한 게 사실이다. 하지만 그 대신 거시적 접 근방법으로서의 지역사회 경찰활동은 다른 실행중심의 범죄예방 전략들과 쉽게 연계된다. 예를 들어, 문제지향 경찰활동, 상황적 범죄예방 전략, 셉테 드 등이 종종 지역사회 경찰활동이라는 틀 속에서 실행되어 진다. 따라서

---

22) 류준혁, 범죄 두려움의 위계 일반화 선형 분석, 한국범죄학, 5(1), 2012.

23) Roh, S., Kwak, D. H., & Kim, E., Community policing and fear of crime in Seoul: A test of competing models, Policing: An International Journal of Police Strategies & Management, 36(1), 2013.

24) 이도선, 경찰의 범죄예방활동에 대한 인식이 범죄두려움에 미치는 영향에 관한 연구, 경찰학논총, 6(2), 2011.

25) Gill, et al., 2014, 앞의 논문.

26) Sherman, L. W., Farrington, D. P., Welsh, B. C., & MacKenzie, D. L., Evidence-based crime prevention, New York: Routledge, 2006, pp.89-90.

지역사회 경찰활동만을 따로 떼어 내며 범죄예방 효과성을 평가하기가 용이하지 않다.

사실 지역사회 경찰활동의 보다 중요한 가치는 경찰에 대한 시민들의 긍정적인 인식과 태도를 형성하는 데에서 찾아야 한다. 미국에서 처음에 지역사회 경찰활동이 도입될 당시에 시급하게 해결해야 했던 문제가 바로 시민과 경찰 간의 관계 개선이었던 점을 기억할 필요가 있다. 성공적인 지역사회 경찰활동의 가장 두드러진 효과는 시민들이 경찰을 신뢰하고 경찰의 법집행활동을 공정하다고 인식하게 된다는 점이다. 이러한 인식의 개선으로 경찰 법집행의 법적 정당성이 확립되면 시민들은 법질서를 더욱 준수할 뿐만 아니라 경찰 법집행을 수용하게 된다. 궁극적으로 지역사회의 범죄와 무질서가 감소하는 효과를 기대할 수도 있게 된다.[27]

[IV - 27]   나. 성공적 지역사회 경찰활동을 위한 고려사항

첫째, 지역경찰활동의 성공적 시행을 위해서는 시민의 적극적 참여가 필수적이다. 하지만 현실에 있어서는 이상적인 수준의 시민참여를 확보하기는 쉽지 않은 일이다. 경찰에 대해 부정적 시각을 가지고 있거나 과거 경찰기관 주도의 이벤트성 프로그램에 참여한 경험에서 비롯된 회의적이고 냉소적인 시각을 가진 경우 참여를 이끌어내기 어렵다. 지역사회 주민의 이주가 잦아서 구성원이 자꾸 바뀌게 되면 경찰과 주민들 간의 지속적인 협력네트워크를 형성하기가 어렵다. 또한 경찰이 지역주민을 자신의 업무를 돕는 보조자나 정보원처럼 활용하려하거나 지역주민이 경찰과의 친분관계를 사적 목적에 오용하려고 하는 경우 지역사회 경찰활동에서 추구하는 긍정적 파트너십으로부터 점점 멀어지고 만다. 대안으로서는 지역사회의 기관이나 단체와 유기적인 협력관계를 맺는데 초점을 맞추는 것이 필요하다. 예를

---

27) Sunshine, J., & Tyler, T. R., The role of procedural justice and legitimacy in shaping public support for policing. Law and Society Review, 37(3), 2003.

들어, 범죄취약계층에 대한 가정방문 프로그램을 지역경찰과 지자체 복지담당, 그리고 비영리사회단체 등과 공동으로 추진하는 것이다. 또한 경찰과 자치단체를 범죄예방의 협력주체로 법제화하는 방안도 고려해 볼 수 있다. 영국의 '범죄·무질서 예방법'(Crime and Disorder Act)이 경찰과 자치단체를 지역사회의 범죄예방활동에 있어서 협력의 주체로 명시적으로 규정하고 있는 것은 좋은 예에 해당한다.[28]

둘째, 지역사회 경찰활동은 지역사회의 특성을 고려하는 것이 중요하다. 경찰관이 활동하는 지역사회는 그 사회의 구성요소에 따라 다양성을 띠는데, 지역사회의 인구통계학적, 경제적 특성 및 비공식 사회통제 네트워크의 구조 등이 경찰활동에 반영되어야 한다. 그런데 다양한 인종, 민족, 삶의 방식으로 분화되어 있는 다문화 지역사회일수록 지역사회 경찰활동을 실시하기가 동질적인 성격의 지역사회보다 상대적으로 어렵다. 그 이유로는 첫째, 지역사회 문제에 대한 공통의 합의를 이끌어 내기가 어렵다. 다양한 하위집단들 사이에 지역문제를 바라보는 관점에 있어서 차이가 있는 경우 조율하기가 쉽지 않다. 둘째, 이질적 지역사회일수록 이미 집단 간의 갈등이 내재되어 있는 경우가 많다. 이로 인해 종종 지역문제에 대해 서로 상대방 탓으로 돌리는 경향이 많다.[29] 셋째, 동질적 지역사회의 주민들에 비해 다문화 지역사회의 주민들은 지역사회에 대한 소속감이 결여되어 있다. 스스로가 지역사회의 일부분이라는 의식이 약하고 다른 지역주민들에 대한 신뢰정도가 낮은 경향이 많다.[30] 마지막으로, 경찰과 협조관계를 형성하거나 치안활동에 있어서 주민참여를 이끌어내기가 어렵다. 특히 경찰과의 접촉 자체를 꺼려서 문제가 발생했을 때 경찰에 신고조차 하지 않는 경우가 많다. 외국

---

28) 이와 비슷하게 우리나라에서도 이와 같은 내용을 담은 '범죄예방기본법'(가칭)의 제정이 논의되고 있다.

29) Skolnick, J. H. & Bayley, D. H., The New Blue Line: Police Innovation in Six American Cities, New York: The Free Press, 1986.

30) Dunham, R. G. & Alpert, G. P., Neighborhood differences in attitudes toward policing: evidence for a new approach to policing in a multi-ethnic setting. Journal of Criminal Law and Criminology, 79(2), 1988.

이민자들인 경우 모국의 경찰에 대한 불신을 현지의 경찰에게 대입하는 경우가 있다. 또한 언어적 장벽, 불법체류, 보복에 대한 두려움 등이 낮은 경찰신고율의 원인으로 분석된다.[31]

---

31) 탁종연·노성훈, 인종이 범죄피해신고에 미치는 영향: 동양계 미국인의 강도와 폭행피해 신고경향을 중심으로, 한국경찰연구, 8, 2009; 노성훈, 이민자지위와 범죄심각성이 피해신고에 미치는 영향, 형사정책연구, 89, 2012.

제4절 문제해결을 위한 경찰활동

1. 문제지향 경찰활동의 의의   [IV - 28]

문제지향 경찰활동은 경찰활동의 중심이 단순한 법집행자의 역할에서 지역사회 범죄문제의 근원적 원인을 확인하고 해결하는 역할로 전환할 것을 추구하는 경찰활동 패러다임이다. 1979년 미국 경찰학자 허먼 골드스타인(Herman Golstein)이 기존의 수동적이고 사건대응적인 전통적 경찰활동을 대체할 새로운 경찰활동 전략으로서 제시하였다.[1] 골드스타인은 당시 미국경찰이 '프로페셔널리즘'의 이념 하에서 법집행활동에만 경찰의 역할을 제한하려는 태도가 문제라고 인식했다. 그는 전통적 방식의 경찰활동이 지닌 가장 큰 문제가 수단과 목적이 전도되어 있는 점이라고 주장했다. 사실 법집행은 경찰이 어떤 궁극적 목적을 달성하기 위해 동원하는 하나의 수단에 불과한데도 기존의 경찰활동은 지나치게 법집행 중심적으로 이루어지고 있다는 것이었다. 그렇다면 그가 주장한 경찰활동의 궁극적 목적은 무엇인가? 바로 지역사회에 분포되어 있는 광범위하고 다양한 문제들을 해결하는 것이다. 경찰은 범죄, 무질서, 각종 사회갈등을 포함한 다양한 지역사회 문제를 해결할 임무를 진다. 이를 위해 경찰은 지역사회에 존재하는 다양한 자원과 수단들을 동원하게 되는데 법집행은 이러한 수단 중의 하나에 속할 뿐이다. 골드스타인이 제시한 문제지향 경찰활동의 전제들은 다음과 같다.[2]

---

1) Goldstein, H., Improving policing: a problem-oriented policing, Crime & Delinquency, 25(2), 1979.

2) Palmiotto, M. J., Community policing: A policing strategy for the 21st century. Aspen Publisher Inc., 2000(양문승 역 대영문화사, 2001), p. 279.

① 경찰활동은 범죄뿐만 아니라 폭넓은 다른 문제들의 범위를 다룬다.

② 이런 문제들은 상호 연관되어 있으며 우선순위는 재평가되어야 한다.

③ 각각의 문제에 따른 대응은 각각의 형태를 요구한다.

④ 형법의 적용은 문제에 대응하기 위한 한 가지 수단에 불과하다.

⑤ 발생한 사건의 해결을 위한 대응보다는 문제의 예방을 위한 대응으로 더 많은 것을 성취할 수 있다.

⑥ 문제에 대한 효과적인 대응을 위해서는 사전분석이 필요하다.

⑦ 경찰의 능력은 극히 제한되어 있다.

⑧ 경찰의 역할은 지역사회가 기준을 유지하는데 있어 종합적인 책임을 지는 것이 아니라 촉진자의 역할을 해야 한다.

경찰이 지역문제를 해결하는 기관으로 탈바꿈하기 위해서는 경찰의 역할을 보다 구체적으로 정의할 필요가 있다. 전통적으로 경찰의 역할은 범죄예방, 질서유지, 서비스 제공이라는 지나치게 일반적이고 광범위하며 모호한 용어로 정의되어 있다. 그런데 경찰이 치안현장에서 실제로 마주치는 문제들은 매우 구체적이다. 지역사회의 안전을 위협하고 있는 문제가 단순히 일반적인 의미의 범죄가 아니다. 예를 들어, 한밤중에 혼자 사는 여성들을 노리는 주거침입 성범죄와 같이 범행대상, 시간과 장소, 범행방법 등이 구체적인 범죄다. 지역사회의 질서를 어지럽히는 행위는 일반적이고 추상적인 차원의 무질서가 아니다. 예를 들어, 저녁시간 아파트 놀이터에 무리지어서 술, 담배를 하고 있는 청소년 문제이다. 이와 같이 문제지향 경찰활동은 경찰이 다루어야 할 문제들은 보다 구체적인 형태로 세분화 되어야 할 필요가 있다.

문제를 해결하는 방식에 있어서도 전통적인 경찰활동과 차별화된 접근방법을 적용한다. 문제지향 경찰활동에서는 문제를 해결하는 방식이 지역의 여건과 당면한 문제에 최적화된 '맞춤형'(tailor-made) 해결책을 추구한다. 이러한 접근방식은 법규정과 공식적 절차에 따른 표준화된 대응방식을 강조하는 전통적인 경찰활동과 대조를 이룬다. 문제지향 경찰활동은 모든 유형의 질병과 사람에게 동일한 약효를 보이는 만병통치약이 존재하지 않는다는 점을 강조한다. 환자의 증상과 체질에 따라 처방이 달라지듯이 경찰의 지역문제 해결방식도 당면한 상황과 구체적인 조건에 따라 달라져야 한다는 것이다.

문제지향 경찰활동은 지역사회 경찰활동과 유사한 개념으로 인식되기도 한다. 앞에서 살펴봤듯이 지역사회 경찰활동의 전술적 요소 중의 하나가 '문제해결'이다. 또한 문제지향 경찰활동은 문제해결 과정과 방식에 있어서 지역사회와의 협력을 강조한다. 따라서 실제 경찰업무에 적용될 때에는 종종 두 경찰활동 접근방법이 연계되기도 한다. 그럼에도 불구하고 지역사회 경찰활동과 문제지향 경찰활동이 구분되는 지점은 각 접근방법이 지향하는 목표이다. 전자는 경찰활동에 있어서 경찰과 지역사회 간의 협력적 관계를 구축하는데 일차적인 목표를 두고 있으며 지역사회 문제의 해결은 이차적인 목표이다. 이에 반해 후자는 지역사회 문제를 해결하는 것이 궁극적인 목표이고 지역사회와의 협력은 문제를 효과적으로 해결하기 위한 하나의 요소로서의 의미를 가질 뿐이다.[3]

2. 문제해결과정

골드스타인의 문제지향 경찰활동은 경찰실무 단계에서 지역별, 문제 유형별로 다양한 방식으로 실시될 수 있다. 미국 범죄학자 존 에크(John Eck)와 윌리엄 스펠만(William Spelman)은 경찰관서에서 보다 쉽게 문제지향 경찰활동을 지역문제의 해결에 적용할 수 있도록 4단계의 문제해결과정을 제시하였다.[4] 조사(Scanning), 분석(Analysis), 대응(Response), 평가(As-

---

3) Walker, S. & Katz, C. M. The Police in America, New York: McGraw Hill, 2018, p.330
4) Eck, J. E. & Spelman, W., Problem solving: Problem-oriented policing in Newport News. Washington, DC: Police Executive Research Forum, 1987.

sessment) 단계로 구성되는데 영문 머리글자를 따서 흔히 'SARA 모델'이라고 부른다.

[IV - 29]　　가. 조사단계(scanning)

　　문제지향 경찰활동은 지역에서 반복적으로 발생하고 있는 문제를 파악하는 데에서 출발한다. 이러한 문제들이 지역사회와 경찰에게 미치는 영향을 확인한다. 조사대상은 시간, 장소, 관련자 유형 등의 측면에서 가급적 구체적인 문제일수록 바람직하다. 경찰관은 다양한 경로를 통해 문제를 조사할 수 있는데, 순찰근무 중 지역주민들과의 대화를 통해 여론을 청취할 수도 있고, 자주 신고가 접수되는 사건들을 검토하는 방식으로 지역문제를 파악할 수도 있다. 조사단계는 경찰관들이 다음과 같은 6가지 질문에 대한 해답을 구하는 방식으로 진행된다.

- 해당문제로 인해 영향을 받고 있는 사람은 누구인가?
- 해당문제가 초래하는 피해는 구체적으로 무엇인가?
- 해당문제와 관련해 지역주민들이 경찰에게 기대하는 대응방식은 무엇인가?
- 문제를 야기하고 있는 구체적인 사건은 어떤 유형인가?
- 이러한 사건이 얼마나 자주 반복해서 발생하고 있는가?
- 반복적으로 발생하는 사건들 간의 공통점은 무엇인가?

[IV - 30]　　나. 분석단계(analysis)

　　분석단계에서는 먼저 문제의 범위, 성격, 원인을 결정하기 위해 필요한 자료를 수집한다. 수집대상 자료에는 경찰기관이 업무를 수행하는 과정에 수집되는 각종 통계자료(예: 범죄통계, 112신고통계), 타 기관의 관련자료,

학술자료, 언론보도자료 등이 포함된다. 보다 정확히 문제를 분석하기 위해 필요한 경우 지역사회 구성원들을 대상으로 설문조사를 진행할 수도 있다.

그런 다음 수집된 자료를 활용하여 심층적인 분석을 실시한다. 당면 문제의 성격을 정확하게 파악하기 위해 '문제분석 삼각모형'(problem analysis triangle)은 유용한 분석도구로 활용된다. 일상활동이론(routine activities theory)을 바탕으로 만들어진 이 분석모형은 범죄와 무질서가 발생하기 위해 필요한 3가지 조건을 범죄자, 범행대상(피해자), 그리고 장소로 규정한다. 각각의 범죄발생 조건들은 누군가 책임 있는 사람들의 관리와 통제를 받는다. 범죄자들은 담당자(handler)의 관리와 통제를 받는다. 비행청소년들에게는 부모나 교사, 보호관찰 대상자에게는 보호관찰관이 여기에 해당된다. 범행대상(피해자 또는 피해물품)은 보호자(guardian)의 보호 아래에 있다. 밤길을 걸을 때 옆에 있는 동행인이, 놀이터에서는 아이 곁을 지키는 부모가 보호자가 된다. 그리고 장소는 관리자(manager)의 책임 아래에 있다. 편의점은 주인이나 점원이, ATM은 보안업체가 그곳에서 발생하는 안전과 관련된 모든 일에 개입한다. 문제가 발생하는 구체적인 메커니즘을 이해하기 위해서는 문제를 이루는 각 조건에 담당자, 보호자, 관리자가 각기 존재하는지, 만약 존재한다면 맡겨진 역할을 충분히 수행하고 있는지 분석한다.

〈그림Ⅳ-1〉 문제분석 삼각모형

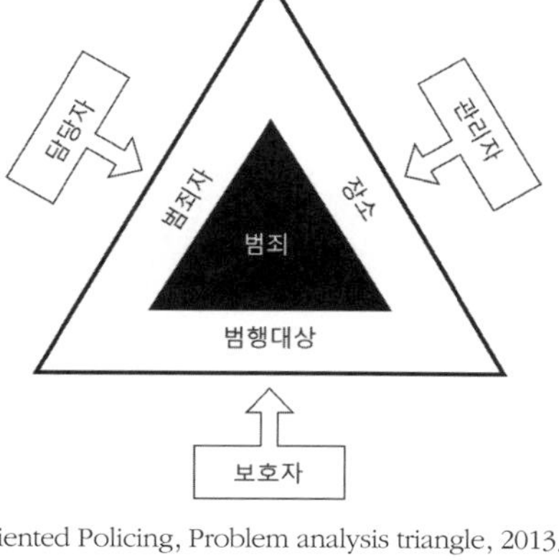

출처: Center for Problem Oriented Policing, Problem analysis triangle, 2013.

[IV - 31]   다. 대응단계(response)

분석결과를 바탕으로 최적의 해결책을 도출한다. 브레인스토밍을 통해 혁신적이고 창의적인 아이디어를 발굴하기도 하고 이미 유사한 문제를 경험한 타 지역의 사례를 조사하여 벤치마킹 할 수도 있다. 경찰이 보유한 자원과 역량만으로는 한계가 있기 때문에 지역사회 내의 여러 다른 기관들과의 협력을 통한 대응방안을 추구한다. 이 단계에서는 상황적 범죄예방에서 제시하고 있는 다음의 25가지 범죄예방기술을 적용해 볼 수도 있다.

<표Ⅳ-2> 상황적 범죄예방의 25가지 기술

노력의 증가 (Increase the Effort)	위험의 증가 (Increase the Risks)	보상의 감소 (Reduce the Rewards)	자극의 감소 (Reduce Provocations)	변명의 제거 (Remove Excuses)
목표물 강화 (Target harden)	보호인 기능 확장 (Extended guardianship)	범행대상 은닉 (Conceal targets)	짜증·스트레스 감소 (Reduce frustration & stress)	규칙 제정 (Set rules)
접근 통제 (Control access)	자연감시 지원 (Assist natural surveillance)	범행대상 제거 (Remove targets)	분쟁 회피 (Avoid disputes)	경고문 게시 (Post instructions)
출구 검사 (Screen exits)	익명성 감소 (Reduce anonymity)	소유자 표기 (Identify property)	유혹·흥분 감소 (Reduce temptation & arousal)	양심 환기 (Alert conscience)
범죄자 우회 (Deflect offenders)	장소관리자 활용 (Utilize place managers)	물품거래 방해 (Disrupt markets)	동료압박의 중화 (Neutralize peer pressure)	준법행위 지원 (Assist compliance)
도구·무기 통제 (Control tools & weapons)	공식적 감시 강화 (Strengthen formal surveillance)	이익의 부정 (Deny benefits)	모방 자제 (Discourage imitation)	마약·술 통제 (Control drugs & alcohol)

출처: Smith, M. J., & Clarke, R. V. Situational crime prevention: Classifying techniques using good enough theory, in Welsh, B. C. & Farrington, D. P. (eds). The Oxford Handbook of Crime Prevention, Oxford University Press, 2012.

라. 평가단계(assessment)   [IV - 32]

마지막으로 문제에 대한 대응방안을 적용한 결과를 평가한다. 평가단계
는 SARA모형이 일회성으로 끝나는 과정이 아니라 지속적인 순환과정이라
는 점에서 중요한 의미를 갖는다. 객관적인 평가를 통해 문제해결을 위한
대응 방법과 대응 과정에 있어서의 문제점을 확인하고 이에 대한 개선안을
마련할 수 있다. 또한 최초 문제의 원인에 대한 분석 자체가 타당했는지도
평가할 수 있다.

평가는 과정평가와 효과평가의 두 단계로 이루어진다. 과정평가에서는
애초에 계획한대로 예방조치나 프로그램이 제대로 실시되었는지에 대한 평
가이다. 충분한 기간에 걸쳐 적절한 대상에게 프로그램이 적용되었는지, 역
량과 지식을 갖춘 요원에 의해 프로그램이 진행되었는지, 관련기관으로부
터 필요한 협조를 성공적으로 받을 수 있었는지 등을 평가한다. 효과평가는
예방조치나 프로그램을 실시한 이후 기대했던 효과가 나타났는지에 대한
평가이다. 효과가 긍정적인지, 부정적인지, 아니면 아무런 효과가 나타나지
않았는지 평가한다. 효과가 나타났다면 효과크기는 어느 정도인지를 평가
한다. 마지막으로 프로그램의 효과가 사회적·경제적·정치적 차원에서 가
지는 중요성에 대해서도 평가한다.

3. 집중적 범죄억제

가. 의미와 도입배경   [IV - 33]

집중적 범죄억제(focused deterrence) 전략은 미국에서 조직폭력배들의
범죄에 대응하기 위해 시도된 새로운 형태의 문제지향 경찰활동이다. 지역
사회에서 반복적으로 범죄문제를 유발하는 특정 위반자들에게 처벌과 검거
의 위험성을 각성시켜 억제효과를 극대화하려는 전략이다. 한 마디로 말해

문제지향 경찰활동의 기본 전략을 적용하여 범죄억제효과를 높이려는 것이다. 다만 기존의 법집행 중심 범죄억제전략과 다른 점은 다양하고 혁신적인 방법들을 모두 사용한다는 데에 있다. 전통적 방식의 법집행활동 뿐만 아니라 지역 공동체적 참여, 사회서비스 등 다양한 수단들을 복합적으로 적용하는 것이 특징이다.[5] 또한 문제지향 경찰활동이 강조하듯이 천편일률적인 방법을 탈피하고 지역과 상황, 문제의 성격에 따라 최적의 다양한 맞춤형 전략을 시도하는 것이 중요하다. 아울러 경찰은 대상 위반자 또는 집단과의 직접적 소통을 통해 그들에 대한 법집행의 위험성이 증가되었다는 사실과 함께 사회서비스를 통한 지원도 가능하다는 점을 알려주는 것도 핵심적인 특징 중의 하나이다.[6]

[IV - 34]   **나. 실시과정**

집중적 범죄억제 전략의 구체적인 실시과정은 다음과 같다.[7]

① 해결되어야 할 구체적인 문제(예: 조직폭력배에 의한 살인)를 선정한다.
② 지역사회의 다양한 관련기관 간 실무회의체(interagency working group)를 결성하여 원인분석과 해결방안 도출을 위해 협력한다.
③ 문제를 일으키는 주요 위반자와 집단 그리고 행동패턴을 파악한다.
④ 위반행위를 억제하기 위해 다양한 제재방안을 포함한 대응책을 고안한다.

---

5) 이러한 이유 때문에 'pulling-levers policing'으로 불리는데 'pulling-levers'란 모든 가용한 수단을 동원한다는 의미를 담고 있다.
6) Braga, A. A., Weisburd, D. L., & Turchan, B., Focused deterrence strategies and crime control: An updated systematic review and meta-analysis of the empirical evidence, Criminology & Public Policy, 17, 2018.
7) Braga A. A., Weisburd, D. L., The effects of focused deterrence strategies on crime: a systematic review and meta-analysis of the empirical evidence. Journal of Research in Crime and Delinquency, 49(3), 2012.

⑤ 법집행을 통한 범죄억제, 사회서비스, 지역사회 자원 등을 대상이 되는 위반자 또는 집단에게 집중시킨다.

⑥ 위반자들과 직접적·반복적으로 소통하면서 왜 그들이 지역사회로부터 특별한 관심의 대상이 되고 있는지를 이해시킨다.

다. 평가   [IV - 35]

대표적인 집중적 억제 프로그램의 예로 미국 매사추세츠 주, 보스턴 시의 'Operation Ceasefire'를 들 수 있다. 경찰서 및 지역사회 기관들은 지역의 조직폭력배들을 직접 만나 지역사회 내에서 저질러지는 폭력은 결코 관용하지 않겠다는 입장을 분명히 고지하고 만약 폭력이 발생하는 경우 모든 법적 수단을 사용하여 즉각적이고 확실하게 대응하겠다는 점을 각인시켰다. 아울러 조직폭력배들이 저지른 불법행위로 인해 지역사회가 치르고 있는 피해의 심각성에 대해서도 인식하도록 했다. 프로그램 시행 이후 효과성을 평가한 결과 조직폭력배들에 의한 범죄가 급격히 감소한 것으로 나타났다.[8]

이와 비슷하게 같은 주의 로웰 시에서도 집중적 범죄억제 전략을 적용하여 조직폭력배들에 의한 범죄를 예방하고자 시도했다. 다만 지역사회에서 활동하는 조직폭력배들의 인종적·민족적 구성을 고려하여 맞춤형 접근방법을 사용한 것이 특징이었다. 우선 히스패닉 조직폭력배들에게는 법집행 중심의 보다 전통적인 방식을 적용하였다. 경찰을 포함한 지역의 실무회의체는 조직폭력배들에게 지역사회 내의 폭력을 결코 용납하지 않으며 발생시 단호히 대응하겠다는 메시지를 전달했다. 반면 아시아 조직폭력배들의 범죄에 대해서는 다소 우회적인 접근방법을 적용했다. 아시아 조직폭력배

---

8) Braga, A. A., Kennedy, D. M., Waring. E. J., & Piehl, A. M., Problem-oriented policing, deterrence, and youth violence: an evaluation of Boston's operation ceasefire. Journal of Research in Crime and Delinquency, 38(3), 2001.

들의 범죄는 주로 소수민족 지역의 도박사업과 관련성이 높았다. 경찰은 이 지역의 장년층 남자들에게 주로 폭력을 일삼는 청년 조직폭력배들에 대한 감독책임을 부과하였다. 아울러 폭력이 자꾸 발생하면 도박사업 운영을 폐쇄시키겠다는 강경한 메시지도 함께 전달했다. 연장자의 권위가 인정되고 비공식적 통제가 작동하는 아시아계 이민자들의 문화를 고려한 조치였다. 그 결과 조직폭력배들에 의한 폭력사건이 상당 수준 줄어들었다.[9]

4. 환경설계를 통한 범죄예방(셉테드)

[IV - 36]   가. 셉테드의 개념 및 등장배경

셉테드는 '환경설계를 통한 범죄예방'의 영문표현인 Crime Prevention Through Environmental Design의 첫 글자를 따서 만든 'CPTED'를 우리말로 발음한 용어다. 셉테드는 건축설계와 도시계획 등 물리적 환경 설계를 통해 범죄발생 기회를 감소시켜 범죄를 예방하고자 하는 전략을 말한다. 1960년대 미국의 저널리스트 제인 제이콥스(Jane Jacobs)가 성공한 미국도시들의 특징을 분석하면서 셉테드의 개념이 처음으로 등장했다.[10] 제이콥스는 제2차 세계대전 이후 도시들이 차량통행 중심으로 설계되다보니 사람들 간의 비공식적 사회통제망이 훼손되었고 이 때문에 범죄발생에 유리한 환경이 조성되었다고 비판했다. 그러면서 도시를 안전하게 만들기 위해서는 공적영역과 사적영역을 구분하는 명확한 경계, 거리를 지나는 낯선 이들의 행동을 감시할 수 있는 눈, 그리고 행인들의 꾸준한 통행이 필요하다고

---

9) Braga A. A., Pierce, G. L., McDevitt, J., Bond, B. J. &, Cronin, S. The strategic prevention of gun violence among gang-involved offenders. Justice Quarterly, 25(1), 2008.

10) 역사적으로 볼 때 셉테드의 기원은 13세기 영국에까지 거슬러 올라갈 수 있다. 당시 영국의 국왕이었던 에드워드 1세는 윈체스터법령(Statute of Winchester)을 제정하여 토지주인들에게 도로변 도랑과 초목을 제거하도록 법적 의무를 부과했다. 노상강도들이 도랑 안 또는 초목 뒤에 숨어 있다가 행인을 공격하는 일이 자주 발생했기 때문이다.

주장했다.[11] 1970년대에는 미국의 건축가 오스카 뉴먼(Oscar Newman)은 '방어 공간'(defensible space)이라는 개념을 통해 건물 설계의 특징과 범죄 발생 간의 관련성을 제시했다. 대표적으로 같은 도로를 중심으로 서로 마주 보고 있는 두 아파트 간의 범죄율 차이를 예로 들면서 복도의 형태, 공용 공간 등과 같은 요소들이 어떻게 범죄율에 영향을 미치는지를 설명했다. 그는 건축물이 범죄에 대한 방어공간으로서 기능하기 위해서 충족되어야 할 조건들로 영역성, 감시, 이미지, 주변환경 등을 제시했다.[12]

나. 셉테드의 기본원리   [IV - 37]

셉테드의 기본원리에는 자연적 감시, 자연적 접근통제, 영역성, 활용성 증대, 그리고 유지관리가 포함된다.

① 자연적 감시(natural surveillance)

가시성이 최대로 확보되도록 건물과 시설물 등을 배치하는 것을 말한다. 주민들이 일상생활 속에서 낯선 사람의 등장을 쉽게 알아차릴 수 있도록 만드는 것이다. 또한 건물 주변에 잠재적 범죄자가 몸을 숨길만한 공간이 만들어지지 않도록 설계한다. 야간에 가시성을 확보하기 위해 주차지역, 출입구, 보행로, 정원벤치 등에 적절한 조명을 설치하는 것도 자연적 감시를 높이는 방안이다.

② 자연적 접근통제(natural access control)

도로, 보행로, 조경, 출입문 등을 활용하여 사람들이 정해진 공간으로 이동하도록 자연스럽게 유도하는 것을 말한다. 동시에 허가받지 않은 사람이

---

11) Jacobs, J. The death and life of great American cities, New York: Random House, 1961.
12) Newman, O., Defensible space: Crime prevention through urban design, New York: Collier Books, 1978.

함부로 이동하거나 진출입하지 않도록 차단한다. 잠재적 범죄자가 범행대상에 접근하는 것을 어렵게 만들어 범죄를 예방할 수 있다. 건물의 출입구 수를 최소화하고, 화분 등 조경물을 이용해서 출입을 통제하는 등의 조치가 여기에 속한다. 자연적 접근통제는 인적수단(예: 경비원), 물리적 수단(예: 출입차단기, 도어락)과 병행하여 적용된다.

③ 영역성(territoritality)

지역주민들이 어떤 지역을 자유롭게 사용하고 점유하여 권리를 주장할 수 있게 만드는 것을 의미한다. 영역은 사적 공간(private space), 준사적 공간(semi-private space), 공적 공간(public space)으로 구분되는데 이들 공간이 명확히 구분되도록 경계선을 표시하여 성격이 다른 공간 사이를 이동할 때 사람들이 충분히 인식할 수 있도록 하여 행동에 있어서 심리적 부담을 주려는 전략이다. 거주자들에게는 공간에 대한 소유의식을 강화하여 자신에게 속한 영역을 범죄로부터 지키기 위한 적극적인 조치를 유도하려는 측면도 있다.

④ 활용성 증대(activity support)

시민들이 공공장소를 활발하게 사용하도록 함으로써 자연적 감시기능을 높이려는 전략이다. 제인 제이콥스가 말한 '거리의 눈'(eyes on the street)이 제대로 작동하도록 만드는 것이다. 공원, 광장, 놀이터 등에 있는 시설을 보강하고 주변 환경을 개선하거나 다양한 행사를 개최하는 등의 방법이 있다.

⑤ 유지관리(maintenance & management)

어떤 시설물이나 장소가 처음 설계된 대로 지속적으로 사용될 수 있도록 관리하는 것을 의미한다. 어떤 장소가 제대로 관리되지 않아 황폐해지면 그곳에 아무도 관심을 두지 않는다는 인상을 주게 되어 이용자의 발길이 끊어지고 범죄자들이 모여들게 될 것이다. 쓰레기를 제거하고 건물외관을 청소하고 깨어진 유리창이나 가로등을 수리하는 등의 방안이 여기에 속한다.

다. CCTV와 범죄예방   [Ⅳ - 38]

CCTV는 셉테드 원리 중 자연감시를 보조하는 기계적 감시의 일종으로 범죄예방에 널리 활용된다. 상황적 범죄예방 이론의 측면에서 보면 CCTV는 자신의 범행과 신분이 발각될 위험을 높여 잠재적 범죄자로 하여금 범죄행위를 억제하도록 만드는 기능을 한다. 설령 CCTV 감시 하에서 검거의 위험을 무릅쓰고 범죄를 감행한다고 하더라도 단시간 내에 범행을 마쳐야 하는 추가적인 부담과 노력이 요구된다. 잠재적 피해자의 측면에서는 설치되어 있는 CCTV를 보고 스스로 안전에 더욱 유의하게 되는 효과도 있다. 아울러 지역사회 차원에서도 CCTV의 설치는 해당지역의 안전수준을 향상시켜 전반적인 삶의 질을 개선하는 효과가 있다.

반면에 CCTV의 범죄예방효과에 대한 회의적인 시각도 존재한다. 대표적인 근거로 '전이효과'(풍선효과)를 들 수 있다. 전이효과란 한 지역의 범죄행위가 다른 행위로 대체되거나 다른 지역으로 옮겨가서 발생하는 현상을 말한다. CCTV가 설치된 지역의 범죄는 감소할지 모르지만 그 감소분만큼 인근의 다른 지역 범죄가 증가하게 되어 결국 전체 범죄발생의 양은 변화하지 않는다는 논리이다. 이러한 논리는 범죄 자체가 비탄력적인 성격을 갖고 있어서 일정기간동안 일정량의 범죄가 어떤 식으로든지 결국 발생한다는 전제에 기초하고 있다. 범죄자의 범행욕구는 비탄력적이기 때문에 CCTV를 이용해 단지 범행기회를 일시적으로 통제하는 방식으로는 감소되지 않고 결국 다른 지역에서 또는 다른 피해자를 상대로 해소가 되어야 한다는 주장이다.

이와는 반대로 CCTV가 오히려 '이익의 확산효과'(무임승차효과)를 발생시킨다는 견해도 있다. 이익의 확산효과는 범죄예방조치의 효과가 직접적인 대상지역뿐만 아니라 주변의 다른 지역으로까지 확산되는 현상을 말한다. 잠재적 범죄자가 어떤 지역에 CCTV가 설치되어 있는 것을 보고, 그 지역뿐만 아니라 인근의 다른 지역도 마찬가지로 감시가 심할 것으로 짐작하고 범행을 포기하는 경우 이러한 효과가 발생한다. 정부기관이 취하는 범죄예방조치들에 대한 구체적인 정보를 잠재적 범죄자들이 가지고 있지 않기 때문에 나타나는 효과라고 하겠다.

CCTV의 범죄예방효과를 검증한 연구들은 다소 엇갈린 결과들을 보고하고 있다. 최근의 한 연구는 지난 40여 년 동안 실시된 CCTV 범죄예방효과성 관련 연구들을 종합적으로 분석한 결과를 발표하였다.[13] 주로 영국과 미국에서 엄격한 과학적 방법을 적용하여 수행된 76편의 연구들을 분석한 결과, 범죄예방효과는 CCTV가 설치된 장소의 유형에 따라 큰 차이를 보였다.[14] 예방효과가 가장 큰 장소는 주차장이고 그 다음으로 주거지역이었다. 반면에 도심지역과 대중교통시설에서는 예방효과가 미약한 것으로 나타났다. CCTV의 범죄예방효과는 범죄의 유형에 따라서도 다르게 나타났는데 절도와 마약범죄의 발생을 줄이는 데에는 효과가 있었으나 폭력범죄에는 별다른 예방효과가 없었다. 국내에서 수행된 대부분의 CCTV연구는 긍정적인 효과를 보고하고 있다. CCTV가 범죄발생을 억제할 뿐만 아니라 시민들의 불안감을 낮추는 데에도 효과가 있는 것으로 나타났다.[15]

다만 범죄예방 목적으로 CCTV를 활용할 때에는 시민의 기본권과의 충돌 문제를 고려해야 한다. 기본적으로 개인의 사생활 침해의 우려가 있는 장소에는 설치가 제한된다. 사생활 보호에 대한 기대가 없는 공공장소라고 하더라도 최소한 익명성을 보장받고 국가기관에 의해 함부로 감시를 당하지 않

---

13) Eric, L. P., Welsh, B. C., Farrington, D. P., & Thomas, A. L., CCTV surveillance for crime prevention: A 40-year systematic review with meta-analysis, Criminology & Public Policy, 18(1), 2019.

14) 분석에 포함된 된 CCTV연구가 수행된 국가는 영국(34편), 미국(24편), 캐나다(6편), 한국(3편), 스웨덴(4편), 기타(5편)이다.

15) 다만 국내연구들 중 실험지역, 완충지역, 통제지역을 설정하고 각 지역에 대해 CCTV 설치 이전과 이후를 각각 측정하여 비교하는 엄격한 과학적 평가방식을 적용한 실험연구 또는 준실험연구는 거의 없기 때문에 CCTV의 범죄예방 효과에 대해 단정적으로 결론을 내리기에는 성급하다고 할 수 있다.

을 권리는 여전히 존재한다. CCTV로 인해 시민들의 표현의 자유가 위축될 우려가 있기 때문에 공개된 장소라고 하더라도 특별한 공공의 목적이 있는 경우에만 제한적으로 설치하는 것이 바람직하다. 또한 CCTV를 운용할 때 불특정 다수에 대한 전체적인 촬영만 할지 아니면 특정 개인의 활동에 대한 확대촬영까지 허용할지에 따라 기본권 제약의 정도가 달라진다. 단순히 화면으로 비추기만 할지, 아니면 장면을 녹화할지, 만약 녹화를 허용한다면 녹화된 영상은 얼마동안 저장할지의 문제들이 제기될 수 있다. 더욱이 최근에는 안면 인식기술이 고도화되어 CCTV와 접목하여 사용할 때 감시가 더욱 개별화됨에 따라 과도한 사회통제와 정부에 의한 감시를 둘러 싼 우려가 제기되고 있다.

라. 한국경찰의 셉테드 적용 [IV - 39]

지역사회의 범죄문제에 셉테드를 적용하기 위해서는 막대한 예산과 많은 인력이 필요하기 때문에 현실적으로 경찰기관 단독으로 셉테드 사업을 추진하는 것은 상당히 어렵다. 그렇기 때문에 대부분 중앙정부와 지방자치단체의 예산으로 진행되는 '안심마을'과 같은 지역안전사업에 경찰이 협력기관으로 참여하는 방식으로 추진된다. 우리나라에서는 대략 2005년부터 경찰현장에 셉테드가 적용되기 시작했다. 2005년 부천시의 범죄예방사업이 대표적인데 당시 CCTV 증설, 보안등 설치, 조경 사업 등이 실시되었다. 부천시 3개 지역에 셉테드를 도입한 결과 침입절도 38.3%, 강도 60.3%가 감소하는 긍정적인 효과가 나타났다. 이러한 결과에 고무되어 '환경설계를 통한 범죄예방 방안', '범죄예방을 위한 설계지침' 등 책자를 제작하여 배포하였으며 현재까지 셉테드 전문 교육과정을 운영해 전문 경찰관을 양성해오고 있다. 그동안 경찰은 신도시, 뉴타운, 구도심지역 등을 중심으로 셉테드를 적용한 여러 범죄예방사업들에 참여했다. 대표적인 예로서 서울시 마포구 염리동 소금길 조성사업, 부산시 16개 지역의 행복마을 조성 사업 등이 있다.

2016년부터는 경찰서에 '범죄예방 진단팀'(Crime Prevention Officer: 이하 CPO)제도가 도입되면서 경찰의 범죄예방활동에 있어서 셉테드의 적용이 보다 활발해지고 있다. CPO는 지역사회 내의 범죄취약요인을 심도 깊게 분석하고 해결방안을 제시하는 업무를 전담하고 있는데 물리적 취약환경과 관련해서는 주로 셉테드의 원리를 활용하고 있다. 또한 각 경찰서들은 CPO, 지역주민, 지방자치단체, 학술·연구단체, 협력단체 등으로 구성된 '범죄예방진단 협의체'를 설립하고 있다. 지역사회에서 셉테드에 입각한 범죄예방활동이 성공적으로 실시되기 위해서는 지역 구성원들의 의견과 협조가 필요하기 때문이다.

5. 한국의 문제지향 경찰활동

[IV - 40]   가. 범죄예방 진단팀 개념 및 도입배경

그동안 우리나라에서는 학계를 중심으로 문제지향 경찰활동에 대한 논의가 진행되었을 뿐 실제 경찰실무에 제대로 도입되지는 못했다. 그러다가 2015년 경찰청이 발주한 연구용역에서 문제지향 경찰활동을 전담할 범죄예방진단팀에 대한 논의가 본격화되었다. 2016년 전국 11개 경찰관서에 범죄예방 진단팀이 신설되어 시범적으로 운영되다가 같은 해 강남역 여자화장실에서 발생한 살인사건을 계기로 전국 모든 경찰관서에 확대 시행되기에 이르렀다. CPO는 "지역사회와 함께 범죄예방대책을 마련하기 위해, 거리·공원·공공시설·건축물 등 특정 지역이나 시설의 물리적·사회적 요인을 분석하여 범죄취약요소를 파악하고, 이를 활용하여 경찰의 범죄예방활동 역량강화 및 지역사회와의 협력관계 구축을 임무로 하는 경찰관"을 말

한다.[16] 한마디로 문제지향 경찰활동의 SARA과정 중 지역사회의 범죄문제에 대한 전문적인 조사(Scanning)와 분석(Analysis)을 주된 업무로 하는 경찰관이라고 할 수 있다.

'범죄예방진단 절차 및 활용에 관한 규칙'은 CPO가 수행할 업무로서 범죄예방진단에 관해 규정하고 있다. 범죄예방진단은 '경찰관이 지역사회와 함께 범죄예방대책을 마련하기 위해 거리 · 공원 · 공공시설 · 건축물 등 특정 지역이나 시설의 물리적 · 사회적 환경 요인을 분석하여 범죄취약요소를 파악하는 활동'이라고 정의되어 있다(동 규칙 제2조 제1호). 과거 우리나라 경찰은 방범심방 또는 방범진단이라는 명칭으로 범죄예방진단과 유사한 활동을 실시한 적이 있다. 1991년부터 범죄예방을 위한 상담과 청소년 선도 및 안전사고 방지 등을 목적으로 방범심방을 실시했다. 경찰관은 개별 가구를 방문하여 세대주의 성명, 나이, 주소, 동거인, 전화번호, 가옥 소유여부 등 오늘날 개인정보에 해당하는 내용들을 수집한 뒤 방범심방카드에 기록했다. 그러나 비록 범죄예방이라는 명목 하에 실시되었지만 실효성은 극히 미미했고, 더욱이 사생활 침해적 요소 때문에 조사과정에 시민들의 협조를 얻기가 어려웠다. 이러한 문제점 때문에 2006년 명칭을 방범진단으로 변경하면서 사생활 침해적 요소들을 제거하였다. 2012년부터는 개인정보를 수집할 때 대상자로부터 사전 동의를 구하고 서명을 받도록 하였다.[17]

하지만 기존의 방범심방이나 방범진단은 단순히 경찰의 범죄예방활동에 참고가 될 만한 정보를 수집하는 성격의 활동에 불과했다. 그렇기 때문에 보다 근본적인 범죄의 보다 근본적인 원인에 대한 심도 깊은 분석은 이루어지지 못했다. 또한 방범진단은 주된 대상을 기존의 시설물로 제한하였다. 이에 반해 범죄예방진단은 범죄학, 건축학, 통계학 등 전문지식을 바탕으로 다양한 자료를 활용하여 문제의 원인을 보다 정확하게 규명하는데 목

---

16) 강용길, 김현정, 박종철, 이영돈, 생활안전경찰론, 경찰대학 출판부, 2018, p.56.
17) 박현호, 경찰 범죄예방진단팀(CPO)의 CPTED 관련 직무분석, 한국치안행정논집, 16(1), 2019, p. 5-6.

적을 두고 있다. 진단의 대상을 특정 시설물에만 한정하는 것이 아니라 지역사회 전역으로 확대하여 보다 종합적인 범죄예방대책의 수립이 가능하도록 했다.

<표IV-3> 방범진단과 범죄예방진단 비교

	방범진단	범죄예방진단
주체	경찰 단독	지방자치단체 및 민간단체와 협업
목적	범죄예방	범죄예방을 목적으로 치안수준 향상
업무내용	순찰, 방범진단, 선도, 계도, 위험물 관리 및 단속	범죄취약영역 진단 및 관리, 공동 치안서비스 생산
관련 법령	경찰관직무집행법, 경찰법	경찰관직무집행법, 경찰법, 건축법, 도시 및 주거환경 정비법, 지방자치조례 등
시행방법	인간 중심의 예방활동	과학적인 방법을 활용한 종합적인 예방활동
타 기관과의 관계	경찰 외 관련 기관과의 협력	경찰 중심
투자가치	제한된 자원을 활용한 효율성 추구	범죄예방의 효과성 추구

출처: 신재헌, 김상운, 범죄예방진단침(CPO)을 활용한 지방자치단체 CPTED 전략 개선방안, 한국경찰연구, 16(3), 2017, pp. 182-183.

[IV - 41] 　　나. 범죄예방 진단팀의 임무

CPO의 주요 임무는 자신이 담당하는 지역의 범죄 및 무질서 문제에 관해 각종 자료를 수집하여 분석하고, 이러한 분석결과가 범죄예방정책을 수립하고 범죄예방활동을 하는데 활용될 수 있도록 하는 것이다.[18]

---

18) 범죄예방진단 절차 및 활용에 관한 규칙, 제10조가 규정하고 있는 범죄예방 전문요원의 임무는 1. 범죄취약지역 범죄예방진단. 2. 범죄예방진단 결과 분석, 3. 침입범죄 피해 시설물 진단·개선, 4. 지방자치단체, 경비업체, 협업단체 등 유관기관 단체와 범죄예방디자인 활성화를 위한 협업체계 구축, 5. 범죄예방 강화구역 관리 등이다.

첫째, 지역의 범죄 및 무질서 문제의 실태와 원인을 파악하기 위한 자료를 수집하고 이를 분석한다. 범죄예방진단의 대상에는 거주자 또는 관리자가 요청한 시설물, 지방자치단체 또는 주민 등이 위험 발생을 우려하여 요청한 지역, 그리고 경찰서장이 필요하다고 인정하는 지역이 포함된다.[19] 이와 같이 치안서비스 수요자의 요청과 지자체와 지역주민들의 의견을 반영하여 범죄예방진단의 대상을 결정하는 것은 공동체치안의 정신을 반영한 것이다. 또한 범죄나 무질서 문제에 대한 지역사회 차원의 협력적 대응을 가능하도록 하려는 것이다. 범죄예방진단은 문제의 실태와 원인을 보다 정확하고 심도 깊게 분석하기 위해서 다양한 유형의 내부 및 외부자료를 활용한다. 시설물 구조와 방범시설 등 물리적 환경 요인뿐만 아니라 노약자·여성·1인가구 등 범죄취약계층과 외국인·유동인구 현황 등 사회적 환경 요인도 고려한다. 112신고 건수, 범죄유형별 발생건수 등 경찰 내부 자료를 활용하고, 더불어 지방자치단체 또는 유관기관으로부터 관련 빅데이터 자료를 요청하여 활용한다.[20] 이와 같이 다양한 자료를 분석에 사용하는 이유는 분석의 수준이 단순히 과거에 이미 발생했던 범죄의 실태를 파악하는 후향적 분석(retrospective analysis)에 머무는 것이 아니라 앞으로 범죄 발생 추세를 예측하는 전향적 분석(prospective analysis)에 도달하기 위해서이다.

둘째, 범죄예방진단의 결과가 활용될 수 있도록 자료를 제공하고 관리한다. 먼저 범죄예방진단 결과는 경찰서가 범죄예방 종합계획을 수립하는데 사용된다. 경찰서장은 전년도 치안성과와 범죄발생 등을 분석하고 해당 연도 치안수요를 예측하여 범죄취약지역 관리, 순찰인력 활용, 방범환경 개선, 유관기관 협업 등이 포함된 경찰서 범죄예방 종합계획을 수립하며 이때 범죄예방진단 결과가 활용된다.[21] 또한 경찰서장은 범죄취약지점을 범

---

19) 범죄예방진단 절차 및 활용에 관한 규칙 제3조(범죄예방진단의 대상)
20) 범죄예방진단 절차 및 활용에 관한 규칙 제5조(범죄예방진단 시 고려사항) ①, ②
21) 범죄예방진단 절차 및 활용에 관한 규칙 제7조(범죄예방 종합계획의 수립) ①

죄예방 강화구역으로 지정하고 특별히 관리할 수 있다. 범죄예방 강화구역을 선정할 때 범죄예방진단 분석 결과와 각종 위해요인, 그리고 지방자치단체 또는 유관기관, 주민의 의견을 고려하도록 되어 있다.[22] 대내적 활용 외에도 범죄예방진단 결과는 대외적으로 지역 주민과 지방자치단체가 활용할 수 있도록 제공된다. 경찰서장은 진단 대상자가 요청하거나 필요하다고 판단되면 진단결과를 제공할 수 있다.[23] 지방자치단체와 주민들에게 진단결과를 제공할 때에는 실질적으로 활용할 수 있도록 취약요인에 대한 분석과 개선방안을 명확하게 제시하는 것이 중요하다.[24]

<그림Ⅳ-2> 범죄예방진단 진행과정

범죄예방진단 대상지 선정 ▶ 범죄예방진단 사전조사 및 준비 ▶ 범죄예방진단 사전안내 ▶ 범죄예방진단 ▶ 범죄예방진단 결과 활용

출처: 신재헌 · 김상운, 범죄예방진단침(CPO)을 활용한 지방자치단체 CPTED 전략 개선방안, 한국경찰연구, 16(3), 2017, p. 184.

[Ⅳ - 42]   다. 방범용 CCTV의 활용

2002년 서울 강남구 논현동의 한 골목길에 우리나라 최초로 방범용 CCTV 5대가 인권침해 논란 속에 설치되었다. 이후 CCTV가 강력범죄자들을 검거하는데 있어 중요한 기여를 하게 되면서 그 수요가 급격히 증가했다. 특히 2009년 연쇄살인범 강호순을 검거하는 과정에서 CCTV에 찍힌 차량번호가 결정적인 역할을 하면서 치안분야에 있어서 CCTV의 중요성이 크

---

22) 범죄예방진단 절차 및 활용에 관한 규칙 제8조(범죄예방 강화구역의 지정 · 관리) ①
23) 범죄예방진단 절차 및 활용에 관한 규칙 제6조(범죄예방진단 결과의 활용) ①
24) 범죄예방진단 절차 및 활용에 관한 규칙 제6조(범죄예방진단 결과의 활용) ②

게 부각되었다. CCTV 보급이 폭발적으로 증가하게 된 또 다른 계기는 지방자치단체 별로 'CCTV 통합관제센터'가 생기면서부터이다. 각 지방자치단체는 중앙정부의 예산지원을 받아 CCTV 통합관제센터를 설립하고 모니터링 요원을 채용하였으며, 경찰관서는 센터의 관리와 운영을 담당하게 되었다. 2018년 기준 전국에 설치되어 있는 방범용 CCTV는 총 510,245대에 이른다.[25]

공공기관에 의한 CCTV 설치는 개인정보보호법 제25조를 근거규정으로 하고 있다. 공개된 장소에서 CCTV를 설치하여 운영할 수 있는 경우를 5가지로 규정하고 있는데 여기에 '범죄의 예방 및 수사를 위하여 필요한 경우'가 포함되어 있다.[26] 다만 불특정 다수가 이용하는 목욕실, 화장실, 발한실, 탈의실 등 개인의 사생활 침해의 우려가 현저한 장소는 설치를 금하고 있다(동조 제2항). 아울러 CCTV를 운용함에 있어서 몇 가지 유의사항도 규정되어 있다. 설치 목적과 다르게 사용하기 위해 기기를 임의로 조작하거나 다른 곳을 비춰서는 안 되며 녹음기능도 허용되지 않는다(동조 제5항). 또한 개인정보가 유출되지 않도록 안전성 확보를 위한 필요한 조치를 의무화하고 있다(동조 제6항).

6. 문제지향 경찰활동의 평가   [IV - 43]

문제지향 경찰활동의 범죄예방 효과를 평가한 연구들 중 과학적 평가로서의 기준을 충족한 연구들만을 대상으로 분석한 결과 대부분의 연구에서 긍정적인 결과가 확인되었다. 예방효과가 나타나지 않은 경우는 문제지향

25) 경찰청, 2019 경찰백서, 2020, p. 100.
26) 개인정보보호법 제25조(영상정보처리기기의 설치·운영 제한) ① 누구든지 다음 각 호의 경우를 제외하고는 공개된 장소에 영상정보처리기기를 설치·운영하여서는 아니 된다. 1. 법령에서 구체적으로 허용하고 있는 경우, 2. 범죄의 예방 및 수사를 위하여 필요한 경우, 3. 시설안전 및 화재 예방을 위하여 필요한 경우, 4. 교통단속을 위하여 필요한 경우, 5. 교통정보의 수집·분석 및 제공을 위하여 필요한 경우

경찰활동의 실행과정 상 문제에서 비롯된 것으로 확인되었다.[27]

다만 문제지향 경찰활동이 기대한 바와 같이 예방효과를 나타나기 위해서는 다음의 몇 가지 사항들을 고려해야 한다.[28] 첫째, 문제를 해결하고자 하는 대상을 지리적으로 집중시키는 것이 유리하다. 지역사회의 한정된 가용자원을 분산시키는 것보다 가장 문제가 되는 취약지점에 집중적으로 투입하는 것이 효과적이다. 둘째, 문제지향 경찰활동이 성공적으로 실시되기 위해서는 경찰기관의 차원에서 이러한 접근방법에 충분히 몰입하는 것이 중요하다. 새로운 경찰활동 전략에 대한 이해와 공감대가 경찰 관리자는 물론 현장경찰관들 사이에 충분히 형성되어야 하고 경찰조직의 자원이 적절하게 투입되어야 한다. 셋째, 한 경찰관이 취급해야 할 지역사회의 문제가 양적으로 적절한 수준을 유지할 수 있도록 해야 한다. 과도한 업무량은 심도 깊게 문제를 분석하고 최적의 해결책을 도출하는 활동에 방해요소로 작용한다. 마지막으로 다른 기관들과 긴밀하게 협력하는 것이 중요하다.

그런데 현실적으로 경찰기관이 문제지향 경찰활동을 도입하는 데에는 다음과 같은 어려움이 뒤따른다. 첫째, 경찰관들 사이에 문제지향 경찰활동을 둘러 싼 컨센서스를 형성하는 것이 쉬운 일이 아니다. 법집행 위주의 전통적 경찰활동에 익숙해져 있는 경찰관들은 새로운 업무방식에 거부감을 드러내기도 한다. 경찰업무의 범위가 확장되는데 대한 반발도 생겨난다. 또한 경찰문화 속에 내재된 고질적인 회의주의와 무사안일주의가 작동하면 긍정적인 결과를 기대하기가 힘들어진다. 둘째, 경찰의 가용자원이 제한적이라는 문제가 있다. 한정된 인력·예산·시간의 범위 안에서 전통적 방식대로 기존의 경찰업무를 수행하면서 동시에 문제지향 경찰활동을 추가적으로 실시한다는 것은 매우 어려운 일이다. 더욱이 경찰기관 자체적으

27) Weisburd, D., Telep, C. W., Hinkle, J. C., & Eck, J. E., Is problem-oriented policing effective in reducing crime and disorder? Findings from a Campbell systematic review. Criminology and Public Policy, 9, 2010.

28) Weisburd, D., Telep, C. W., Hinkle, J. C., & Eck, J. E., Effects of problem-oriented policing on crime and disorder. Campbell Collaboration systematic review final report, 2008.

로 SARA모델에서 제시하는 수준의 심도 깊은 분석을 위한 분석능력을 충분히 갖추고 있지 못하다. 그러다 보니 초보적이고 단순한 분석을 바탕으로 '피상적인 문제해결'(shallow problem solving)에 그치고 마는 경우가 대부분이다. 또한 경찰기관이 SARA모델에서 말하는 문제해결을 위한 혁신적인 대안을 도출해 낸다는 것이 말처럼 쉽지 않다. 마지막으로 경찰기관은 예방 프로그램의 효과성에 대한 평가과정을 소홀히 하는 경향이 있으며, 더욱이 엄밀한 과학적 방법에 따른 평가연구(예: 실험연구)를 수행할만한 역량이나 여건을 갖추고 있지 못하다.

[IV - 44] 제2장 사후적 대응활동

핵심질문

- 경찰은 어떤 절차에 따라 112신고에 대응하는가?
- 긴급신고에 대한 현장대응시간을 줄이기 위해 경찰은 어떠한 노력을 하고 있나?
- 긴급위치추적의 법적요건과 실무적 차원의 쟁점은 무엇인가?
- 범죄수사의 법률적 의미와 사실적 의미는 어떻게 다른가?
- 범죄수사는 어떠한 과정으로 진행되는가?
- 범죄수사활동의 유형에는 무엇이 있는가?
- 범죄수사기법에는 어떤 것들이 있는가?
- 경찰이 범죄피해자를 보호하고 지원해야 하는 이유는 무엇인가?
- 경찰의 피해자 보호 · 지원 제도에는 어떤 것들이 있는가?
- 피해자가 형사절차에 참여하도록 보장해 주는 제도에는 어떤 것들이 있는가?
- 피해자의 신변을 보호하기 위한 제도에는 어떤 것들이 있는가?
- 경찰에 의한 2차 피해 방지를 위한 제도에는 어떤 것들이 있는가?
- 회복적 경찰활동은 어떤 방식으로 실시되는가?

제1절 긴급신고 대응

1. 긴급신고시스템의 의의

가. 의미   [Ⅳ - 45]

대부분의 국가들은 국가기관이 나서서 신속하게 조치해야 할 중대하고
도 긴급한 상황이 발생했을 때를 대비하여 긴급신고체계를 갖추고 있다. 여
기서 중대하고도 긴급한 상황이란 개인의 생명·신체 및 중요한 재산에 대
한 위험이나 국가안보나 존립에 대한 심각한 위협이 발생하여 진행 중이거
나 발생이 임박한 경우를 의미한다. 통상 긴급상황을 즉각적으로 접수하여
신속히 대응할 수 있도록 별도의 긴급번호를 지정하고 있다. 긴급상황에 처
한 국민은 긴급번호를 통해 언제나 국가에 직접적인 도움을 요청할 수 있
다. 미국의 911, 영국의 999, 독일의 112(소방), 110(경찰), 19222(응급의료)
등이 이러한 긴급번호에 해당한다. 우리나라의 대표적인 긴급번호에는 112
와 119가 있다. 긴급번호의 운영에 관해서는 기본법인 전기통신사업법 및
그 하위법령에 규정되어 있다. 전기통신사업자는 사회질서 유지 및 인명의
안전을 위한 긴급통신용 전화서비스를 제공하도록 되어 있는데 이중 국가
안보신고·상담(111), 범죄신고(112), 간첩신고(113), 학교폭력 신고·상담
(117), 사이버테러 신고·상담(118), 화재·조난신고(119), 해양사고 및 범
죄신고(122), 밀수신고(125)를 특수번호 전화서비스로 규정하고 있다(전기
통신사업법 시행령 제2조 제2항 제2호).

긴급신고시스템이 갖추어야 할 요건은 다음과 같다. 첫째, 상시적 접수
체계를 마련하여 24시간 긴급상황에 대응할 수 있어야 한다. 둘째, 신속한

대응체계를 갖추고 있어 신고가 접수되면 즉시 필요한 조치를 취할 수 있어야 한다. 셋째 위험을 방지하고 장해를 제거하기 위해서 필요시 강제조치가 가능하도록 집행력 확보를 위한 법적 근거가 마련되어 있어야 한다. 마지막으로, 긴급상황에 대한 상시적·즉각적 대응이라는 본래의 목적을 달성하기 위해서는 긴급한 조치를 필요로 하지 않는 단순 민원·상담 목적 신고에 대한 서비스는 배제되어야 한다.[1]

[IV - 46]　　나. 112신고제도의 도입과 발전

　　112신고제도란 "긴급상황에 보다 신속하게 대응하기 위해 경찰의 인력·장비의 활용을 극대화하고 지휘·통제·통신의 3대 기능을 자동화한 시스템"을 말한다.[2] 112신고제도는 1957년 당시 치안국(현재의 경찰청)이 체신부의 협조를 얻어 서울과 부산에 범죄신고 전화번호 112번을 가설하면서 시작되었다(모든 범죄를 112로 일일이 알리라는 취지). 그러나 1980년대 초반까지 통신시설의 부족과 소극적인 수사로 인해 범죄신고 건수는 별로 증가하지 않았다. 또한 도입 초기에는 신고접수 및 지령의 통계자료 처리가 모두 수작업으로 이루어지는 등 한계가 있었다. 그러다가 1988년 서울 올림픽 개최를 계기로 기존의 112신고제도를 대대적으로 개선하였다. 서울지방경찰청에 112전용 무선망을 구축하고 무전연락이 가능한 순찰차와 형사기동대차량을 갖추었다. 그리고 시민이 신고한 때부터 경찰이 현장에 도착할 때까지 전 과정이 지휘(Command), 통제(Control), 통신(Communication)이 통합적·체계적으로 운용되도록 시스템화하고 영문 앞 글자를 따서 'C3제도'라고 불렀다. 1990년에는 컴퓨터가 도입되면서 시스템이 완전 자동화되었고 명칭을 오늘날의 '112신고제도'로 변경하였다.

---

1)　이성용·김학경·윤우석·김정인·홍태경, 긴급신고 통합방안 연구용역 최종보고서, 계명대학교 산학협력단, 2014, p.19-20.
2)　강용길·김현정·박종철·이영돈, 생활안전경찰론, 경찰대학 출판부, 2018, p. 166.

112신고제도가 정착되어감에 따라 보다 신속한 현장출동과 효과적인 대응의 필요성이 높아져갔다. 이에 부응하기 위해 2010년에는 각 경찰서별로 '112순찰차 신속배치 시스템'(IDS: Instant Dispatch System)을 구축하였다. 신고사건이 접수되었을 때 사건현장에서 가장 가까운 곳에 위치한 순찰차에게 출동지령을 내려 보다 신속한 현장도착이 가능하도록 했다. 이를 위해 치안상황실에는 순찰차의 출동 및 배치 현황을 한 눈에 볼 수 있는 대형 전자지도 상황판을 설치하고 순찰차에는 GPS와 모니터를 설치하였다. 2011년부터는 8개 지방청에 '지방청 112종합상황실'을 설치하여 경찰서 단위 112지령실 간에 공조가 보다 원활이 이루어지도록 하였다. 또한 지방청 단위의 종합상황실에도 여러 명의 접수요원을 두어 신고가 집중될 때 보다 효과적으로 대응할 수 있도록 하였다.

2. 긴급신고대응 절차

가. 112종합상황실 운영 [IV - 47]

현재 112종합상황실은 각 지방청별로 1개씩 총 17개가 설치되어 있고 각 경찰서에도 별도의 112종합상황실이 운영 중에 있다. 지방청 112종합상황실은 112신고의 접수를 전담하고 광역사건이나 대형사건의 지령을 담당한다. 경찰서 112종합상황실은 일반사건의 지령 및 상황관리를 맡고 있다.[3] 112종합상황실의 업무의 범위에는 ① 112신고의 접수와 지령, ② 각종 치안상황의 신속하고 정확한 파악 및 전파, 그리고 초동조치 지휘, ③ 112신고 및 치안상황에 대한 기록유지, ④ 112신고 관련 각종 통계의 작성·분석 및 보고가 포함된다(112종합상황실 운영 및 신고처리 규칙 제5조).

112종합상황실의 실장·팀장은 112신고사건 등 각종 상황의 처리과정을

---

[3] 112신고 접수·지령 매뉴얼, 경찰청, 2016, p. 8.

총지휘하는 책임을 맡고 있다. 긴급상황이 발생하여 초동조치를 해야 할 경우 소속 지방청장(또는 경찰서장)의 권한을 행사할 수 있고 사후에 보고한다. 상황실에 근무하는 112요원들은 접수반, 분석대응반, 관리팀에 각각 소속되어 있다. 접수반은 신고자의 위치, 피해상황, 가해자 정보 등을 신속하고 정확하게 파악하여 분석대응반으로 인계하는 임무를 담당한다. 분석대응반은 인계받은 신고내용을 바탕으로 현장경찰관에게 출동지령을 내리고 상황이 최종적으로 종료될 때까지 상황을 관리한다. 그밖에 신고내용을 정밀하게 분석하여 추가 정보를 파악하고 최적의 출동요소(112순찰차, 형사기동대차, 교통순찰차, 고속도로순찰차, 지구대·파출소 근무자 및 인접 경찰관서 근무자 등)를 결정하는 역할을 맡는다. 관리팀은 112종합상황실의 전반적인 운영 및 지원에 관한 사항을 담당하며 통신망·IDS 등 112신고시스템 유지·관리, 112신고처리 통계자료 분석·관리, 교육·홍보 등의 업무를 맡고 있다.[4] 112신고사건의 처리과정은 〈그림IV-3〉와 같다.

〈그림IV-3〉 112신고사건 처리 흐름도

___

4)   112신고 접수·지령 매뉴얼, 경찰청, 2016, p. 9

나. 신고접수 [IV - 48]

범죄, 사고 등 긴급상황이 발생하여 시민이 112신고를 하면 관할지역과 상관없이 신고를 받은 112종합상황실에서 접수한다. 만약 112신고 이외에 경찰관서별 일반전화로 신고하거나 경찰관서에 직접 방문하여 신고하는 경우 해당 신고를 받은 경찰관이 접수한다(112종합상황실 운영 및 신고처리 규칙 제8조). 다른 관할 지역에서의 출동조치가 필요한 112신고를 접수한 때에는 지체 없이 관할 112종합상황실에 통보한다(동 규칙 제11조 제1항). 신고가 접수되면 112요원은 우선적으로 신고자가 위급한 상황에 있는지 여부를 파악한다. 긴급상황 여부가 파악되었으면 주변의 건물이나 도로 등의 위치를 물어 신고자의 정확한 위치를 파악한다. 다음으로 피해상황을 파악하게 되는데 이때 응급의료구호의 필요나 성폭행 등으로 여성경찰관의 도움 필요 여부를 확인한다. 가해자가 도주한 경우에는 도주시간, 이동수단, 도주방향, 인상착의 등 긴급배치 및 검문검색을 대비해 필요한 정보를 수집한다.

112요원은 초기 신고내용을 최대한 합리적으로 판단하여 긴급성과 출동 필요성에 따라 신고를 분류한다. 112종합상황실 운영 및 신고처리 규칙 제9조 제2항은 112신고를 코드 1, 코드 2, 코드 3 신고로 구분하고 있다. 코드 1은 ① 범죄로부터 인명·신체·재산 보호, ② 심각한 공공의 위험 제거 및 방지, ③ 신속한 범인검거의 사유로 인해 최우선적 출동이 필요한 경우이다. 코드 2는 경찰 출동요소에 의한 현장조치 필요성은 있으나 코드 1에 속하지 않는 경우이다. 코드 3은 경찰 출동요소에 의한 현장조치의 필요성이 없는 경우이다. 그러나 긴급성과 즉각적 조치의 필요성에 따라 차등화 할 필요가 있어서 경찰청은 코드 0과 코드 4를 추가하여 5단계로 세분화한 코드분류체계를 사용하고 있다.

사안이 긴급하다고 판단되는 경우에는 3자 통화, 내부공청, 외부공청을 활용하여 주변으로부터 도움을 얻고, 신고자의 위치를 파악하고, 현장 경찰관들에게 상황을 전파한다. 3자 통화란 신고자와 접수자의 대화에 제3자가 직접 참여하여 접수에 도움을 주는 형태를 말한다. 통상 종합지령대, 경찰서, 119, 통역요원 등과의 3자 통화를 많이 활용하고 있다. 내부공청은 신고자와 접수자의 통화내용이 종합지령대 등 지정된 좌석의 스피커를 통해 송출되는 것을 의미한다. 긴급한 신고가 접수되었음을 종합지령대에 알려 보다 신속한 지령을 요청하는 기능을 한다. 외부공청은 신고자와 접수자의 통화내용이 무전망을 통해 현장 경찰관들에게 그대로 송출되는 것을 말한다. 현장 경찰관들이 신고자의 육성으로 위치와 상황을 직접 청취하게 함으로써 보다 신속한 대응이 가능해지는 장점이 있다.[5]

[IV - 49]   다. 지령 및 상황관리

112요원이 출동지령을 내릴 때에는 출동요소별 특징을 고려하여 상황에 맞게 배치해야 하며 효과적인 현장 대응이 이루어지기에 충분한 정도의 경력을 배치해야 한다. 통상 신고 장소에 가장 근접해 있는 112순찰차에게 우선적으로 출동지령을 내린다. 출동하는 경찰관에게 출동위치, 신고내용, 신고유형 등을 알려준다. 아울러 위험한 상황에 대비할 수 있도록 경찰장구를 휴대하라고 지시하고, 신고내용에 따라 필요하면 경광등과 사이렌을 끄고 비노출로 출동하게 한다. 가해자 수, 흉기휴대 등 현장상황을 고려하여 추가경력을 지원하고 응급구호가 필요하다면 119출동을 요청한다. 112요원은 접수된 신고사건을 처리하게 위해 다른 관할 지역에서 공조할 필요가 있다고 판단되면 관할 112종합상황실에 공조출동 요청을 할 수 있다.

경찰관이 범죄현장에 도착했을 때 범인이 도주한 경우에는 신속하게 추격을 한다. 만약 차량을 이용하여 도주했다면 도주 경과시간 및 교통상황 등을 고려하여 차단범위를 결정하고 주요 목지점에 순찰차를 고정 배치하

---

5)   112신고 접수·지령 매뉴얼, 경찰청, 2016, p. 27.

는 방식으로 추격을 실시한다. 범인에 대한 추격의 개시 여부는 현장 경찰
관이 판단하는데, 추격을 시작한 즉시 112종합상황실에 범인에 대한 정보
와 함께 보고한다. 112종합상황실에서는 추격 차량에 대한 전 과정을 총괄
하며 범죄유형 및 경중, 도주차량 정보, 주변 교통상황, 위험수준 등을 종합
적으로 고려하여 추격을 계속할지, 중지할지 여부를 판단하여 경찰관에게
지령한다. 만약 범인과 도추차량의 특징과 도주방향 등이 확인되어 검거 가
능성이 있다면 관내 전역에 긴급배치를 요청할 수 있다. 긴급배치는 중요사
건이 발생하였을 경우 사전에 지정된 장소에 경찰인력을 배치하여 범인의
도주로를 차단하고, 통행인 및 차량에 대한 검문검색을 통해 범인을 체포하
고 현장을 보존하는 등의 초동조치를 말한다(수사긴급배치 제2조).

　출동한 경찰관은 현장상황을 112종합상황실로 보고해야 한다. 112신고
현장에 도착한 즉시 도착 사실과 함께 간략한 현장의 상황에 대한 '최초보
고'를 한다. 현장 상황에 변화가 발생하거나 현장조치에 지원이 필요한 경
우 '수시보고'를 실시한다. 마지막으로 현장 초동조치가 종결된 경우 확인
된 사건의 진상, 사건의 처리내용 및 결과 등을 포함하여 '종결보고'를 한
다.(112종합상황실 운영 및 신고처리 규칙 제14조). 112요원은 현장상황이
끝나는 대로 곧바로 종결 처리를 한다. 구체적으로 112신고처리를 종결할
수 있는 경우는 다음과 같다. ① 사건이 해결된 경우, ② 신고자가 신고를
취소한 경우(다만, 신고자와 취소자가 동일한지 여부 및 취소의 사유 등을
파악하여 신고취소의 진의 여부를 확인해야 함), ③ 추가적 수사의 필요 등
으로 사건 해결에 장시간이 소요되어 해당 부서로 인계하여 처리하는 것이
효과적인 경우, ④ 허위·오인으로 인한 신고 또는 경찰 소관이 아닌 내용
의 사건으로 확인된 경우, ⑤ 현장에 출동하였으나 사건 내용을 확인할 수
없으며 사건이 실제 발생하였다는 사실도 확인되지 않는 경우, ⑥ 그 밖에
상황관리관, 112종합상황실(팀)장이 초동조치가 종결된 것으로 판단한 경
우 등이다(동 규칙 제17조).

3. 현장대응시간

[IV - 50]   가. 의미

긴급신고시스템이 최우선적으로 추구하는 목표는 가능한 신속하게 사건 현장에 경찰관이 도착하도록 하는 것이다. '긴급신고'라는 단어 자체가 '신속대응'의 당위성을 나타낸다. 어떠한 위험이나 장해에 직면한 국민이 긴급하게 도움을 요청한다면 응당 경찰은 최대한 신속하게 현장으로 달려가야만 하는 것이다. 그동안 경찰은 '5분 도착'이라는 목표를 설정하고 대응시간을 줄이기 위해 노력해 왔다. 2016년 경찰청은 일반국민 1,000명을 대상으로 112신고 출동정책에 대한 인식 조사를 진행한 바 있다. 112신고를 해 본 경험이 있는 응답자 중 41.6%가 '현장 지연도착'이 가장 불만스럽다고 대답하여 다수를 차지했다. 신속한 출동을 판단하는 기준에 대해서는 '5분 이내'라고 응답한 사람이 56.6%로 가장 많았다.[6] 이에 경찰청에서는 '긴급신고 현장대응시간 목표관리제'를 도입하고, 긴급성에 따른 신고의 분류를 보다 세밀히 하는 등 보다 신속한 출동을 위해 상당한 노력을 기울여 왔다.

112신고사건은 시간적 차원에서 보면 범행시점에서 경찰의 현장 도착시점까지 진행되는 연속과정이라고 할 수 있다. 이러한 과정은 크게 4종류의 시간단락으로 구성되어 있다. ① 인지시간(discovery time)은 범행시점에서부터 피해사실을 인지한 시점까지의 시간적 간격을 의미한다. 폭행사건처럼 범행과 피해인지가 동시에 발생하는 경우도 있지만 빈집침입절도처럼 범행시점으로부터 상당한 시간이 경과한 후 인지하는 경우도 있다. ② 신고시간(reporting time)은 피해사실 인지시점부터 경찰에 신고하는 시점까지의 시간적 간격을 의미한다. 피해자들은 피해사실을 알고 금방 신고하기도 하지만 그렇지 않은 피해자들도 많다. 피해신고가 지연되는 데에는 다

---

6) '경찰, 112신고 출동체계 개선, 선택과 집중으로 긴급사건에 총력대응', 경찰청 발표문, 2016.

양한 이유가 존재한다. 실제로 피해가 발생했는지 재차 확인하느라, 충격과 흥분을 가라앉히느라, 지인들에게 먼저 연락을 하느라, 경찰의 개입에 대한 확신이 서지 않아서, 또는 당장 전화기가 주변에 없어서 신고시간이 길어진다. ③ 경과시간(processing time)은 피해신고 시점부터 출동지령이 하달된 시점까지의 시간적 간격을 의미한다. 상황실의 112요원이 신고자와 통화한 후 신고를 접수하여 현장경찰관에게 출동지령을 내리기까지 걸린 시간을 말한다. ④ 도착시간(travel time)은 출동지령 하달시점부터 사건현장 도착 시점까지의 시간적 간격을 의미한다.[7] 그동안 경찰청은 도착시간만을 기준으로 관리해 왔다. 그런데 대부분 신고자들은 112요원과의 통화가 종료된 직후 곧바로 경찰관의 출동이 시작되는 것으로 여기고 있기 때문에 경찰청의 신고대응 기준과 격차가 존재해왔다. 이에 최근에는 기존의 도착시간을 대신해 통화 종료시부터 현장경찰관 도착까지 소요되는 시간을 '현장대응시간'으로 설정하여 관리하고 있다.

현장대응시간의 중요성은 시민과 경찰이 가지고 있는 다음과 같은 믿음에 근거하고 있다. 첫째, 신속한 출동으로 범인의 검거 가능성이 높아진다. 둘째, 신속한 출동은 경찰서비스에 대한 시민의 만족도를 향상시킨다. 하지만 미국의 여러 경험적 연구들은 첫 번째 믿음에 대한 다소 회의적인 결과를 내놓았다.[8] 연구의 결론은 경찰의 신고대응시간이 줄어들어도 현장에서 범인을 검거할 가능성이 그만큼 높아지지 않는다는 것이었다. 범죄 관련 신고의 상당수는 신고자가 피해사실을 나중에 알고 경찰에 알린 탓에 경찰이 현장에 도착하더라도 범인이 현장에 없거나 범인의 신원이 확인되지 않는 경우였다. 또한 폭력범죄처럼 피해자와 가해자가 대면한 사건에 있어서도 피해신고가 지연됨으로 인해 경찰이 도착했을 때에는 이미 범인이 현장

7) Walker, S. & Katz, C. M., The police in America: An introduction, New York: McGraw Hill, 2018, p.230.
8) Kansas City Police Department, Response Time Analysis Executive Summary(Washington, DC: U.S. Government Printing Office, 1978; Cordner, G. W., Greene, J. R., & Bynum, T. S., The sooner the better: Some effects of police response time,' in Bennett, R. R. (ed) Police at Work, Beverly Hills, CA: Sage, 1983, pp. 145-164.

을 떠난 후인 경우가 많았다. 이와 같이 경찰의 통제권 밖에 있는 인지시간과 신고시간이 신고접수부터 출동지령을 거쳐 현장 도착까지 소요되는 시간보다 더 큰 부분을 차지하고 있기 때문에 경찰의 신속한 대응만으로 검거율을 높이는데 한계가 있다는 것이다.

하지만 경찰의 현장대응시간이 경찰서비스에 대한 시민의 만족도에는 영향을 미치는 것으로 보인다. 한 연구에 의하면 경찰신고 후 도착까지 15분 이상 기다린 시민들이 더 짧은 대응시간을 경험한 시민들에 비해 경찰에 대한 만족도가 현저히 낮았다.[9] 비록 경찰의 신속한 출동이 범인의 검거로 이어지지 않는다고 하더라도 시민이 도움을 요청할 때 즉각적으로 반응하는 경찰을 더욱 신뢰할 수 있기 때문으로 해석할 수 있다. 시민의 입장에서 보면 경찰에 신고하는 목적이 범인을 검거하고 사건을 해결하려는 것뿐만 아니라 임박한 위험으로부터의 보호, 신체적 피해에 대한 응급조치, 추가적 피해 방지, 심리적 안정감 회복 등 다양하다. 경찰의 입장에서 보더라도 신속한 신고대응은 범죄자가 실행 중인 범죄를 즉시 중단하게 만들 가능성을 높이고, 일반예방적 차원에서도 잠재적인 범죄자들의 범행을 억제하는 효과를 높일 수 있다는 점에서 중요하다고 하겠다.

[Ⅳ-51]　나. 차등적 경찰대응

'차등적 경찰대응'(differential police response)은 긴급신고의 현장대응시간을 낮추기 위한 가장 대표적인 전략이다. 2019년 전체 112신고 접수건수는 대략 1,900만 건이다. 서울시만 보면 2019년 기준 총 231만 건으로 하루 평균 6,300건 이상 신고가 접수되고 있다. 그런데 이중에서 경찰의 신속한 개입을 필요로 하는 긴급상황에 해당하는 신고사건은 일부에 불과하다.

---

9) Furstenburg, F. F., & Wellford, C. F., Calling the police: The evaluation of police service, Law and Society Review 7, Spring, 1973.

2018년 중요범죄와 관련된 신고사건은 전체의 2.9%에 불과했다.[10] 경찰의 긴급한 조치를 필요로 하지 않는 방대한 양의 신고사건들을 처리하기 위해 112종합상황실과 지구대·파출소 경찰관들이 대거 동원되다보니 막상 긴급상황이 발생했을 때에는 신속하고 효과적으로 대응하기가 어려운 문제가 발생하고 있다. 또한 지역경찰이 온갖 신고사건 처리에 매달리다보니 사전적 범죄예방활동이나 지역사회 경찰활동을 실질적으로 수행하기가 현실적으로 거의 불가능하다.

이와 같은 문제를 해결하기 위해서 경찰은 긴급성 수준에 따라 신고사건을 분류하여 처리에 있어서 우선순위를 부여하는 방식의 차등적 대응전략을 적용하고 있다. 한국경찰은 2010년 처음으로 신고사건 코드분류방식을 도입했는데, 당시 경찰력 규모로는 급격히 증가하는 112신고사건을 효율적으로 처리하는데 한계에 봉착했기 때문이었다. 2010년 1월 1일 시행된 '112 신고센터 운영 및 신고처리 규칙' 제13조에 112신고를 긴급성과 출동필요성을 기준으로 코드 1, 코드 2, 코드 3으로 분류하도록 규정하였다. 이와 같은 분류기준을 근거로 경찰업무에 해당하지 않는 신고에 대해서는 비출동 조치 함으로써 불필요한 출동이 감소되어 경찰력 낭비를 일정 부분 감소하는 효과가 나타났다.[11] 또한 긴급신고에 대한 평균 출동시간이 비긴급신고에 비해 21초가량 단축되어 대응시간을 낮추는 효과도 나타났다.[12]

그런데 실무적 관점에서는 코드 1 신고의 적용기준이 상당히 포괄적이기 때문에 상당수의 신고사건이 여기에 포함될 수밖에 없었다. 이 때문에 여전히 광범위한 코드 1 사건을 동일한 방식으로 처리하느라 강력사건과 같이 실제적으로 즉각적인 경찰대응이 필요한 상황에 제대로 대응하지 못하는 문제가 해소되지 못했다. 이에 경찰청은 코드 1 신고 중 특히 중대하고 신속한 대응이 요구되어 지방경찰청에서 직접 지령해야 하는 경우나 관할 경

---

10) 2018 경찰통계연보, 경찰청, 2019.

11) 김상호, 112 신고 대응 전략 변화에 대한 평가와 향후 과제, 한국공안행정학회보, 4(40), 2010.

12) 경찰청, 경찰백서, 경찰청, 2010.

계를 넘는 이동성 범죄를 별도로 '코드 0 신고'로 구분하였다. 만약 살인, 강도, 납치 등 중대범죄가 진행 중이거나 범행 직후 범인이 도주하는 경우 코드 1이 부여되면 순찰차 1~2대가 출동하고 필요한 경우 타부서·타경찰서로부터 지원을 받지만, 코드 0이 부여되면 순찰차, 교통순찰차, 형사기동대차 등이 합동하여 총력적으로 대응하도록 하였다. 간단히 말해 긴급대응이 필요한 신고에 대해 사건의 특성상 가용 경찰력을 집중시켜야 할 필요성이 있는 경우 코드 0신고로 별도 구분한 것이다.

그러나 이러한 계속된 노력에도 불구하고 긴급성이 떨어지는 수많은 신고가 접수되고 경찰은 이런 신고들을 처리하느라 정작 긴급상황에는 신속하게 대처하지 못하는 문제가 지속되었다. 이에 대한 대응방안으로 2015년 경찰청은 개선된 코드분류체계를 마련했다. 기존의 4단계 코드분류체계에 '코드 4'를 추가하여 5단계로 세분화했다. 비긴급 신고인 코드 2와 긴급신고인 코드 0, 1 간의 구분을 보다 명확하게 하였다. 코드 2 신고는 생명·신체에 대한 잠재적 위험이 있는 경우 또는 범죄예방 등을 위해 필요한 경우에 해당하며 긴급신고 처리에 지장을 주지 않는 범위 내에서 출동하도록 하고 있다. 기존의 코드 3은 비출동 신고로 분류되었으나 새로운 기준에 의하면 즉각적인 현장조치는 필요하지 않지만 수사·전문상담 등이 필요한 경우를 말한다. 출동방식은 신고자와 약속을 한 뒤 당일 근무시간을 이용해서 출동하면 되도록 하고 있다. 기존에는 긴급출동이 필요한 신고를 생명·신체·재산에 대한 위험이 있는 경우로 규정한데 반해 새로운 기준에서는 재산에 대한 위험은 제외하고 생명과 신체에 대한 위험이 있는 경우에만 긴급출동을 하도록 규정하고 있다. 따라서 빈집침입절도와 같이 피해자가 나중에 피해사실을 인지하고 신고한 경우는 즉각적인 현장조치가 필요하지 않지만 수사나 전문상담을 위해 나중에 출동할 필요가 있는 코드 3 신고에 해당한다. 마지막으로 민원·상담 신고는 코드 4로서 경찰의 출동 없이 해당 기관

으로 인계 조치한다.[13]

⟨표Ⅳ-4⟩ 112신고 코드 분류

구분	코드	코드분류기준	출동 목표시간
긴급	0	코드 1 중 이동범조, 강력범죄 현행범 등 실시간 전파가 필요한 경우(선지령 및 제반출동요소 공조출동)	최단시간
	1	생명·신체에 대한 위험이 임박·진행중·직후인 경우 또는 현행범인인 경우	최단시간
비긴급	2	생명·신체에 대한 잠재적 위험이 있는 경우 또는 범죄예방 등을 위해 필요한 경우	긴급신고 지장없는 범위
	3	즉각적인 현장조치는 불필요하나 수사, 전문상담 등이 필요한 경우 즉시출동 불요, 먼저 신고자와 통화하여 약속 등을 통해 출동 또는 타부서 통보 필요	당일 근무시간
상담	4	긴급성이 없는 민원·상담 신고	타기관 인계

출처: 112신고 접수지령 매뉴얼, 경찰청(2016)

4. 긴급위치추적

가. 의미 [Ⅳ-52]

경찰은 생명·신체를 위협하는 급박한 위험으로부터 사람을 보호할 목적으로 신고자 또는 구조가 필요한 자(이하 요구조자)의 위치정보를 위치정보사업자(예: 이동통신사)에게 요청하고 이를 제공받아 활용할 수 있다. 긴급상황에 대응하는 과정에 신고자나 요구조자의 위치를 신속하게 파악하는 것은 구조의 '골든타임'을 지키기 위해 매우 중요하다. 그런데 요구조자

---

13) 노성훈·조준택, 112 긴급신고시스템 운용상의 문제점 실증분석 및 개선방안, 경찰학논총, 11(4), 2016, p.18.

가 자신의 현재 위치를 제대로 알지 못하거나 또는 알릴 수 없는 상황에 놓이는 경우가 있다. 예를 들어, 범죄로 인해 심각한 부상을 입은 피해자, 납치상태에 있는 피해자 등이 그러하다. 또한 신고자가 어떠한 급박한 위험에 처한 사람은 알고 있지만 그 사람의 위치는 정확히 모르고 있는 상황도 발생한다. 예를 들어, 자살을 암시하는 문자 메시지를 남긴 사람의 친구가 112신고를 통해 구조를 요청하는 경우가 있다. 이와 같은 상황에서 국민의 생명·신체의 안전을 지키는 경찰은 임무를 수행하기 위해 개인정보에 해당하는 위치정보를 위치정보주체의 동의를 받지 않고 활용할 수 있는 권한을 가지고 있다. 그리고 이러한 권한은 위치정보의 보호 및 이용 등에 관한 법률(이하 위치정보법) 제29조 제2항에 규정되어 있다.[14]

그런데 2012년 위치정보법이 개정되기 전까지 경찰에게는 위치추적권이 부여되지 않았다. 그렇기 때문에 신고자의 휴대폰 단말기에 대한 위치추적이 필요한 상황에서는 소방의 협조를 받을 수밖에 없었다. 당시에도 소방은 재난 및 안전관리 기본법 상 긴급구조기관이기 때문에 급박한 위험으로 생명·신체를 보호할 목적으로 개인위치정보를 활용할 수 있었기 때문이다. 그러나 강력범죄 발생 시 신속하게 인명을 구조할 책임을 지고 있는 경찰에게 피해자 위치를 확인할 권한이 없다보니 신속하고 효과적으로 대응하는데 한계가 있다는 지적이 계속되어 왔다. 그러다가 2012년 4월 수원에서 발생한 '오원춘 살인사건'을 계기로 경찰의 위치추적권 필요성이 크게 부각되면서 위치정보법 개정까지 이어질 수 있었다. 당시 피해여성이 112신고로

---

14) 위치정보의 보호 및 이용에 관한 법률 제29조(긴급구조를 위한 개인위치정보의 이용) ② 경찰법 제2조에 따른 경찰청·지방경찰청·경찰서(이하 경찰관서라 한다)는 위치정보사업자에게 다음 각 호의 어느 하나에 해당하는 개인위치정보의 제공을 요청할 수 있다. 다만 제1호에 따라 경찰관서가 다른 사람의 생명·신체를 보호하기 위하여 구조를 요청한 자(이하 목적자라 한다)의 개인위치정보를 제공받으려면 목적자의 동의를 받아야 한다. 1. 생명·신체를 위협하는 급박한 위험으로부터 자신 또는 다른 사람 등 구조가 필요한 사람(이하 구조받을 사람이라 한다)을 보호하기 위하여 구조를 요청한 자의 개인위치정보, 2. 구조받을 사람이 다른 사람에게 구조를 요청한 경우 구조받을 사람의 개인위치정보, 3. 실종아동등의 보호 및 지원에 관한 법률 제2조제2호에 따른 실종아동등(이하 실종아동등이라 한다)의 생명·신체를 보호하기 위하여 같은 법 제2조제2호에 따른 보호자(이하 보호자라 한다)가 실종아동등에 대한 긴급구조를 요청한 경우 실종아동등의 개인위치정보

구조를 요청했음에도 불구하고 신고자의 동의를 받지 못했다는 이유로 경찰은 즉각적으로 위치추적을 하지 못했다. 사실 경찰에게 위치추적권을 부여하자는 논의는 오원춘 사건이 발생하기 이전에도 여러 차례 진행된 적이 있다.[15] 하지만 경찰의 개인정보 오남용으로 인한 인권침해의 우려 때문에 번번이 벽에 부딪힌 바 있다.

개인위치정보의 보호는 헌법 제17조 사생활의 비밀과 자유에 대한 권리에 근거를 두고 있다. 개인위치정보는 성명, 주민등록번호와 같이 직접적으로 개인을 식별하도록 하는 정보는 아니지만 다른 정보와 결합할 경우 그 개인의 동일성을 식별할 수 있게 하는 정보에 해당하기 때문에 개인정보의 한 유형이다.[16] 위치정보가 침해되면 위치정보주체의 위치가 실시간으로 노출되어 사생활 침해의 우려가 높으며, 행동반경이나 이동방향이 유추되어 생명·신체에 대한 즉각적인 침해의 위험이 높다.[17] 그렇기 때문에 경찰의 위치추적권은 엄격한 법적 요건을 충족한 한도 내에서만 행사하도록 하고 있다.

나. 요건   [Ⅳ - 53]

경찰관서가 위치정보사업자에게 개인위치정보의 제공을 요청할 수 있는 경우는 다음과 같다. ① 생명·신체를 위협하는 급박한 위험으로부터 자신 또는 다른 사람 등 구조가 필요한 사람을 보호하기 위하여 구조를 요청한 경우 구조를 요청한 자의 개인 위치정보(다른 사람의 생명·신체를 보호하

---

15) 2007년 서울 홍대 앞에서 2명의 여성이 납치·살해되는 사건으로 인해 경찰의 위치추적권에 대한 논의가 본격적으로 제기된 바 있다. 당시 납치되던 여성이 택시 안에서 112신고를 했고 1초 만에 끊겼는데 경찰은 권한이 없어서 위치추적을 하지 못했고 닷새 뒤 피해여성이 숨진 채 발견되었다. 이 일을 계기로 위치정보법 개정안이 발의되었으나 법무부와 일부 국회의원들의 반대로 2년여 표류하다가 자동 폐기되었다.

16) 이원상, 형사사법에 있어 개인위치정보에 대한 고찰: 긴급구조 및 수사를 중심으로, 형사정책연구, 23(2), 2012, p. 112.

17) 박광주·장윤식·박노섭, 경찰 위치추적권 활용의 법적·기술적 문제와 개선방안, 시큐리티연구, 53, 2017, p. 215.

기 위하여 구조를 요청한 자의 개인위치정보를 제공받으려면 요청한 자의 동의 필요), ② 구조 받을 사람이 다른 사람에게 구조를 요청한 경우 구조 받을 사람의 개인위치정보(경찰관서는 요구조자의 의사를 확인해야 함), ③ 실종아동 등(18세 미만의 아동, 지적장애인, 자폐성 장애인, 정신장애인, 치매환자)이 약취·유인 또는 유기되거나 사고를 당하거나 가출하거나 길을 잃는 등의 사유로 인하여 보호자로부터 이탈된 경우 이들의 생명·신체를 보호하기 위해 보호자가 긴급구조를 요청한 경우 실종아동 등의 개인위치정보를 요청할 수 있다(위치정보법 제29조 제2항, 제3항). 경찰관서의 요청을 받은 위치정보사업자는 해당 개인위치정보주체의 동의 없이 개인위치정보를 수집할 수 있으며, 개인위치정보주체의 동의가 없음을 이유로 경찰관서의 요청을 거부해서는 안 된다(동조 제5항).

또한 개인위치정보주체의 권리침해를 방지하기 위하여 경찰관서는 다음과 같은 조치를 취해야 한다. 경찰관서와 위치정보사업자는 개인위치정보를 요청하거나 제공하는 경우 그 사실을 개인위치정보주체에게 즉시 통보해야 한다. 다만 즉시 통보하는 것이 개인위치정보주체의 생명·신체에 뚜렷한 위험을 초래할 우려가 있는 경우에는 그 사유가 소멸한 후 지체 없이 통보해야 한다(동조 제6항). 경찰관서에 종사하거나 종사하였던 사람은 긴급구조 목적으로 제공받은 개인위치정보를 긴급구조 외의 목적에 사용해서는 안 된다(동조 제8항). 또한 경찰관서는 개인위치정보 제공 요청에 관한 사항들(요청자, 요청일시 및 목적, 위치정보사업자로부터 제공받은 내용 등)을 전자적으로 기록·보관해야 하고 개인위치정보주체의 요청이 있을 때 제공해야 한다(동조 제9항).

〈표Ⅳ-5〉 경찰의 개인위치정보 제공요청의 요건

신고자	위치정보 조회대상	신고내용	위치정보조회 가능 여부
요구조자	요구조자	본인이 직접 구조요청	동의 없이 가능
목격자	목격자	신고자와 장소적으로 인접한 사람에 대한 구조요청	목격자 동의로 가능
긴급구조 요청 받은 자	요구조자	신고자가 요구조자와 장소적으로 인접해 있지 않거나, 요구자의 위치를 모르는 경우의 구조요청	요구조자의 의사 확인 후 가능
실종아동 등의 보호자	실종아동 등	실종아동 등에 대한 구조요청	보호자 요청이 있으면 가능

　　실무적으로 주로 문제가 되는 부분은 요구조자로부터 긴급구조 요청을 받은 제3자가 112신고로 구조요청을 할 때 위치추적을 실시하기 전에 요구조자의 의사를 확인해야 한다는 요건이다. 경찰관서가 요구조자의 의사를 확인하는 방법에 대해서는 시행령에 다음과 같이 규정되어 있다. ① 요구조자가 사전에 경찰관서나 위치정보사업자에게 긴급구조 상황 발생 시 자신을 대신하여 경찰관서에 신고 할 수 있는 사람을 알리고, 자신의 개인위치정보의 제공에 대하여 동의한 경우에는 그 사실을 확인하는 방법, ② 요구조자가 다른 사람에게 구조를 요청하는 음성 또는 문자 메시지 등을 전송한 경우에는 그 사실을 확인하는 방법, ③ 경찰관서가 직접 요구조자에게 연락하여 그 의사를 확인하는 방법 등이다(위치정보의 보호 및 이용 등에 관한 법률 시행령 제28조의2 제1항). 그런데 제3자의 신고를 받고 요구조자의 의사를 확인하고자 경찰이 연락을 취하면 경우에 따라서는 자칫 상황이 악화될 수도 있다. 예를 들어, 자살을 시도하려는 자가 경찰관의 전화를 받고 흥분하여 실행을 앞당길 수도 있고 경찰관과의 통화를 거부할 수도 있다. 만약 요구조자가 범죄피해를 당하였거나 당할 위험에 처해 있어 의사확인 자체가 불가능한 경우도 있다. 따라서 원칙적으로는 개인위치정보의 제공을

요청하기 전에 요구조자의 의사를 확인해야 하지만 이러한 의사확인이 요구조자의 생명·신체에 대한 뚜렷한 위험을 초래할 우려가 있는 경우에는 우선 위치정보를 요청하여 위치추적을 시행한 후 추후에 의사를 확인할 수 있도록 하고 있다(동조 제2항).

제2절 경찰의 범죄수사

1. 범죄수사의 의의

가. 의미 [Ⅳ - 54]

2018년 한 해 동안 우리나라에서 발생한 살인범죄(살인미수 포함)는 총 849건으로 하루 평균 2.3건이 발생한 셈이다. 해마다 증가추세에 있는 성폭력범죄는 총 32,104건으로 매일 88건 정도가 발생했다.[1] 경찰활동의 가장 중요한 목적은 범죄로부터 국민의 생명·신체·재산을 보호하는데 있다. 최선의 방법은 이러한 범죄가 발생하지 않도록 사전에 방지하는 것이며 그렇기 때문에 경찰은 범죄예방업무에 가장 많은 경찰인력을 투입하고 있다. 그러나 경찰의 예방활동만으로 모든 범죄를 방지하는 것은 불가능하기 때문에 어느 국가나 사회에서도 범죄는 발생하기 마련이다. 범죄수사는 이미 발생한 범죄를 대상으로 사건의 진상을 밝히고 범인이 응분의 형벌을 받도록 필요한 증거를 수집·확보하는 일련의 활동을 말한다. 범죄수사는 사법경찰과 검사 등 형사소송법에서 규정하고 있는 사법기관이 담당한다. 기본적으로 범죄수사는 발생한 범죄에 대한 사후적 대응조치라는 성격을 갖고 있다. 그러나 동시에 효과적인 수사활동을 통해 신속하게 범인을 검거하고 실체적 진실을 밝혀내어 범죄행위에 대한 합당한 처벌로 이어진다면 일반 국민들에게는 일반예방효과를, 해당 범죄자에게는 특별예방효과를 기대할 수도 있게 된다.

---

1) 2019 범죄백서, 대검찰청, 2019.

수사의 의미는 법률적 측면과 사실적 측면으로 구분해서 살펴볼 수 있다. 먼저 법률적 측면에서 보면 수사란 "범죄혐의의 유무를 확인하고 혐의가 인정되는 경우 범인을 발견·확보하며 증거를 수집·보전하는 수사기관의 활동"이라고 정의할 수 있다.[2] 2020년 개정된 형사소송법 제197조는 '사법경찰관은 범죄의 혐의가 있다고 사료하는 때에는 범인, 범죄사실과 증거를 수사한다'고 규정하고 있다. 이와 같은 수사의 법률적 개념 속에는 수사를 공소제기와 유지를 위한 준비과정으로 보는 대륙법계 국가의 전통적 시각이 담겨 있다.[3] 그런데 수사를 단순히 공판을 위한 준비절차로만 인식하는 경우 수사기관은 자연스럽게 피의자의 혐의를 입증하는 데만 관심을 두게 된다. 따라서 수사기관은 유죄 입증에 필요한 증거와 진술을 확보하는데 주력하는 반면 피의자에게 유리한 정보와 자료는 도외시하게 되어 객관성을 잃은 편향적 수사로 이어질 위험성이 있다.

사실적 측면의 범죄수사는 "불법 행위가 있을 때 누가 누구에게 어떠한 불법 행위를 하였는지를 규명하는 행위" 또는 "범죄의 정황 또는 이와 관련된 사람이나 사물에 대한 합법적인 탐색활동"으로 정의된다.[4] 이러한 개념적 정의는 수사를 형사절차상 법률적 과정의 일부로 간주하는 대신, 보다 객관적이고 사실적인 차원에서 수사를 바라보려는 영미법계 국가의 입장이다. 이러한 관점 아래에서 수사기관은 발생한 사건의 실체를 정확하게 규명하는데 보다 집중하게 되며 이를 위해 효과적이고 합리적인 수사활동과 수사방법이 강조된다. 사건의 진상을 밝히기 위해서는 피의자의 혐의입증에 기여하는 자료뿐만 아니라 피의자의 무죄를 입증하는 자료들도 수집대상에 포함된다. 사건을 형법적으로 해석하여 범죄구성요건을 적용하는 법률적 활동보다는 다양한 수사기법을 활용하여 사건의 객관적 사실을 추리·재구

---

2) 박노섭·이동희·이윤·장윤식, 범죄수사학, 경찰대학 출판부, 2013, p. 55.

3) 이동희·손재영·김재운, 경찰과 법, 경찰대학 출판부, 2015, pp. 262-263.

4) Palmiotto, M. J., Criminal Investigation, Nelson-Hall Publishers, 1994. p.2; Weston, P. B. & Wells, K. M., Criminal Investigation, Englewood Cliffs, New Jersey: Prentice Hall, 1986, p.1(박노섭 외, 2013, 앞의 책, p.55에서 재인용).

성하는 논리적 · 과학적 수사활동이 강조된다.

나. 범죄수사의 성격 [IV - 55]

범죄수사의 법률적 의미와 사실적 의미를 종합해 볼 때 범죄수사의 성격을 다음과 같이 정리할 수 있다.[5]

① 과거사실이 된 범죄사건을 탐색하여 누가, 언제, 어디서, 무엇을 어떻게 했고, 그 결과 어떻게 되었는지 등을 중심으로 수사요소를 발견하는데 필요한 범죄흔적을 체계적으로 확인하는 활동이다.

② 확보된 증거와 자료를 바탕으로 논리적 추리를 동원하여 실제 발생한 사건과 가깝게 범죄사실을 재구성하는 활동이다. 재구성한 범죄사실이 타당성을 가지려면 논리적이며 과학적 증명이 가능해야 한다.

③ 재구성된 범죄사실에 대해 수사경찰 스스로 '합리적인 의심이 없을 정도의 확신'(beyond reasonable doubt)에 도달할 수준의 심증을 형성하는 활동이다. 다시 말해 공판단계에서 충분히 유죄가 입증될 수준으로 범죄사실이 증명되어야 함을 의미한다.

④ 재구성된 범죄사실에 형법규정을 적용하는 활동이다. 객관적으로 범죄의 구성요건을 충족하는지(예: 강간죄에서 폭행 또는 협박), 주관적인 구성요건을 충족하는지(예: 절도죄의 불법영득의사), 위법성이 있는지(예: 정당방위 유무), 책임성은 인정되는지(예: 심신장애 유무) 등을 명확히 하는 활동이다.

⑤ 공소의 제기 · 유지를 위한 준비활동인 동시에 국가의 형벌권 행사를 뒷받침하는 형사소송절차의 한 부분이다. 수사, 공소제기, 재판, 행형 · 교정으로 이어지는 형사사법절차에 있어서 경찰의 수사는 출발

---

5) 박노섭 외, 2013, 앞의 책, pp. 57-59; 김충남, 경찰수사론, 박영사, 2008, pp. 4-7.

점에 위치하며 나머지 후속과정에 중요한 영향을 미친다.

[IV - 56]   다. 기본이념

범죄수사의 양대 이념은 실체적 진실의 발견과 인권 보장이다. 실체적 진실의 발견은 법원이 당사자의 주장, 인정, 부인 또는 그가 제출한 증거에 구속되지 말고 객관적으로 사안의 진상을 규명해야 한다는 형사절차상 이념이다. 이는 민사소송의 형식적 진실주의와 대립되는데 민사소송에서는 소송 당사자들의 주장, 인정, 부인 또는 제출한 증거에 법원이 구속되어 이를 기초로 사실을 확정한다. 따라서 민사소송에서는 당사자의 자백만을 근거로 법원이 판결을 내릴 수 있다. 이에 반해 형사소송에서는 피고인의 자백만으로 유죄를 인정할 수 없고 추가적인 증거가 필요하다(형사소송법 제310조).[6] 형사소송은 국가형벌권을 행사하는 절차이기 때문에 단순히 당사자의 주장에 근거한 형식적 진실에 만족할 수 없고 객관적이고 실제적인 진실을 보다 엄격하게 규명할 필요가 있기 때문이다.[7] 이러한 이념은 형사절차 전반을 지배하는 이념으로서 공판절차뿐만 아니라 수사절차에도 동일하게 적용된다.

범죄수사의 또 다른 기본이념은 인권의 보장이다. 수사기관은 범죄사건에 대한 실체적 진실을 발견하는 과정에서 피의자의 인권을 침해해서는 안된다. 피의자를 체포하거나 조사하고, 증거를 확보하는 등 모든 수사활동이 인권보장을 위해 헌법과 형사소송법이 규정하고 있는 적법 절차에 따라 이루어져야 한다. 무죄추정의 원칙, 위법수집증거 배제법칙, 자백의 보강법칙 등은 피의자의 인권보장을 위해 마련해 놓은 제도적인 장치들이다.

그런데 수사기관의 입장에서는 인권보장과 실체적 진실의 발견이라는

---

6) 형사소송법 제310조(불이익한 자백의 증거능력) 피고인의 자백이 그 피고인에게 불이익한 유일의 증거인 때에는 이를 유죄의 증거로 하지 못한다.
7) 조철옥, 경찰학개론, 대영문화사, 2008, pp. 479-480.

두 이념이 상충하는 것처럼 여겨질 수도 있다. 모든 적법절차를 엄격히 준수하는 것이 사건의 진상을 밝히는데 걸림돌로 작용할 수 있다는 생각 때문이다. 예를 들어, 중대범죄 피의자의 혐의를 밝히기 위해 반드시 필요한 결정적인 증거를 수사관이 적법한 절차를 따르지 않고 확보했다면 공판단계에서 수집된 증거물의 증거능력을 인정받지 못하게 된다. 하지만 이와 같은 관점은 실체적 진실의 의미를 단편적으로만 이해한 결과이다. 실체적 진실의 의미 속에는 범죄의 혐의가 있음을 입증하는 것과 혐의가 없음을 입증하는 것이 모두 담겨져 있기 때문이다. 인권보장을 위한 제도적 장치들은 무고한 피의자가 억울하게 처벌받지 않도록 최소한의 방어권을 보장하는데 목적이 있다. 따라서 인권보장의 이념을 충실히 지킬 때 억울한 누명과 의심을 해소시켜 줌으로써 실체적 진실발견의 이념도 동시에 구현될 수 있다고 하겠다.

2. 범죄수사과정

가. 의미 [Ⅳ-57]

범죄수사는 시간적 흐름에 따라 진행되는 과정으로 이해할 수 있다. 범죄수사과정은 하강과정과 상승과정이 상호관계를 맺으면서 이루어진다. 하강과정은 수사관이 범죄사실에 대해서 자신의 심증을 형성하기 위한 과정으로서 주로 연역적 추론이 적용된다. 수사관은 발생한 범죄사건의 특징으로부터 여러 가지 범행동기를 추론하고 각 범행동기로부터 여러 명의 용의자를 수사선상에 올리게 된다. 상승과정은 수사관이 검사와 법관으로 하여금 범죄사실에 대한 심증을 형성이 되도록 증거를 수집하는 과정으로서 귀납적 추론이 적용된다. 범죄혐의를 입증하기에 충분한 객관적 증거들을 제시하여 특정 용의자가 범인이라는 결론에 도달하는 과정이다. 범죄수사는 대체로 하강과정을 거쳐 상승과정으로 전개되지만 처음부터 범죄사실이 명백한 경우(예: 현행범 체포)처럼 상승과정의 활동만으로도 충분한 때도 있다.

수사의 시작은 현행범체포, 불심검문, 고소·고발, 신고 등에 의해 경찰관이 범죄혐의를 인지한 때이며 실무적으로는 해당 범죄사건을 범죄사건부에 기재하여 사건번호를 부여받은 때이다. 그러나 이와 같은 공식적인 절차에 따라 수사가 시작되기 전에 먼저 범죄혐의가 있는지 여부를 확인하기 위해 내사를 진행하기도 하는데 이는 수사의 전 단계에 해당한다. 수사의 실행과정은 수사를 개시하게 된 계기에 따라 다소간의 차이가 있는데 편의상 피해자의 신고가 수사의 단서인 경우를 중심으로 설명하도록 하겠다.

신고가 접수되면 경찰관이 사건현장에 긴급배치되고 현장에 도착한 경찰관은 응급조치, 현장보존 등 초동수사를 실시한다. 감식수사관이 도착하면 현장관찰, 현장기록, 증거의 수집 및 보관 등 현장감식이 진행된다. 피해자와 목격자의 진술과 현장에서 수집한 자료를 토대로 수사회의를 거쳐 전체적인 수사의 방향을 결정한다. 이때 발생사건이 어떠한 범죄를 구성하는지, 범죄수법과 범행과정은 어떠했는지, 그리고 현장의 증거를 토대로 사건은 어떻게 재구성되는지 등을 중심으로 사건분석을 실시한다. 본격적인 수사활동이 시작되면 탐문수사, 감별수사, 수법수사, 통신수사, 미행·잠복감시 등 다양한 수사기법들이 적용된다. 수사활동의 주된 목적은 누가 범인인지를 밝히고 신병을 확보하는 것, 범인의 혐의를 입증하기 위한 증거를 수집하는 것이다. 사건에 대한 진상이 파악되면 경찰관은 수사를 종결하게 된다. 2020년 개정 형사소송법에 따라 사법경찰관은 혐의가 인정되는 사건은 검사에게 송치하고, 그렇지 않은 사건은 송치하지 않은 이유를 명시한 서면을 검사에게 송부하면 된다. 따라서 경찰의 수사는 1차적으로 사건송치 또는 이유서 송부로 종결된다. 하지만 검사가 송치사건에 대한 보완수사를 요구하거나 미송치사건에 대해 재수사를 요청하면 추가적인 수사활동이 전개될 수 있다.

〈그림IV-4〉 경찰의 범죄수사 흐름도

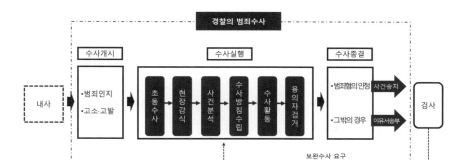

나. 범죄수사의 3원칙 [IV-58]

범죄수사를 성공적으로 수행하기 위해 준수되어야 할 3가지 원칙으로 영문 앞 글자를 따서 '3S 원칙'이라고 한다.[8]

첫째, 신속착수의 원칙(speedy initiation)이다. 범죄혐의가 있다고 판단되면 가급적 신속하게 수사에 착수하여 수사의 성공가능성을 높여야 한다. 범죄혐의를 입증하는데 필요한 증거들은 시간이 경과할수록 자연적으로 또는 인위적으로 훼손되거나 멸실된다. 또한 수사착수가 범행시점으로부터 멀어질수록 도주한 범인의 행방을 찾는 것이 힘들어진다. 일반적으로 사건 발생 초기에 결정적인 단서나 용의자의 신병을 확보하지 못하면 수사가 장기화될 가능성이 높다.

둘째, 현장보존의 원칙(scene preservation)이다. 흔히 범죄현장은 증거의 보고(寶庫)라고 불린다. 그만큼 범죄사건을 해결하는데 필요한 유형(유류품), 무형(범행수법)의 흔적이 범행현장에 산재해 있다. 일차적으로 범죄

---

8) 조철옥, 2008, 앞의 책, pp. 480-481.

현장의 훼손을 막기 위해서는 신속하게 현장에 출동해 한다. 다음으로 현장에 임장한 경찰관은 자연적 요인(예: 비, 바람)이나 인위적 요인(예: 외부인 출입)에 의해 현장이 오염되지 않도록 경찰 통제선을 설치하는 등 현장보존을 위해 최선을 다해야 한다.

셋째, 공중협력의 원칙(support by the public)이다. 범죄흔적은 범죄현장 뿐만 아니라 사회 속에도 남겨진다. 어떤 방식이든지 범죄는 사회라는 공간 속에서 사회구성원으로서의 인간에 의해 저질러지기 때문이다. 누군가는 범행 자체를 목격하기도 하고 도주하는 용의자를 목격하기도 하며 수상한 소리를 듣기도 한다. 인간관계를 통해 범인을 잘 알고 있는 사람이 있기도 하고 수배전단지 속 사진 때문에 범인을 알아본 사람이 있기도 하다. 범죄와 범인에 관해 일반시민의 기억 속에 남아 있는 무수한 범행흔적은 사건을 해결하는데 중요한 자료가 된다. 따라서 수사관은 사건을 수사할 때 일반시민들로부터 적극적인 협력을 얻기 위해 노력해야 한다.

[IV - 59]　　다. 내사

내사란 수사기관이 수사를 개시하기 전 범죄혐의 자체가 있는지 확인하기 위해 실시하는 사전적 조사절차를 말한다. 경찰관은 범죄에 대한 신문, 출판물, 방송, 인터넷, 익명의 신고, 풍설 등이 있어 내사가 필요한 때에는 수사부서장의 지휘를 받아 내사해야 한다(범죄수사규칙 제28조 제1항). 내사는 수사의 전 단계로서 형사사건으로 입건하지 않은 상태에서 실시한다. 수사는 구체적인 범죄혐의가 있을 때 개시된다는 점에서 단순히 범죄혐의의 존재 유무를 확인하기 위해 정보를 수집하는 활동인 내사와 구별된다.[9] 경찰관은 진정·탄원을 낸 사람의 진술을 청취하거나 피내사자와 주변 관계인들을 조사하기도 하고, 공무소에서 사실관계를 확인하기도 한다.

---

9)　박노섭 외, 2013, 앞의 책, pp. 142.

조사결과 범죄혐의가 있다고 판단되면 수사개시의 단서가 되기 때문에 경찰관은 범죄인지보고서를 작성하고 사건명부에 등재하여 입건한다. 하지만 범죄혐의가 발견되지 않으면 경찰서장의 결재를 받은 후 내사종결한다.

라. 수사의 개시   [IV - 60]

수사기관은 범죄의 혐의가 있으면 사건을 접수하고 수사를 개시해야 한다. 범죄혐의란 범죄가 발생했다고 의심하기에 상당한 이유를 의미한다. 범죄의 혐의가 없으면 수사절차를 개시할 수 없다. 경찰관은 내사에 의한 범죄인지, 고소·고발사건 접수, 범인의 자수, 변사체 검시, 피해자의 신고 등 여러 경로를 통해 범죄혐의를 인지하게 된다. 이와 같이 수사기관이 수사를 개시하게 되는 계기를 '수사의 단서'라고 부른다. 수사의 단서는 수사관이 직접 인지하는 경우와 타인의 체험을 통해 간접적으로 인지하는 경우로 구분할 수 있다. 전자에는 범죄첩보수집, 불심검문, 변사자 검시 등이 속하고 후자에는 고소·고발, 신고 등이 속한다.

경찰관이 직접 범죄를 인지했을 때에는 범죄인지보고서를 작성하여 입건한다. 피의자 인적사항, 범죄사실, 적용법조 등을 기재하고 특히 수사의 단서와 사건을 인지한 경위를 명백히 기재해야 한다. 수사기관이 사건을 접수하여 수사를 개시하는 절차를 '입건'이라고 부른다. 실무적으로는 수사기관에 비치된 사건접수부에 사건을 등재하고 사건번호를 부여하는 단계를 의미한다. 입건이 되면 범죄혐의자는 피의자 신분으로 변경된다.

경찰관은 고소·고발이 있으면 이를 접수하고 수사를 개시한다. 고소는 피해자 또는 그 대리인이, 고발은 범인 및 고소권자 이외의 제3자가 수사기관에 범죄사실을 신고하여 범죄의 처벌을 요구하는 의사표시이다. 고소와 고발은 범죄혐의에 대한 단서로서 수사개시의 조건을 충족시킨다. 형사소송법 제238조는 고소 또는 고발을 받은 때에는 신속히 조사하도록 규정하고 있다. 다만 고소·고발에 따라 범죄를 수사할 때에는 무고나 중상을 목

적으로 허위 도는 현저하게 과장된 사실의 유무와 해당 사건의 범죄사실 이
외의 범죄 유무에 주의를 기울여야 한다(범죄수사규칙 제47조 제2항).

[IV - 61]　　마. 수사의 실행

　　수사기관은 입건된 사건에 대해 형사소송법 및 각종 수사업무 관련 규정
을 준수하여 수사를 진행한다. 고소·고발 사건은 접수한 날부터 2개월 이
내에 수사를 완료하도록 되어 있다(범죄수사규칙 제48조 제1항). 피의자
를 체포 또는 구속했을 때에는 그날부터 10일 이내에 수사를 완료해야 한
다(형사소송법 제202조). 수사실행단계에서는 범인의 특정과 신병확보, 범
죄혐의 입증, 그리고 이를 뒷받침할 증거의 수집을 중심으로 수사가 진행된
다. 수사기관은 수사의 실행에 앞서 사건현장에서 수집한 증거와 자료를 토
대로 수사의 방향을 결정한다. 이와 같이 "수집된 범죄흔적을 분석하여 수
사의 대상과 범죄사실을 추리함으로써 수사의 방향을 정하는 것"을 '수사선'
이라고 부른다.[10] 중요사건일수록 여러 차례 수사회의를 개최하고 수사관
들의 의견을 종합하여 수사의 방침을 결정한다.

　　수사가 시작되면 다양한 수사방법들이 활용된다. 여기에는 범행현장 및
주변에서 범인의 행적을 추적하는 행적수사, 목격자나 현장주변 사람들에
게 질문을 통해 자료를 수집하는 탐문수사, 범행현장에 남겨진 범행흔적을
확보하려는 유류품수사, 범행현장 및 피해자의 상태 등을 통해 범인이 면식
범인지 조사하는 감별수사, 구체적인 범행수법을 조사하는 수법수사, 지문
조회·혈액감정 등 범인을 특정하고 증거를 확보하려는 감식조사 등이 있
다.

---

10)　박노섭 외, 2013, 앞의 책, p. 253.

바. 수사의 종결   [IV - 62]

2020년 형사소송법이 개정되기 전까지 사법경찰관이 사건을 종결하면 모두 검찰에 송치해야만 했다. 사건을 송치할 때에는 적용할 법령과 기소 또는 불기소의 처리의견을 제시하고 모든 관계서류와 증거물을 검찰청으로 보내야 했다. 실무적으로 경찰단계에서의 수사는 검찰청으로 사건을 송치하면서 종결되는 것으로 보았다. 하지만 수사종결권은 원칙적으로 검사에게만 인정되었기 때문에 엄밀하게 말해 '경찰의 수사행위 종결'을 의미한다고 보는 것이 타당하다. 왜냐하면 수사의 종결은 범죄혐의의 인정여부에 대한 종국적인 판단이 수반되어야 하는데 경찰에게는 그러한 권한이 부여되지 않았고 단지 수사종결권을 가진 유일한 수사기관인 검사에게 의견을 제시할 수밖에 없었기 때문이다.[11]

하지만 2020년 형사소송법이 개정되면서 마침내 경찰은 1차적 수사종결권을 갖게 되었다. 사법경찰관은 수사를 개시하여 진행한 후 범죄의 혐의가 있다고 인정되는 경우에는 사건을 검사에게 송치하고 그렇지 않은 경우에는 송치하지 않은 이유를 명시한 서면 등을 검사에게 송부하면 된다. 검사에게 사건을 송치하는 목적은 범죄혐의가 인정되는 사건에 대한 공소제기를 위해서이다. 즉 경찰은 범죄혐의의 입증 여부에 대한 판단을 하고 이를 바탕으로 1차적으로 수사를 종결지을 수 있게 된 것이다. 다만 사건을 송치하지 않은 것이 위법 또는 부당한 때에는 검사가 그 이유를 문서로 명시하여 사법경찰관에게 재수사를 요청할 수 있다. 또한 사법경찰관은 서면으로 고소인·고발인·피해자 또는 그 법정대리인에게 사건을 검사에게 송치하지 아니하는 취지와 그 이유를 통지해야 한다. 통지를 받은 사람은 해당 사법경찰관이 속한 경찰관서의 장에게 이의를 신청할 수 있으며 이럴 경우 사법경찰관은 지체 없이 검사에게 사건을 송치하고 처리결과와 그 이유를 이

---

11) 예외적으로 경찰서장이 즉결심판사건에 대한 종결권을 가진다.

의 신청인에게 통지해야 한다. 아울러 검사는 이미 송치한 사건에 대해서 사법경찰관에게 보완수사를 요구할 수 있다. 송치사건의 공소제기 여부 또는 공소의 유지에 관하여 필요한 경우와 사법경찰관이 신청한 영장의 청구 여부 결정에 관해 필요한 경우에 그러하다.

3. 범죄수사활동의 유형

[IV - 63]   가. 초동수사

초동수사란 "수사기관이 범죄발생과 관련하여 행하는 모든 조치와 범죄 현장에서 취하는 수사기관의 긴급한 수사 활동"을 말한다.[12] 초동수사는 추후에 있을 본격적인 수사과정 및 수사결과에 지대한 영향을 미친다는 점에서 매우 중요한 의미를 갖는다. 최초에 현장에 도착한 경찰관이 수행하는 수사활동에 따라 수사의 성패가 좌우되기도 한다. 일반적으로 범죄가 발생하고 난 뒤 시간이 경과할수록 증거를 확보하고 범인을 검거하기가 점점 힘들어진다. 특히 오늘날 갈수록 범죄가 기동화, 지능화되고 있기 때문에 사건발생 초기에 신속히 범인을 검거하고 혐의를 입증할 물적 증거와 참고인을 확보하는 것이 더욱 중요해지고 있다.

범죄가 발생하여 신고가 접수되면 경찰관이 현장에 출동하게 되는데 이때 최초 현장에서 출동한 경찰관은 다양한 수사활동을 수행하게 된다. 먼저 상황을 정확히 파악하기 위해 기초 정보를 수집한다. 피해자와 목격자들로부터 발생한 사건에 관해 청취하고 현장을 관찰하여 필요한 정보를 확보한다. 현장에 남아 있는 사건관련자들과 차량에 대한 정보를 기록한다. 만약 안전에 위협이 되는 요인이 있다고 판단되면 신속히 안전조치를 취하고 필요시 상부부서에 지원을 요청한다. 피해자가 부상을 당했으면 응급조치를

---

12)   박노섭 외, 2013, 앞의 책, p.175.

취한 후 119구급대에 지원요청을 한다. 경찰 통제선(police line)을 설치하여 사람들의 접근을 차단하고 현장을 보존해야 한다. 현장에 남아 있는 증거가 오염되거나 훼손되지 않도록 취해지는 조치로서 필수요원 이외의 모든 사람들을 현장에서 퇴거시킨다. 특히 현장에 도착한 119구급대원이 증거물을 훼손하지 않도록 주의해야 한다. 현장에 범인이 있다면 긴급체포, 현행범체포 등의 강제조치로 신병을 확보하고 만약 범인이 도주했다면 도주로를 차단하기 위해 경찰서에 긴급배치를 요청해야 한다. 마지막으로 전문수사팀과 과학수사요원이 도착하면 보존된 현장과 수집된 자료를 인계한다.

나. 현장감식   [IV - 64]

현장감식은 "범죄가 행하여진 장소나 범죄의 의심이 있는 장소에 임장하여 현장의 상황과 유류된 자료에 대해 관찰하고 사진 촬영을 하며 범죄와 범인을 결부시킬 수 있는 자료를 합리적으로 수집하는 활동인 동시에 이를 과학적으로 검토하여 범죄를 증명함에 있어 충분한 증거자료로써 활용할 수 있도록 행하는 검사 및 식별활동"을 말한다.[13] 개념적으로는 감식에 의해 수집된 자료가 어떤 의미를 갖는지 과학적으로 분석하고 확인하는 활동인 '감정'과 구별된다. 범죄사건을 다룬 영화나 드라마 속에서 감식수사관(Crime Scene Investigator; CSI)들이 살인사건 현장에서 지문, 핏자국, 발자국 등 잠재적 증거들을 수집하는 모습을 떠올리면 된다. 현장감식의 주된 목적은 수사과정에서 발생한 사건을 재구성하는데 필요한 자료와 정보를 제공하는데 있다.

현장감식은 최초로 현장에 임장한 경찰관으로부터 범죄현장을 인계받은 후부터 착수하게 된다. 감식수사관이 실시하는 현장감식에는 현장관찰, 현

13) 앞의 책, p.187.

장기록, 증거물 수집 및 보관 등이 포함된다. 현장관찰은 '범행과 직·간접적으로 결부된 유·무형의 자료를 수집하기 위하여 현장의 물체의 존재 및 상태를 관찰하는 것'을 말한다.[14] 현장관찰의 목적은 ① 현장의 모양, 피해상태 등을 관찰하여 누군가 사람에 의해 저질러진 행위라는 사실을 확인하고(범죄사실의 확인), ② 현장에 남겨진 범행의 흔적, 범행과 연관된 사물의 상태 등을 발견하고(수사자료의 수집), ③ 범행현장의 상황을 기록하고 촬영하여 나중을 위해 보전(범행현장의 보전)하는데 있다.[15] 현장기록은 범죄현장의 세밀한 부분까지도 나중에 그대로 재현하도록 해주고 조서로는 정확하게 표현하기 어려운 내용도 간단하고 쉽게 설명해주며, 현장을 보지 못한 제3자에게 범죄현장을 생생하게 전달해주기 때문에 중요한 의미를 갖는다.[16] 현장기록의 방법에는 사진촬영, 영상녹화, 스케치 등이 있다. 마지막으로 증거물의 수집과 보관은 범죄사실을 확증하고 범행에 사용된 수법을 추론하고, 범인의 신원을 밝히며, 범죄혐의를 입증하기 위해 필수적인 활동이다. 수집된 증거물은 범죄 사건의 해결뿐만 아니라 공판단계에서 피고인의 유죄를 밝히는데 중요한 역할을 담당한다.

그런데 증거물이 재판과정에서 증거로 사용되기 위해서는 엄격한 증명을 통한 증거능력을 획득해야 하고 법관에 의한 유죄의 심증을 형성하는 증명력을 갖추어야 한다.[17] 증거능력이란 증거물이 재판에서 증명의 자료로 사용될 수 있는 법적 자격을 의미한다. 예를 들어, 경찰관의 위법한 방법에 의해 수집된 증거는 증거능력을 인정받지 못하기 때문에 유죄를 입증하는 증거로 사용할 수 없다. 증명력은 사실관계를 입증하는 증거로서의 실질적 가치를 의미한다. 예를 들어, 살해당한 피해자의 손톱에서 채취한 혈흔과 피고인의 타액에서 동일한 DNA가 발견되었다면 이와 같은 유전자감식결

---

14) 강용길·김석범·백창현·이종화, 경찰학개론, 경찰공제회, 2010, p. 140.
15) 앞의 책.
16) 앞의 책.
17) 박노섭 외, 2013, 앞의 책 p. 206.

과가 피고인의 유죄에 대해 얼마나 유력한 증가가 되는가의 문제이다. 증거물이 법정에서 증거능력과 증명력을 인정받으려면 증거물의 채취·운송·보관의 과정이 적절한 관리체계(chain of custody)에 의거하여 진행되어야 한다.

다. 사건분석   [IV - 65]

사건분석이란 "당시까지 밝혀진 사실적 요소를 체계적으로 배열하고, 범죄혐의에 대한 논거를 제시하는 작업"을 의미한다.[18] 사건분석을 통해 수사관은 증명되거나 증명될 수 있는 사건요소들을 구분하고, 이러한 사건요소들을 토대로 형법상 범죄의 구성요건을 확인하고, 혐의입증에 필요한 증거의 발견을 가능하게 하고, 용의자를 특정하기 위해 필요한 정보를 체계적으로 제공한다.[19] 사건분석은 범죄현장분석, 범죄행태분석, 그리고 증거분석의 3영역으로 구분되며 각 영역별로 분석을 실시하고 그 결과를 토대로 사건 전체에 대한 종합적인 분석과 판단을 하게 된다.

범죄현장분석 단계에서는 우선 범죄현장의 상황이 범죄의 구성요건을 충족하는지를 분석한다. 객관적인 사실을 토대로 형법상 범죄를 구성하는지, 구성한다면 어떤 범죄에 해당되는지 분석한다. 다음으로 용의선상에 오른 특정인을 대상으로 해당 범죄의 혐의를 그에게 부여할 수 있는지를 분석한다. 이때 범죄현장에서 수집한 사건관련자들의 진술과 현장에 남겨진 유류품을 토대로 객관적으로 분석한다.

범죄형태(Modus Operandi)분석은 "범죄자들이 범죄행위를 할 때 사용하는 방법이나 범죄과정을 체계화하는 것"을 말한다.[20] 범죄형태의 분류 기준에는 범행시간과 날짜, 범행 장소, 피해자의 유형, 범행방법, 범행도구,

---

18) 앞의 책 p.234.
19) 앞의 책
20) 앞의 책, p.236.

범행목적, 독특한 특징, 범인의 언행, 기록·상징적 기호, 이동수단 등이 있다. 범죄형태분석은 ① 범인에 대한 수사선을 형성하는데 유용하게 활용되고, ② 용의자의 신원을 파악하는데 유용한 정보를 제공하고, ③ 행동패턴을 파악하도록 하여 용의자를 검거하는데 기여할 수 있다.[21]

증거분석 단계에서는 사건현장에서 채취한 유형·무형의 자료들을 체계적으로 분석하여 범인을 발견하고 범죄사실을 재구성하는데 도움을 줄 수 있는 증거로서 기능하도록 한다. 범죄현장을 목격한 사람이나 용의자와 연관된 사람들의 진술을 사용하여 인적증거분석을 실시한다. 또한 사건 현장이나 주변에서 수집한 지문이나 혈흔 등 범죄흔적을 활용하여 물적증거분석을 실시한다. 이러한 증거분석을 통해 수사관은 범인을 특정하고 범죄사실을 재구성하게 된다.

[IV - 66]   라. 범죄자 유형분석

범죄자 유형분석은 범죄와 관련된 모든 정보를 체계적으로 분석하여 범인의 유형을 파악해 수사의 성공가능성을 높이기 위한 분석방법으로서 대표적으로 '범죄 프로파일링'(criminal profiling)이 있다. 범죄 프로파일링은 "범죄 전의 준비행적, 범죄현장에서의 현장감식, 현장검시, 현장관찰, 관계인 면담 등을 통해 범죄행위 특성, 피해자의 특성 및 범죄 후의 행적 등을 파악하여 범죄자의 유형을 추정함으로써 초동수사의 방향을 설정하고 범죄를 수사하는 데 있어서 용의자 등 수사대상자의 범위를 축소하기 위한 수사기법"을 말한다.[22] 수사에 있어서 범죄 프로파일링의 유용성은 범죄에 관해 다음과 같은 가정들을 전제로 하고 있다. ① 모든 범인은 각자의 독특한 개인성향을 가지고 있는데 이러한 성향은 쉽게 변하지 않으며 범죄를 포함한 모든 행위를 통해 외부로 표출된다. ② 모든 범죄현장에는 범죄자의 개

---

21)   앞의 책, p.240.
22)   앞의 책, p.242.

인적이고 독특한 성향이 반영되어 있기 때문에 이러한 무형의 증거를 분석하여 범죄자 유형을 파악할 수 있다. ③ 범인은 동일한 범죄수법에 의존하는 경향을 보이는데 이는 익숙한 수법을 반복적으로 사용함으로써 새로운 수법에 수반되는 위험부담을 줄이고 범행의 성공가능성을 높이기 위해서이다.[23)]

4. 범죄수사기법

가. 통신수사   [IV - 67]

통신수사는 "범인이 활용하는 통신수단에 대해 감청 등을 통해 통화내용 및 송화자의 발신지 추적 등 수사진행에 필요한 단서를 확보하는 수사방법"을 말한다.[24)] 오늘날 정보통신기술의 급속한 발전으로 인해 통신은 양적으로 엄청난 증가를 보이고 있고 질적으로도 무수히 다양한 형태의 통신방법이 활용되고 있다. 스마트폰으로 대표되는 통신기기는 현대인에게 필수품이 되어 버린 지 오래이고, 다양한 방식의 통신은 매일의 삶 속에 깊숙이 자리 잡고 있다. 이러한 환경의 변화 속에서 통신 자체가 범죄 실행을 위한 필수적인 수단이 되기도 하고, 범행과정에 범죄의 흔적이 통신자료 형태로 남겨지게 된다. 따라서 오늘날 수사는 통신망과 그 안에 담겨있는 정보를 확인하지 않고서는 범죄혐의를 입증하기가 점점 어려워지고 있다. 하지만 통신수사는 사생활을 침해하는 등 국민의 헌법적 권리를 제한할 위험성이 있기 때문에 엄격한 법적근거와 절차에 따라 실시되어야 한다. 통신수사의 방법은 크게 통신제한조치, 통신사실 확인자료 요청, 그리고 통신자료 요청으로 나뉜다.

통신제한조치는 중요범죄의 수사를 위해 우편물을 검열하거나 전기통신

---

23) 앞의 책, p.243.
24) 앞의 책, p.272.

을 감청하는 것을 말한다. 검열은 우편물에 대해 당사자의 동의 없이 이를 개봉하거나 기타의 방법으로 그 내용을 지득 또는 채록하거나 유치하는 것을 말한다(통신비밀보호법 제2조 제6호). 감청은 전기통신에 대하여 당사자의 동의 없이 전자장치·기계장치 등을 사용하여 통신의 음향·문언·부호·영상을 청취·공독하여 그 내용을 지득 또는 채록하거나 전기통신의 송·수신을 방해하는 것을 의미한다(동조 제7호). 통신제한조치는 수사기관이 검사를 통해 법원의 허가를 받아 시행할 수 있다. 법원으로부터 허가를 받기 위해서는 통신제한조치 대상 범죄를 계획 또는 실행하고 있거나 실행하였다고 의심할만한 충분한 이유가 있고, 다른 방법으로는 그 범죄의 실행을 저지하거나 범인의 체포 또는 증거의 수집이 어렵다는 점이 입증되어야 한다(동법 제5조).

수사기관은 필요한 경우 전기통신사업자에게 통신사실 확인자료의 열람이나 제출을 요청할 수 있다. 여기에서 통신사실 확인자료에는 가입자의 전기통신일시, 전기통신개시·종료시간, 발·착신 통신번호 등 상대방의 가입자번호, 사용도수, 컴퓨터통신 또는 인터넷의 사용자가 전기통신역무를 이용한 사실에 관한 컴퓨터통신 또는 인터넷의 로그기록자료, 정보통신망에 접속된 정보통신기기의 위치를 확인할 수 있는 발신기지국의 위치추적자료, 컴퓨터통신 또는 인터넷의 사용자가 정보통신망에 접속하기 위하여 사용하는 정보통신기기의 위치를 확인할 수 있는 접속자의 추적 자료가 포함된다(동법 제2조 제11호). 범죄수사를 위한 통신사실 확인자료의 제공을 요청하기 위해서는 수사기관이 미리 서면 또는 이에 상당하는 방법으로 관할 지방법원이나 지원의 허가를 얻어야 한다. 다만 긴급한 사유가 있을 때에는 통신사실 확인자료의 제공을 요청한 후 지체 없이 법원의 허가를 얻어야 한다(동법 제13조 제3항, 제4항).

또한 수사기관은 전기통신사업법 제83조 제3항에 따라 수사의 목적으로

전기통신사업자에게 통신자료의 열람이나 제출을 요청할 수 있다.[25] 통신
사실 확인자료와 달리 수사관서의 장 명의로 요청할 수 있는데, 이는 통신
자료의 공개에 따른 사생활 침해의 위험성이 상대적으로 적기 때문이다. 수
사관은 전기통신사업자에게 신분을 표시할 수 있는 증표를 제시하고 관서
장 명의의 통신자료 제공요청서를 제출하여 자료를 요청하면 된다. 통신자
료의 범위에는 이용자의 성명·주민등록번호·주소·전화번호·아이디·
가입일 또는 해지일이 포함된다.

나. 수법수사   [IV - 68]

수법수사란 "범행 당시의 인적 특징, 장소, 범죄 실행에 나타난 수단, 방
법, 습벽 등에 의하여 범인을 식별하려는 개인 식별 기준 또는 정형"을 말한
다.[26] 일반적으로 범인은 비슷한 범죄수단과 방법 등을 반복하려는 경향을
보인다는 점에서 착안한 수사기법이다. 특히 범행현장에 유형의 범죄흔적
이 남아있지 않은 경우, 무형의 흔적에 해당하는 범죄수법을 분석하여 용의
자를 특정 하는데 적극적으로 활용하고 있다. 이를 위해 경찰은 수법수사를
제도화하고 범죄수법과 피의자 사진 등 각종 인적·물적 특징에 관한 자료
를 체계적으로 수집·관리하고 있다. 범죄수법자료를 활용한 수법수사가
적용되는 범죄(수법범죄)에는 강도, 절도, 사기, 위조·변조, 약취·유인,
공갈, 방화, 강간, 장물 등이 포함된다. 범죄수법자료는 경찰관서에서 작성
되는 수법원지와 피해통보표에 의해 수집된다. 수법원지는 수법범인의 인
적사항, 인상특징, 수법내용, 범죄사실, 직업, 사진, 필적 등을 수록한 기록

---

25) 전기통신사업법 제83조(통신비밀의 보호) ③ 전기통신사업자는 법원, 검사 또는 수사관서의 장
    (군 수사기관의 장, 국세청장 및 지방국세청장을 포함한다, 이하 같다), 정보수사기관의 장이 재
    판, 수사(조세범 처벌법 제10조제1항, 제3항·제4항의 범죄 중 전화, 인터넷 등을 이용한 범칙사건
    의 조사를 포함한다), 형의 집행 또는 국가안전보장에 대한 위해를 방지하기 위한 정보수집을 위
    하여 다음 각 호의 자료의 열람이나 제출(이하 '통신자료제공'이라고 한다)을 요청하면 그 요청에
    따를 수 있다.
26) 강용길 외, 2010, 앞의 책, p. 143.

지 또는 이를 전산입력한 것을 의미한다. 수법범죄를 저지른 피의자를 검거하였거나 인도받아 조사한 후 구속으로 송치되는 피의자와 재범의 우려가 있다고 인정되는 불구속 피의자에 대해서 수법원지를 작성한다(범죄수법공조자료관리규칙 제3조 제1항). 피해통보표는 피해사건이 발생하여 그 범인이 누구인지 아직까지 판명되지 아니한 경우 해당사건의 피해자, 범인의 인상·신체·기타 특징, 범행수법, 피해사실, 용의자 인적사항, 피해품, 유류품 등 수사자료가 될 수 있는 내용을 수록한 기록지 또는 이를 전산 입력한 것을 말한다. 범죄의 신고를 받았거나 또는 인지하였을 때 작성하는데 피의자가 즉시 검거되었거나 피의자의 정확한 신원이 판명된 경우에는 작성하지 않는다(동법 제7조 제1항).

범죄수법자료는 범인조회, 여죄조회, 중요장물조회를 통해 수사에 활용된다.[27] 범인조회는 범죄현장에 남겨진 범행수법의 특징을 토대로 범인을 조회하는 것을 말한다. 전산 입력되어 있는 수법원지 가운데 현재 수사 중인 사건의 특징과 대조하여 유사점을 확인하는 방식이다 여죄조회는 검거된 범인의 인적특징을 토대로 추가적인 범죄사실을 확인하는 방법을 말한다. 피해통보표에 기록된 범인·용의자, 범죄수법 등의 특징을 확인하여 검거된 범인이 저지른 것으로 추정되는 범죄를 찾아낸다. 중요장물조회는 재산범죄의 피해품을 피해통보표의 피해품란에 기록하여 전산 입력 후 활용하는 방식이다. 이렇게 피해통보표에 기재된 피해품은 장물수배로 보며 입력된 자료는 장물조회 등의 수사자료로 활용된다. 검거되어 조사 중인 피의자 또는 불심대상자가 소지한 수상한 물건, 중고품 상가나 사회에서 거래·유통되고 있는 수상한 물건 등이 장물인지 여부는 피해통보표에 기재된 피해품을 대조하여 판단하게 된다.

---

27)   박노섭 외, 2013, 앞의 책, p. 290.

다. 탐문수사 [IV - 69]

　탐문수사는 "범죄사건과 관련한 수사자료를 얻기 위하여 수사경찰이 범인 이외의 일반인들을 대상으로 면담하거나 대화 등의 방법으로 상대방이 보고 들은 견문 또는 직접 체험한 사실을 청취하기 위한 수사활동"을 말한다.[28] 범죄현장을 목격했거나 범죄사실이나 범인을 잘 알고 있는 사람들로부터 사건관련 정보를 제공받을 수 있다면 사건을 해결하는데 큰 도움이 될 수 있다. 범죄자들의 상당수는 범죄현장과 현장주변 사람들에게(예: 목격자), 사회적 관계를 맺고 있는 사람들에게(예: 친구), 또는 범죄에 연루된 사람들(예: 장물애비)에게 범죄흔적을 남기게 마련이다. 탐문수사의 주된 목적은 범인을 특정하고 검거하는데 있다. 범인을 특정하기 위해서는 범행현장을 중심으로 목격자를 확보하거나 현장에서 확보한 범행도구의 구입경로를 파악하고, 피해자의 주변인물을 조사하는 방법을 사용한다. 일단 범인이 특정된 후에는 범인의 위치를 파악하여 검거하기 위해서 은신처 주변과 지인들을 대상으로 탐문한다.

라. 미행 · 잠복감시 [IV - 70]

　미행과 잠복감시는 수사자료의 수집, 범인의 발견과 체포 등을 목적으로 실시하는데 전자는 대상자에게 감지 당하지 않으면서 은밀히 추적 · 감시하는 방법이고 후자는 대상자의 배회처 등 일정한 장소나 그 주변에서 계속적으로 은신하여 비밀리에 감시하는 방법을 말한다. 미행은 사람을 추적하여 감시하는 동적인 수사활동인 반면 잠복감시는 일정한 장소에 고정하여 감시하는 정적인 수사활동이라고 할 수 있다.

---

28)　최선우, 경찰학, 도서출판 그린, 2017, p. 614.

[IV - 71]   마. 감별수사

감별수사란 "범인과 피해자 또는 범인과 범행지 및 주변의 지역 간에 존재하는 사정·관계 등에 근거를 두고 수사하는 방법"을 의미한다.[29] 감별수사에는 범인과 피해자·그 가족, 피해가옥과의 관계를 근거로 수사하는 방법인 연고감 수사와 범인과 범행지 및 그 주변지역과의 관계를 근거로 수사하는 방법인 지리감 수사로 구분된다. 이와 같은 관계를 분석함으로써 범인이 피해자를 알고 있는 면식범인지의 여부와 범행지역의 지리에 익숙한 지역사람인지 이방인인지를 판단할 수 있게 된다. 감별수사의 결과는 수사의 초기단계에서 수사의 방향과 범위를 설정하는데 필요한 기초가 되며 용의자를 특정하기 위한 단서가 된다. 또한 다른 증거에 의해 용의자로 추정된 자가 혐의를 부인할 경우 범죄사실을 입증하는데 유력한 정황증거로 작용한다.

[IV - 72]   바. 유류품수사

유류품수사란 "범죄현장 및 그 부근에 남겨져 있는 범인의 흉기, 착의 등 유류품에 대하여 그 출처를 추적하여 범인을 색출하는 수사방법"을 말한다.[30] 좁은 의미에서 유류품은 범인의 옷이나 그 부착물, 휴지, 그리고 흉기 등 범죄현장과 그 부근에 떨어져 있는 물건만을 의미한다. 하지만 넓은 의미의 유류품에는 여기에 체액(예: 땀, 소변, 정액), 체모, 지문, 혈액, 족적 등이 추가된다. 과학적 수사방법을 통해 감정의 대상이 되는 범죄흔적은 수사관이 직접 행하는 수사기법을 통해 확인하기 어렵다는 점을 고려할 때 유류품수사의 대상에는 좁은 의미의 유류품만 포함된다고 보는 것이 타당하

---

29) 강용길 외, 2010, 앞의 책, p.142.
30) 앞의 책, p.143.

다.[31] 유류품수사는 직접적으로 범인을 추정하고(예: 이름이 적힌 소지품), 범인의 특징을 추정하며(예: 의류부착물로 직업 추정), 범행 당시 상황을 추정하는데(예: 흉기) 기여한다.

사. 장물수사   [IV - 73]

장물수사란 범죄의 피해품을 확정하고 종류와 특징을 명백히 하며 그 이동경로에 따라 장물수배, 장물품표의 발행, 임검조사, 불심검문 등을 실시하여 범인을 발견하고자 하는 수사방법을 말한다.[32] 간단히 말해 피해품의 추적을 통해 범인을 검거하고자 하는 것이다. 여기서 장물수배란 수사 중인 사건의 장물에 관해 다른 경찰관서에 그 발견을 요청하는 수배를 말한다(범죄수사규칙 제31조). 장물수배를 할 때에는 발견해야 할 장물의 명칭, 모양, 상표, 품질, 품종, 기타 특징 등을 명백히 해야 하고, 사진, 도면 또는 동일한 견본 조각 등을 첨부하는 등 필요한 조치를 해야 한다. 장물품표는 경찰서장이 수사상 필요하다고 인정할 때 장물을 신속히 발견하기 위해서 전당포주 등에게 해당 장물을 소유·소지하고 있거나 누군가로부터 받게 되는 경우 즉시 경찰서에 신고하도록 의뢰하는 피해품 통지서를 말한다. 만약 경찰관이 근무 도중 장물로 인정되는 물건을 발견했을 때에는 장물조회를 실시한다. 지방경찰청 수사과에 조회하여 발견한 물건이 장물인지 여부를 확인하고 피해자를 찾도록 의뢰해야 한다.

아. 알리바이수사   [IV - 74]

알리바이란 "범죄의 혐의자가 범죄가 행하여진 시간에 범죄현장 이외의 장소에 있었다는 사실이 명확하여 범죄현장에는 있지 않았다는 사실을 증

---

31) 박노섭 외, 2013, 앞의 책, p.293.
32) 앞의 책, p.298.

명하는 현장부재증명"을 말한다.[33] 알리바이는 범죄혐의를 입증할만한 직접 증거가 없는 상황에서 일종의 정황증거로서 많이 활용된다. 범행 당시에 용의자가 현장에 없었다는 사실이 입증된다면 다른 불리한 증거들에도 불구하고 범죄혐의에서 벗어날 수 있게 된다. 실무적으로는 여러 명의 용의자들 중 알리바이가 명백히 입증되는 사람을 수사선에서 배제하려는 목적으로 알리바이수사가 활용된다.[34]

---

33) 앞의 책, p. 302.
34) 앞의 책, p. 302.

제3절 피해자 보호 · 지원

1. 피해자 보호 · 지원의 의의

가. 범죄피해자의 의미 [IV - 75]

오랫동안 형사사법제도는 피의자와 피고인의 인권을 보장하고 동시에 범죄사건의 실체적 진실을 밝혀 국가 형벌권을 실현하는 데에 치중해왔다. 마찬가지로 사법경찰의 주된 활동도 효과적인 범죄수사를 통해 범인을 검거하고 범죄혐의를 입증하는데 초점이 맞추어져 있었다. 그러다보니 막상 범죄로 인해 직 · 간접적 피해를 입은 범죄피해자의 문제는 형사사법제도의 주변으로 밀려난 채 별다른 주목을 받지 못해왔다. 일단 범죄사건이 수사기관에 의해 공식적으로 입건되면 공소제기와 재판을 거쳐 최종판결이 확정되기까지 피해자는 범죄로 야기된 고통과 손실뿐만 아니라 형사사법절차의 진행과정에 발생하는 유형 · 무형의 추가적인 피해를 고스란히 떠안아야만 했다. 그러다가 20세기 후반에 이르러 선진국들을 중심으로 범죄피해자에 대한 관심이 고조되었고 이들을 보호하고 지원하기 위한 법과 제도들이 마련되기 시작했다. 우리나라에서는 1990년대부터 형사사법의 영역에서 피해자의 문제가 본격적으로 논의되기 시작했고 경찰에서도 범죄피해자를 보호하고 지원하기 위한 사후적 조치들이 다각도로 추진되어 왔다.

1987년 범죄로 인해 생명 · 신체에 피해를 입은 사람을 구조할 목적으로 범죄피해자구조법이 처음으로 제정되었고, 이후 2010년 범죄피해자 보호 및 지원을 위한 기본법이라고 할 수 있는 범죄피해자보호법으로 대체되었다. 범죄피해자보호법에서는 범죄피해자를 '타인의 범죄행위로 피해를 당한 사람과 그 배우자(사실혼 포함), 직계친족 및 형제자매'라고 정의하고 있다(동법 제3조 제1항 제1호). 또한 범죄피해 방지 및 범죄피해자 구조 활동으로 피해를 당한 사람도 범죄피해자의 범위에 포함시키고 있다(동조 제2항). 다만 국가로부터 구조금을 지급받을 수 있는 대상으로서의 범죄피해자는 보호대상보다 좁게 정의하고 있다. 헌법 제30조는 '타인의 범죄행위로 인하여 생명·신체에 대한 피해를 받은 국민은 법률이 정하는 바에 의하여 국가로부터 구조를 받을 수 있다'고 범죄피해자 구조청구권을 규정하고 있다. 범죄피해자보호법에는 구조대상 범죄피해를 '사람의 생명 또는 신체를 해치는 죄에 해당하는 행위로 인해 사망하거나 장해 또는 중상해를 입은 것'으로 제한하고 있다(동조 제1항 제4조).

경찰활동에 있어서 범죄피해자 보호·지원의 위치는 2018년 경찰법 및 경찰관직무집행법 일부개정을 통해 명확하게 되었다. 종전에는 범죄피해자의 보호·지원활동이 경찰의 직무범위에 속하는지에 관한 근거규정이 없다보니 법적 논란이 있었다. 그러나 개정 경찰법(제3조 제2의2호)과 경찰관직무집행법(제2조 제2의2호)에 '범죄피해자 보호'를 경찰의 임무(직무)로 명시함으로써 더 이상 이와 같은 논란의 여지는 사라졌다. 경찰직무상 보호대상이 되는 피해자는 범죄피해자보호법의 범죄피해자와 동일하다. 다만 범죄피해의 범위는 일반적인 위험방지업무를 수행하는 경찰의 특성을 고려할 때 형법상 범죄행위로 인한 피해뿐만 아니라 경찰상 위험(예; 자살, 실종, 재난)으로 야기된 피해까지 확장하여 해석하는 것이 타당하다. 이러한 취지에서 피해자 보호 및 지원에 관한 규칙 제39조는 '실종자 가족, 자살기도자 등 범죄에 준하는 심신에 유해한 영향을 미치는 행위로 인해 피해를 입은 자'까지 범죄피해자의 범위에 포함하고 있다.

범죄피해는 그 성격에 따라 1차 피해, 2차 피해로 구분된다. 1차 피해는 가해자의 범죄행위에 의해 직접적으로 입은 피해를 말한다. 폭력범죄로 인한 신체적 피해와 재산범죄로 인한 금전적 손실이 대표적이다. 이 밖에 외상 후 스트레스장애, 불안장애 등 범죄피해자가 겪게 되는 정신적 피해도 여기에 속한다. 2차 피해는 범죄사건을 처리하는 과정에서 발생하는 파생적 · 부수적 피해를 말한다. 수사 · 재판과정에 피해자가 겪는 정신적 피해, 언론노출로 인한 사생활 침해, 실직 등 경제적 손실, 대인관계 악화 등이 해당된다. 종종 피해자 자신뿐만 가족과 주변인에게도 동일한 2차 피해가 확산될 수 있다.

나. 범죄피해자 보호 · 지원의 목적 　　　　　　　　　　　[IV - 76]

범죄피해자의 보호 · 지원을 통해 추구하는 목적은 범죄피해자가 누려야할 권리를 실현하는데 있다. 범죄피해자 보호법 제2조에 의하면 ① 범죄피해자는 범죄피해 상황에서 빨리 벗어나 인간의 존엄성을 보장받을 권리가 있고, ② 범죄피해자의 명예와 사생활의 평온은 보호되어야 하며, ③ 범죄피해자는 해당 사건과 관련하여 각종 법적 절차에 참여할 권리를 갖는다. 이와 같은 목적을 실현하기 위해 범죄피해자의 보호 · 지원정책은 크게 세 가지 차원에서 시행되고 있다.

첫째, 피해자의 형사절차 참여를 보장한다(동법 제8조, 제8조의2). 범죄피해자가 자신의 사건과 관련해서 수사담당자와 상담하거나 재판절차에 참여하여 진술하는 등 형사절차상의 권리를 행사할 수 있도록 보장해야 한다. 피해자가 요청할 때에는 수사결과, 공판기일, 재판결과, 형 집행 상황 등에 관한 정보를 제공해야 한다. 또한 범죄피해자의 형사절차상 권리, 피해자에 대한 각종 지원 등에 관한 정보를 제공해야 한다. 둘째, 사생활의 평온과 신변을 보호받아야 한다(동법 제9조). 피해자의 명예와 사생활의 평온을 보호하기 위해 필요한 조치가 이루어져야 한다. 특히 보복을 당할 우려가 있는 피해자를 보호하기 위한 적절한 조치를 마련해야 한다. 셋째, 범죄로 인한 손실을 복구할 수 있도록 지원한다(동법 제7조). 신체적 · 정신적 · 물질적 손실을 복구하여 피해 이전의 삶을 회복할 수 있도록 돕는데 목적이 있다. 각종 상담, 의료제공, 구조금 지급, 법률구조, 취업 지원, 주거지원 등이 포함된다. 또한 신체적·정신적 안정을 돕기 위해 일시적 보호시설을 설치·운영하고 있다.

[IV - 77]   다. 경찰의 범죄피해자 보호·지원 필요성

첫째, 경찰의 범죄피해자 보호·지원활동은 인권보장 차원의 요청이다. 1985년 유엔이 채택한 '범죄피해자 인권선언'[1]은 국가가 피해자의 인권보장을 위해 노력해야 할 영역으로 ① 존엄성에 대한 공감과 존중, ② (절차와 과정상의 권리로서) 정보를 받을 권리, ③ 법정에서의 의견 제시, ④ 법률적 자문, ⑤ 협박과 보복으로부터의 안전, ⑥ 중재·조정 등 비공식적 분쟁해결, ⑦ 사회원조 및 의료지원, ⑧ 범죄자에 의한 손해배상 및 손실보상, ⑨ 국가에 의한 보상, ⑩ 적절한 훈련과 가이드라인 등을 제시하고 있다[2] 범죄피해자를 보호하고 지원하는 것은 시혜적 차원에서 제공되는 서비스가 아니라 피해자로서 마땅히 누려야 할 권리에 속한다.[3] 경찰은 국민의 자유와 권리를 보호하고 사회공공의 질서를 유지하는 직무를 담당하고 있다(경찰관직무집행법 제1조 제1항). 따라서 국민으로서 또한 한 인간으로서 범죄피해자에게 부여된 권리를 보호하고 지원하는 것은 당연히 경찰이 수행해야 할 직무의 범위에 속한다고 하겠다.

둘째, 범죄피해자에게 발생할 수 있는 2차 피해의 방지를 위해 필요하다. 범죄피해자는 일차적으로 범죄피해를 당한 이후에도 사법기관, 언론, 의료기관, 가족, 친구 등 다양한 주체들로부터 재차 정신적·사회적 피해를 입을 위험성이 있다. 특히 아직까지 한국 사회에 편만한 가해자 중심의 문화·인식·구조로 인해 도리어 성폭력 피해자들이 비난과 불이익을 당하는

---

1) 원제목은 'Declaration of Basic Principles of Justice for Victims and Abuse of Power'이다.

2) Jan Van Dijk, Victim's rights in International Criminal Law, Papaer presented at the International Conference on Action of Crime Victims Roma, 2006, p. 19(김동률·박노섭, 범죄피해자 보호·지원 정책에 관한 연구: 바람직한 개선방향과 입법·제도적 정비를 중심으로, 비교형사법연구, 20(1), 2018, pp. 233-233에서 재인용).

3) 김동률·박노섭, 2018, 앞의 논문, p. 231.

경우가 자주 발생하고 있다. 만약 수사를 담당하는 경찰관이 '강간통념'이나 전통적 성역할 인식과 같이 여성피해자에 대한 편향된 시각을 가지고 있다면 수사과정에 2차 피해가 발생할 가능성이 높아진다. 경찰로부터 보호받아야 할 피해자가 오히려 수사과정에 추가적인 피해를 입는 일이 발생한다면 인권침해의 문제와 더불어 경찰에 대한 국민적 신뢰의 하락을 초래하게 될 것이다.

셋째, 범죄피해자의 보호·지원은 수사에 있어서 실체적 진실의 발견에도 기여한다. 범죄사건의 진상을 밝히기 위해서는 범죄의 신고에서부터 피해자 조사에 이르기까지 피해자의 적극적인 협조가 필수적이다. 만약 경찰이 피해자를 적극적으로 보호해주지 않거나, 도리어 2차 피해를 유발한다면 범죄피해를 당한 시민들이 경찰에 신고하기를 꺼리게 될 것이다. 또한 경찰을 불신하게 되어 조사과정에도 피해자들이 피해사실을 정확히 진술하지 않게 될 것이다. 경찰에 대한 신뢰를 바탕으로 피해자가 수사협조자의 역할을 담당하며 필요한 정보들을 충분히 제공할 때 실체적 진실에 보다 가까이 다가갈 수 있다고 하겠다.

마지막으로, 경찰단계는 범죄피해자가 형사사법절차에서 가장 처음으로 대면하는 첫 관문에 해당한다는 점을 고려할 때 경찰의 범죄피해자 보호활동은 중요한 의미를 갖는다. 범죄피해를 당한 직후 피해자들은 정신적으로나 육체적으로 상당한 충격을 받은 상태이기 때문에 경찰의 신속하고 적절한 피해자 보호조치가 가장 요구되는 시점이라고 할 수 있다. 특히 폭력피해신고를 받고 출동한 경찰관은 즉각적으로 피해자의 보호·지원에 나서야 하며 신변보호, 초기상담, 임시숙소 지원 등의 조치로 범죄피해자의 신체적 안전과 정신적 안정을 확보해야 한다.

2. 경찰의 피해자 보호 · 지원 제도

[IV - 78]   가. 경찰조직의 보호 · 지원 체계

경찰청에서 피해자 보호 및 지원업무를 담당하는 부서로는 피해자보호추진위원회와 피해자보호담당관이 있다. 경찰청 차장을 위원장으로 하는 피해자보호추진위원회는 피해자 보호 및 지원정책을 체계적으로 추진하기 위해 2004년 처음으로 설치되었다. 위원회에서는 피해자 보호 · 지원 관련 중요정책을 심의하고 피해자 보호 · 지원업무에 관한 부서 및 지방청 사이의 조정을 담당하고 있다. 그 아래 실무위원회를 두고 피해자보호추진위원회의 심의사항을 실행하고 위임받은 사항을 처리하도록 하고 있다. 경찰청 단위에서 피해자 보호 · 지원정책의 전담하여 추진하는 부서는 감사관 소속의 피해자보호담당관이다. 원래는 2004년에 경찰청 수사국 산하의 범죄피해자대책실로 출발하였다가 이듬해 인권보호센터로 명칭이 변경되었다가 2010년부터는 감사관 소속의 인권보호담당관실로 직제가 변경되었고 2015년에는 기존의 인권보호담당관과 분리하여 별도의 피해자보호담당관이 신설되었다.[4]

지방경찰청의 경우 서울 및 경기 남부와 북부는 청문감사담당관 소속으로 피해자보호계를 운영하고 있고 나머지 지방청은 감사계 내에 피해자보호팀을 운영하고 있다. 경찰서에서는 청문감사관을 피해자대책관으로 지정하여 피해자 보호 · 지원업무를 총괄하도록 하고 있다. 피해자대책관의 임무는 해당 경찰관서의 피해자 보호 · 지원시책을 총괄하고 그 활동을 모니터링하며 유관기관 및 단체 등과의 협조체계를 구축하고, 경찰서 근무자들에 대한 교육 및 대국민 홍보계획을 수립 · 시행하는 것이다.

---

4)   이동희, 피해자 보호 · 지원을 위한 경찰의 역할과 과제, 경찰법연구, 16(1), 2018, p. 185.

나. 피해자전담 경찰관 [IV - 79]

피해자전담 경찰관은 각 경찰서의 청문감사관 소속으로 배치되어 범죄로 인한 피해가 심각한 피해자를 전담하여 보호하고 지원하는 업무를 담당하고 있다. 피해전담 경찰관은 범죄피해 직후 충격 상태에 빠진 피해자에 대한 심리적 응급처치를 실시할 수 있을 정도의 전문성을 갖추도록 하고 있다. 이를 위해 심리학 전공 석사 학위 이상 소지자 또는 심리학 학사 학위 소지자로서 '심리·상담' 분야에서 2년 이상 근무 또는 연구한 경력이 있는 자 중에서 채용하고 있다. 피해자전담 경찰관의 임무는 초기상담을 통해 피해자의 심리적 안정감을 제공하고 유관기관과 연계하여 심리적·경제적·법률적 지원을 하며, 평소 관련 기관들과 협조체계를 구축하는 것이다. 주요 대상은 살인·강도·방화 등 강력사건과 중상해·체포감금·약취유인 등 주요 폭력사건의 피해자로, 해당 범죄사건이 발생하면 피해자전담경찰관은 피해상황과 지원이 필요한 부분을 신속히 파악하여 경제적 지원(생계비, 치료비, 장례비 등)과 심리적 지원(전문 심리상담기관 연계)을 추진한다. 필요한 경우 피해자를 위한 임시숙소나 보호시설을 연계해주고 신변보호조치도 한다.

다. 피해자보호관 [IV - 80]

피해자보호관은 경찰서의 수사부서별로 배치되어 피해유형별 특성에 맞는 상담 및 보호업무를 수행한다. 청문감사관실에 배치되어 있는 피해자전담 경찰관만으로는 경찰서의 각 부서별로 산재되어 이루어지는 수사업무에 있어서 피해자를 보호하기가 충분하지 않다는 판단 때문에 피해자보호관이 추가된 것이다. 업무적으로 범죄피해자와 대면하게 되는 형사과, 수사과, 여성청소년과, 사이버수사과, 외사수사과 그리고 지구대의 팀장이 피해자보호관으로 지정된다. 주된 역할은 사건처리절차에서 피해자의 요청사항을 확인하고 2차 피해가 발생하지 않도록 모니터링하는 것이다.

[IV - 81]   라. 피해자 심리전문요원

피해자 심리전문요원은 'Crisis-intervention, Assistance, & REsponse'의 머리글자를 따서 'CARE 요원'이라 불린다. 지방경찰청은 심리분야 전문성을 가진 인력을 채용하여 강력범죄 피해자에 대한 보호·지원 업무를 담당하도록 하고 있다. 심리학 전공자 및 관련 분야 경력자를 특채로 선발하여 청문감사담당관실에 배치하고 강력사건이 발생하면 초기에 현장에 출동하여 범죄피해자에게 전문적인 심리평가와 상담을 실시하고 있다. 범죄피해 발생 직후 신속한 위기개입을 통해 피해자의 심리적 안정을 유도하고 심리평가와 상담을 통한 사후관리로 피해자에게 트라우마나 외상 후 스트레스장애 등의 심리적 피해가 발생하지 않도록 지원하는 제도이다.

[IV - 82]   마. 성폭력피해자 통합지원센터

성폭력피해자 통합지원센터는 여성경찰관, 상담사, 간호사 등이 24시간 상주하며 성폭력·가정폭력·성매매사건·학교폭력 피해자들에게 의료·상담·수사·법률지원 등의 통합서비스를 무료로 제공하는 기관이다.[5] 지방경찰청, 여성가족부 및 시·도 의료기관이 협약을 맺고 센터를 운영하고 있으며 한 번의 방문으로 모든 지원을 원스톱으로 제공하고 있다. 센터는 성폭력방지 및 피해자보호 등에 관한 법률 제18조를 근거로 설치·운영되고 있다.[6] 종전에 경찰청이 운영해오던 원스톱 지원센터와 여성가족부의

---

5) 앞의 논문, p. 186.
6) 성폭력 방지 및 피해자 보호 등에 관한 법률 제18조(피해자를 위한 통합지원센터의 설치·운영) ① 국가와 지방자치단체는 성폭력 피해상담, 치료, 제7조의2 제2항에 따른 기관에 법률상담 등 연계, 수사지원, 그 밖에 피해구제를 위한 지원업무를 종합적으로 수행하기 위하여 성폭력피해자통합지원센터를 설치·운영할 수 있다.

해바라기 아동센터 및 해바라기 여성·아동센터를 연계하여 통합지원센터의 모습을 갖추게 된 것이다. 피해자의 유형 및 사안의 성격에 따라 위기지원형, 아동형, 통합형으로 구분된다. 아동형은 성폭력 피해를 당한 19세 미만 아동·청소년과 모든 연령의 지적장애인을 대상으로 한다. 통합형은 위기지원형의 지원내용에 피해자에 대한 심리평가 및 치료(외상 후 스트레스 장애 등)가 추가된 형태이다.

센터에 상주하는 경찰관은 피해자에게 수사 및 소송절차에 대한 정보제공, 피해자 진술서 작성, 고소장 작성, 진술녹화 실시, 국선변호사 연계 등의 서비스를 제공한다. 피해자에 대한 조사가 센터 내에서 이루어지기 때문에 상담 후 조사를 위해 또다시 경찰서에 출석해야 하는 번거로움이 사라졌다. 또한 이중조사과정에 수치심이 유발되는 등 2차 피해가 발생하는 것을 방지하기 위해 센터 내에 진술녹화실을 두고 여성경찰관이 수사를 진행한다.

3. 피해자의 형사절차 참여 보장

가. 정보제공   [IV - 83]

경찰관은 피해자를 조사할 때 피해자로서의 권리와 피해자 지원·보호 관련 정보들을 제공해야 한다. 만약 피해자에 대한 조사를 하지 않는 경우에는 사건 송치 전까지 정보를 제공해야 한다(피해자 보호 및 지원에 관한 규칙 제17조). 피해자에게 정보를 제공할 때에는 모든 피해자에게 해당하는 '범죄피해자 권리 및 지원제도 안내서'를 출력하여 교부하는 것을 원칙으로 한다. 또한 성폭력·아동학대·가정폭력 피해자에게는 각 유형에 해당하는 별도의 안내서를 추가로 교부하도록 되어 있다(동 규칙 제18조 제1항, 제2항). 일반 국민들의 입장에서는 안내서에 담긴 내용을 쉽게 이해할 수 없기 때문에 담당수사관은 안내문을 교부할 때 필요한 정보를 구두로 설명할 필요가 있다고 하겠다. 또한 피해자가 출석요구에 응하지 않는 등 서면을 교부하기 곤란한 사유가 있으면 구두, 전화, 모사전송, 전자우편, 휴대전화 문자전송 등의 방법으로 정보를 제공할 수 있다(동조 3항)

피해자에게 제공되는 정보는 형사절차상 범죄피해자의 권리, 범죄피해자 지원제도, 그리고 기타 권리보호 및 복지증진 관련 사항으로 나뉜다. 형사절차상 피해자의 권리로서 조사 시 신뢰관계인의 동석을 신청할 권리, 고소인의 재정신청권, 형사절차 정보제공 요구권 등에 관한 내용이 포함된다. 범죄피해자 지원제도 관련 내용에는 특정범죄의 신고·증언으로 인해 보복을 당할 우려가 있을 때 조치사항(신변안전조치, 조사서류 인적사항 미기재), 심리상담 및 치료 지원, 소송지원, 범죄피해자 구조금, 교통사고에 대한 손해보험회사 보상청구 등이 포함된다. 마지막으로 피해자 권리보호 및 복지증진 관련 내용으로 가해자와 합의한 내용의 공판조서 기재 신청, 유죄판결 시 배상명령 청구, 민사소송을 통한 손해배상청구, 그리고 지자체의 긴급복지지원제도 등이 포함되어 있다.

〈표Ⅳ-6〉 형사절차상 범죄피해자의 일반적 권리

권리 유형	권리 내용
신뢰관계인 동석신청권	피해자가 수사기관 조사 및 법원 증인 신문시 현저히 불안·긴장을 느낄 우려가 있는 경우 신뢰관계자와 동석이 가능.
고소권, 항고권, 재정신청권	피해자는 고소할 수 있고, 검사의 불기소 처분에 불복하는 고소인은 관할 고검에 항고 및 관할 고법에 재정신청 가능.
재판절차 의견진술권, 심리비공개 신청권	피해자는 재판절차에 증인으로 출석하여 사건에 관한 의견을 진술할 수 있고, 사생활·신변보호 필요성 등 정당한 사유가 있으면 심리 비공개 신청 가능.
형사절차상 정보제공 요청권	피해자는 수사결과 및 공판진행사항, 가해자의 법집행·보호관찰집행 상황 등 정보를 제공받을 수 있음.
소송기록의 열람·등사 신청권	피해자는 필요한 경우 소송 중인 사건의 공판기록의 열람 또는 등사를 법원에 신청 가능.

나. 사건 진행상황 통지 · 조회   [IV - 84]

피해자들은 일반적으로 자신들이 피해를 입은 사건에 대한 수사가 어떻게 진행되고 있으며, 어떤 결정이 났는지 등에 관해 궁금해 한다. 경찰관은 피해자의 신고, 고소 · 고발 등에 따라 수사를 할 때에는 피해자에게 사건 처리 진행상황을 통지할 의무가 있다(수사규칙 제204조 제1항). 통지대상자는 범죄피해자, 고소인, 고발인인데 만약 사망하였거나 의사능력이 없거나 미성년자인 경우에는 친족, 보호자, 법정대리인에게 통지한다(동조 제3항). 다만 이러한 통지가 수사 또는 재판에 지장을 주는 때, 피해자 또는 사건관계인의 명예와 권리를 부당히 침해하거나 보복범죄나 2차 피해의 우려가 있는 때에는 통지하지 않을 수 있다(동조 제4항). 진행상황 통지와 별개로 피해자보호관 또는 사건 담당자는 피해자가 수사 진행상황에 대해 문의하는 경우 수사에 차질을 주지 않는 범위 내에서 피해자가 이해하기 쉽도록 설명해야 한다(피해자 보호 및 지원에 관한 규칙 제20조). 또한, '형사사법 포털'[7]을 통해서도 범죄피해자가 사건의 진행상황을 손쉽게 조회할 수 있도록 하고 있다. 기존에 고소 · 고발인과 피고소 · 고발인만 조회할 수 있었던 사건조회서비스를 피해자들에게까지도 확대한 것이다.[8]

4. 피해자 신변보호

가. 의미   [IV - 85]

범죄피해자의 신변보호는 범죄피해자 보호법과 특정범죄신고자 등 보호법의 규정에 근거하고 있다. 범죄피해자가 형사소송절차에서 한 진술이나 증언과 관련하여 보복을 당할 우려가 있는 경우 국가 및 지자체는 적절한

---

7) http://www.kics.go.kr
8) 이동희, 2018, 앞의 논문, p. 190.

조치를 마련하도록 규정하고 있다(범죄피해자보호법 제9조 제2항). 경찰관서의 장은 피해자가 피의자 또는 그 밖의 사람으로부터 생명 또는 신체에 대한 해를 당하거나 당할 우려가 있다고 인정되는 때에 직권 또는 피해자의 신청에 의해 신변보호에 필요한 조치를 취해야 한다(피해자 보호 및 지원에 관한 규칙 제29조). 인신매매, 마약범죄, 범죄단체 구성 등 특정범죄의 신고자와 그 친족이 보복을 당한 우려가 있는 경우에 신변안전조치를 하도록 규정하고 있다(특정범죄신고자 등 보호법 제13조 제1장). 그 밖에 성폭력범죄, 성매매알선, 가정폭력범죄 등 범죄유형에 따라 특별법에 별도로 신변보호조치에 관해 규정하고 있다.[9]

　　신변보호의 대상은 범죄신고 등으로 인해 보복을 당할 우려가 있는 범죄피해자, 신고자, 목격자, 참고인 및 그 친족이다. 신변보호의 신청은 일반적으로 범죄피해자, 범죄신고자 및 그 법정대리인·친족이 할 수 있고 경찰관이 직권으로 신변보호를 요청할 수도 있다. 각 지방경찰청과 경찰서에는 신변보호 결정 등에 관해 심의하기 위해 '신변보호 심사위원회'를 두고 있다(피해자 보호 및 지원에 관한 규칙 제31조 제1항). 신변보호 여부를 판단할 때에는 신청자의 진술과 증거자료 등을 검토하여 위험성을 판단하고 위험성이 인정되는 경우 신변보호 결정을 내리게 된다. 신변보호에 필요한 조치의 유형에는 ① 피해자 보호시설 등 특정시설에의 보호, ② 외출 귀가 시 동행, 수사기관 출석 시 동행 및 신변경호, ③ 임시숙소 제공, ④ 주거지 순찰 강화, CCTV 설치 등 주거에 대한 보호, ⑤ 비상연락망 구축, ⑥ 그 밖에 신변보호에 필요하다고 인정되는 조치가 있다(동 규칙 제30조).

---

9) 성폭력범죄의 처벌 등에 관한 특례법 제23조(피해자, 신고인 등에 대한 보호조치), 성매매알선 등 행위의 처벌에 관한 법률 제6조(성매매피해자에 대한 처벌특례와 보호), 가정폭력범죄의 처벌 등에 관한 특례법 제55조의2(피해자보호명령 등).

나. 임시숙소 제공 · 보호시설 연계   [IV - 86]

임시숙소 제공은 신변위협으로 귀가하는 것이 곤란한 피해자에게 임시적으로 머물 수 있는 숙소를 지원하는 조치이다. 통상 경찰관서 관할의 숙박시설을 사전에 지정하여 임시숙소로 제공하고 있다. 범죄피해가 발생한 이후 주거지가 노출되어 추가적 피해가 우려되는 사람, 살인 · 강간 등 강력범죄 피해자와 보복범죄가 우려되는 피해자, 가정폭력 · 성폭력 피해자로서 사건조사 후 의탁할 곳이 없는 사람 등을 대상으로 지원하고 있다. 다만 자해의 위험이 있는 정신질환자 또는 자살기도자, 음주로 만취된 자 등은 임시숙소에 연계하지 말아야 하며, 만약 임시숙소가 가해자나 언론 등에 노출될 경우 숙소를 변경해야 한다.

만약 신변보호가 장기적으로 필요한 피해자라면 전문기관에 의해 상시적으로 보호를 받을 수 있도록 전문보호기관으로 연계한다. 성폭력 · 가정폭력 · 아동학대 · 강력범죄 피해자 중에서 전문기관에 의한 보호에 필요한 요건을 충족하고 그 필요성이 인정되는 자를 대상으로 한다. 대표적인 연계기관으로는 해바라기 센터, 아동보호 전문기관, 스마일센터 등이 있다.

다. 긴급대응체계 · 맞춤형 순찰   [IV - 87]

112신고 관리시스템에 긴급신변보호 대상자로 등록해 놓은 사람에 대해 유사 시 신속한 출동으로 피해자의 신변을 보호하고 있다. 등록된 대상자가 112로 긴급신고를 하는 상황이 발생하면 112상황실에서는 접수단계에서부터 즉각적으로 신변보호사건으로 인지가 되고 즉각적 대응을 필요로 하는 코드 0이 부여된다. 신고접수화면에는 대상자의 인적사항, 주소뿐만 아니라 가해자 정보 및 담당경찰관 연락처가 나타나고 이를 바탕으로 지역경찰 및 사건 담당자가 공동으로 신속하게 출동하게 된다.

이에 추가하여 2015년부터는 긴급신변보호 대상자와 비상연락체계를 강화하고 즉각적으로 대상자의 위치를 파악하고자 신변보호용 스마트워치를 활용하고 있다. 손목시계 형태의 ICT 장치에는 실시간 위치추적 및 긴급신고 기능이 탑재되어 있다. 위급한 상황이 발생하여 'SOS긴급버튼'을 누르면 112긴급신고가 이루어지고 동시에 사전에 지정된 보호자에게도 긴급 문자 메시지가 전송되며 대상자의 위치가 실시간으로 확인된다.

신변보호 대상자가 가해자로부터의 위험을 미리 감지하여 신속하게 신고할 수 있도록 신변보호 대상자의 주거지 주변에 신변보호 목적의 CCTV도 설치하고 있다. 대상자는 자신의 휴대폰에 CCTV어플리케이션을 설치하여 주거지 주변의 위험요소를 상시적으로 확인할 수 있다. 만약 가해자가 주거지 주변에 접근하여 침입을 시도하는 등 위험한 상황이 발생하면 피해자는 CCTV를 통해 이를 확인하고 긴급신고를 할 수 있다. 신변보호용 CCTV를 설치할 때 긴급신고 기능을 탑재할지에 대해서는 대상자가 선택할 수 있다. 긴급신고 기능이 탑재된 경우에는 대상자가 긴급신고 버튼을 작동시키면 자동으로 112긴급신고가 이루어지고 관할 경찰서 112상황실의 화면에 CCTV영상과 함께 경보음이 송출된다. 긴급신고 기능이 탑재되지 않은 경우에는 스마트 워치를 지급하여 신고할 수 있도록 한다.

마지막으로 등록된 긴급신변보호 대상자에 대해서 예방적 차원의 맞춤형 순찰을 실시한다. 신변보호 대상자의 주거지와 주변에 대해 순찰을 실시하여 불안감을 해소하고 위험요인을 차단하려는 방법이다. 관할 지구대·파출소에서는 신변보호 대상자의 주소지 등을 순찰경로에 포함시키고, 대상자가 요청한 시간대 또는 취약시간대에 집중적으로 순찰을 실시한다. 지역경찰과 유기적으로 협력하기 위해서 신변보호 대상자에 관한 정보와 신변보호 요청사유 등을 구체적으로 기재하여 지구대·파출소에 통보한다.

[IV - 88]　　라. 신변경호

신변보호 대상자에 대한 위험 발생이 명백하고 중대한 경우 경찰관이 피해자에게 근접경호, 동행 등의 방법으로 직접적인 보호조치를 실시한다. 신변경호를 결정할 때에는 신변보호조를 구성하고 위험성, 경호기간 등을 고려하여 운영방식과 규모를 결정한다. 위험성에 따라 상시근접경호나 귀가시 피해자 동행 등의 방식을 적용한다. 만약 긴박한 위험이 해소되었다고 판단이 되면 신변경호를 종료하고 그 대신 피해자와의 비상연락체계를 구축한다.

마. 가해자 경고 · 피해자 권고 [IV - 89]

가해자에게 사전경고를 통해 경찰이 주의 깊게 관찰하고 있다는 점과 함께 법적 제재의 중대함을 인식하게 하여 가해자 스스로 피해자에 대한 보복행위를 하지 않도록 미연에 방지하는 조치를 취할 수 있다. 경고의 방식은 구두경고와 서면경고가 있다. 피해자의 신고로 경찰관이 현장에 출동하여 상황이 급박한 경우 즉각적으로 가해자의 위법행위를 제지한 뒤 구두경고를 실시한다. 피해자의 요청이나 직권으로 신변보호심사를 한 후 피해자의 신변에 대한 위해가 우려된다면 피해자의 동의를 받아 가해자에게 서면 경고장을 발부할 수 있다.

피해자에게는 권고를 통해 피해자 자신도 신변보호의 주체임을 상기시키고 적극적인 자기보호를 하도록 유도한다. 특히 신변보호심사를 통해 대상자로 결정된 자 중에서 보복범죄 피해의 우려가 높다고 인정되는 자에 대해서 실시한다. 권고사항의 내용에는 보호시설 입소, 주거이전 등 피신조치, 장거리 및 잦은 외출 자제 등과 같은 행동요령이 포함된다.

5. 2차 피해 방지

[IV - 90]   가. 의미

2차 피해란 "범죄사건을 계기로 또는 범죄사건을 처리하는 과정에서 피해자가 정신적·사회적으로 상처를 입는 것"을 의미한다.[10] 가해의 주체에는 대표적으로 사법기관, 언론, 의료기관이 있고 그 외에 가족이나 친구처럼 친밀 관계에 있는 사람도 포함된다. 2차 피해가 발생하는 가장 근본적인 원인으로는 우리 사회의 가해자 중심적인 문화와 인식 및 사회구조를 꼽을 수 있다. 이러한 환경 속에서 사람들 사이에 피해자에 대한 잘못된 통념과 왜곡된 인식이 공유되는데 특히 성폭력 피해자의 경우 이와 같은 현상이 더욱 두드러진다. 또한 형사사법체계 속에서 피해자는 실체적 진실발견이라는 명목 하에 2차 피해의 고통을 감수해야만 한다. 예를 들어, 수사과정에 반복된 진술 강요, 사건과 무관한 질문, 신상공개로 인한 명예훼손, 가해자와의 대질신문, 수사관의 비인격적 대우와 불친절한 태도 등으로 인해 피해자가 2차 피해를 입는 경우가 발생하고 있다.[11]

수사과정에 피해자에게 2차 피해가 발생하는 원인을 정리하면 다음과 같다. 첫째, 전통적인 형사사법체계가 피의자·피고인 중심으로 되어 있기 때문이다. 피의자·피고인은 소송의 당사자로서 방어권을 보장하기 위한 제도적 장치들이 마련되어 있다. 이에 반해 피해자는 사건의 직접적 피해당사자이지만 소송의 당사자가 아니라는 이유로 고소인, 참고인, 증인 등 주변인적 지위만을 가지고 있다. 이로 인해 피해자로서 누려야할 권리를 보장받지 못한 채 사건의 진상규명과 범죄자 처벌이라는 목적을 위해 어쩔 수 없이 형사절차에 참여해야만 한다. 둘째, 경찰관들이 그릇된 사회적 통념

---

10) 류병관, 형사절차상 성폭력 피해자의 2차 피해자화 방지 대책, 법과 정책연구, 6(1), 2006.
11) 신주호, 경찰수사절차상 성폭력피해자의 인권보호를 위한 개선방안, 법학연구, 21(2), 2010, p. 14.

을 지닌 채 범죄피해자를 대하는 것도 2차 피해가 발생하는 주요한 원인이다. 대표적으로 성폭력 피해자에 대한 수사관들의 편향된 인식을 들 수 있다. '강간 통념'을 바탕으로 '진짜 피해자'는 "낯선 이에 의해 강압적으로 당한, 저항하는 과정에서 신체적 상처를 입은, 도덕적으로 선하고 젊은 여성"이라는 편견에 사로잡힌 수사관은 피해의 진정성을 확인하고자 하고 그 과정에 2차 피해 발생의 위험성이 높아진다.[12] 마지막으로 피해자의 상태를 배려하지 못한 수사관행이 2차 피해의 원인으로 작용한다. 경찰에 범죄피해를 알릴 때 피해자들은 신체적 · 정신적 고통으로 인해 도움이 절박한 상태에 있는 경우가 많다. 때로는 가해자에 대한 극도의 공포심, 피해로 인한 트라우마, 외상 후 스트레스장애 때문에 피해사실을 제대로 설명하지 못하는 피해자도 있다. 이와 같은 피해자의 상태를 충분히 공감하거나 배려하지 못한 채 관행적으로 진행되는 조사는 그 과정에 2차 피해를 유발할 가능성이 높다. 수사관의 사무적이고 딱딱한 태도, 피해자에게 상처가 될 수 있는 부적절한 언어, 피해자의 잦은 소환이나 장시간 조사대기 등은 대개 그릇된 수사관행의 결과이다.

그동안 경찰은 2차 피해 방지를 위한 법적 · 제도적 개선을 추진해 왔다. 피해자 보호 및 지원에 관한 규칙, 범죄수사규칙 등 경찰청훈령을 개정하여 2차 피해 방지를 위한 규정들을 마련하였다. 2019년에는 성폭력 사건에 있어서 수사관들에게 구체적인 수사지침을 제공하고자 '성폭력 피해자 표준 조사모델'을 마련하였다. 그 안에는 수사단계의 2차 피해를 방지하기 위해 수사관이 준수해야 할 질문의 방식과 질문내용, 피해자에 대한 언행 등에 관한 상세한 지침이 담겨있다. 또한 수사관들의 성인지 인식 수준을 높이기 위한 교육도 강화하고 있다. 2019년부터는 승진예정자들에 대한 성평등 교육시간을 확대하고 관서별 계 · 팀장 이상에 대한 별도의 성평등 교육을 신설한 바 있다. 피해자에 대한 2차 피해 방지를 위한 경찰의 조치를 피해접

---

12) 권혜림, 수사경찰의 성범죄에 대한 2차 피해 인식요인 탐색, 한국콘텐츠학회논문지 19(1), 2019, p. 674.

수 단계와 피해자 조사 단계로 구분해 보면 다음과 같다.

[IV - 91]   나. 피해접수 단계

범죄피해는 피해신고와 고소 · 고발 · 진정을 통해 접수된다. 112긴급신고를 통해 범죄피해가 접수되면 피해상황을 정확히 파악하여 추가적인 피해가 발생하지 않도록 조치하는 것이 중요하다(예: 신체적 피해 발생시 119와 연계). 성폭력, 아동학대, 가정폭력 등 피해자에 대한 특별한 배려가 필요한 사건이 접수되면 피해자보호관 등에게 연계하여 적절한 보호와 지원을 받도록 조치한다. 특히 성폭력 사건에 있어서는 피해자로부터 경찰관이 어디로 출동해주기를 원하는지를 파악하고 아울러 경찰관 출동으로 인한 피해사실 유출을 고려하여 노출 또는 비노출 출동 여부를 세심히 판단해야 한다. 만약 고소 · 고발 · 진정의 형태로 피해가 접수되어 상담이 이루어질 때에 경찰관은 피해자의 말을 경청하고 공감하는 모습을 보여 신뢰감을 형성해야 한다. 자칫 피해자가 경찰관의 언행을 통해 수사기관이 자신의 범죄피해를 가볍게 여긴다는 느낌을 갖지 않도록 주의해야 한다.

긴급신고를 받고 현장에 도착한 경찰관은 2차 피해 가능성을 염두에 두고 피해자에 대해 필요한 보호조치를 실시한다. 성폭력 사건의 경우에는 경찰출동으로 주변의 이목이 집중되지 않도록 경광등을 소등하거나 인근에서 하차한 후 도보로 이동하는 등 피해자를 배려하는 조치를 강구해야 한다. 피해자를 경찰관서나 성폭력피해통합지원센터 등으로 동행할 때에는 피해자의 의사를 먼저 확인해야 한다(피해자 보호 및 지원에 관한 규칙 제22조 제1항). 피해자를 경찰관서로 동행하는 경우 피의자와 분리하여 피해자에 대한 위해나 보복을 방지해야 하지만 그러한 우려가 없다고 판단되면 분리하지 않아도 된다(동조 제2항). 경찰관서로 이동하거나 경찰관서 내에서 피해자 및 신고자의 정보가 가해자에게 알려지지 않도록 주의해야 한다. 피해사실을 확인할 때에는 가급적 사건현장에서 최초에 피해자로부터 피해상황

을 들었던 경찰관이 하도록 한다. 다른 경찰관이 확인하는 경우에는 피해자
가 동일 내용을 반복적으로 진술하게 되어 2차 피해의 우려가 있기 때문이
다.

다. 피해자조사 단계   [IV - 92]

피해자조사 단계에서의 2차 피해 방지를 위해서 조사방법, 수사관의 언
행·태도, 신상정보 보호, 그리고 심리평가·상담 등에 관한 준수사항들이
피해자 보호 및 지원에 관한 규칙, 범죄수사규칙 등에 규정되어 있다.

① 조사방법
경찰관은 조사 시작 전 피해자에게 가족 등 피해자와 신뢰관계에 있는
자를 참석시킬 수 있음을 고지하여야 한다. 가해자가 범죄사실을 부인한다
는 이유로 무분별하게 대질신문을 해서는 안 되며, 불가피하게 해야 할 경
우 가해자와 피해자의 조사실 출입시간과 진입통로를 다르게 하는 등의 조
치를 한다. 피해자가 심리적으로 심각한 불안감을 느끼는 등 피의자와의 대
질조사가 어렵다고 인정되면 피해자와 피의자를 분리하여 조사해야 한다.
또한 피해자가 불필요하게 수차례 출석하여 조사를 받거나 장시간 대기하
는 일이 없도록 유의해야 한다. 피해자의 상황을 고려하여 조사에 적합한
장소를 이용하고 피해자가 불안 또는 괴로움을 느끼지 않도록 주의해야 한
다. 신체적·정신적 피해가 중대하여 특별한 배려가 필요한 피해자를 야간
에 조사할 때에는 피해자가 출석하고 귀가하는데 소요되는 교통비 등 소요
경비를 지원할 수 있다.

② 수사관의 언행·태도
경찰관은 피해자에게 권위적인 태도, 불필요한 질문으로 인권침해에 따
른 불쾌감 또는 모욕감을 유발하지 않도록 유의해야 한다. 동일한 내용으로

반복해서 질문하지 않아야 한다. 피해자의 의사에 반해 합의를 유도하거나 가해자의 입장을 두둔하는 듯한 의사표현은 삼간다. 또한 단순히 피해자의 진술에 일관성이 없다는 이유만으로 무혐의 처리해서도 안 된다. 피해사실을 청취할 때에는 경청하는 태도를 보이며 사건해결 의지를 분명히 하여 수사관에 대한 신뢰감이 형성될 수 있도록 한다.

③ 신상정보 보호

살인·강도·성폭력 등 강력범죄의 피해자에 대해서는 신원이 노출되지 않도록 수사관이 현장에 찾아가 조사하거나 신변안전과 심리적 안정감을 느낄 수 있는 장소에서 조사하도록 조치한다. 경찰관은 성명, 연령, 주거지, 직업, 용모 등 피해자임을 미루어 알 수 있는 사실을 제3자에게 제공하거나 누설해서는 안 된다. 피해자의 신상정보 노출로 인한 보복범죄를 예방하고 피해자의 심리적 안정을 통한 적극적인 수사협조를 위해 진술자와 피의자와의 관계, 범죄의 종류, 보호의 필요성 등을 고려하여 피해자의 인적사항이 기재되지 않은 '가명조서'를 작성할 수 있다. 언론에 낼 보도 자료를 작성할 때 피해자의 인적사항을 추정할 수 있는 내용이 기재되지 않도록 유의해야 한다. 공익적 차원에서 보도자료를 낼 필요가 인정되더라도 범죄사실과 관련 없는 피해자의 장애, 병력 등은 기재하지 말아야 한다. 또한 보도로 인해 피해자의 인권침해가 예상되고 사회적으로 혼란을 부추길 것이라고 우려되면 보도보류(embargo)를 요청한다.

④ 심리평가·상담

경찰관은 피해자의 심리적 충격이 심각하여 조사과정에서 2차 피해의 우려가 큰 경우 피해자심리전문요원과 협의하여 피해자와의 접촉을 자제해야 한다. 또한 피해자심리전문요원으로 하여금 피해자에 대한 심리평가 및 상담을 실시하도록 노력한다.

6. 피해회복

가. 의미 [Ⅳ - 93]

범죄피해자가 입은 피해와 손실의 회복은 다양한 정부기관과 민간단체들이 담당하고 있다. 경제적 지원으로는 범죄피해자 구조금제도, 긴급복지 지원제도, 무보험 및 뺑소니 피해자 구조제도 등이 있다. 피해자가 범죄로 인한 피해배상을 손쉽게 받을 수 있는 법적절차도 마련되어 있다. 피해자가 별도의 민사소송을 제기하지 않고 형사재판의 심리과정에서 간편하게 민사적인 손해배상을 받아 낼 수 있는 배상명령제도, 피해자와 가해자의 원만한 합의로 분쟁을 조정해 실질적 피해회복과 화해를 도모하는 검찰단계의 형사조정제도, 형사사건의 피고인이 피해자와 피해에 관해 합의한 경우 공판조서에 그 내용을 기재하도록 하는 재판단계의 화해제도 등이 있다.

경찰단계에서 피해회복을 지원하는 제도는 주로 심리적 또는 법률적 차원에서 이루어지고 있다. 심리적 지원으로 CARE요원의 심리적 응급처치, 법률적 지원으로 피해자의 형사절차상 권리 및 보호·지원 등에 관한 정보의 제공 등이 있다. 그 밖에 경찰청은 범죄피해자의 피해회복을 간접적으로 지원하기 위해 '범죄피해 평가제도'를 운영하고 있다. 주로 중대범죄나 반복적 범죄의 피해자들을 대상으로 면담을 실시하여 범죄로 인한 신체적·경제적·사회적 피해 및 2차 피해의 구체적인 내용을 파악하고 범죄피해평가보고서를 작성한 뒤 사건기록과 함께 송치하는 것이다. 범죄피해자들이 겪은 고통과 피해를 객관적으로 평가하여 피해자의 입장이 형사절차에 보다 적극 반영되도록 하는데 목적이 있다.

하지만 이와 같은 경찰의 피해회복 지원은 소극적·제한적일 수밖에 없다. 범죄로 인한 신체적·재산적 피해를 회복하려면 당사자 간의 합의를 통한 배상이 중요한데 경찰관은 원칙적으로 민사적 분쟁에 개입하는 것이 금지되어 있다.[13] 더욱이 자칫하면 피해자로부터 수사관이 가해자 편에 서서 합의를 종용했다는 오해를 살 수도 있다. 그런데 근래 들어 영국을 비롯한 여러 나라에서는 당사자 간의 화해와 피해회복에 있어서 경찰의 적극적인 개입을 제도화하고 있다. 아래에서 '회복적 사법'의 이념을 바탕으로 시행되고 있는 회복적 경찰활동에 관해 살펴보도록 하겠다.

[IV - 94]　　나. 회복적 사법의 개념과 제도

회복적 사법은 "범죄로 인한 피해의 회복과 피해자의 치유를 핵심 가치로 삼고 당사자와 공동체의 참여와 합의를 통해 문제를 해결하려는 사법 이념"이다.[14] 기존의 응보적 사법이 범죄자에 행위에 상응하는 처벌을 부과하는데 초점을 맞추고 있다면 회복적 사법은 범죄자의 자발적 책임인정, 피해배상 및 피해자 회복을 추구한다. 범죄는 피해자와 그 가족뿐만 아니라 지역사회 공동체에 대한 침해로 여겨진다. 따라서 문제를 해결하는 과정에서 피해자, 가해자, 그 가족 및 지역사회 등 이해관계자의 능동적으로 참여와 역할이 강조된다. 외국에서는 1970년대 등장하여 수사, 공판, 형집행 등 형사사법절차의 모든 단계에서 회복적 사법이 적용되고 있다. 주로 소년범이나 경미범죄 위주로 적용되어 왔지만 최근에는 살인, 강간 등 중대범죄에까지 적용범위가 확대되고 있는 추세이다.

우리나라에서는 2000년대 이후 회복적 사법에 대한 논의가 본격적으로 시작되었다. 현재 회복적 사법의 이념을 구현한 가장 대표적인 제도로는 범죄피해자보호법에 규정되어 있는 검찰단계의 형사조정제도를 들 수 있다. 민사 분쟁 성격을 가진 형사사건에 대해 당사자 간의 조정 결과를 검사가 처분을 내릴 때 참고하는 제도이다. 검사는 피의자와 범죄피해자 사이에 형

---

13)　경찰공무원 복무규정 제10조(민사분쟁에의 부당개입금지) 경찰공무원은 직위 또는 직권을 이용하여 부당하게 타인의 민사분쟁에 개입하여서는 아니된다.
14)　이승협, 회복적 경찰활동 도입 방안에 관한 연구, 경찰학연구 19(1), 2019, p. 213.

사 분쟁을 공정하고 원만하게 해결하여 범죄피해자가 입은 피해를 실질적
으로 회복하는 데 필요하다고 인정하면 당사자의 신청 또는 직권으로 수사
중인 형사사건을 형사조정에 회부할 수 있다(범죄피해자보호법 제41조 제
1항). 주로 비교적 경미한 재산범죄, 폭력범죄, 소년사건, 의료사건, 명예훼
손 등이 형사조정의 대상이 되고 있다. 형사조정에 회부되면 검찰청에 설치
되어 있으며 민간인으로 구성된 형사조정위원회에서 조정을 실시하고 검사
는 조정의 결과를 형사처분에 반영한다.

회복적 사법제도의 다른 예로는 소년법에 규정되어 있는 화해권고제도
가 있다. 소년부 판사는 소년의 품행을 교정하고 피해자를 보호하기 위하여
필요하다고 인정하면 소년에게 피해 변상 등 피해자와의 화해를 권고할 수
있다(소년법 제25조의3). 판사는 화해를 위해 필요하다고 인정하면 기일을
지정하여 소년, 보호자 또는 참고인을 소환할 수 있고, 판사의 권고에 따라
소년이 피해자와 화해하였을 경우 보호처분을 결정할 때 이러한 사실을 고
려할 수 있다(동조 제2항, 제3항).

다. 회복적 경찰활동   [IV - 95]

회복적 경찰활동이란 "경찰이 지역사회의 갈등·분쟁 및 형사사건에 대
해 회복적 사법의 원리와 기술을 활용하여 지역사회와 함께 문제를 해결하
는 패러다임 또는 일체의 실천방식"을 의미한다.[15] 외국의 많은 나라에서는
경찰이 형사사건조정, 이웃간 분쟁조정, 민원사건 조정, 주의처분 등 여러
제도를 통해 적극적으로 회복적 개입을 하고 있다.[16] 통상 사람들 간의 문
제는 시간이 경과할수록 해결하기가 어려워지고 피해는 더욱 심각해진다.
형사사건의 경우도 경찰단계에서 검찰단계 그리고 재판단계로 진행될수록

---

15) 노성훈 외, 폴리스 트렌드 2020, 박영사, 2020, p. 181.
16) 보다 자세한 내용은 '회복적 경찰활동'(Lodewijk G. Moor 외 편저, 김문귀 외 공역, 경찰대학출판
부, 2016) 참조.

피해회복은 지연되고 피해로 인한 고통이 가중된다. 경찰단계는 형사사법 절차의 관문일 뿐만 아니라 사회에서 발생하는 수많은 갈등과 분쟁이 처음으로 공식화되는 지점이기도 하다. 따라서 경찰이 범죄와 갈등문제에 있어 조기에 개입하여 당사자 간의 화해와 조정을 이끌어 낼 수 있다면 이미 발생한 피해가 보다 신속히 회복될 뿐만 아니라 향후 피해자가 부담할지 모르는 추가적인 피해도 최소화할 수 있게 된다.

그동안 우리나라에서는 회복적 경찰활동이 제도화되지 못한 채 오랜 기간 논의만 거듭해오다가 드디어 2019년 6개월간 서울, 인천, 경기지역의 15개 경찰서에서 시범적으로 실시하였다. 범죄사건의 이해 당사자들이 참여하는 회복적 대화 모임을 개최하여 범죄로 인한 피해와 당사자 간의 관계를 회복하기 위한 최선의 방안을 모색하는 것이 주된 내용이다. 시범 실시한 회복적 경찰활동의 운영절차는 〈표IV-7〉과 같다.

〈그림IV-5〉 회복적 경찰활동 운영절차 흐름

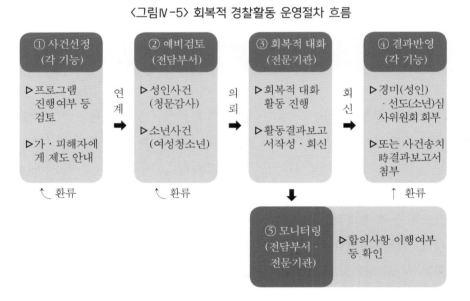

출처: 노성훈 외, 폴리스트렌드 박영사, 2020, p.184.

경찰서의 형사과, 수사과, 여성청소년과, 그리고 지역경찰 등에 범죄사건이 접수되면 당사자 간의 대화를 시도할 사건을 선정한다. 선정된 사건에 대해 담당경찰관은 피해자, 가해자 및 이해관계인을 접촉하여 대화모임에 참여의사가 확인되면 회복적 대화 담당부서로 사건을 연계한다. 담당부서와 민간전문기관은 연계 받은 사건을 검토하여 대화활동을 진행하기로 결정하면 전문기관에 대화모임을 의뢰한다. 전문기관은 사건에 적합한 진행자를 선발하여 진행자, 당사자, 경찰관, 기타 이해관계자가 참여하는 회복적 대화활동을 진행한다. 모든 과정이 종료되면 결과는 경찰서 전담부서에 통보되고 다시 최초 사건을 접수한 수사부서로 전달된다. 활동결과와 범죄의 경중을 고려하여 훈방 또는 즉결심판 청구 사안으로 판단되면 자체 종결절차에 회부되는데 성인인 경우에는 '경미범죄 심사위원회'로, 소년의 경우에는 '선도심사위원회'로 회부된다. 나머지 사안에 대해서는 회복적 대화활동 결과보고서를 수사서류에 첨부하여 검찰·법원에 사건을 송치한다. 마지막 단계로서 전담경찰관은 회복적 대화를 통해 당사자 간에 합의한 사항이 제대로 이행되고 있는지를 확인한다.[17]

---

17)   노성훈 외, 앞의 책, p.184-185.

[IV - 96] 제3장 공공질서유지

핵심질문

- 경찰의 교통안전관리는 왜 중요한가?

- 경찰은 어떻게 교통지도와 교통단속을 실시하고 있나?

- 교통정리를 할 때 준수해야 할 원칙은 무엇인가?

- 교통안전교육의 종류에는 어떤 것들이 있나?

- 교통안전시설은 어떻게 운영되나?

- 교통사고처리의 법적요건과 방식은 무엇인가?

- 집회 · 시위의 자유와 공공질서 유지 사이에는
  어떠한 관계가 있나?

- 경찰의 집회 · 시위 대응방법은 어떻게 변천해 왔나?

- 집회 · 시위에 있어서 경찰은 어떠한 활동을 하는가?

- 사전신고제도, 금지통고, 경찰 채증, 해산명령에 있어서
  쟁점은 무엇인가?

제1절 교통안전관리

1. 교통안전관리의 의의

가. 의미 [IV - 97]

교통안전관리는 '도로에서 일어나는 교통상의 모든 위험과 장해를 방지하고 제거하여 안전하고 원활한 교통을 확보'하기 위해 수행되는 경찰활동을 말한다.[1] 교통경찰의 주된 활동은 도로 위를 통행하는 차량들과 사람들을 교통법규에 따라서 질서 있게 진행하도록 지도·단속·정리하여 교통체증과 교통사고를 방지하며, 교통사고가 발생할 경우 적절한 조치로 피해를 최소화하고 조사를 통해 사고에 대한 법적책임을 규명하는 데에 있다.[2] 교통경찰활동이 추구하는 목적은 다음과 같다. 첫째, 교통사고 등 교통상의 위해를 미연에 방지하여 운전자와 보행자의 안전을 확보하는 일은 국민의 생명·신체·재산 보호라는 경찰활동의 목적을 달성하기 위한 활동이다. 둘째, 교통통제와 교통정리를 통해 원활한 교통을 확보하는 일은 교통 혼잡으로 인해 국민들이 입게 될 피해와 불편을 최소화하는데 목적을 두고 있다. 마지막으로, 교통법규 위반행위를 적발하여 운전자를 지도·단속하는 활동은 교통질서 및 안전을 유지하는데 초점을 맞추고 있다.

교통법규를 위반한 자에 대해서는 벌칙 또는 과태료가 부과되지만 그렇다고 교통단속활동이 법위반행위에 대한 사후적 제재로서의 법집행의 성

---

1) 도로교통법 제1조(목적) 이 법은 도로에서 일어나는 교통상의 모든 위험과 장해를 방지하고 제거하여 안전하고 원활한 교통을 확보함을 목적으로 한다.
2) 최선우, 경찰학, 도서출판 그린, 2017, p. 631.

격에만 국한된다고 볼 수는 없다. 오히려 위반행위 단속활동은 교통질서와 안전의 유지라는 궁극적 목표를 위한 수단으로서의 의미가 더 크다고 하겠다.[3] 미국 경찰학자 데이비드 베일리(David H. Bayley)의 말처럼 좀 더 확장해서 생각하면 교통단속활동은 일종의 '상징적 사법'(symbolic justice)의 영역에 속한다. 국민들이 일상적 삶 가운데에서 법의 존재와 영향력을 인식하도록 만드는 중요한 상징적 의미를 가지고 있다는 것이다.[4] 이러한 상징적 사법은 직접적이고 물리적인 방식의 공권력을 대신하여 공공의 질서를 안정적으로 유지하는데 효과적인 수단으로 작용한다.

[IV - 98]   나. 교통위험요인

경찰이 효과적으로 교통안전관리 업무를 수행하기 위해서는 도로교통의 안전을 위협하는 요인을 미리 파악하여 이를 제거하거나 통제해야 한다. 도로교통은 교통주체, 교통수단, 그리고 교통시설의 3대 요소로 구성되어 있으며 이들 요소들이 상호밀접하게 상호작용하면서 전체 도로교통시스템을 형성한다. 교통주체는 운전자, 승객, 화물 등을 말하고, 교통수단은 자동차, 자전거 등이며 교통시설에는 도로, 터미널, 부속시설 등이 포함된다.[5] 이와 같은 도로교통의 3대 구성요소에 따라 교통위험요인도 크게 사람요인, 차량요인, 도로요인으로 구분할 수 있다.

첫째, 사람요인은 운전자 및 보행자의 특성 중 교통사고의 위험을 높이는 요인을 말한다. 이중 신체적·생리적 요인은 "약물복용, 음주, 과로현상 등 일시적인 요인과 지체부자유, 지병, 연령 등 지속적인 요인"을 말한다. 심리적 요인은 "흔히 운전자 및 보행자의 성격을 말하는 바, 관찰습관, 감지능력, 정서적 안정, 집중력, 민감성 등 사람의 행위와 태도"를 의미한다. 사

---

3) David H. Bayley, Police for the future, New York: Oxford University Press, 1994, p. 29.
4) 앞의 책, p.34.
5) 권기병·김남선·김남현·장권영·정철우, 경찰교통론, 경찰대학, 2019, p. 12.

회적·문화적 요인은 "흔히 교통문화라고 하는 것으로 교통안전에 대한 일반 사회인들의 가치관, 규범, 인명관(人命觀) 등의 의지구조와 법·정책 등 교통안전에 관련된 제도적 특징"을 말한다.[6]

둘째, 차량요인은 차량의 결함 등 교통사고 위험을 높이는 차량의 물리적 특성을 말한다. 차량요인에 의한 사고는 주로 제동장치, 시계장치, 경보장치, 타이어 등의 불완전성에서 기인한다. 사고를 방지하기 위해서 개인적 차원의 정기적 자동차 정비 외에 국가 차원에서 자동차 검사제도를 운영하고 있다. 모든 자동차 소유자는 자동차관리법 제43조에 의거하여 자동차의 구조 및 장치가 법으로 정해 놓은 검사기준에 부합하는지 여부를 확인해야 한다.

셋째, 도로요인은 교통안전사고에 직간접으로 영향을 미치는 도로의 구조와 그 부속설비를 의미한다. 특히 교통사고와 관련성이 높은 도로요인으로는 도로의 선형과 도로의 구성이 있다.[7] 도로선형은 직선 또는 곡선 형태와 오르막 또는 내리막 형태의 조합에 의해 결정된다. 도로의 곡선반경이 작을수록 급격한 핸들조작이 요구되기 때문에 사고의 위험이 증가하고, 특히 곡선이 경사지역에 위치하면 사고의 위험이 매우 높다. 또한 운전자가 도로 전망을 살펴볼 수 있는 거리를 의미하는 시거(視距)를 확보하는 것이 교통사고 방지를 위해 중요하다.[8] 도로의 구성은 도로폭, 노면상태 등과 관련된다. 도로폭이 넓을수록, 노면의 마찰력이 높을수록 교통사고 발생률이 감소한다.[9]

---

6) 김충남, 경찰학개론, 박영사, 2008, p. 455.
7) 앞의 책, p.459.
8) 앞의 책, p.460.
9) 앞의 책, p.461-462.

[IV - 99]   다. 교통안전관리의 기본원칙

교통상의 위험을 방지하고 원활한 교통을 유지하기 위한 경찰의 활동은 소위 교통안전관리의 '3E 원칙'에 따라 수행되고 있다. 교통법규 위반행위에 대한 교통지도·단속(Enforcement), 운전자와 보행자에 대한 교통교육(Education), 그리고 도로시설 개선을 위한 교통공학(Engineering)을 의미한다. 교통지도·단속은 법집행이라는 강제력을 동원하여 교통질서를 유지하려는 활동으로서 교통법규위반자에 대한 감시·예방·경고 및 단속 등이 포함된다. 교통교육은 주로 운전면허를 취득하려는 사람이나 교통사고를 야기한 운전자 등을 대상으로 교통법규를 숙지시키고 교통도덕심을 함양할 목적으로 실시된다. 또한 안전한 교통문화를 정착시키기 위해 일반인 및 학생들을 대상으로 홍보활동을 전개한다. 마지막으로, 교통공학 차원의 활동은 도로상의 안전성과 편의성을 높이기 위해 도로의 기하구조, 신호체계, 교통안전표지 등 물리적 요소들을 개선하거나, '지능형 교통시스템'(Intelligent Transportation System: ITS)[10]을 도입하는 등 시스템적 향상을 의미한다.

2. 교통지도·단속

[IV - 100]   가. 의미

교통지도·단속은 "도로교통에서의 위험을 방지하고, 안전하고 원활한 소통을 위하여 교통법규 위반자를 감시·예방·계도하고 필요에 따라 적발·처벌하는 경찰활동"을 말한다.[11] 기본적으로 교통지도·단속은 위반

---

10) ITS는 도로와 차량 등 하드웨어 중심의 기반시설에 통신, 전자, 제어, 컴퓨팅기술 등의 소프트웨어 기술을 결합함으로써 차량 및 기반 교통시설이 상호보완적으로 작동하여 보다 효율적인 교통을 실현시키는 교통 네트워크와 정보통신 네트워크 간의 통합시스템을 말한다.

11) 조철옥, 경찰학개론, 대영문화사, 2008, p.524

행위에 부과되는 법적 제재를 통해 운전자나 보행자의 심리를 압박하여 교통법규를 준수하도록 강제하는 방법이다. 또한 교통법규 위반행위가 발생한 경우 위반한 운전자를 도로에서 배제시킴으로써 교통상 안전과 원활할 소통을 유지하는 조치를 취하는데 음주운전, 무면허운전이나 교통사고를 야기한 운전자 등이 이에 속한다. 하지만 교통지도·단속 시 법적 제재와 배제 등 처벌적 방법 외에 위반자에 대한 계도와 경고를 통해 안전운행을 유도하는 비처벌 방법도 활용하고 있다.

나. 교통단속의 기본원리   [IV - 101]

교통단속의 효율성과 효과성을 확보하기 위해서는 '선별 단속'과 '질적 단속'이라는 기본원리에 따라 단속이 이루어져야 한다. 선별 단속이란 "교통사고의 발생시간, 장소, 위반형태 및 원인 등을 근거로 교통단속을 집중적이고도 유동성 있게 실시하는 것"을 말한다.[12] 제한된 교통경찰인력으로 모든 위반차량과 보행자를 단속하는 것이 불가능하기 때문이다. 선별 단속을 위해서는 사전에 과거 교통사고자료를 면밀히 분석하여 교통사고가 가장 빈발하는 시간대·장소·사고의 유형 및 원인을 파악해야 한다. 질적 단속은 "경찰이 교통단속에 투여한 시간과 노력에 비하여 최대의 효과를 얻을 수 있도록 하는 것"을 말한다.[13] 무조건 단속건수를 증가시킨다고 단속의 효과가 함께 높아지는 것은 아니다. 최소의 노력으로 최대의 효과를 거두려면 단속의 적정빈도를 결정해야 하는데 연구결과에 의하면 교통단속의 수는 교통사고 수에 비례해서 증가 또는 감소되어야 한다고 한다.[14]

---

12) 김충남, 2008, 앞의 책, p.470
13) 앞의 책
14) 앞의 책, p.471.

[IV - 102]   다. 교통지도 · 단속의 방법

교통지도 · 단속은 교통순찰, 지도 · 경고, 교통단속 등의 방법을 통해 실시된다. 교통순찰은 교통경찰이 일정한 지역을 순찰차를 타고 순회하면서 실시하는 교통법규 위반자에 대한 지도 · 단속활동을 말한다. 교통순찰의 주된 목적은 교통법규 위반자를 적발하여 사고를 예방하여 안전하고 원활한 교통을 확보하려는 것이다. 따라서 선별단속의 원리에 따라 위반행위가 빈발하는 시간대에 특정 지역을 중심으로 교통순찰을 실시한다. 또한 교통순찰은 명백한 교통법규 위반자가 아니더라도 교통상의 위험과 장해를 야기할 우려가 있는 자를 사전에 발견하고자 실시된다. 예를 들어, 지나치게 천천히 운행하거나 차선을 제대로 지키지 못하는 차량을 음주운전으로 의심하고 제지하는 경우를 말한다. 그 밖에 교통순찰은 잠재적 위반자들에게 일반억제효과가 나타나도록 할 수도 있다. 도로에 교통순찰차가 등장하는 것만으로도 주변의 운전자들에게 일종의 경고의 메시지를 전달할 수 있어 운전자들로 하여금 교통법규 준수를 유도하는 효과가 있다.

모든 교통법규 위반행위를 단속하여 처벌하는 것은 현실적으로 불가능하기도 하고, 경우에 따라서는 바람직하지 않기도 하다. 불가능한 이유는 단속인력이 제한적이기 때문이기도 하지만 어떤 위반행위는 그로 인해 교통사고가 발생한 후에 비로소 적발되기 때문이다(예: 앞차와의 안전거리 미확보, 끼어들기 금지 위반 등). 엄격한 처벌적 단속이 적절치 않은 경우의 예로는 경미한 위반행위를 들 수 있다. 무관용적이고 무차별적인 단속은 자칫 시민들의 반발을 불러 일으켜 경찰 법집행의 정당성이 위협받을 수 있다. 또 다른 경우로서 새로 시행된 지 얼마 안 된 교통법규를 엄격하게 적용하는 것은 적절하지 않을 수 있다. 시민들이 새로운 교통법규를 인식하는 데까지 일정한 시간이 소요되며, 인식한 후에라도 금방 적용하지 못할 수 있기 때문이다. 따라서 이와 같은 교통법규 위반행위는 적발 즉시 범칙금 통고처분을 하는 등 엄정한 단속을 하는 것보다는 먼저 계도장을 발부하여

교통법규의 준수를 유도하는 방법을 쓰고 있다. 또한 교통순찰 중 불법주정차, 신호위반, 무단횡단 등의 위반행위를 하였거나 시도하려는 사람을 적발한 경우 경적과 스피커로 경고하기도 한다. 경고는 비용이 적게 들고, 교통단속에 따르는 반발감을 최소화하고, 경찰에 대한 친근감을 향상시키는 등의 긍정적인 효과가 있다.

교통법규 위반자를 단속하여 처벌하는 조치는 가장 핵심적인 교통안전관리 업무에 해당한다. 위반행위는 경찰의 단속활동을 통해 인지되기도 하고, 교통사고조사의 과정에 발견되기도 한다. 단속의 결과 위반자는 통고처분을 받거나 형사피의자로 입건된다. 통고처분은 교통법규 위반자에 대하여 경찰관이 직접 위반현장에서 범칙금을 납부할 것을 통고하는 제도이다. 경미한 법규위반자에 대한 제재절차를 신속하고 간편하게 하여 정신적·시간적 부담을 경감시킬 목적으로 마련되었다. 도로교통법 제162조는 동법 제156조 또는 제157조의 죄에 해당하는 위반행위인 '범칙행위'에 대해서 동법 제163조에 의해 범칙자에게 범칙금 납부통고서로 범칙금을 내도록 통고할 수 있도록 규정하고 있다. 이와 같은 범칙행위 처리에 관한 특례가 적용되지 않는 위반행위는 형사사건으로 입건되고 위반자는 징역 또는 벌금형의 처벌을 받게 된다. 특례가 적용되지 않는 대표적인 위반행위에는 무면허운전(동법 제43조 제1항), 주취운전(동법 제44조 제1항) 등이 있다.

교통단속의 방법에는 무인단속시스템에 의한 단속도 포함된다. 무인단속시스템은 "도로상에 설치된 검지기로부터 수집된 교통정보를 기반으로 교통법규 위반차량의 정보를 수집·단속하는 시스템"을 말한다.[15] 주요 단속대상 위반행위는 차량과속, 신호위반, 끼어들기 위반, 버스전용차로 위반 등이다. 무인단속시스템은 과속과 신호위반을 감소시켜 교통사고 위험을 줄이며, 교통단속에 소요되는 경찰인력의 규모가 절감되는 긍정적인 효과가 있다. 2018년 한 해 동안 약 1,600만 건의 차량단속이 이루어졌는데 이중

---

15) 권기병 외, 2019, 앞의 책, p. 215.

85.6%인 1,370만 건이 무인단속장비에 의한 단속일정도로 교통단속에서의
비중이 매우 크다.[16]

3. 교통정리

[IV - 103]　　　가. 의미

　　교통정리란 경찰관이 도로상의 차량과 통행인의 통행을 통제함으로서
교통의 혼잡을 완화하여 원활하고 안전한 교통을 확보하기 위한 교통경찰
활동을 말한다. 광의의 교통정리는 일반적인 교통관리와 교통단속을 모두
포함하는 개념인데 반해 협의의 교통정리는 단순히 교통관리만을 말한다.
도로교통법 제5조 제1항은 보행자와 운전자가 교통정리를 하는 경찰공무
원의 신호·지시를 따르도록 규정하고 있다. 만약 교통안전시설이 표시하
는 신호·지시와 경찰관의 신호·지시가 서로 다른 경우에는 경찰관을 따
라야 한다(동조 제2항). 일반적으로 교통의 진행은 교통신호기와 안전표시
등 교통안전시설에 의해 이루어진다. 이러한 시설물이 교통질서를 유지하
고 원활하고 안전한 교통을 확보하는데 기여하고 있지만 종종 경찰관의 교
통정리가 요구되는 상황이 있다. 출퇴근시간대에 특정 구간 또는 대규모 행
사가 끝난 뒤 행사장 주변과 같이 수많은 차량이 한꺼번에 집중될 때 교통
혼잡이 발생하게 되고 교통신호기만으로는 교통질서를 유지하기에 역부족
인 상황이 발생한다. 이럴 경우 교통경찰은 현장상황에 맞게 교통신호기를
직접 제어하거나 수신호 또는 지시를 통해 차량의 원활한 흐름을 확보하고
사고발생의 위험을 방지하는 활동을 하게 된다.

---

16)　　2018 경찰통계연보, 경찰청, 2019.

나. 교통정리의 원칙 [IV - 104]

교통정리의 목적을 효과적으로 실현하기 위해서 다음과 같은 기본적인 원칙들이 준수되어야 한다.[17]

① 교통군 단순화 원칙

통행하는 차량들을 방향별, 속도별, 종류별로 교통군(traffic clusters)을 만들어 교통군 단위로 통행을 허용하거나 금지한다는 원칙이다. 도로에 따라 한쪽 방향으로만 통행을 시키거나, 고속차량과 완속차량을 구분하여 통행시키거나, 자동차전용도로와 자전거도로를 구분하고 오토바이 통행이 허용되거나 금지되는 도로를 정하는 것 등이 여기에 해당한다.[18]

② 도로능률 증진 원칙

전체적인 도로의 활용도가 최대치에 이르도록 해야 한다는 원칙이다. 특정 도로에 차량이 편중되어 교통체증이 발생하지 않도록 인접 도로로 교통량을 분산시키는 것은 도로의 능률을 높이기 위한 방법 중의 하나이다. 또한 통상 교통량은 차량의 진행·회전·정지가 시간에 따라 연속적으로 변화하는 과정에 의해 결정되는데, 이러한 교통흐름을 합리적으로 조절하면 도로의 활용도를 높일 수 있다. 교통량에 따라 차로의 수를 확대·축소할 수 있는 가변차로가 이러한 예에 해당한다.[19]

---

17) 권기병 외, 2019, 앞의 책, pp. 220-222.
18) 도로교통법 제13조의2(자전거의 통행방법의 특례), 제15조(전용차로의 설치), 제28조(보행자전용도로의 설치), 제61조(고속도로 전용차로의 설치), 제63조(통행 등의 금지).
19) 도로교통법 제14조(차로의 설치 등) ① 지방경찰청장은 차마의 교통을 원활하게 하기 위하여 필요한 경우에는 도로에 행정안전부령으로 정하는 차로를 설치할 수 있다. 이 경우 지방경찰청장은 시간대에 따라 양방향의 통행량이 뚜렷하게 다른 도로에는 교통량이 많은 쪽으로 차로의 수가 확대될 수 있도록 신호기에 의하여 차로의 진행방향을 지시하는 가변차로를 설치할 수 있다.

③ 교통평등 원칙

모든 교통대상에게 평등한 교통의 기회를 부여해야 한다는 원칙이다. 특히 교차로의 교통정리에 있어서 특정 방향의 통행에 편중하여 통행시간을 많이 부여하면 부당하다고 느낀 운전자들이 경찰의 교통지시에 잘 순응하지 않아 교통혼잡이 유발될 수 있다.

④ 우선교통권 원칙

원활한 교통의 확보를 위해 여러 교통기관 중 일부에게 먼저 통행할 권리를 부여하는 원칙이다. 교통평등 원칙을 기본으로 하되 구체적인 상황에 맞추어 예외를 허용하는 것이다. 교차로에서 이미 교차로에 진입한 차량은 진입하려는 차량보다, 직진하는 차량은 좌·우회전하는 차량보다 우선한다.[20] 간선도로나 주요도로를 통행하는 차량은 보조도로나 소도로를 통행하는 차량보다 통행의 우선권을 갖는다. 기차나 전차 등의 궤도차는 일반 차량에 우선하고, 소방차·구급차 등 긴급자동차는 다른 차량보다 우선한다.[21] 고속 차량은 느린 차량보다 통행에 있어 우선권이 있다.[22]

4. 교통안전교육

[IV - 105]　　가. 의미

교통안전교육은 "교통사고를 예방하기 위하여 일반국민에게 교통안전사상을 주지시키고, 교통안전을 위하여 각 개인이 준수하거나 수행하여야 할

---

20)　도로교통법 제25조(교차로 통행방법), 제26조(교통정리가 없는 교차로에서의 양보운전)
21)　도로교통법 제29조(긴급자동차의 우선 통행) ④ 모든 차와 노면전차의 운전자는 제4항에 따른 곳 외의 곳에서 긴급자동차가 접근한 경우에는 긴급자동차가 우선통행할 수 있도록 진로를 양보하여야 한다.
22)　도로교통법 제20조(진로 양보의 의무) ① 모든 차(긴급자동차 제외)의 운전자는 뒤에서 따라오는 차보다 느린 속도로 가려는 경우에 도로의 우측 가장자리로 피하여 진로를 양보하여야 한다.

임무를 적극 실천할 수 있도록 촉구하는 활동"이라고 정의할 수 있다.[23] 교육의 주된 목표는 안전에 대한 바람직한 행동의 변화와 태도 및 능력을 기르는데 있고, 이를 통해 궁극적으로 교통사고를 예방하여 보다 안전한 교통을 확보하는데 있다. 교통시설이나 교통단속에 비해 교통안전교육은 보다 저렴한 비용으로 광범위한 대상에게 효과를 미친다는 점에서 장점을 갖는다. 또한 법적제재라는 처벌적 수단에 의지하지 않고도 교통안전의 확보라는 동일한 목표를 성취할 수 있다는 점에서 중요성이 크다.

현재 실시되고 있는 교통안전교육에는 도로교통법에 규정된 교통안전교육과 사회교육으로서의 어린이 교통안전교육이 있고 그 밖에 교통안전캠페인·홍보 등이 있다. 도로교통법 상 교통안전교육은 신규 운전면허 발급자를 대상으로 한 '일반교통안전교육'과 운전면허가 취소되거나 효력이 정지된 운전자 등이 의무적으로 이수해야 하는 '특별교통안전교육'으로 나뉜다. 어린이 교통안전교육은 유치원생 및 초·중·고 학생들을 대상으로 실시되는데 어린 나이부터 교통안전을 습관화하도록 시·도 교육청과 협력하여 교과서에 교통안전교육 내용을 포함하고 별도의 교통안전교육시간을 확보하여 운영하고 있다. 경찰청과 교통 관련 유관기관들은 올바른 교통문화의 정착과 일반인들의 교통안전의식 개선을 위해 각종 교통안전 캠페인 및 홍보활동을 펼치고 있다. 아래에서는 도로교통법에 규정되어 있는 교통안전교육에 대해서 좀 더 자세히 설명하도록 하겠다.

나. 일반교통안전교육　　　　　　　　　　　　　　　　　　　　　[IV - 106]

운전면허를 받으려는 사람은 시험에 응시하기 전에 교통안전교육을 받아야 한다. 교육내용에는 ① 운전자가 갖추어야 할 기본예절, ② 도로교통에 관한 법령과 지식, ③ 안전운전 능력, ④ 교통사고의 예방과 처리에 관한

---

23) 김충남, 2008, 앞의 책, p. 466.

사항, ⑤ 어린이·장애인 및 노인의 교통사고 예방에 관한 사항, ⑥ 친환경 경제운전에 필요한 지식과 기능, ⑦ 긴급자동차에 길 터주기 요령, ⑧ 그 밖에 교통안전의 확보를 위하여 필요한 사항 등이 포함된다(도로교통법 제73조 제1항). 1시간 분량의 시청각교육으로 진행된다. 다만 특별교통안전 의무교육을 받은 사람과 자동차운전 전문학원에서 학과교육을 수료한 사람은 면제해 주고 있다.

[IV - 107] 다. 특별교통안전교육

특별교통안전교육은 운전면허가 취소되거나 운전면허 효력이 정지된 운전자들을 대상으로 실시된다(도로교통법 제37조 제2항). 잘못된 운전습관과 태도를 바로잡아 안전하게 운전하도록 유도하는데 교육목적이 있다. 교육내용에는 ① 교통질서, ② 교통사고와 그 예방, ③ 안전운전의 기초, ④ 운전면허 및 자동차관리, ⑤ 그 밖에 교통안전의 확보를 위하여 필요한 사항이 포함된다. 강의교육, 시청각교육 또는 현장체험교육 등의 방법으로 3시간 이상 16시간 이하로 실시된다(도로교통법 시행령 제38조 제2항).

특별교통안전교육은 의무적으로 부과되는 '특별교통안전 의무교육'과 운전자가 자발적으로 신청하여 받게 되는 '특별교통안전 권장교육'으로 구분된다. 의무교육 대상자에는 ① 운전면허 취소처분을 받은 사람으로서 운전면허를 다시 받으려는 사람, ② 음주운전, 공동위험행위, 난폭운전, 교통사고, 보복운전에 해당하여 운전면허효력 정지처분을 받게 되거나 받은 사람으로서 그 정지기간이 끝나지 아니한 사람, ③ 운전면허 취소처분 또는 운전면허 정지처분이 면제된 사람으로서 면제된 날부터 1개월이 지나지 아니한 사람, ④ 운전면허 정지처분을 받게 되거나 받은 초보운전자로서 그 정지기간이 끝나지 아니한 사람이 포함된다(도로교통법 제73조 제2항). 특별히 음주운전으로 운전면허가 정지·취소된 사람은 음주운전교육을, 보복운전이 원인이 되어 운전면허가 정지·취소된 사람은 배려운전교육을 이수해야 한다.

특별교통안전 권장교육은 본인의 신청에 의해 이수할 수 있는데 대부분 처벌벌점을 낮추고 면허정지일수를 감경 받을 목적으로 신청하고 있다. 권장교육을 받을 수 있는 사람에는 ① 교통법규위반 등으로 운전면허효력 정지처분을 받게 되거나 받은 사람, ② 교통법규위반 등으로 운전면허효력 정지처분을 받을 가능성이 있는 사람, ③ 특별교통안전 의무교육 대장자 중 ②~④에 해당하여 특별교통안전 의무교육을 받은 사람, ④ 운전면허를 받은 사람 중 교육을 받으려는 날에 65세 이상인 사람이 포함된다.

5. 교통안전시설 운영

가. 의미 [IV - 108]

교통안전시설은 도로와 사람이 가지고 있는 결함을 보완하여 교통사고 발생의 위험성을 낮추고 교통의 흐름을 원활히 할 목적으로 설치되는 시설물을 말한다. 도로교통법이 규정하고 있는 교통안전시설에는 신호기와 안전표지가 있다. 자치단체장은 도로에서의 위험을 방지하고 교통의 안전과 원활한 소통을 확보하기 위하여 필요하다고 인정하는 경우에 신고기 및 안전표지를 설치·관리해야 한다(도로교통법 제3조 제1항). 교통안전시설이 기본적인 설치·관리기준은 주·야간이나 기상상태 등에 관계없이 교통안전시설이 운전자 및 보행자의 눈에 잘 띄도록 하는 것이다(동법 제4조 제2항). 그 밖에 교통안전시설은 다음과 같은 요건들을 충족해야 한다. ① 필요성에 부합해야 한다, ② 주의를 끌 수 있어야 한다, ③ 간단명료한 의미를 전달할 수 있어야 한다, ④ 반응을 위한 시간적인 여유를 가질 수 있는 곳에 설치되어야 한다, ⑤ 교통을 통제 또는 규제·지시할 경우에는 법적인 근거

가 있어야 한다.[24]

[IV - 109]　나. 신호기

　　신호기란 도로교통에서 문자·기호 또는 등화(燈火)를 사용하여 진행·
정지·방향전환·주의 등의 신호를 표시하기 위하여 사람이나 전기의 힘으
로 조작하는 장치를 말한다(도로교통법 제2조 제15호). 신호기는 교차로에
서 충돌사고를 방지하고, 교통의 흐름을 유도하여 교통질서를 유지하고, 신
호의 연동화를 통해 차량의 연속적인 흐름을 유도하며, 보행자의 안전을 지
키는 역할을 한다.
　　교차로에서 원활한 교통흐름을 확보하기 위해서는 최적의 신호제어방식
을 정하는 것이 중요하다. 녹색신호와 적색신호 사이의 시간간격을 어느 정
도로 할지, 인접교차로에서의 교통과 어떻게 연동할지 등을 고려해야 한다.
일반적으로 교차로의 신호 제어를 운영하는 방식은 고정식, 감응식, 대응식
으로 나뉜다. 고정식은 교차로에 유입되는 교통량의 순간적인 변화를 고려
하지 않은 채 사전에 조사된 교통량 패턴에 의해 신호시간을 계산하여 적용
하는 방식이다. 감응식은 교차로에 설치해 놓은 검지기에서 수집되는 교통
량 자료를 기반으로 교통량의 순간적인 변동에 따라 적정한 신호표시를 해
주는 방식이다. 마지막으로 대응식은 모든 교차로의 검지기에서 수집되는
교통량 자료를 기반으로 전체적인 교통상황을 파악하여 지역 내 도로망 전
체의 교통흐름을 통제하는 방식이다.[25]

[IV - 110]　다. 안전표지

　　안전표지란 교통안전에 필요한 주의·규제·지시 등을 표시하는 표지판

---

24)　권기병 외, 2019, 앞의 책, p.232.
25)　앞의 책, p. 273.

이나 도로의 바닥에 표시하는 기호·문자 또는 선 등을 의미한다(도로교통
법 제2조 제16호). 안전표지의 종류로는 주의표지, 규제표지, 지시표지, 보
조표지, 노면표시 등이 있다. 주의표지는 도로상태가 위험하거나 도로 또는
그 부근에 위험물이 있는 경우에 필요한 안전조치와 예비동작을 할 수 있
도록 이를 도로사용자에게 알리는 표지로서 도로상태, 노면, 기상상황 등을
예고할 목적으로 설치된다. 규제표시는 도로교통의 안전을 위하여 각종 제
한·금지 등의 규제를 하는 경우 이를 도로사용자에게 알리는 표지로서 통
행금지, 통행제한, 금지사항 등이 표시된다. 지시표지는 도로의 통행방법·
통행구분 등 도로교통의 안전을 위하여 필요한 지시를 하는 경우에 도로사
용자가 이를 따르도록 알리는 표지로서 도로지정, 통행방법 지시 등이 포
함된다. 보조표지는 주의표지, 규제표지 또는 지시표지의 주기능을 보충하
여 도로사용자에게 알리는 표지로서 거리, 구역, 일자, 시간 등이 표시된다.
마지막으로 노면표시는 도로교통의 안전을 위하여 각종 주의·규제·지시
등의 내용을 노면에 기호·문자 또는 선으로 도로사용자에게 알리는 표지
를 말하며 규제표시와 지시표시가 있다. 규제표시의 대상으로 선(線)규제
(중앙선, 차선경계선 등), 통행방법규제(방향전환금지, 직진금지 등), 주정
차규제, 장애물규제 등이 있다. 지시표시의 대상에는 주차방법지시(평행주
차 등), 차량진행방법 유도지시, 횡단지시(횡단보도예고), 방향 및 방면지시
(좌회전, 직진 등) 등이 있다.[26]

6. 교통사고 처리

가. 의미   [IV - 111]

교통사고란 차의 교통으로 인하여 사람을 사상하거나 물건을 손괴하는

---

26) 김충남, 2008, 앞의 책, p. 465.

것을 의미한다(교통사고처리 특례법 제2조 제2호). 2018년 한 해 동안 우리나라에서 발생한 교통사고는 217,148건이고 이로 인한 사망자는 3,781명이며 부상자는 323,037명에 달한다.[27] 인구 10만 명당 교통사고건수(2017년 기준)는 421.2건으로 OECD 평균 229.4건보다 약 2배가 많으며 OECD 29개국 중에서 세 번째로 높은 수치이다. 자동차 1만 대당 교통사고건수는(2017년 기준) 80.2건으로 OECD 평균의 약 2.2배이며 터키 다음으로 높은 수치를 보이고 있다.[28] 교통사고는 생명·신체에 대한 심각한 손상과 재산상의 손실을 초래하기 때문에 효과적인 교통안전관리를 통해 방지하는 것이 최선책이다. 하지만 이미 발생한 교통사고에 대해서는 교통사고조사를 통해 신속하고 정확하게 교통사고의 발생원인과 책임소재를 규명하는 것도 중요하다.

교통사고조사는 목격자의 확보, 물적증거의 수집, 가해자와 피해자 조사 등을 통해 사고를 재현하고 이를 토대로 위반행위 여부를 판단한다는 점에서 범죄수사와 유사하다. 하지만 범죄수사가 실체적 진실을 밝혀 궁극적으로 위법행위의 책임이 있는 자를 형사적으로 처벌하는데 목적을 두고 있는데 반해 교통사고조사는 교통사고로 야기된 피해를 신속하게 회복하여 사고 관련자들이 일상의 생활로 조속히 복귀하도록 하는 것이 주된 목적이다.[29] 이러한 차이는 교통사고가 일반 형사사건과 달리 주로 운전자의 과실에 의해 발생하기 때문이다. 범죄행위는 행위자의 고의에 기초하여 비난가능성과 책임성이 성립되지만 교통사고의 경우에는 단지 가해자가 주의의무를 위반한데 대한 과실책임을 질뿐이다.

---

27) 교통사고 통계분석, 도로교통공단, 2019.

28) OECD 회원국 교통사고 비교, 도로교통공단, 2019.

29) 교통사고처리 특례법 제1조(목적) 이 법은 업무상과실 또는 중대한 과실로 교통사고를 일으킨 운전자에 관한 형사처벌등의 특례를 정함으로써 교통사고로 인한 피해의 신속한 회복을 촉진하고 국민생활의 편익을 증진함을 목적으로 한다.

나. 교통사고의 성립요건   [Ⅳ - 112]

법적으로 교통사고가 성립되기 위해서는 다음과 같은 4 가지 요건이 충족되어야 한다.

① '차'에 의한 사고이어야 한다.

도로교통법 제2조에 의하면 차에는 자동차, 건설기계, 원동기장치자전거, 자전가, 우마차, 경운기, 인력거 등이 포함된다. 이에 반해 기차나 전동차 등 궤도차, 케이블카, 소아용 자전거, 유모차, 신체장애자용 휠체어 등은 차에 해당하지 않는다.

② 차의 '교통'으로 인한 사고이어야 한다.

교통이란 차에 시동을 걸어 사람과 화물의 이동을 위한 운행을 의미한다. 교통사고에 있어서 교통에는 직접적인 차의 운전뿐만 아니라 차의 운전과 밀접하게 관련된 부수적인 행위도 포함된다고 보는 것이 타당하다. 그런데 도로교통법 상 운전은 도로에서 차를 그 본래의 사용용법에 따라 사용하는 것으로 정의하고 있다. 운전의 시작은 시동을 건 시점이고 종료는 시동을 끄는 시점으로 본다. 따라서 차의 시동을 건 채 주·정차하다가 일어난 사고, 승하차시의 사고, 운행 중 화물이 떨어져 발생한 사고 등은 교통사고에 해당한다. 반면 차의 시동을 끈 채 인력으로 밀어서 움직이다가 사고가 났다면 차의 본래 사용용법에 따라 사용한 것이라고 볼 수 없기 때문에 교통사고에 해당하지 않는다.[30]

③ 업무상 과실이 존재해야 한다.

교통사고는 기본적으로 운전자가 법이 요구하는 주의의무를 위반하여

---

30) 권기병 외, 2019, 앞의 책, pp. 300-301.

발생한 업무상 과실에 해당한다.[31] 도로교통법 제3장과 제4장은 차마의 통행방법과 운전자의 주의의무에 관해 규정하고 있다. 여기에는 신호에 따라 진행할 의무, 차로를 지킬 의무, 통행우선순위에 따라 운행할 의무, 속도제한을 지킬 의무 등이 나열되어 있다. 교통사고 조사과정에 사고발생 경위를 조사하면서 운전자의 부주의로 인한 의무위반으로 인정할 수 있는지 확인해야 한다. 조사한 결과 만약 운전자가 살인 또는 상해의 고의를 가지고 차량을 이용하여 상대방에게 피해를 야기했다면 교통사고가 아니라 형법 상 고의범으로 입건한다.[32]

④ 피해결과가 발생할 것을 요구한다.

만약 차의 충돌이 있었지만 아무런 인적·물적 피해가 발생하지 않았다면 교통사고로 처벌되지 않는다. 다만 법규위반 여부에 따라 범칙금통고처분이나 운전면허 행정처분을 받을 뿐이다. 여기서 피해에는 타인의 생명·신체·재산에 발생한 것만 해당하고 정신적인 무형의 피해는 포함되지 않는다.[33]

[Ⅳ - 113] 다. 인적 피해 교통사고 처리

교통사고로 인해 누군가 사망하거나 상해를 입었다면 가해차량의 운전자는 교통사고처리특례법 제3조 제1항에 의해 처벌받는다. 교통사고로 인한 사상은 과실로 인해 야기되기 때문에 원래는 형법 제268조의 업무상과실치사상죄나 중과실치사상죄에 해당한다. 그런데 형법의 특별법인 교통사고처리특례법을 별도로 두어 업무상과실이나 중대한 과실로 발생한 교통사고의 피해를 보다 신속하게 회복하고 국민생활의 편익을 증진하도록 하

---

31) 다만 특정범죄가중처벌 등에 관한 법률위반(도주차량)의 경우처럼 과실과 고의가 결합된 경우도 있다.
32) 권기병 외, 2019, 앞의 책, p. 305.
33) 앞의 책, p. 309.

고 있다. 이를 위해 차의 교통으로 형법 제268조의 업무상과실치상죄 또는
중과실치상죄를 범한 운전자에 대해서는 피해자의 명시한 의사에 반하여
공소를 제기할 수 없도록 처벌의 특례를 규정하고 있다(교통사고처리 특례
법 제3조 제2항). 또한 보험이나 공제에 가입된 경우에는 피해자와 합의된
것으로 간주하여 마찬가지로 공소를 제기할 수 없다고 규정하고 있다(동법
제3조 제1항).[34)]

하지만 피해자가 사망한 경우(업무상과실치사죄, 중과실치사죄), 업무상
과실치상죄 또는 중과실치상죄를 범하고 구호조치를 하지 않고 도주하거나
피해자를 사고 장소로부터 옮겨 유기하고 도주한 경우, 같은 죄를 범하고
음주측정요구에 불응한 경우에는 처벌의 특례가 적용되지 않는다. 또한 중
앙선 침범, 음주운전 등 도로교통법 상의 중요 11개 법규위반 행위로 인해
같은 죄를 범한 때에도 특례를 적용할 수 없다.[35)]

라. 물적 피해 교통사고 처리   [IV - 114]

형법상 과실에 의한 손괴죄는 인정되지 않는다. 따라서 부주의로 타인의
재물에 손해를 끼치더라도 형사처벌의 대상이 되지는 않는다. 그러나 교통
사고를 야기하여 타인에게 물적 피해를 입힌 경우에는 형사처벌을 받도록
도로교통법에 별도의 규정을 두고 있다. 도로교통법 제151조는 차의 운전

---

34) 교통사고처리 특례법 제4조(보험등에 가입된 경우의 특례) ① 교통사고를 일으킨 차가 '보험업법'
제4조 및 제126조부터 제128조까지, '여객자동차 운수사업법' 제60조 · 제61조 또는 '화물자동차
운수사업법' 제51조에 따라 보험 또는 공제에 가입된 경우에는 제3조제2항 본문에 규정된 죄를 범
한 당해 차의 운전자에 대하여 공소를 제기할 수 없다.

35) 중요 11개 법규위반 행위는 다음과 같다. ① 신호 또는 교통정리를 하는 경찰공무원등의 신호를
위반, ② 중앙선을 침범, ③ 제한속도를 시속 20킬로미터 초과하여 운전, ④ 앞지르기의 방법 · 금
지시기 · 금지장소 또는 끼어들기의 금지를 위반, ⑤ 철길건널목 통과방법을 위반하여 운전, ⑥ 횡
단보도에서의 보행자 보호의무를 위반하여 운전, ⑦ 운전면허 또는 건설기계조종사면허를 받지
아니하거나 국제운전면허증을 소지하지 아니하고 운전, ⑧ 술에 취한 상태에서 운전하거나 약물
의 영향으로 정상적으로 운전하지 못할 우려가 있는 상태에서 운전, ⑨ 보도가 설치된 도로의 보
도를 침범하거나 보도 횡단방법을 위반하여 운전, ⑩ 승객의 추락 방지의무를 위반하여 운전, ⑪
어린이 보호구역에서 어린이의 안전에 유의하면서 운전하여야 할 의무를 위반하여 어린이의 신체
를 상해, ⑫ 자동차의 화물이 떨어지지 아니하도록 필요한 조치를 하지 아니하고 운전.

자가 업무상 필요한 주의를 게을리 하거나 중대한 과실로 다른 사람의 건조물이나 그 밖의 재물을 손괴한 경우에는 2년 이하의 금고나 500만원 이하의 벌금에 처하도록 규정하고 있다. 다만 인적 피해 교통사고와 마찬가지로 교통사고처리특례법 제3조 제2항 본문과 제4조 제1항의 특례규정이 적용된다. 따라서 피해자의 명시적인 의사에 반하여서나 가해 운전자가 보험 또는 공제에 가입된 경우에는 공소를 제기할 수 없다.

[IV - 115]   마. 교통사고 후 도주운전 처리

차의 운전 등 교통으로 인하여 사람을 사상하거나 물건을 손괴한 경우에는 그 차의 운전자나 그 밖의 승무원은 즉시 정차하여 사상자를 구호하는 등 필요한 조치를 취하고 피해자에게 인적사항(성명, 전화번호, 주소 등)을 제공해야 한다(도로교통법 제54조 제1항). 만약 교통사고 후 이러한 조치를 취하지 아니한 사람은 5년 이하의 징역이나 1천 500만 원 이하의 벌금에 처하도록 되어 있다(동법 제148조). 만약 교통사고로 인한 인적 피해가 사람의 생명과 신체에 중대한 위험을 초래한 경우 피해자에 대한 구호조치의 의무를 강화하기 특별법에 가중처벌 규정을 두고 있다. 특정범죄 가중처벌 등에 관한 법률 제5조의3은 운전자가 업무상과실치사상 또는 중과실치사상의 죄를 범하고 피해자를 구조하는 등의 조치를 취하지 않은 채 도주한 경우 가중처벌을 부과하도록 규정하고 있다. 또한 사고운전자가 피해자를 사고 장소로부터 옮겨 유기하고 도주한 경우에도 가중처벌을 규정하고 있다. 단순히 물적 피해만 야기한 후 도주한 경우에는 가중처벌이 적용되지 않으며 도로교통법에 따라 처벌된다.

제2절 집회 · 시위 질서유지

1. 집회 · 시위 질서유지의 의의

가. 의미

[IV - 116]

집회의 의미에 관해 법에 규정되어 있는 정의는 없고 일반적으로 판례와 학설을 통해 정의된다. 대법원 및 집회와 시위에 관한 법률(이하 집시법)이 보장하는 집회는 "특정 또는 불특정 다수인의 공동의 의견을 형성해 이를 대외적으로 표명할 목적 아래 일시적으로 일정한 장소에 모이는 것"이라고 정의되어 있다.[1] 헌법학에서는 "다수인이 내적 유대를 가지고 공동 목적을 달성하기 위하여 일정한 장소에서 일시적으로 회합하는 것"이라고 정의하고 있다.[2] 종합해 보면 집회가 성립하기 위해서는 기본적으로 ① 2인 이상의 다수인의 회합, ② 공동의 목적, ③ 일시적 회합 등 3가지 구성요소가 필요하다고 볼 수 있다.[3] 따라서 집회란 "개인이 타인과 함께하려는 내적인 유대 의사를 가지고 일정한 장소에 2인 이상이 모여 공적 또는 사적인 사항에 대하여 자신의 의사를 표현하거나 그들 상호간에 의견을 교환하여 그들의 공동의 의사를 형성하거나 형성된 공동의 의사를 집단적으로 표현하는 것"이라고 정의할 수 있다.[4] 반면에 시위의 개념적 정의는 집시법 제2조 제2항이 명시적으로 규정하고 있다. 시위란 '다수인이 공동 목적을 가지고 도

---

1) 대법원 2008. 6. 26. 선고 2008도3014 판결.
2) 권영성, 헌법학 원론, 법문사, 2009.
3) 정준선 · 김선일, 집회 · 시위와 경찰활동, 경찰대학, 2018, p.6.
4) 윤성철, 집회 · 시위에 대한 형사법적 연구, 박사학위논문, 고려대학교, 2012, p.11.

로·광장·공원 등 공중이 자유로이 통행할 수 있는 장소를 진행하거나 위력 또는 기세를 보여 불특정 다수인의 의견에 영향을 주거나 제압을 가하는 행위'를 말한다. 집회와 시위는 본질적으로 추구하는 목적이 크게 다르지 않으며 단지 시위가 장소적 이동이 수반된다는 점을 고려할 때 일종의 '이동하는 집회'로 이해하는 것이 타당하다.[5]

헌법 제21조 제1항은 '모든 국민은 언론·출판의 자유와 집회·결사의 자유를 가진다'고 규정하여 기본권의 하나로서 집회의 자유를 보장하고 있다. 집회·시위의 자유권은 사회 구성원들로 하여금 다양한 견해와 주장들을 자유롭게 표현할 수 있는 기회를 보장하여 민주주의를 확립·발전시키는 필수적인 권리에 속한다. 다수의견이 지배하는 의사결정과정에서 필연적으로 배제될 수밖에 없는 소수자들이 일반대중의 지지를 얻기 위해 집회·시위라는 보다 적극적인 형태의 집단적 의사표현행위를 하게 된다. 보다 건강한 민주주의 체제를 유지하기 위해서는 다원화된 사회공동체 속에서 자연스럽게 발생하게 되는 다양한 양상의 갈등이 집회·시위를 통해 충분히 표출되어 민주적인 방법으로 해결되어야 한다.

그렇다고 하더라도 집회·시위의 자유가 무한대로 보장되는 것은 아니다. 공공의 안녕과 질서 및 타인의 자유를 보호하기 위해서는 집회·시위의 자유가 제한될 수 있다. 같은 취지에서 헌법 제37조 제2항은 '국민의 모든 자유와 권리는 국가안전보장·질서유지 또는 공공복리를 위하여 필요한 경우에 한하여 법률로써 제한'할 수 있도록 규정하고 있다. 그런데 옥외에서 이루어지는 집회·시위처럼 다수의 사람들이 공공장소에 모여 집단적으로 위력을 행사하면 필연적으로 다른 시민들에게 불편이 초래되고 공공질서에도 부정적 영향을 미치게 된다. 이에 대해 대법원은 "그 회합에 참가한 다수인이나 참가하지 아니한 불특정 다수인에게 의견을 전달하기 위하여 어느 정도의 소음이나 통행의 불편 등이 발생할 수밖에 없는 것은 부득이한 것이

---

5) 서정범, '집회 및 시위에 관한 법률' 상의 집회의 개념, 공법학연구, 8(2), 2007.

므로 집회나 시위에 참가하지 아니한 일반 국민도 이를 수인할 의무가 있다"고 판시하고 있다.[6] 따라서 집회·시위의 자유를 보장하기 위해 공공의 안녕질서와 타인의 권리라는 법익이 제한되거나 침해되는 것을 어느 정도까지 수인할 것인지가 관건이라고 하겠다. 집회·시위를 둘러싼 거의 모든 쟁점은 상충되는 두 가치를 어떻게 조화롭게 추구할 것인가의 문제로 귀결된다. 한편으로는 집회·시위 참가자들이 누적된 불만을 표출하는 과정에서 자칫 불법폭력시위의 양상으로 전개되어 자유민주적 기본질서가 파괴되도록 그대로 방치해서는 안 될 것이다. 그렇다고 공익적 관점만 강조하다보면 헌법이 보장하는 의사표현의 자유, 특히 정치적 의사형성에의 참여는 위축되고 공권력 사용의 정당성만 부각되며 결국 사회가 전체주의화될 위험성이 커진다.[7]

나. 집회·시위의 자유 및 제한　　　　　　　　　　　　　　　[Ⅳ - 117]

집시법 제1조는 본 법의 제정 목적이 '적법한 집회 및 시위를 최대한 보장하고 위법한 시위로부터 국민을 보호함으로써 집회 및 시위의 권리 보장과 공공질서가 적절히 조화를 이루도록 하는 것'이라고 규정하고 있다. 이러한 목적을 실현하기 위한 구체적인 법규정은 다음과 같다.

첫째, 국가가 적법한 집회·시위를 보장한다는 의미에는 소극적 의무와 적극적 의무가 담겨 있다. 국가는 국가 스스로가 집회·시위의 자유를 침해해서는 안 되는 동시에, 제3자에 의해 집회·시위의 자유가 불법적으로 침해되지 않도록 보호해야 할 의무를 진다. 이를 위해 집시법 제3조와 제4조는 평화적인 집회·시위를 보장하기 위한 규정들을 담고 있다. 누구든지 폭력적 방법으로 평화적인 집회·시위를 방해하거나 질서를 문란하게 해서

---

6)　대법원 2009. 7. 23. 선고 2009도840 판결.
7)　전현욱·한민경·장영민, 집회 및 시위의 권리 보장과 공공질서의 조화를 위한 형사정책 연구, 형사정책연구원 연구총서, 형사정책연구원, 2016, p. 14.

는 안 되며 집회·시위의 주최자나 질서유지인의 임무 수행을 방해해서는 안 된다. 만약 집회·시위의 주최자가 평화적인 집회·시위가 방해받을 염려가 있다고 판단되면 관할 경찰관서에 그 사실을 알리고 보호를 요청할 수 있으며 해당 경찰관서의 장은 정당한 사유 없이 보호 요청을 거절해서는 안 된다. 또한 집회·시위의 주최자 및 질서유지인은 특정한 사람이나 단체가 집회·시위에 참가하는 것을 막을 수 있다. 다만 언론사의 기자는 예외적으로 출입이 보장된다.

둘째, 위법한 시위로부터 국민을 보호하기 위해 일정한 제한 또는 금지 규정을 두고 있다. 누구든지 헌법재판소의 결정에 따라 해산된 정당의 목적을 달성하거나 집단적인 폭행, 협박, 손괴, 방화 등으로 공공의 안녕 질서에 직접적인 위협을 끼칠 것이 명백한 집회·시위는 금지하고 있다(동법 제5조 제1항). 이러한 이유로 금지된 집회·시위를 할 것을 선전하거나 선동해서도 안 된다(동조 제2항). 장소적인 제한으로는 헌법재판소, 대통령 관저, 국회의장 공관, 대법원장 공관, 헌법재판소장 공관, 국내 주재 외국의 외교기관이나 외교사절의 숙소 등으로부터 100미터 이내의 장소에서는 옥외 집회·시위를 금지하고 있다(동법 제11조). 교통 소통을 확보할 목적으로도 제한을 두고 있는데 대통령령으로 정하는 주요 도시의 주요 도로에서의 집회·시위에 대하여 교통 소통을 위해 필요하다고 인정되면 이를 금지하거나 교통질서 유지를 위한 조건을 붙여 제한할 수 있다(동법 제12조). 집회·시위의 주최자·질서유지인·참가자들은 타인의 생명을 위협하거나 신체에 해를 끼칠 수 있는 기구(총포, 폭발물, 도검 등)를 휴대하거나 사용하는 행위 또는 다른 사람에게 이를 휴대하게 하거나 사용하게 하는 행위를 해서는 안 된다. 또한 폭행, 협박, 손괴, 방화 등으로 질서를 문란하게 하는 행위를 해서도 안 된다(동법 제16조 제4항). 무분별한 확성기의 사용은 일반 국민들의 수면권·학습권을 방해할 수 있기 때문에 집회·시위의 주최자는 타인에게 심각한 피해를 주는 소음을 발생시켜서는 안 된다(동법 제14조 제1항).

마지막으로 공공질서가 적절히 유지된 상태에서 집회·시위의 권리가 행사될 수 있도록 집회·시위의 절차와 방법에 있어서 몇 가지 준수사항을 규정하고 있다. 옥외집회·신고를 주최하려면 사전에 관할 경찰서장에게 신고를 해야 한다(동법 제6조 제1항). 사전 신고의 목적은 "경찰관청 등 행정관청으로 하여금 집회의 순조로운 개최와 공공의 안전보호를 위해 필요한 준비를 할 수 있는 시간적 여유를 주기 위한 것"이다.[8] 집회·시위의 주최자는 집회·시위에 있어서 질서를 유지해야 하는데 이를 위해 질서유지인을 임명할 수 있다(동법 제16조 제1항, 제2항). 질서유지인은 주최자의 지시에 따라 집회·시위의 질서를 유지하는 역할을 하는데 참가자들이 쉽게 알아볼 수 있도록 완장, 모자, 어깨띠 등을 착용해야 한다. 만약 주최자가 질서를 유지할 수 없다고 판단되면 해당 집회·시위의 종결을 선언해야 한다(동조 제3항). 경찰서장은 신고 된 집회·시위를 보호하고 공공의 질서유지를 위해 필요하다고 인정하면 최소한의 범위를 정하여 질서유지선을 설정할 수 있다(동법 제13조 제1항). 질서유지선이란 적법한 집회·시위를 보호하고 질서유지나 원활한 교통 소통을 위하여 집회·시위의 장소나 행진 구간을 일정하게 구획하여 설정한 띠, 방책, 차선 등의 경계 표지를 말한다(동법 제2조 제5호). 다만 질서유지선을 설정할 때에는 경찰서장은 주최자 등에게 이를 알려야 한다(동법 제13조 제2항).

다. 경찰의 집회·시위 대응방법 변천과정   [Ⅳ - 118]

1980년대부터 1990년대 초까지 민주화를 향한 국민적 열망이 거세게 분출되면서 권위적 정권에 항거하는 대규모 집회·시위가 전국적으로 확산되었다. 대학가, 노동계, 시민단체 등 사회 각 부문에서 물밀 듯이 터져 나오는 민주화 요구에 대해 당시 정부는 경찰의 물리력을 투입하여 대응했다.

---

8) 헌재 2009. 5. 28. 2007헌바22

당시 경찰의 집회·시위 대응방식은 최루탄과 가스차를 앞세운 강압적 진압과 사복기동중대에 의한 불법시위자 검거가 주축을 이루었다. 이에 대해 시위대는 화염병과 쇠파이프로 더욱 격렬하게 맞섰다. 그러다가 1993년 문민정부가 들어서면서 불법 폭력시위가 대폭 감소하였다. 경찰은 집회신고에 의한 준법집회를 유도하고 진압장비의 사용기준을 법률로 정하는 등 평화적인 시위문화 정착을 위해 노력했다. 1999년에는 '신 집회·시위 관리대책'을 마련하여 집회·시위 관리에 있어서 획기적인 전환을 모색했다. 먼저 시위대의 차도행진을 허용함으로써 과거 인도나 지하도로 제한함으로 인해 발생했던 시외대와 경찰간의 마찰을 감소시켰다. 질서유지선을 설정하고 진압복 부대 대신 여경, 교통경찰, 근무복 경찰을 전면에 배치했다. 또한 과거 억제적 진압방식에서 탈피하여 주최측의 질서유지인에 의한 자율적 관리방식으로 전환하였다. 2003년에는 평화적 집회·시위 문화를 정착시키기 위해 '자율적 집회·시위 보호지침'을 마련하였는데 핵심 내용은 합법적 집회에 대해서는 주최측에 의한 자율적 관리를 적극 보장하되 불법폭력 시위로 변질하면 법에 의해 엄정 대처한다는 원칙을 준수하는 것이었다. 이러한 노력의 결과 불법폭력 시위가 대폭 감소하고 자율적이고 평화적인 집회가 많이 확산되었다.[9]

그러나 여전히 경찰의 통제와 관리 중심 집회·시위 대응방식으로 인해 국민의 기본권인 집회의 자유를 충분히 보장받지 못하고 있다는 비판이 계속되었다. 대표적으로 2015년 11월 민중총궐기 집회에서 70대 농민이 경찰의 살수차에서 발사한 물대포를 맞고 쓰러져 사망하는 사건이 발생하면서 경찰의 집회·시위 대응방식에 대한 근본적인 변화가 그 어느 때보다 강하게 요구되었다. 2017년 새로이 출범한 정부는 대대적인 경찰개혁을 추진하였고 이를 위해 외부전문가들로 구성된 '경찰개혁위원회'를 발족하였다. 이 중 인권보호분과에서는 그동안 인권침해의 논란이 제기되어 온 경찰의 집

---

9) 강영규 외, 경찰경비론, 경찰대학, 2019, pp. 89-92.

회·시위 대응방식을 개선하기 위한 방안을 마련하였다. 경찰개혁위원회의 권고안 내용 중 가장 주목할 부분은 집회·시위 대응에 있어서 패러다임의 전환을 주문한 점이다. 집회·시위 현장에서 더 이상 인권침해의 논란이 제기되지 않도록 하기 위해서는 경찰이 집회·시위를 관리와 통제의 대상이 아니라 헌법에 기초한 기본권 인권의 보장과 실현이라는 패러다임에 입각해서 접근해야 한다는 것이다. 경찰은 개인이나 단체가 의사를 충분히 표현할 수 있도록 평화적인 집회·시위를 최대한 보장하고 옹호할 책임이 있다. 이를 위해 신고나 진행 과정에 있어서 사소한 절차적 하자나 일탈이 있다고 하더라도 평화적인 집회·시위에 대해서는 경찰권 행사를 최대한 자제하도록 권고하였다.

<그림Ⅳ-6> 집회·시위에 대한 경찰대응 패러다임 전환

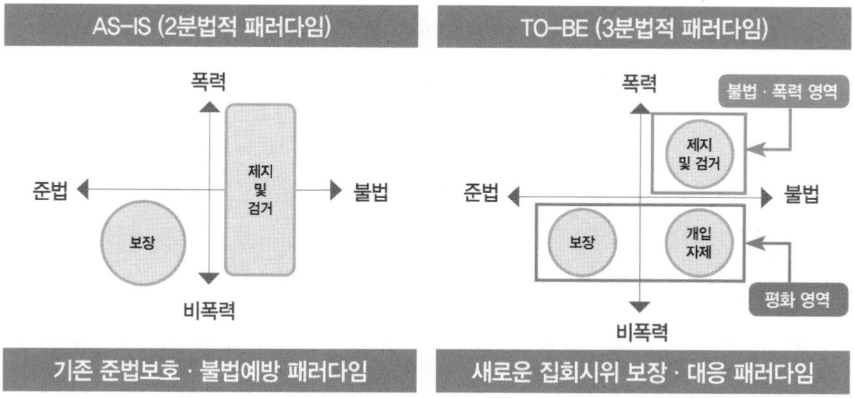

출처: 2018 경찰백서, 경찰청, p.325.

2. 집회·시위와 경찰활동

[IV - 119]   가. 개요

집시법 상 경찰청은 집회·시위의 신고부터 종료에 이르기까지의 전 과정에 있어서 기본권을 보호하고 공공질서를 유지하는 사무를 담당하는 기관이다. 집회·시위 관련 업무는 주로 정보경찰과 경비경찰의 소관이다. 정보경찰은 '공공안녕에 대한 위험 및 대응을 위한 정보의 수집·분석·종합·작성 및 배포와 그에 수반되는 사실확인·조사'를 위한 정보활동을 수행한다(정보경찰 활동규칙 제2조 제1호). 경찰청의 정보국장의 업무로서 '집회·시위 등 집단사태의 관리에 관한 지도 및 조정'이 규정되어 있다(경찰청과 그 소속기관 직제 제14조 제3항). 경비경찰은 공공의 안녕과 질서를 위협하는 국가비상사태 또는 긴급주요사태가 발생하거나 발생할 우려가 있을 때 부대를 운용하여 이러한 상황을 예방·경계·진압하는 활동을 수행한다. 이를 위해 경찰청의 경비국장은 경찰부대의 운영·지도 및 감독 업무를 수행하도록 규정하고 있다(동법 제13조 제2항). 정보경찰과 경비경찰은 상호 유기적인 협력을 통해 집회·시위를 관리·보호하는 업무를 수행한다. 보다 구체적으로 정보경찰은 집시법 및 관련법령에 따라 집회·시위의 시작·진행·종료까지의 전 과정에 있어서 정보를 수집하고 상황을 관리·조정한다. 경비경찰은 경찰부대를 운용하여 집회·시위 현장에서 기본권 보호와 공공의 질서유지에 필요한 직접적인 경찰조치를 취한다. 정보경찰은 집회·시위에 관한 정보를 수집·분석하고 이를 바탕으로 경비경찰의 경비계획이 수립된다.

그 밖에 교통경찰은 집회·시위의 원활한 진행과 다른 시민들의 불편을 최소화하기 위한 교통통제·정리활동을 담당한다. 또한 경찰부대와 장비가 신속하게 이동할 수 있도록 교통소통을 지원하는 활동을 한다. 수사경찰은 집회주최자 및 참가자의 위법행위에 대한 증거를 수집하고 불법행위자를 현행범으로 체포하는 임무를 수행한다. 다만 불법행위자를 검거하고 연행하는 과정에 경찰의 과잉대응 및 인권침해 논란이 종종 발생하기 때문에 특별히 신중을 기해야 한다.

나. 집회·시위의 신고 　　　　　　　　　　　　　　　　　　　[IV - 120]

옥외집회·시위를 주최하려는 자는 관할경찰서 정보 담당 부서에 신고서를 제출해야 한다. 신고서는 집회·시위가 시작하기 720시간 전부터 48시간 전에 제출되어야 한다(집시법 제6조 제1항). 정보경찰은 신고서의 기재 사항을 검토한 뒤 미비한 점이 발견되면 주최자에게 기재 사항을 보완하도록 통고한다. 만약 신고 된 집회·시위가 집시법 제8조의 금지 또는 제한 요건에 해당하는 경우 주최자에게 금지·제한 통고를 한다. 이에 대해 주최자는 해당 경찰관서의 바로 위의 상급경찰관서의 장에게 이의를 신청할 수 있다. 이의 신청을 받은 경찰관서의 장은 24시간 이내에 재결(裁決)을 해야 한다(동법 제9조 제1항, 제2항).

정보경찰은 적법한 집회·시위의 개최에 대비하여 행사에 관한 정보를 수집하고 필요한 경찰조치 및 대책을 수립한다. 경비경찰, 교통경찰과 집회·시위 신고내용, 수집된 정보, 대응방안 등을 공유하고 집회·시위 예상 참가인원과 성격 등을 고려하여 경비인력·장비 등 경비대책 및 교통대책을 수립하여 원활한 집회·시위가 될 수 있도록 준비한다.[10]

다. 집회·시위의 진행 　　　　　　　　　　　　　　　　　　　[IV - 121]

집회·시위의 시작부터 종료까지 경찰의 주된 역할은 집회·시위가 신고 된 내용에 따라 평화롭게 진행되어 주최자 및 참가자의 기본권이 충분

---

10)　정준선·김선일, 앞의 책, 2018, p. 24.

히 행사되도록 하고, 동시에 불법적 시위로부터 사회 안녕과 질서를 보호하는 것이다. 집시법은 평화적인 집회·시위를 방해하거나 질서를 문란하게 만드는 행위를 금지하고 있다(동법 제3조). 집회·시위를 보호하고 공공의 질서 유지를 위해 필요한 경우 질서유지선을 설정할 수 있다(동법 제13조). 또한 주최자는 질서 유지를 위해 법이 정한 준수사항을 지켜야 한다(동법 제16조). 타인에게 심각한 피해를 야기할 수 있는 수준의 소음을 발생시키는 행위는 금지하고 있다(동법 제14조). 주최자는 집회·시위가 처음에 신고한 내용을 벗어나서 개최되지 않도록 주의해야 한다.

정보경찰은 집회·시위가 진행되는 과정에 집회·시위 방해 행위, 위법행위, 신고내용을 벗어난 행위, 무질서 행위 등이 발생하는지를 면밀히 파악한다. 만약 이러한 행위가 발생하는 경우 주최자에게 그러한 사실을 알리고 시정을 요구한다. 경찰은 주최자에게 알리고 집회·시위의 장소에 정복을 입고 출입할 수 있는데, 다만 옥외집회 장소에 출입하는 것은 직무 집행을 위하여 긴급한 경우에만 가능하다. 집회·시위의 주최자, 질서유지인 또는 해당 장소의 관리자는 질서를 유지하기 위한 경찰관의 직무집행에 협조해야 한다(동법 제19조).

[IV - 122]   라. 집회·시위의 해산

집회·시위가 평화롭게 진행되는 경우에는 참가자들의 원활한 이동을 지원하는 교통경찰의 활동으로 충분하다. 하지만 집회·시위가 신고 된 내용을 벗어난 방식으로 진행되거나, 금지·제한 규정을 위반하거나, 폭력행위 등으로 인해 질서를 유지할 수 없거나 질서 유지에 직접적인 위험을 초래하는 경우 경비경찰이 개입하게 된다. 경비경찰은 집시법 및 관련 규정에 따라 집회·시위에 대해 자진해산을 요청하고 해산을 명하는 등 필요한 경찰조치를 취하게 된다(집시법 제20조). 집회·시위를 해산시키려는 때에는 ① 종결 선언의 요청, ② 자진 해산의 요청, ③ 해산명령 및 직접 해산의 순서를 따르도록 되어 있다.

최초의 단계에서는 주최자에게 집회·시위의 종결 선언을 요청하는데 만약 주최자의 소재를 알 수 없으며 주관자·연락책임자 또는 질서유지인을 통해 요청할 수 있다. 다만 금지된 집회·시위, 금지된 시간·장소의 집회·시위, 미신고 집회·시위, 질서유지를 못해 주최자가 이미 종결을 선언한 집회, 주최자 등이 집회·시위 장소에 없는 경우 등에는 종결선언 요청을 생략할 수 있다(동법 시행령 제17조). 두 번째 단계로 종결선언의 요청에 따르지 아니하거나 종결 선언에도 불구하고 집회·시위의 참가자들이 집회·시위를 계속하는 경우에는 직접 참가자들에 대하여 자진 해산할 것을 요청할 수 있다. 집시법은 상당한 시간 이내에 자진 해산할 것을 요청할 수 있다고 하고 있는데, 여기서 '상당한 시간'의 구체적인 내용은 참가인원 등 집회·시위의 규모, 질서침해의 정도 등 현장 상황을 고려하여 정해진다. 세 번째 단계로 자진 해산 요청에 따르지 않는 경우 해산을 명령할 수 있다. 해산명령은 3회 이상 해야 하며 참가자들이 인지할 수 있도록 방송차, 확성기 등을 사용하여 한다. 마지막으로 경찰의 해산명령에도 불구하고 자진 해산하지 않으면 경찰이 직접적으로 물리력을 행사하여 해산하는 단계로 진행한다. 다만 공공의 안전과 질서유지라는 경찰목적으로 달성하는 데 적합하고 최소의 침해를 야기하는 수단을 선택하는 등 물리력 사용에 있어서의 비례성의 원칙을 준수해야 한다.

마. 집회·시위 자문위원회　　　　　　　　　　　　　　　　　[IV - 123]

경찰은 집회·시위의 자유와 공공의 안녕 및 질서 유지가 조화를 이루도록하기 위해 각급 경찰관서에 '집시·시위 자문위원회'를 설치·운영하고 있다. 2004년 집시법이 개정되기 전에는 집회·시위에 대한 금지·제한 통고 및 이의신청에 대한 재결을 경찰이 자체적으로 판단하였기 때문에 신뢰성을 담보하기 어려웠다. 자문위원회는 객관적 자료를 토대로 집회 주최자와 경찰 사이에서 자문·조정의 역할을 수행함으로써 경찰의 집회·시위 업무에 있어서 객관성과 공정성을 높이는데 기여하고 있다.[11] 자문위원회는 경찰청, 지방경찰청, 1급지 경찰서에는 특별한 사유가 없는 한 설치하도록 하고 있다. 위원장을 포함하여 5인 이상 7인 이하의 위원으로 구성된다. 변호사, 교수, 시민단체에서 추천하는 사람, 그리고 관할 지역의 주민대표 중에서 전문성과 공정성 등을 고려하여 경찰서장이 위원을 위촉한다. 위원회에서 다루는 사안은 집회·시위의 금지 또는 제한 통고, 이의 신청에 관한 재결, 집회·시위에 대한 사례 검토, 집회·시위 업무의 처리와 관련하여 필요한 사항 등이다(집시법 제21조).

3. 집회·시위 관련 주요 쟁점

[IV - 124] 가. 사전 신고제도

현행 집시법은 옥외집회·시위의 주최자로 하여금 사전에 신고하도록 의무화하고 이를 어길 경우 형사처벌을 부과하고 있다(동법 제6조 제1항, 제22조 제2항). 헌법재판소는 옥외집회가 공공의 안녕질서나 법적 평화와 마찰을 빚을 가능성이 높기 때문에 집회의 자유와 다른 법익을 조화시킬 수 있는 제도적 장치로서 사전 신고제의 필요성을 인정하고 있다.[12] 대법원 역시 미신고 옥외집회 주최자의 사전신고 의무를 '집회 및 시위의 자유와 공공의 안녕질서가 적절하게 조화되기 위한 최소한의 조치'라고 판시하였다.[13]

이와 같은 사전신고가 행정청에 의한 검열이나 허가처럼 운영되지 않으려면 '일정한 신고절차만 밟으면 일반적·원칙적으로 옥외집회 및 시위를

---

11) 앞의 책, p.133.
12) 헌재 2009. 5. 28. 2007헌바22
13) 대법원 2004. 4. 27. 선고 2002도315 판결.

할 수 있도록 보장하고 있는 것'이어야 한다.[14] 그런데 현행 집시법은 신고
사항을 지나치게 상세하게 규정하고 있으며, 또한 기재사항의 보완의 미비
를 이유로 집회·시위를 금지할 수 있도록 하고 있다(동법 제6조, 제7조).
주최자가 신고한 목적, 일시, 장소, 방법 등의 범위를 뚜렷이 벗어나는 행위
를 하지 못하도록 규정하고 있고 이를 어길 경우 형사처벌을 부과하고 있다
(동법 제16조 제4항 제3호, 제22조 제3항). 이와 같이 옥외집회·시위의 사
전신고 및 준수사항을 엄격히 규정함으로써 신고제가 실질적으로 허가제처
럼 운영되고 있다는 비판이 있다.[15]

　　또한 현행 집시법은 신고의무의 예외를 규정하고 있지 않다. 따라서 사
전 계획이나 준비 없이 순간적으로 이루어진 '우발적 집회'나 미리 계획되었
지만 법이 요구하는 시간 내에 신고할 수 없는 '긴급집회'는 모두 미신고 집
회에 해당한다. 우발적 집회와 긴급집회는 집회의 자유라는 기본권을 행사
하는 행위라는 점에서 사전신고 된 다른 집회와 본질적으로 다르지 않다.
그런데도 아무런 예외도 인정하지 않은 채 단지 형식적 절차인 신고의 여부
에 따라 집회의 자유를 제약하는 것은 신고가 마치 허가와 같은 효력을 갖
도록 만든다는 지적이 있다.[16]

　　이에 대해 경찰개혁위원회(2017)의 권고안은 집회·시위의 보장을 위해
신고절차를 개선하도록 제안하고 있다. 집회·시위신고의 변경신고절차
및 '온라인 집회·시위 시스템'을 마련하고 신고가 불필요한 집회·시위의
범위를 확대하도록 하고 있다. 또한 실제 집회·시위와 신고내용 사이에 다
소간 차이가 있더라도 평화적으로 진행되는 이상 원칙적으로 집회·시위를
보장하되, 만약 신고내용과 현저히 다르면 신고자나 주최자 측과 협의하여
시위방법 및 진로 등을 적절하게 변경할 수 있는 절차를 마련토록 하였다.
옥외집회의 신고내용이 보완되지 못했다는 이유로 집회·시위의 금지를 통

---

14) 헌재 2009. 5. 28. 2007헌바22
15) 전현욱 외, 2016, 앞의 책, p. 258.
16) 앞의 책, p. 259.

보하는 관행도 개선하기로 했다. 마지막으로 우발적이거나 긴급한 집회·시위는 신고 없이 진행될 수밖에 없다는 점을 감안하여 평화적으로 진행되는 이상 그 개최와 진행을 최대한 보장하는 방향으로 개선하기로 하였다.

[IV - 125]　　나. 교통 소통을 위한 금지통고

　　집시법 제12조는 주요 도시의 주요도로에서의 집회 또는 시위에 대하여 교통 소통을 위하여 필요하다고 인정하면 이를 금지하거나 교통질서 유지를 위한 조건을 붙여 제한할 수 있다고 규정하고 있다. 다만 주최자가 질서유지인을 두고 도로를 행진하는 경우에는 이와 같이 금지할 수 없는데 이때에도 해당 도로와 주변 도로의 교통 소통에 장애를 발생시켜 심각한 교통 불편을 줄 우려가 있으면 금지를 할 수 있다. 그런데 제12조에서 말하는 '주요 도시의 주요도로'는 대통령령으로 정해 놓았는데 실제 서울 도심 지역을 지나는 거의 대부분의 도로가 포함되어 있다. 이로 인해 교통 소통이라는 공익을 위해 집회의 자유가 지나치게 제약될 수 있다는 문제점이 제기되어 왔다.

　　이에 대해 법원은 '집회·시위로 인해 교통 불편이 예상되나 집회·시위의 자유를 보장함에 따른 것으로 수인하여야 할 부분이 있고, 이 사건 처분으로 보호하고자 하는 교통 소통의 공익이 이 사건 집회·시위의 자유를 보장함에 비하여 보다 크다고 보기 어렵다'고 판시하여 집회의 자유를 보장하는 쪽에 무게를 실어 주었다.[17] 또 다른 판례에서는 집회의 행진 경로 일부가 법령이 규정한 주요도로의 일부를 포함하고 있어서 해당 도로에서의 행진이 제한되었다. 이에 대해 법원은 다소간의 교통 불편은 국민들이 수인할 수 있는 범위에 속하며 집회 예고 등으로 교통량이 많지 않고 우회로도 존재하는 점을 들어 전면적 행진 제한은 과도하다고 판결하였다.[18]

---

17)　서울행정법원 2016. 11. 5. 2016아12248 결정.
18)　서울행정법원 2016. 11. 12. 2016아12308 결정.

경찰개혁위원회(2017)는 주요 도시의 주요 도로에서의 집회·시위는 일정 부분 교통소통을 제한할 수밖에 없기 때문에 단순히 교통소통을 이유로 전면적인 금지통고나 제한통고는 원칙적으로 하지 않도록 권고하였다. 그 대신 주요도로에서의 교통소통과 집회·시위가 동시에 가능하도록 참가인원, 시위경로, 진행시간 등에 따라 집회·시위 가능구간을 설정하여 탄력적으로 운영하도록 하였다. 그리하여 만약 출퇴근 시간대처럼 교통수요가 집중되는 시간대에 집회·시위가 진행된다면 조건통보를 활용할 수 있는 기준을 마련하도록 하였다.

다. 경찰 채증   [IV - 126]

채증은 '각종 집회·시위 및 치안현장에서 불법 또는 불법이 우려되는 상황을 촬영, 녹화 또는 녹음하는 것'을 의미한다(채증활동규칙, 제2조 제1호). 경찰의 채증활동은 집회가 불법적·폭력적으로 변질되는 상황을 미리 파악하여 범죄행위를 미연에 방지하고 공공의 안녕과 질서를 유지하며 동시에 추후 위법행위에 대한 범죄수사에 대비해 증거자료를 확보하기 위해 필요성이 인정된다. 그러나 경찰의 채증활동을 통해 "국가가 개인의 집회참가행위를 감시하고 그에 관한 정보를 수집함으로써 집회에 참가하고자 하는 자로 하여금 불이익을 두려워하여 미리 집회참가를 포기하도록 집회 참가의사를 약화"한다면 집회의 자유권 행사를 침해하게 된다.[19] 또한 경찰의 채증활동은 타인을 함부로 촬영하고 그 촬영물을 무단으로 사용함으로써 개인의 초상권과 개인정보자기결정권을 침해하는 결과를 낳을 수도 있다.[20]

이에 대해 법원은 경찰의 촬영행위가 집회 참가자의 일반적 인격권, 개인정보 자기결정권, 집회의 자유 등 기본권 제한을 수반한다는 점을 분명히

---

19) 헌재 2003. 10. 30. 2000헌바67
20) 전현욱 외, 2016, 앞의 책, pp. 263-264.

한다. 하지만 그럼에도 불구하고 "경찰의 촬영행위는 주최자의 집시법 위반에 대한 증거를 확보하는 과정에서 불가피하게 이뤄지는 측면이 있다"고 하여 그 필요성은 인정하고 있다.[21] 특히 '미신고 옥외집회·시위 또는 신고범위를 넘는 집회·시위의 주최자가 집회·시위 과정에서 바뀔 수 있고 새로이 실질적으로 옥외집회·시위를 주도하는 사람이 나타날 수 있으므로 경찰은 새로이 집시법을 위반한 사람을 발견·확보하고 증거를 수집·보전하기 위해' 참가자들에 대한 촬영이 필요하다는 입장이다.[22] 아울러 적법한 경찰의 해산명령에 불응하는 경우 그 경위나 전후 사정에 관한 자료를 수집할 필요성도 있다고 하고 있다. 다만 경찰의 채증활동은 기본권을 위축시킬 우려가 있기 때문에 비례의 원칙에 부합되도록 그 방법과 요건을 구체화하는 것이 필요하다.

경찰개혁위원회(2017) 권고안에는 채증과 관련된 개선방안이 담겨져 있다. 채증은 집회·시위현장에서 과격한 폭력행위 등이 있을 것이 임박했거나, 폭력 등 불법행위가 행하여지거나 행하여진 직후, 범죄수사를 목적으로 한 증거보전의 필요성과 긴급성이 있는 경우에 한해 제한적으로만 시행되도록 하고 있다. 채증방법에 있어서도 채증 대상자에게 사전에 범죄사실 요지, 채증 개시사실 등을 직접 또는 방송 등으로 알리도록 하였다. 또한 범죄수사 목적과 관련이 없는 채증자료는 상황이 종료된 후 즉시 폐기하고 채증자료의 활용과정에 있어서 투명성을 제고하도록 권고하고 있다.

[IV - 127]   라. 해산명령

집시법 제20조는 해산요청 및 해산명령의 대상이 되는 집회·시위를 열거하고 있을 뿐 별도의 해산요건을 규정하고 있지 않다. 이로 인해 과거에는 미신고 옥외집회·시위 또는 신고 범위를 이탈한 집회라는 이유만으로

---

21) 헌재 2018. 8. 30. 2014헌마843
22) 헌재 2018. 8. 30. 2014헌마843

경찰에 의해 강제해산을 당하기도 하였다. 그러나 대법원과 헌법재판소의 판결을 통해 집회의 자유에 대한 제한은 다른 중요한 법익을 보호하기 위해 반드시 필요한 경우에 한해서만 정당화될 수 있다는 점을 분명히 하고 있다. 보다 구체적으로 집회·시위의 해산은 원칙적으로 "타인의 법익이나 공공의 안녕질서에 대한 직접적인 위협이 명백하게 존재하는 경우"에 한해서 허용될 수 있다고 판시하고 있다.[23] 해산명령은 오직 최후적 수단으로서 집회의 자유를 덜 제한하는 다른 수단을 모두 소진한 후에 비로소 고려될 수 있다.[24] 이는 해산명령의 효과가 집회의 자유에 대한 직접적이고 본질적인 침해가 되기 때문이다.[25] 또한 미신고 또는 신고 범위 이탈 등의 이유만으로 경찰이 옥외집회·시위를 해산할 수 있도록 한다면 집회의 사전신고제가 사실상 허가제처럼 운용하는 셈이 되어 집회의 자유가 침해될 수 있기 때문이다.

경찰개혁위원회(2017)의 권고안에는 해산명령절차를 개선하기 위한 내용이 담겨 있다. 우선 집시법 상 해산명령은 옥외집회·시위가 직접적인 원인이 되어서 타인의 법익이나 공공의 안녕질서에 대한 직접적인 위험이 명백하게 초래된 경우에 한해서 허용됨을 분명히 하고 있다. 일부 소수의 참가자들이 폭력행위를 하는 경우 해당 위법행위자들에 대해 위법행위 중단 요청, 경고, 채증 등을 통해 개별적으로 대응해야 하며 집회·시위 전체를 폭력집회로 간주해서는 안 된다는 점을 밝히고 있다. 또한 해산명령이 최후적 수단임을 고려하여 종결선언 요청, 자진해산 요청 등의 조치를 취한 이

---

23) "집시법 제20조 제1항 제2호가 미신고 옥외집회 또는 시위를 해산명령의 대상으로 하면서 별도의 해산 요건을 정하고 있지 않더라도, 그 옥외집회 또는 시위로 인하여 타인의 법익이나 공공의 안녕질서에 대한 직접적인 위험이 명백하게 초래된 경우에 한하여 위 조항에 기하여 해산을 명할 수 있고, 이러한 요건을 갖춘 해산명령에 불응하는 경우에만 집시법 제24조 제5호에 의하여 처벌할 수 있다고 보아야 한다."(대법원 2012. 4. 26. 선고 2011도6294 판결.), "심판대상조항에서 해산명령의 대상으로 규정하는 '신고 범위를 뚜렷이 벗어난 행위로 질서를 유지할 수 없는 집회' 역시 '신고 범위를 뚜렷이 벗어난 행위로 타인의 법익이나 공공의 안녕질서에 대한 직접적인 위험이 명백하게 초래하는 경우'로 해석하여야 한다"(헌재 2016. 9. 29. 선고 2015헌바309 전원재판부 결정.)

24) 헌재 2003. 10. 30. 2000헌바67

25) 전현욱 외, 2016, 앞의 책, p.277.

후 상당한 시간이 경과한 후에도 여전히 타인의 법익이나 공공의 안녕질서
에 대한 위험이 지속되는 경우에 한해 해산명령을 할 수 있도록 하고 있다.

판례색인

사항색인

노성훈 교수의
경찰학

초판 1쇄 인쇄 2020년 8월 5일
초판 1쇄 발행 2020년 8월 5일

저　자　노성훈
발행자　전민형
발행처　도서출판 푸블리우스
인　쇄　주식회사 교보피앤비
등　록　2018년 4월 3일 (제 2018-000153호)
주　소　[02841] 서울시 성북구 종암로 13, 고려대 교우회관 410호
전　화　02)927-6392
팩　스　02)929-6392
이메일　ceo@publius.co.kr

ISBN 979-11-89237-07-3(93350)

도서출판 푸블리우스는 헌법, 통일법, 시민교육, 법학일반에 관한 발간제안을 환영합니다.
기획 취지와 개요, 연락처를 ceo@publius.co.kr로 보내주십시오.
도서출판 푸블리우스와 함께 한국의 법치주의 수준을 높일 법학연구자의 많은 투고를 기다립니다.

이 도서의 국립중앙도서관 출판예정도서목록(CIP)은 서지정보유통지원시스템 홈페이지(http://seoji.
nl.go.kr)와 국가자료종합목록 구축시스템(http://kolis-net.nl.go.kr)에서 이용하실 수 있습니다.
(CIP제어번호 : CIP2020022499)